Peter C. Dienel · Die Planungszelle

Peter C. Dienel

Die Planungszelle

Der Bürger plant seine Umwelt.
Eine Alternative zur Establishment-Demokratie

2., durchgesehene und erweiterte Auflage

Westdeutscher Verlag

2., durchgesehene und erweiterte Auflage 1991

Der Westdeutsche Verlag ist ein Unternehmen der Verlagsgruppe Bertelsmann International.

Druck und buchbinderische Verarbeitung: Lengericher Handelsdruckerei, Lengerich
Gedruckt auf säurefreiem Papier
Printed in Germany

ISBN 3-531-11427-1

Inhalt

Der Schlüssel zur sachgerechten und rechtzeitigen Bearbeitung wichtiger politischer Fragen liegt – so die These des Buches – in der Bewältigung eines Hintergrundproblems: in der Fortschreibung der sozialen Apparatur zur Herstellung kollektiv bindender Entscheidungen. Diese Apparatur arbeitet defizitär. Bürokratismus, Unregierbarkeit, Selbstbedienung: die Schlagworte kursieren, nur sie helfen nicht weiter. Längst geht es nicht mehr um die Haltungsschwäche eines Politikers oder um die Irrationalität der Bürger. Es geht um strukturelle Schadensstellen unseres Entscheidungssystems.

Es gibt einen mindestens zwei Jahrhunderte alten Nachholbedarf für die Orientierung unserer politischen Einrichtungen an den Gegebenheiten der modernen Massengesellschaft. Die Fehlanpassungen verstärken sich: Das Eigengewicht der politischen Maschine hat die Menschen gefühlsmäßig und faktisch von ihrem Staat getrennt. Die Professionellen haben sich, ohne es zu wollen, isoliert. Der Veranstalter dieses Staates, der Bürger, reagiert apathisch oder punktuell aggressiv. Zwar werden heute mehr ‚Teilnahmemöglichkeiten' angeboten als vor zehn Jahren. Man fördert das kleinräumige Mitmachen (Wohnumfeld, Nachbarschaft, Lebensqualität im Nahbereich) und in den Medien gibt es mehr Hörer- und Zuschauerbeteiligung: eine symbolische Partizipation für Millionen wird wahr. Das unerhebliche Dabeisein macht aber das Defizit noch spürbarer. Der einzelne wird an die eigentlichen Probleme nicht herangelassen. Und die Institutionen stehen da, ohne die korrigierende Langmut und gescheite Pfiffigkeit der Leute. Zudem gebiert das Teilnehmen, das hier – wenn überhaupt – ausgelöst wird, neue Konfliktpotentiale. Diese bewirken mit ihrem unbewältigten Koordinationsbedarf, ihren demagogischen Exzessen oder Trivialisierungen schließlich das Gefühl des ‚Nichts geht mehr'.

Ein Modell, das hier vollziehbare Hilfen beizutragen verspricht, ist aktueller denn je. So wird denn die Planungszelle 14 Jahre nach ihrem Erscheinen weiter nachgefragt. Das Buch wird daher erneut und ungeändert vorgelegt.

Noch in der Inkubationszeit einer so voraussetzungsvollen Innovation läßt sich schon zweierlei sagen: 1. Die Arbeitsfähigkeit des vorgeschlagenen Verfahrens ist belegt. Planungszellen (PZ) haben im Rahmen örtlicher oder bundesweiter Projekte an bisher 28 Standorten[1] mit Erfolg gearbeitet. Über 2.600 im Zufall ausgewählte Erwachsene waren, jeweils mehrtägig, als Bürgergutachter tätig. Über diese Vorhaben liegen Berichte vor. Ein „Statusreport '91" führt sie auf (S. 277ff.). Dort findet man auch die Bezugsangaben der dabei erstellten Bürgergutachten (S. 279) sowie der Veröffentlichungen, in denen sich die Diskussion spiegelt, die der Entwurf PZ und seine ersten Realisierungen ausgelöst haben (S. 280ff.).

2. Manches von dem, was projiziert wurde, stellt sich heute anders dar. 4 Weiterentwicklungen des Geräts PZ seien vorab benannt. Sie betreffen den Zeitaufwand, die Altersbegrenzung, die Dauerberatung durch den Auftraggeber und das „Bürgergutachten":

---

[1] und zwar in Wuppertal, Wetzlar, Viersen, Soest, Solingen, Schwelm, Saarbrücken, Rottweil, Offenbach, Norderstedt/Holst., Neustadt a. d. Waldnaab, München, Morsbach, Leverkusen, Köln, Jüchen, Hannover, Hamburg, Hagen, Gevelsberg, Gelsenkirchen, Freiburg/Br., Frankfurt/M., Düsseldorf, Dortmund, Berlin-Wilmersdorf, Berlin-Neukölln und Berlin-Moabit.

- Planungszellen brauchen keine drei Wochen. Das Einleben in die Gruppe und das Aufnehmen von Grundinformationen wird vom einzelnen unaufwendiger geleistet als zunächst (so noch S. 109f.) erwartet. Querschnittsgruppen lernen auffallend schnell.[2] Eine Arbeitswoche reicht aus, sich auch komplizierte Stoffe anzueignen. Der Umgang etwa mit Energieflußdiagrammen[3] hat das gezeigt.
- Die Zufallsauswahl von Teilnehmern hatte bei den 68-Jährigen halt gemacht (S. 88). Zusätzliche Schwierigkeiten und Risiken sollten so ausgegrenzt bleiben. Inzwischen wurde die Altersbegrenzung aufgehoben. Ältere Menschen sind gerne mit dabei. Durch sie werden sowohl das Gruppengeschehen bereichert wie auch dessen Ergebnisse verbessert. Senioren schätzen bei ihrer Zusage ihre Möglichkeiten richtig ein.
- Programmrahmen und Prozeßbegleiter reichen aus, um Problem-Schöffen in die Lage zu versetzen, die übernommenen Aufgaben zu bewältigen. Eine kontinuierliche Mitarbeit zweier Vertreter des Auftraggebers (S. 74) ist nicht notwendig, es sei denn, Fachreferate erstreben als Zusatznutzen Lerneffekte, wie sie in Hagen und Solingen bei den in den PZ präsenten Verwaltungsangehörigen sichtbar geworden sind.
- Der Ergebnisbericht (S. 126f.) ist inzwischen unter der Bezeichnung Bürgergutachten („gedruckte, vorlagegeeignete Zusammenfassung von Bewertungen und Lösungsvorschlägen, die in Planungszellen erarbeitet wurden") standardisiert worden.[4] Dieser Begriff akzentuiert die out-put-Orientierung der Maßnahme. Er verleiht ihren Ergebnissen Gewicht. Er macht es damit dem Auftraggeber notfalls schwerer, diese Vorschläge zu ‚schubladisieren'. – Mit dem „Bürgergutachten" ist ein Baustein entwickelt worden, mit dem es leichter ist, die PZ in politische Entscheidungen (Planfeststellungen, Gesetzgebung) förmlich einzubeziehen. Es öffnet gleichzeitig neue Möglichkeiten der Verwertung der Ergebnisse in Seminaren, in der Presse, in Verbänden oder auf Ausstellungen. Das Bürgergutachten ist ein Schritt zur Institutionalisierung des vorgetragenen Entwurfes.

Bei der Konstruktion des Beteiligungsverfahrens PZ waren darüber hinaus eine Reihe *organisatorischer* Überlegungen anzustellen. Es mußten z.B. Vorstellungen über mögliche Trägerstrukturen (Platzhalterbegriff: Laienplanungssystem) entwickelt werden. Dafür waren Zahlen und Fristen zu nennen. Das hat einerseits bewirkt, daß sich Vermutungen über die Einsatzfähigkeit der PZ einstellten: Sie ist strukturell kompatibel mit den in unserer Gesellschaft vorhandenen Formen politischer Willensbildung, und sie ist extrem vermehrfachbar. Andererseits hat gerade die Konkretheit der Annahmen auch zu Mißverständnissen Anlaß gegeben, die für die Absicht des Buches, Ermöglichung eines bestimmten Beteiligungsinstrumentes, dysfunktional waren. Zunächst ist ja wirklich nicht die Frage akut, wie die Strukturen aussehen werden, die einen rationellen und möglichst interessenneutralen Einsatz des Kontrollbausteins PZ auf Dauer sicherstellen. Jetzt geht es erst einmal länder- und situationsweise um eine

---

[2] Dem Bürgergutachten „Regelung sozialer Folgen neuer Informationstechnologien" (s. Statusreport '91) ist auf seinen Seiten 122–125 ein Abschnitt über dort beobachtete ‚Schnellernprozesse' eingefügt.

[3] Bürgergutachten Zukünftige Energiepolitik, S. 15.

[4] Diese Ergebnispräsentation erlaubt es, die Tendenzen der Gruppen herauszuheben, zwingt aber auch dazu, die Art der Auswertung der Aussagen offenzulegen. Insofern erhöht das Bürgergutachten die Bedeutung, aber auch die Kontrollierbarkeit des mit der Abwicklung der Beteiligungsmaßnahme beauftragten unabhängigen Durchführungsträgers, eine Funktion, die derzeit die „Forschungsstelle Bürgerbeteiligung & Planungsverfahren", Universität Wuppertal, wahrnimmt.

experimentelle Inbetriebnahme des Verfahrens, um aufgabenspezifische Projekte und so um seine Schritt-für-Schritt-Etablierung. Begriffe wie ,Partizipationsamt' (S. 154) verschrecken dabei mehr, als daß sie akzeptable Lösungen für zukünftige Probleme benennen könnten. Der 6-Mrd.-Schocker bei den ,organisatorischen Voraussetzungen' (S. 157) hat spürbar Frösteln ausgelöst: seine Erörterung hat manche der seitdem gelaufenen Versuche erschwert. Diese Diskussion ist in den Hintergrund getreten. Dennoch wird das entsprechende Kapitel wieder mit vorgelegt. Die Fragen nach der Organisation einer Trägerstruktur haben sich ja keineswegs erledigt.

Im übrigen gibt es auch Fragen, die das Ablaufgeschehen der PZ selber betreffen: man vermutet, die Bürger seien hier *manipulierbar*, und die Verwaltung fragt nach den *Kosten* dieser Maßnahme. Fragen dieser Art stellen sich bei jedem Realisierungsversuch erneut.

- Was die Eingrenzung von Manipulationsmöglichkeiten anbetrifft, haben sich die auf S. 100ff. genannten Argumente als realistisch erwiesen. Die unabhängige Reflektiertheit der ,Zufallsbürger' fällt auf. Die kontrovers informierten Gruppen arbeiten eigenständig, und zwar auch bei Aufgabenstellungen, die – wie die Energieplanung – zur Zeit ihrer Bearbeitung als ,sehr heiß' galten.
- Das Verfahren PZ kostet Geld! Es ist teurer als eine Befragung, weil es das Expertenwissen im jeweils bearbeiteten Fragenbereich in die Beurteilung der Vorschläge einbezieht. Es ist teurer als das sog. Fachgutachten, weil es die Bewertung der Lösungen durch die Breite der Bevölkerung und die von ihr beigetragenen sachlichen Ergänzungen miterfaßt. Beides aber bewirkt, daß dieses Verfahren mehr bringt als es kostet.

Der Beschreibung der PZ geht eine Darstellung der heute gängigen Beteiligungsverfahren voraus. Ihr liegt eine eigene Soziologie der Partizipation zugrunde. Der Begriff ,Beteiligung' ist unkonventionell (S. 28) definiert. Auf diese Weise gibt sich sogar die Verwaltung als eine Form bürgerschaftlicher Beteiligung zu erkennen. Diese Einsortierung ist bisher nicht moniert worden. Sie wurde aber auch nicht auf ihre theoretische Rentabilität hin erörtert, obgleich sie für die Interpretation eines Staates, dessen Inhaber der Bürger ist, nicht uninteressante Aspekte erschließt. Die Einsichten des Reichsfreiherrn vom Stein lassen grüßen.[5]

Kennzeichnet der Begriff „planen" noch die Einstellungen, die wir der Zukunft gegenüber einnehmen? Der Eindruck von Nichtsteuerbarkeit hat sich verstärkt. Lösen nicht Begriffe wie ,Risiko', ,Marketing' oder ,Synergie' erklärungskräftigere Assoziationen aus? Der Wert der PZ hängt nicht am Namen ,Planungszelle'. Es ist die Merkmalskombination, die den Bürger in die ihm zustehende Rolle einsetzt und die damit einen spezifischen Beitrag zur Konsolidierung des gesellschaftlichen Steuerungssystems leistet. Angesichts zunehmender Komplexität bleibt nichts weiter übrig, als beherrschbare Steuerungsinstrumente zu entwickeln und einzuführen, die unserer Situation gerecht werden.

Wird es und wie wird es dazu kommen? Das Buch spricht viel von Ämtern und von Geld. Man mag daher meinen, hier würde etwas vom Staat erwartet. Der Eindruck ist falsch. Das Modell PZ lernt erst laufen, wenn die *Bürger* ihre Möglichkeiten einfordern.

Wuppertal, Mai 1991 *P. C. D.*

---

[5] Lektüreempfehlung: Stein, Karl Frhr. vom und zum, Ausgewählte politische Briefe und Denkschriften: Stuttgart/Berlin/Köln/Mainz 1986.

Prolog: Vom Dilemma der Bürokratisierung

Mit der Vorlage eines neuartigen einsatzreifen Modells der Bürgerbeteiligung lohnt es sich wieder, grundsätzlich zu werden. Die alte Frage nach der Gewaltenteilung muß wieder einmal durchdacht werden. Die Möglichkeiten der Demokratie sind neu zu erörtern. Das Bürokratieproblem erscheint plötzlich in einem andersartigen, wenn nicht sogar milderen Licht. Eine Neudefinition der Bürgerrolle steht an.

Und all diese und manche weiteren Aspekte, die sich jetzt auftun, ergeben sich nicht daraus, daß Änderungen unserer verfassungsmäßig garantierten Grundlagen anzustreben wären. Sie stellen vielmehr eine Ausfüllung der im Grundgesetz der Bundesrepublik deklarierten sozialrechtsstaatlichen Verhältnisse dar.

Die Situation, in die wir verfangen sind, ist von einer beklemmenden Ausweglosigkeit. Bürokratisierung und Spezialisierung sind aller Erfahrung nach unausweichlich. Max Weber hat Recht behalten. In der verwalteten Welt nehmen die Abhängigkeiten des Menschen auf gefährliche Weise zu. Ohne Arbeitsteilung, ohne Bürokratie hätte sich die moderne Gesellschaft nie so weit entfalten können. Aber jetzt stehen wir an Grenzen. Die Verselbständigungstendenz der Apparate ist offensichtlich. Jeder Versuch, unsere Lebensbedingungen zu verbessern, läßt neue Verwaltungen entstehen. Ein Teufelskreis baut sich auf, bei dem „die zunehmende Tendenz des Staatsapparates, alles zu bestimmen, und die abnehmende Fähigkeit des Menschen zur Selbstbestimmung sich gegenseitig steigern“ (Jakoby 1969, S. 15).

Eine weitere Bürokratisierung bringt auch im Verhältnis zwischen den Staaten neue Gefährdungen mit sich. Wenn eine Gesellschaft, mit demokratischen Leitvorstellungen vertraut, zu viele Anlässe hat, ihre politisch-administrative Apparatur als parasitär zu empfinden, werden die politischen Verhältnisse instabil. Jeder weiß, daß wir uns diese Instabilität – angesichts der Weltsituation – nicht leisten können. Darf eine weitere Technokratisierung, eine Expansion der Verwaltung und ein Stabilisieren der Apparate überhaupt noch angestrebt werden?

Zu dieser Ausweitung der Bürokratie gibt es konzeptionelle Alternativen. Die deutlichste Alternative ist die weitere Einbeziehung der Gesamtbevölkerung in die politische Maschinerie.

Es hat viele Anläufe gegeben, die in diese Richtung weisen. Wahlen sind z.B. ein solcher formalisierter Schritt. Wie bedeutsam er ist oder sein kann, wird klar im Vergleich der politischen Systeme. Mindestens genauso deutlich zeigt sich dabei die Begrenztheit seiner Wirkung. Ein anderer Ansatz, der die Einbeziehung der Bevölkerung über Nachbarschaften und über Räte erreichen will, ist durch seine geringe Problemverarbeitungskapazität radikal begrenzt: nur Kleinstprobleme lassen sich so lösen. Daß schließlich auch das Plebiszit, der Volksentscheid kein geeignetes Mittel für eine Realisierung dieser Einbeziehung ist, zeigen die Erfahrungen, die die Schweizer heute mit ihrer plebiszitären Demokratie machen. So weit man schaut – die konzeptionelle Alternative ist blockiert. Sie erscheint wirklichkeitsfremd.

So hat's denn „die Demokratie" heute schwer, jedenfalls in den Wissenschaften, die sich ihrer annehmen müßten. Auf dem Kongress der Deutschen Vereinigung für Politische Wissenschaft im Oktober 1975 sind die Professoren Habermas und Hennis, Exponenten des Expertentums in dieser Frage, mit profunden Gedanken zur Demokratie gegeneinander angetreten. Sie beschrieben das Dilemma, in dem die politisch relevanten Mechanismen unserer Gesellschaft heute stecken, mit einer Begrifflichkeit, die ostentativ auf die Analyse fixiert ist und die bewußt darauf verzichtet, weiterführende Wege freizulegen. Man weicht aus in die Historie oder in die Utopie.

Das Beispiel ist nicht unfair. Es schildert keinen Einzelfall. Auch was z.B. Helmut Schelsky oder Niklas Luhmann zur Demokratie zu sagen haben, verharrt anregend und analytisch beschreibend letzten Endes in der Resignation.

Noch schlechter geht es der Demokratie bei den politischen Praktikern. Willy Brandt plaudert im „Spiegel" über das Ende der parlamentarischen Demokratie, und er ist wahrlich nicht der einzige. Auch mittlere Ränge und zwar jeder politischen Couleur, erkennen das Fatale an der Situation. So kommt es, daß sich Politiker zur Zukunft unseres Steuerungssystems Vorschläge einfallen lassen, von denen sie wissen, daß sie nicht reliaiserbar sind oder letztlich nichts austragen. Man hält es mit dem 'muddling through', dem Weiterwurschteln. Darf einen die Angst ankommen oder soll man tapfer die Augen schließen? „Bitte weitergehn!" ist ein beunruhigender Ratschlag für den, der sich am Ende des Sprungbretts weiß!

Das wortreiche Schweigen der Fachleute wie der Praktiker unterstreicht den gesellschaftlichen Bedarf nach Verwirklichungsmöglichkeiten von Alternativen zur Bürokratisierung. Das gibt mir den Mut, von einer Gedankenspielerei, einem Modell, und den ersten Versuchen seiner Realisierung zu berichten.

Es ist natürlich die Frage, ob die Bedingungen, die die erwähnte Ausweglosigkeit unserer Situation ausmachen, mit einem Modellentwurf – und zwar mit dem hier präsentierten – abgeändert werden können. Dieser Frage, der Frage nach den möglichen Auswirkungen des Modells, wird in eigenen Kapiteln – im Anschluß an eine Darstellung des Modells – nachzugehen sein (s. S. 173 ff.). Zunächst aber müssen die Ausgangslage, die sich damit ergebende Aufgabenstellung sowie der erforderliche Überblick über die vorhandenen Praktiken ins Auge gefaßt werden.

Wuppertal, den 17. Juni 1977

Kapitel I

Ausgangslage und Aufgabenstellung

A. Der Zustand des gesellschaftlichen Steuerungssystems

Gesellschaften haben immer vor der Notwendigkeit gestanden, ihr Zusammenleben zu ordnen. Sie haben dafür Stammesfürsten gebraucht oder Könige. Bei fortschreitender Entwicklung wurden nicht nur einzelne Rollen, sondern ganze Teilsysteme ausdifferenziert, deren Aufgabe es war, die erforderlichen kollektiv bindenden Entscheide herzustellen und ihre Durchführung zu sichern.

Heute verfügt unsere Gesellschaft über eine umfangreiche und intelligent konzipierte politisch-administrative Apparatur. Sie hat mit ihren Verwaltungen, Parteien, Parlamenten oder Gerichten die anstehenden Verteilungsprobleme immerhin so gelöst, daß wir auf einige Jahrzehnte relativ ruhiger innerer Entwicklung zurückblicken können, und sie hat dabei, so scheint es, fast keine die Weltbühne neu belastenden Konfliktpotentiale nach außen abgeladen.

Dennoch wird immer deutlicher, daß diese Apparatur nicht hinreichend effektiv arbeitet. Vieles, was der Einzelne in seinem Alltag sich oder anderen als Versagen zurechnet, ist – ob gestörte Nachtruhe, Kündigung oder Verkehrsunfall – letztlich in falsch oder nicht gefällten gesellschaftlichen Entscheidungen begründet. Die Eigenkosten der Apparatur wachsen. Sie ist in vielen Fällen immer weniger in der Lage, rechtzeitig und sachgerecht zu reagieren.

Möglicherweise ist der Zustand dieser Apparatur auch für die Lösung von Weltproblemen nicht unerheblich. Auf der Weltebene gibt es noch kein wirklich arbeitsfähiges politisches System. Es wird sich aber eines herausbilden. Für die Insassen des Raumschiffes Erde gibt es nämlich eine wachsende Anzahl bedrohlicher Probleme, die anders nicht sinnvoll zu lösen sind. Es ist eine Überlebensfrage für die Weltgesellschaft, ob es ihr gelingt, adäquate Steuerungsmechanismen zu entwickeln. Die vorhandenen nationalen Systeme, also auch das unsere, werden hier ihre Erfahrungen oder ihre Schwächen einbringen.

Die Schwachstellen unserer Entscheidungsapparatur lassen sich unter einigen Gesichtspunkten zusammenfassen.

Das Defizit an rationaler Bewertung

Für den Weg einer Gesellschaft wird es immer wichtiger, daß die relevanten Zusammenhänge, in denen es zu überleben gilt, so sachgemäß wie möglich erfaßt und beurteilt werden. Die politisch-administrative Apparatur unserer Gesellschaft ist aber nicht in der Lage, bestimmte Sachverhalte in hinreichendem Maße gesellschaftlich-rational zu bewerten.

Belege für dieses Defizit lassen sich im Mikro- wie im Makrobereich finden. Wie unvernünftig wir wohnen, essen, studieren oder Freizeit verbringen, ist ja nicht nur das reine Produkt individuellen Handelns, sondern in hohem Maße Ergebnis der Steuerungsleistungen des Gesamtsystems. Der Mangel an rationaler Bewertung in den Steuerungszentren läßt sich noch sichtbarer am Zustand der Superstrukturen, wie Forschung, Verteidigung, Nahverkehr oder Kulturpolitik, belegen.

Der eklatante Mangel an rationaler Bewertungsleistung hat natürlich Gründe. Manche von ihnen sind sehr genereller Art und schon Jahrhunderte alt. Unsere Zielsysteme sind z.B. vom naturwissenschaftlichen Denken her konstruiert worden, einem Unternehmen, das sich vorgenommen hatte, die Welt nur insofern zu beschreiben, als sie gemessen werden kann. Wir alle sind fasziniert vom Quantifizierbaren. Was man so zählen kann und wie sich Gesellschaft auf diese Weise darstellt, darüber belehrt ein Blick in das Statistische Jahrbuch der BRD. Die gezielten Irrationalismen, die auf diese Weise zustande kommen, sind zwar ein sehr generelles Phänomen; sie sind aber in den Vollzügen der politisch-administrativen Apparatur besonders wirksam.

Neben solchen generellen gibt es auch Gründe, die mehr apparaturspezifischer Art sind. Die Apparate wachsen in Größenordnungen hinein, die die Korrekturen, die aus der sozialen Umwelt sonst automatisch erfolgen, unwahrscheinlich werden lassen. Der Staat ist bei uns der größte Kapitaleigner, der größte Arbeitgeber und der größte Verbraucher. Die Verwaltungen, Wahrer öffentlicher Interessen, stehen – mit Bürokratie und Berufsbeamtentum – in der Gefahr, ihren Programmen, ihrer Arbeitsteilung, ihren Kompetenzen, ihrem Gewicht und ihrem eigenen Sicherheitsbedarf zu verfallen. Es wird immer schwieriger, sie von außen effektiv zu kontrollieren. Während „Dash" oder „Persil" bei einer Werbekampagne selbstverständlich dafür gesorgt haben, daß das verkaufsfertige Produkt bereitsteht, kann es bei der „Werbung" des Staates, z.B. der Bildungswerbung vorkommen, daß mit der Nachfrage nicht ernsthaft gerechnet wird. Für die Geworbenen muß der numerus clausus eingeführt werden. Die Steuerungsinstanzen waren nicht so sehr damit beschäftigt, die entsprechenden Möglichkeiten bereitzustellen, als vielmehr damit, selber „oben" zu bleiben. Notwendige Änderungen, von denen auch die Apparatur selber betroffen wird, kommen nicht rechtzeitig oder gar nicht zustande.

Parlamente und Parteien, zur Kontrolle solcher Schäden in den Regierungsmaschinen berufen, bringen – neben allem Guten, was sie leisten – ihre eigenen Unvernünftigkeiten ins Spiel. Die Art, wie Partei-Spitzenkandidaten in einer Fernseh-Vorwahldiskussion miteinander umgehen, kennzeichnet das Bündel spezieller Fähigkeiten und Einstellungen, das durch eine Parteikarriere heute selektiert wird. Auch bei diesen Kontrolleuren kommt es vor, daß unsere Gemeininteressen durch apparaturinterne „Geräusche" verdunkelt werden.

Auch da, wo über Partei und Parlament hinaus eine Verstärkung der kontrollierenden Rückbindung an die Gesamtgesellschaft versucht wird, führt das nur bedingt zu den erforderlichen Korrekturen. So wie die 'Gesellschaft' sich als öffentliche Meinung, als Markt oder als demoskopischer Durchschnitt ihrer selbst darstellt, reagiert sie vielfach noch irrationaler. Hier denkt man noch stärker in globalen Symbolen, ist emotionalisiert, politisiert und gesteuert durch die Bilder und Sprachspiele der Sicher-Auftretenden.

Angesichts dieses Mangels ist es eine dringende Frage, ob und in welchem Maße es der Demokratie gelingen wird, zu einer nüchternen Erfassung der unsere Lage bedingenden Wirklichkeiten durchzustoßen.

Das Defizit an Zukunft

Noch sichtbarer ist das Fehlverhalten des Steuerungssystems in der Bearbeitung von Zukunftsproblemen.

Zukunft ist eine relativ neue Kategorie (Kaufmann 1970, S. 174 ff) – auch für die Regierung und Verwaltung. Noch nie ist so viel von Zukunft geredet worden wie heute. Es gibt sogar eine 'Futurologie' und erhebliche, wie auch immer motivierte, Bemühungen der Vorausschau[1]. Bei aller modischen Aufmerksamkeit für den Begriff Zukunft wird aber bemerkenswert häufig überhört, was in derartigen Instituten gedacht wird. Fast muß man vermuten, daß die Gesellschaft noch nie so wenig in der Lage war wie heute, sich auf die jetzt schon erkennbaren Handlungsbedingungen einzustellen. Derweilen wachsen die Probleme. Die Zunahme eines Verbrauchs um 7 % jährlich – ob bei Energie oder Speiseeis – wird diesen in 100 Jahren vertausendfachen. Immer weniger ergibt sich wachstümlich, immer mehr Elemente von 'Zukunft' müssen hergestellt werden.

Das Unvermögen des Steuerungssystems, die zukunftsrelevanten Probleme wahrzunehmen, geschweige denn sie zu lösen, hängt zum Teil mit dem Gewicht zusammen, das den kurzfristigen Eigeninteressen der Institutionen und Personen eingeräumt ist, die an der Problemlösung beteiligt sind. So ist der Staat in seinen Perspektiven heute mitunter kurzatmiger als die Familie[2].

Eine Abhilfe sieht man im „politisch gesteuerten Wachstum" oder in „neuen Formen politischer Willensbildung"[3]. Aber solche Rückbindung an die Durchschnittsmeinung von Mehrheiten löst die Fragen auch nicht sachgerechter. Zwar beschwört eine wachsende Literatur die Fähigkeiten des autonomen, zukunftsgeeigneten Bürgers (exemplarisch Jungk 1973); tatsächlich aber verstärkt das Eingreifen des Bürgers, dieses „von der Zukunft abgeschnittenen ... politischen Eunuchen" (Toffler 1970, S. 381), die beharrenden Tendenzen. Das parlamentarische System scheut vor den großen anstehenden Aufgaben zurück. Diese können jeweils erst angegangen werden, wenn der Katastrophenfall erkennbar wird. Mehrheiten reagieren in der Regel konservativ. So kommt es schließlich zu einem bemerkenswerten kumulativen Effekt: kurzfristig denkende Politiker sammeln die Zustimmung von Konsumenten ein, die an kurzfristigen, individuellen Zielen orientiert sind, und beide lassen sich dabei von einer Wissenschaft informieren, die – je größer ihre Apparaturen werden, umso mehr – an ihren kurzfristig realisierbaren Eigeninteressen ausgerichtet ist. Die Demokratie ist nicht am morgen, sondern am heute orientiert.

Das Defizit an Legitimation

Fast noch gefährlicher als die eben erwähnten Mängel ist das Defizit an Legitimierung staatlichen Handelns. Der Bedarf wächst. Es wird mehr geplant, geregelt und verwaltet. Umso mehr muß bedacht sein, daß diese Planungen und Regelungen von der breiten Öffentlichkeit akzeptiert sein wollen.

Es scheint zudem, daß die staatliches Handeln legitimierenden Wertstrukturen in der heutigen gesellschaftlichen Situation insgesamt mehr ab- als aufgebaut werden. Es ist die Frage, ob solche Strukturen sich im erforderlichen Maße mit administrativen Mitteln regenerieren lassen (Habermas 1973, S. 70).

Der erhöhte Legitimationsbedarf führt an vielen Stellen zu erhöhtem Aufwand. So müssen selbst kommunale Entscheidungen „heute zwei- oder dreimal so oft behandelt werden" als noch vor wenigen Jahren (Neuffer 1973, S. 235). Manche notwendigen Maßnahmen, die für die Gruppen oder für Mehrheiten Nachteile mit sich bringen, sind trotz der hohen zusätzlichen Ausgaben dieser Art nicht durchsetzbar. Wie sollen da die Einschränkungen legitimiert werden, die wir alle – wenn der Club of Rome Recht hat – eigentlich schon längst auf uns genommen haben müßten?

Der Mangel an Legitimation äußert sich auch im Zweifeln an den Verfahren. Der Abgeordnete, die Partei, das Parlament, ja die Demokratie sind ins Gerede gekommen. Das Selbstbedienungsgeschick der Beteiligten ist aufgefallen. Schon Schumpeter hatte die Parteien zu Maschinen reduziert, die nur bestimmte Funktionen auszuführen haben (Schumpeter 1972, S. 449 f.). Sollen nun „Machtstreben und Egoismus die einzigen Formen der politischen Kompetenz bleiben"? (v. Hentig 1973, S. 120) Es gibt deutliche Anzeichen für ein Bewußtsein, das die Selbstverständlichkeiten des nur parlamentarischen Systems in Frage stellt, wie man vor zwei Jahrhunderten begann, die Selbstverständlichkeiten des nur dynastischen Systems zu bezweifeln.

Die Situation dürfte sich weiter verschärfen. Der Trend zur Zentralisierung – im ökonomischen Bereich überdeutlich – schafft auch im politischen Bereich neue Legitimationsbedarfe. In der gleichen Richtung wirkt auch anderes, z.B. die zunehmende Rückfragedisponiertheit einer über die Apparatur informierteren Basis. Schon längst sieht man auch im konservativen Lager bei den westlichen Demokratien die „fundamentale Inkongruenz", die sich zwischen dem legitimierenden Sprachgebrauch und der politischen Wirklichkeit abzeichnet, einer Inkongruenz, „die immer stärker in elementare Verwirrungen hineinführt" (Kielmannsegg 1974, S. 83).

Das Defizit an Interaktion mit dem Bürger

Der Mangel an Legitimation sowie in vielen Fällen auch der Mangel an rationaler Bewertung sind mitverursacht durch die nur ungenügend entwickelte Interaktion der politisch-administrativen Apparatur mit dem Bürger.

Die politische Ordnung, die sich bei uns eingespielt hat, setzt einen niedrigen input seitens der Bevölkerung voraus: Der Bürger ist an den Leistungen des Systems und nicht so sehr an deren Zustandekommen interessiert (Almond/Verba 1963). Diese politische Apathie von Mehrheiten ist für das vorhandene System in mehrfacher Hinsicht funktional (zusammenfassend Milbrath 1970, S. 142–153).

Eine Motivationsstruktur, die dieser Regelung entspricht, ist allerdings vielfach nicht mehr gegeben. Das erforderliche Desinteresse am Entstehen von Entscheidungen wird nur unzureichend aufgebracht: Man erstrebt Beteiligung. Das Aufkommen der Bürgerinitiative und die Partizipationsdiskussion der letzten Jahre sind augenfällige Indizien.

Das Anwachsen der latenten Nachfrage nach Partizipation ist in makrosoziologische Zusammenhänge eingebettet: der Mensch hat die für ihn überschaubaren bäuerlich/kleinstädtischen Verhältnisse verlassen. Sein Grundbedürfnis nach einer geordneten Umwelt, in der er „weiß“, worauf er mit Aussicht auf Wirkung reagieren kann und worauf nicht, ist geblieben. Es hat sich als stabiler erwiesen als diese Verhältnisse. Der Anspruch auf Verläßlichkeit zielt auch auf die Herstellung allgemein bindender Entscheide. Das politische System wird mit dem, was es produziert, für den Einzelnen in immer mehr Hinsichten bedeutsam. 'Beteiligung' wird zu einem gesellschaftlichen Existenz- und Ordnungsprinzip wie Recht, Eigentum oder Arbeitsteilung (v. Hentig 1973, S. 123). Die Erwartungen des Einzelnen aber auf Verläßlichkeit und Durchschaubarkeit bleiben in dieser komplexen Gesellschaft unerfüllt. Es kommt zu „Entfremdungs-“ Erscheinungen[4] oder zu politischen Nostalgien wie dem Traum von der überschaubaren Demokratie des Schweizer Dorfes. Es gibt Kommunalpolitiker, die fordern, wir sollten in die Lage versetzt werden, an allem, was um uns herum geschieht, direkt zu partizipieren (so. z.B. Brown 1973, S. 41).

Damit wird ein weiterer Anlaß für das Anwachsen der latenten Nachfrage sichtbar: Das Defizit an Interaktion mit dem Bürger wird deutlich, weil demokratische Leitvorstellungen proklamiert werden. Das Wort „Demokratie“ hat einen hohen positiven Reizwert. Keine Partei wird in ihrer Selbstdarstellung heute auf diesen Begriff verzichten wollen. In ihm ist aber – wie jeder weiß – die Verheißung enthalten, das Volk könne am Herrschaftsprozeß teilnehmen.

Die Nachfrage wird schließlich durch die neue Kommunikationssituation erhöht. Dem Einzelnen wird mehr Einblick in Ursachen und Auswirkungen des sozialen Wandels sowie in die Möglichkeiten des Disponierens über Ziele vermittelt als je. Das Zeitalter der elektronischen Kommunikation ist angebrochen. Wir werden mit den Erwartungen, die es beim Bürger auslöst, leben müssen.

Dieser Nachfrage steht kein entsprechendes Angebot gegenüber. Es gibt zu wenige Interaktionsmöglichkeiten, die dem Bürger eine konstruktive Einflußnahme gestatten. Dieses Defizit an Beteiligungsmöglichkeiten wird unterschiedlich benannt oder begründet gesehen. Politik entziehe sich „wegen ihrer gegenständlichen und zeitlichen Differenzierung“ dem Zugriff des Einzelnen (Scharpf 1970, S. 58). Letztlich würde hier „unter Wahrung der Formen einer repräsentativen Demokratie gegen ihre Konstruktionsidee verstoßen“ (Kirsch 1974, S. 261)[5]. Dieser Mangel an Zugriffsmöglichkeit gilt genauso für andere und vermehrt für nichtdemokratische Systeme. Man lese, was kritische Stimmen aus der Sowjetunion hierzu zu sagen haben, z. B. Roy Medwedew (SPIEGEL 37/1974, S. 99).

In unserem System führt der genannte Mangel zu Ausweichmaßnahmen. Die politisch-administrative Apparatur steigert die Abgabe von Informationen. Viele Vorschläge zur Partizipationserweiterung laufen denn auch auf vermehrte Informierung des Bürgers hinaus. Selbst da, wo eine partizipative Interaktion für nicht realisierbar gehalten wird, wie z.B. in der Regionalplanung, möchte man „die Vorstufe bürgerschaftlicher Beteiligung, nämlich die Informationstätigkeit, aktiviert" sehen (Fischer 1974, S. 34). Überall soll der Bürger gründlicher und frühzeitiger informiert werden.

Gerade diese Ersatzmaßnahme führt ihrerseits zu einem weiteren Ansteigen der Nachfrage. Höhere Informiertheit erzeugt häufiger und intensiver den Wunsch nach Partizipation. Diese zusätzliche Nachfrage nach einem an sich schon knappen Gut macht das Defizit an Interaktionsmöglichkeiten nur noch deutlicher.

Ein Resultat dieses Mangels an Beteiligungsmöglichkeiten sind enttäuschte Erwartungen und eine damit verbundene apathische Grundhaltung, die der Bürger weithin den Fragen gegenüber an den Tag legt, die von der Apparatur für ihn entschieden werden. Die Skepsis sieht sich fortlaufend bestätigt. Dieser Zustand wird viel beklagt und – selbst von Verfassungsgerichten – als änderungsbedürftig erklärt[6]. Die Verwaltungsapparatur geht dagegen bei ihren laufenden Maßnahmen mehrheitlich davon aus, daß der bestehende Rahmen für eine konstruktive Interaktion mit dem Bürger ausreicht und nur besser genutzt werden müßte. Zur Behebung dieses Defizits erscheinen dann Maßnahmen geeignet wie Öffentlichkeitsarbeit der Verwaltung, politische Bildung oder Appelle an den Bürgersinn des Einzelnen.

Wo die entsprechenden Deklamationen ernstgenommen werden oder es aus anderen Gründen zu einer aktiven Interaktion der Bürger mit den Entscheidungsträgern kommt, erweist sich diese Partizipation als auf sozial-aktive Eliten begrenzt. Sie verstärkt damit die in unserer Gesellschaft bestehenden sozialen Unterschiede. Für eine Interaktion auf breiter Basis fehlen offenbar die motivierten und adäquat informierten Bürger.

Das Defizit an politischer Sozialisation

Der bei uns geltende politische Entwurf überläßt dem einzelnen Bürger eine sehr gewichtige Position, beispielsweise überall dort, wo abgestimmt wird. 49 Stimmen verfallen der Nichtbeachtung, 51 Stimmen behalten Recht: Frau Müller hat eine Meinung gehabt! Auf die mancherlei Funktionen, die dem Bürger bei uns im einzelnen zugemutet werden, wird im Verlauf der Untersuchung zurückzukommen sein, ebenso auf die Fähigkeiten, über die dieser Bürger – vom Entwurf her gesehen – eigentlich verfügen müßte (vgl. S. 189 ff.).

Die politisch-administrative Apparatur nutzt die Möglichkeit, dem Bürger entscheidende Mitspracherechte einzuräumen, nur zögernd. Diese Zurückhaltung ist nicht unbegründet. Menschen, die ausreichend informiert sowie bereit und in der Lage sind, im langfristigen Interesse der Allgemeinheit zu denken, sind selten. Der 'demokratiegeeignete' Bürger wird zwar in Wahlreden beschworen, ist aber in der 'benötigten Stückzahl' nicht vorhanden. Gründe dafür lassen sich finden in den Bedingungen politischer Sozialisation. In unserer Gesellschaft wachsen nicht die Bürger heran, mit denen sie vorgibt zu rechnen.

Dieses Defizit hat Folgen. Es kommt z.B. immer öfter vor, daß an sich vernünftige Entscheidungen nicht zustandekommen: Es lassen sich keine Mehrheiten gewinnen. Die Apparatur hat in einer solchen Situation zwei Möglichkeiten: Man kann das betreffende Problem als „noch nicht reif" liegen lassen (Terminus technicus: „ausklammern") oder man greift zur Manipulation. Diese kann hart ausfallen (Was muß wann wem gegenüber gesagt oder verschwiegen werden, damit sich wer für die Entscheidung einsetzt?) oder in sanfter Form erfolgen. Man kann z.B. absichtsvoll mit dem Überfordertsein oder der Resignation von Betroffenen rechnen.

Ausklammern oder Manipulation führen nicht immer zu sachgerechten Entscheidungen. Sie sind Elemente einer demokratischen „Erfüllungspolitik". So entstehen Fernstraßenprogramme, die letztlich nichts anderes sind als das Ergebnis der ungebrochenen, durch die Kenntnis von Folgekosten, Konsequenzen oder Alternativen nicht behinderten Wünsche des Privatautofahrers. Die beiden Praktiken sind vor allem aber eine Gefahr für den demokratischen Lebensstil selber. Sie sind das Gegenteil einer entwurfsgemäßen politischen Sozialisation.

Das Defizit an politischer Sozialisation wird dadurch verschärft, daß dieser Sachverhalt durch die Apparatur verniedlicht oder verschwiegen wird. Das Fehlen des politisch sozialisierten Bürgers ist *tabuiert*.

Bei der Richtigstellung einer Fehlentscheidung, die in voller Kenntnis der finanziellen Konsequenzen mit den Stimmen aller Fraktionen in Sachen Rentenanpassung am 21.9.1972 gefällt worden ist, wird in der Debatte über die erforderliche Änderung am 19. Dez. des gleichen Jahres nicht ausgesprochen, warum jener Fehlentscheid gefällt werden mußte. Obwohl jeder nüchterne Beobachter weiß, daß es damals im Wahlkampf darum ging – und nur darum ging –, Stimmen für die Bundestagswahl zu machen, wird die Diskussion bei der fälligen Änderung beharrlich als Sachdiskussion geführt. Milliardenbeträge marschieren auf. Alle Seiten bringen Sachargumente vor. Peinlich wird vermieden, und zwar von allen, die Zwangsläufigkeit der Entwicklung vor der Wahl in ihrer Begründung anzusprechen. So wie der fromme Jude sich davor scheute, das Wort „Gott" auszusprechen, und dieses Wort durch Umschreibungen und Andeutungen ersetzte, die nur der Kundige verstand[7], so wird in solchen Fällen „der Wähler" als unnennbar behandelt („Du sollst den Namen des Wählers nicht unnützlich führen, denn der Wähler wird den nicht ungestraft lassen, der seinen Namen mißbraucht"). Wenn schon ein Schuldiger genannt werden muß, wird seine Majestät der Bürger hier durch einen anderen Akteur ersetzt[8].

Das Defizit an politischer Sozialisation ist gravierend. Es hat seine deutlichen Auswirkungen auf den Zustand unserer Gesellschaft. Seine Tabuierung, so notwendig sie sein mag, schafft das Defizit nicht aus der Welt, sondern erschwert noch seine Bewältigung. Die Krise wird permanent. Sie ist seit langem vorhergesagt[9]. Das System beginnt, sich selbst zu blockieren.

Unterschiedliche Reaktionen

Die unzureichende Arbeitsfähigkeit des gesellschaftlichen Steuerungssystems, die in den genannten Schwachstellen deutlich wird, löst bei den Zeitgenossen Reaktionen aus.

Hinter den meisten dieser Reaktionen lassen sich Einstellungen ausmachen, die resignative Züge tragen: Der Wissenschaftler engagiert sich in der wertfreien Nur-Deskription oder klassifiziert alle weiterführenden Konzepte als Utopie (so z.B. Forsthoff 1971, S. 49), der politische Praktiker pflegt seinen ‚Realismus' und die vielen Bürger üben sich in politischer Apathie. Offenbar liegt es für den Einzelnen nicht sehr fern, sich an das hier gemeinte Dilemma zu gewöhnen.

Demgegenüber stehen Versuche, die Situation zu ändern. Manche von ihnen bringen es nur bis zu einem emotionalen, ungerichteten Aufbegehren. Auch das ist schon mehr als nichts. Andere Versuche aber entwickeln klare Vorstellungen von 'richtigeren' Verhältnissen und fragen rational nach den Wegen, auf denen sie erreicht werden können.

Einige der Versuche dieser Art sollen im folgenden erwähnt werden.

B. Die politische Ordnung als Entwicklungsvorhaben

Die Versuche, die Maschinerie zu ändern, haben das Ziel, die Qualität der gefällten Entscheidungen zu verbessern. Das politische System soll in die Lage versetzt werden, gerechter, sachlich richtiger und rechtzeitiger zu reagieren. In derartige Versuche gehen bestimmte Vorgaben ein:
– Die Versuche werden von unterschiedlichen Leitvorstellungen her unternommen, und
– die Ausgangssituation wird unterschiedlich interpretiert.

Wenn die beabsichtigten Änderungen realisierbar sein sollen, ist es außerdem ratsam, die Weiterentwicklung auf bestimmte Bereiche zu begrenzen. Auch für unser Vorhaben war es förderlich, sich über die Aspekte klar zu werden, auf die sich, unserer Meinung nach, die Entwicklung zu konzentrieren hat. Sie werden am Schluß dieses Kapitels genannt.

Leitvorstellungen

Das allgemeine Wohl: Unsere Steuerungsapparatur sollte vermehrt den Langfristinteressen der Gesellschaft dienen und Frieden, Freiheit, Gerechtigkeit, Sicherheit und Wohlstand für alle im Auge haben. Benutzt man Begriffe dieser Art, so findet man sich unversehens im Chor derer, die sie schon immer rezitiert haben. Ein so breites Einverständnis bietet nur geringe Ansatzmöglichkeiten für Differenzierungen, die hier weiterhelfen[10].

Mehr Unterscheidungsmöglichkeiten scheint es in der Frage zu geben, wie diese am allgemeinen Wohl orientierten Entscheidungen jeweils zustande kommen sollen. Manche Entscheidungen werden über den direkten Interesseneinsatz produziert, z.B. in Form von „Märkten“. Andere werden in „spezifisch nicht interessierten Verfahren“ gefällt – ein Prädikat, das nach dem derzeitigen allgemeinen Bewußtseinsstand am ehesten noch dem Gericht zugemutet wird.

Über die Vorzüge dieser beiden Entstehungstypen von Entscheidungen ist (weltanschaulich aufgeladen) viel diskutiert worden. Aber auch hier scheint die Verteilung für die einzelnen Sachbereiche weitgehend festzuliegen. Die Entstehungsweisen von Entscheidungen dieser Art lassen sich nur geringfügig gegeneinander verschieben.

Einbeziehung des Bürgers: Dafür sind andere Leitvorstellungen kontroverser. So ist man sich z.B. nicht einig darüber, welche Rolle der Bürger in unserem Entscheidungssystem spielen kann oder sollte. Ein Entscheidungsprozeß kann – auf Idealtypen vergröbert – einerseits stärker verwissenschaftlicht oder andererseits stärker an den Bürger rückgekoppelt werden.

Hält man eine stärkere *Verwissenschaftlichung* des Entscheidungsprozesses für notwendig, so muß die Akkumulation von Fachwissen und die wissenschaftliche Arbeitsteilung vorangetrieben werden. Das setzt eine Erweiterung der entsprechenden Apparaturen voraus. So wichtig und unvermeidbar das als eine Ergänzung der zweitgenannten Möglichkeit auch sein mag, wenn man diesen Trend allein fördert, so laufen seine Konsequenzen eindeutig auf eine weitere Stärkung des Technokratie-Syndroms hinaus. Man braucht nicht gleich vom Ameisenstaat der Zukunft zu reden, soviel ist auf einen Blick deutlich, daß die Mehrheit der Bürger hier im wesentlichen auf nur drei Funktionen reduziert vorkommt, nämlich

– als Adressat apparaturentsprechender Leistungen,
– als (möglichst schematisch) abzufragende Informationsquelle und
– als zu minimierende „Störgröße“ für die apparaturinternen Abläufe.

Im demokratischen Ordnungsversuch hat sich demgegenüber die zweitgenannte Möglichkeit, die stärkere *Rückkopplung an den Bürger,* als Leitvorstellung institutionalisiert. Sie ist in der Verwirklichung der Ziele des GG an der Sicherung und an der Erweiterung der Freiheits- und Selbstverwirklichungsrechte des Einzelnen orientiert. Sie spricht dem Bürger – bei uns durch die Grundrechte – die Gemeinwohlkompetenz zu (Häberle 1970, S. 710). Sie intendiert die Beteiligung möglichst vieler Bürger an den Willensbildungsprozessen der Gesellschaft.

Die Notwendigkeit dieser Rückbindung – und damit die dieser Leitvorstellung – ist heute zunehmend belegbar: die westlichen Industriegesellschaften stehen vor Fragen, die – wie Lebensstil, Energieverbrauch, Wachstum, Solidarität mit der Weltgesellschaft, Verteilung der vorhandenen Arbeit – eher lösbar sind, wenn der Bürger in die notwendigerweise umfassenden Lösungen mit einbezogen wird.

Akzentuierungszwang: Diese beiden Leitvorstellungen unterscheiden sich unter anderem in einem kleinen, hier aber wesentlichen Punkt. Die erstgenannte Tendenz, der Trend zur Technokratisierung, ergibt sich in der Regel von selbst, nämlich aus der Interessenlage der vorhandenen Apparaturen heraus. Die andere Leitvorstellung, die Hereinnahme des Bürgers, ist darauf angewiesen, ausdrücklich betont zu werden. Sie muß dazu bewußt gewollt und an die Apparatur sozusagen von außen herangetragen werden[11].

Dieser Zwang zur Betonung hat in der Entwicklung des politischen Systems immer wieder auch zu einer Überdimensionierung des Demokratieaspektes geführt. Gerade in den vergangenen Jahren ist er, jedenfalls in der Bundesrepublik, des öfteren überbetont worden. Das hat, etwa im Hochschulbereich, zu Erscheinungen geführt, die vielfach sogar gegenläufige Effekte bewirkt haben. Aber auch derartige Auswüchse ändern nichts an der sachlichen Notwendigkeit, die demokratischen Leitvorstellungen bewußt zu fördern.

So werden denn auch von dem hier vorgelegten Versuch, auf das eingangs skizzierte Dilemma verändernd einzuwirken, die demokratischen Vorstellungen als grundlegend einbezogen.

Die Definition der Ausgangssituation

Für die Bewältigung eines Problems ist es von erheblicher Bedeutung, ob es gelingt, die problematische Situation so zu beschreiben, daß sie lösbar wird. Das gilt auch für die Effizienz und für die Reichweite eines Änderungsversuches, wie er angesichts des Dilemmas unserer Demokratie in Gang gesetzt wird.

Die Schwierigkeiten, die der demokratische Ordnungsentwurf mit sich selber hat, lassen sich auf unterschiedliche Weise sehen, beispielsweise als:

Gesinnungsproblem: Mehr Mitdenken ist nötig! Engagiere Dich in einer Partei! Wir bekommen den Staat, den wir verdienen! Unser System muß „durch Vermenschlichung gestärkt" werden (vgl. Dichgans 1974). Der Politiker nimmt seine Vorbildfunktion nicht ernst! Oder: Der Bürger kennt zwar die Nachteile, die das Auto uns allen einbringt, besteht aber doch auf einem eigenen Wagen! Es gibt bei uns 'zu wenig Menschen, die community regarding' (gemeinwohlbezogen) handeln!

Durch solche Appelle und Meinungen wird die Problematik, über die wir nachdenken wollen, moralisiert und individualisiert. Appelle unterstellen die Fähigkeit des Einzelnen, auf diese Weise ansprechbar zu sein. Das betreffende Schrifttum enthält denn auch predigtartige Passagen. Der Standpunkt hinter dieser Sicht der Ausgangssituation muß idealistisch oder romantisch genannt werden, im Umkehrfall auch resigniert: Menschen mit falscher Herkunft sind unfähig zur Demokratie[12]. Der Bürger hat als Bauherr seiner Städte versagt (Schmidt/Thielemann/Köhne 1974, S. 1346). – Eine Lösung des strukturell bedingten Dilemmas ist durch seine Deklarierung als 'Gesinnungsproblem' nicht zu erwarten.

Bildungsproblem: Die meisten Wissenschaftler, die heute konstruktiv über das Dilemma der Demokratie nachdenken, definieren es als ein Bildungsproblem. Sie erwarten, daß es möglich sein wird, Kenntnisse und Einstellungen, die die dargestellten Schwierigkeiten beheben, in erforderlichem Umfang zu verbreiten (vgl. Fromm 1974, v. Hentig 1973, Jungk 1973, Vilmar 1973). Dieses Informieren, handfeste Umerziehen oder – etwas feiner – „die Wunschmatrix des Neandertalers In-Regie-Nehmen" (v. Gizycki 1974) soll „aus der Konsumentenhaltung befreien", „die Unmodernität des Menschen reduzieren", „experimentelle Mentalität" erzeugen, die „Preisgabe von Vorrecht, Vorwissen und Vormacht" ermöglichen und so Schritt für Schritt „schließlich auch Bereichen zugute kommen, in denen das Gemeinwohl unmittelbar im Vordergrund steht" (Vilmar 1973, S. I/416; Klages 1975, S. 160 ff.; Jungk 1973, v. Hentig 1973, Schmitt Glaeser 1973, S. 258).

Dieser Beeinflussungsprozeß beginnt schon im Kindergarten. Familie, Schule und Arbeitsplatz sind so gesehen nur Vor- und Einübungsfelder für politisch notwendiges Verhalten (Iwaszkiewicz/Herwig 1972, Vilmar 1973, S. 140). Manche wissen auch, wieviel Bildung benötigt wird: eine 12jährige Vollschulzeit „schafft für alle die intellektuellen Mindestvoraussetzungen, um ... als Demokraten sachgemäß wählen, mitentscheiden und mitbestimmen zu können" (Vilmar 1973, S. I, 363 f.).

Die akute ‚Pädagogisierung' politischer Probleme, die in diesem Ansatz zum Ausdruck kommt, hat Gründe, z. B. die wachsende Einsicht in die Begrenztheit revolutionärer Erwartungen. Vor allem aber wirkt sich hier auch das Vorhandensein einer sozial sehr machtvollen Gruppe aus, nämlich der Pädagogen. Die Schule, und mit ihr das entsprechende Personal, haben in der Periode der Industrialisierung für die Entlastung und Ergänzung der Familie eine eminente Bedeutung gewonnen. Heute dehnen die schulförmigen Einrichtungen ihren Einfluß aus und besetzen mit ihrem Selbstverständnis, ihren Konzepten und Ansprüchen immer weitere gesellschaftliche Problembereiche.

Die Pädagogisierung politischer Probleme kann eine Verkürzung der an sich erforderlichen Antworten auf bestimmte tradierbare Sätze mit sich bringen. Eine Gesellschaft, ob Sparta oder DDR, begibt sich so bestimmter Entwicklungsmöglichkeiten. Die eigentlichen Einwände liegen aber in anderen Richtungen: Wenn man unser Dilemma sinnvoll als Bildungsproblem begreifen will, so verlagert das die notwendigen Lösungen um Generationen. Die Lösungen setzen eine Erziehung der Erzieher voraus. Vilmar veranschlagt, selbst bei Einsatz seiner multifrontalen Strategie mehrere Jahrzehnte, um auch nur die Anfangsphase zu erreichen (Vilmar 1973, S. I, 114). Die Zeit haben wir nicht mehr.

Vor allem aber wird man fragen müssen, ob und inwiefern sich der Mensch überhaupt für derartige Bildungsversuche eignet. Die Definition unseres Dilemmas als Bildungsproblem argumentiert zutiefst idealistisch. Daß Privilegierte „durch eine Erziehung zur Mündigkeit und zur aktiv-effizienten Teilnahme an politischen Entscheidungsprozessen ... ihre eigenen Startvorteile in Frage stellen" (Kirsch 1974, S. 263), diese Erwartung muß – aller Erfahrung nach – als utopisch bezeichnet werden.

Sprachproblem: Es gibt Beschreibungsweisen der Ausgangssituation, die nicht die Änderungsmöglichkeiten in den Mittelpunkt rücken, die dem Einzelnen zugesprochen werden, seine Fähigkeit zur Selbstdisziplinierung oder zur Bildung, sondern bestimmte *Strukturen* unserer Gesellschaft, z.B. die Sprachstruktur oder die Herrschaftsstruktur.

Die Deutung der Situation als Sprachproblem sieht das Dilemma, in dem wir stecken, in unseren Sprech- und Denkweisen begründet. Eine Änderung der bedrohlichen Zustände wird sich erreichen lassen, wenn eine akzeptable und exakt kennzeichnende Begrifflichkeit zur Verfügung steht. So müßte es gelingen, „aus einem spezifischen Vergangenheitsbewußtsein ein geöffnetes Gegenwartsbewußtsein zu entwickeln, um schließlich ein problemorientiertes Zukunftsbewußtsein herbeizuführen" (Fink 1973, S. 712).

So eindrucksvoll Gedanken dieser Art sein mögen, eine bearbeitungsgeeignete Beschreibung der sozialen Wirklichkeit läßt sich so nur schwer gewinnen. Das Neuarrangement sprachlicher Leerformeln – so wichtig es ist – gibt keine kurzfristig verwendbaren Bewältigungsmöglichkeiten unseres Dilemmas an die Hand. Da ist die Definition als Herrschaftsproblem schon griffiger.

Herrschaftsproblem: Die herrschende Politik ist die Politik der Herrschenden. Die notwendigen Änderungen in der Steuerung unserer Gesellschaft lassen sich erst bewirken, wenn es gelungen ist, die Herrschaftsverhältnisse zu ändern.

Einer solchen Ansicht können relativ begrenzte Vorstellungen – z.B. im Hinblick auf die Neuordnung von Kooperationsstrukturen im Betrieb oder in der Hochschule – oder auch sehr umfassende Vorstellungen zugrunde liegen: das Eigentum an den Produktionsmitteln muß neu verteilt, die Herrschaft des Menschen über den Menschen generell beendet werden. Letzten Endes erscheint eine solche Definition des Dilemmas auf den Zwang zur Revolution reduzierbar.

Nun bringt der Traum von der Revolution in jedem von uns zwar auch sympathisierende Saiten zum Klingen. Er ist aber, jedenfalls in seiner klassischen Form, antiquiert. Zum einen stellt sich die Frage, ob deren letzte Ziele nicht utopisch sind. Macht ist eine Bedingung menschlicher Interaktion, wie Sauerstoff eine Bedingung menschlicher Existenz. 'Herrschaft' kann nicht einfach abgeschafft werden. Zum andern ist Revolution, zumindest unter den Verhältnissen der hochindustrialisierten Gesellschaft, auch als Mittel zur Erreichung von Zielen fragwürdig. Die Verwundbarkeit der komplizierten Systeme, die den Bevölkerungsmassen das Leben ermöglichen, verhindern in bestimmten Bereichen schon heute einen Streik, wieviel mehr eine Revolution. Vor allem aber sind die Ergebnisse einer Revolution in hohem Maße unberechenbar. Selbst Rußland und auch China liefern da keine Gegenbeispiele.

Neuerscheinungen am wissenschaftlichen Buch- und Zeitschriftenmarkt scheinen auch heute noch das Gewicht der Herrschaftsproblematik und des revolutionären Gedankens zu belegen. Nur im Widerstand ist noch Hoffnung auf Rettung! Veränderungen sind nur möglich, wenn gleichzeitig die gesellschaftspolitischen Zielsetzungen, und das heißt die regierenden Prioritäten, verändert werden! (Dahmer 1973, S. 150 f.; Krysmanski 1974, S. 44). Tatsächlich aber wird hinter den rezitierten Formeln auch hier die Einsicht in die Ausweglosigkeit des revolutionären Ansatzes sichtbar.

Verfahrensproblem: Schließlich kann die derzeitige Situation als ein Problem der Entscheidungsverfahren gesehen werden. Der Engpaß besteht darin, daß die zur Organisation von Entscheidungen notwendigen Einrichtungen in unserer Gesellschaft nur unzureichend entwickelt worden sind. Es müssen bessere regelmäßig erwartbare, mehr oder weniger geordnete soziale Zusammenhänge vorgehalten werden, die die erforderlichen Entscheidungen sachgerecht und rechtzeitig zustandebringen ('Entscheidungsverfahren').

Auch bei dieser Sicht bleiben andere Problemaspekte zunächst unberücksichtigt. Der Blick wird aber aufs Machbare verengt. Hier müssen nicht erst die Menschen durch Umerziehung grundlegend geändert werden; hier müssen auch nicht erst neue gesellschaftliche Verhältnisse herbeirevolutioniert werden, – etwa durch Umorganisation des Eigentums an den Produktionsmitteln. Vielmehr unterstellt diese Problematisierung der Situation den Menschen, wie er ist, und auch die Verhältnisse, wie sie sind, als gegeben und fragt von daher nach den Möglichkeiten einer Anpassung der Entscheidungsverfahren an den sichtbar gewordenen gesellschaftlichen Bedarf.

Eine solche Frage geht von den bestehenden Einrichtungen aus. Sie bringt aber gleichzeitig die Ansicht zum Ausdruck, daß die heute gebräuchlichen Einrichtungen nicht das Ende der Entwicklung darstellen. Die Apparatur gilt als verbesserungsfähig.

Abwägung: Welche der genannten Situationsdefinitionen ist den weiteren Überlegungen zugrundezulegen? Wenn es hier darum geht, gesellschaftliche Fehlsteuerungen wirksam abzubauen, so liegt die Antwort auf diese Frage nahe. Sie muß von der unterschiedlichen Erklärungskraft der mit dem jeweiligen Ansatz gegebenen Begrifflichkeit her beantwortet werden.

Jede einzelne der genannten Situationsbeschreibungen hat vieles Richtige für sich. Sie weisen aber alle auch mehr oder weniger gravierende Begrenzungen und Nachteile auf. Die letztgenannte Formulierung der Situation läßt insgesamt die Problematik am ehesten als lösbar erscheinen. Das Dilemma der Demokratie ist daher am besten als Aufforderung zu begreifen, die *Verfahren* zur Produktion von Entscheidungen weiterzuentwickeln.

Eine solche Weiterentwicklung müßte, in der Reaktion auf die genannten Defizite, dem politischen System rationalere Bewertungen ermöglichen, es zukunftsoffener machen, Situationen schaffen, in denen die notwendigen Maßnahmen eher legitimiert werden können, sowie diejenige politische Sozialisation fördern, die heute vom Bürger erwartet werden muß.

Der Abbau dieser Defizite und damit die Verbesserung von Entscheidungsqualitäten ist nur dann zu erwarten, wenn gleichzeitig mehr Interaktion mit dem Bürger in der Entscheidungsbildung vermittelt werden kann. Die Weiterentwicklung von *Entscheidungs*verfahren ist daher mit davon abhängig, ob die Möglichkeiten der *Beteiligung* auf eine vertretbare Weise ausgebaut werden können.

Eingrenzung des Arbeitsbereiches

Konzentration auf die Beteiligung: Dieser Gesichtspunkt der Beteiligung wird in unsere weiteren Überlegungen im Sinne einer Eingrenzung aufgenommen. Im Prinzip wäre es auch denkbar, Entscheidungsverfahren weiterzuentwickeln ohne den Beteiligungsgesichtspunkt einzubeziehen, oder gar Verfahren zu ersinnen, die die jeweils erforderliche oder mögliche Beteiligung minimieren. Man kann für die notwendige Weiterentwicklung von Entscheidungsverfahren z.B. die Verbesserung der Rechtsprechung für vordringlich oder für ausreichend halten, etwa den Ausbau der Popularklage oder der Verbandsklage[13], oder man kann, wie von Arnim das tut, das ergänzende Kontrollsystem (mit Bundesbank, Bundesrechnungshof, Sachverständigenrat für die Wirtschaft) stärken wollen. Derartige Versuche gehen vielfach von der zunächst naheliegenden Ansicht aus, daß die Möglichkeiten einer Mitbestimmung durch den Bürger „der Natur der Sache nach" beschränkt sind und daß deshalb die input-Komponente des Demokratieprinzips, das Teilnehmen an Entscheidungen, nur in „zwangsläufiger Verdünnung" realisierbar sei (v. Arnim 1977, S. 237). Es fragt sich aber, ob wir uns mit solchen Formulierungen nicht gerade von dem dringendsten Entwicklungsbedarf freischreiben. Was eigentlich wird damit zum Ausdruck gebracht, daß die Mitwirkung des Bürgers der Natur der Sache nach beschränkt sei, und was daran ließe sich vielleicht ändern?

Eine so verdienstvolle Arbeit, wie sie von Arnim soeben vorgelegt hat, der den „Pluralismusdefiziten" unseres Steuerungssystems durch den Ausbau der Rechtsprechung und des die Legislative ergänzenden Kontrollsystems entgegentreten will, stellt so gesehen eine nicht ungefährliche Verkürzung von Entwicklungsmöglichkeiten dar. Zum einen liegt eine Überlastung der Rechtsprechung nicht fern. Richter können zum Beispiel nicht abgewählt werden. Die Rechtsprechung darf, wenn sie ihre eigentlichen Funktionen erfüllen soll, nicht strapaziert werden. Zum anderen gibt diese Arbeit durch eine Neudeutung und Aufwertung ausschließlich anderer Verfahren die Chance aus der Hand, die an sich notwendigen Entwicklungen gleichzeitig als Beitrag zu dem längst überfälligen Voranbringen der Beteiligungsproblematik zu nutzen. So wird ein System, das unter bereits erkennbaren Leistungsschwächen leidet, in seinen vorgegebenen Formen stabilisiert, ohne dabei Möglichkeiten einzubeziehen, die ihm zu den erforderlichen, neuen Gleichgewichten verhelfen würden.

Demgegenüber ist die vorliegende Untersuchung bereit, sich auf den Beteiligungsaspekt zu konzentrieren. Beteiligung in diesem Sinne meint personale Teilhabe an einer gemeinsamen Willensbildung mit begründeter Aussicht auf Wirkung.

Eine solche Beteiligung bietet erhebliche Vorteile. Sie bietet spezifische Chancen der Selbstverwirklichung, wie sie vom Einzelnen in der Regel als sinnvoll erstrebt werden. Sie offeriert Identifikationsmöglichkeiten, die das Verhalten des einzelnen qualifizieren[14]. Sie macht den Verfahren Informationen zugänglich, die auf andere Weise nur schwer erhältlich sind. Außerdem bietet sie Sozialisations- und Integrationschancen, die – wenn sie im Rahmen des politischen Systems gewährt werden – für die Intaktheit dieses Teilsystems und damit der Gesellschaft funktional sind.

Dieses Beteiligtsein soll im Rahmen erwartbarer Möglichkeiten stattfinden, und zwar Möglichkeiten, innerhalb derer die relevanten Entscheidungen nicht so sehr durch Programme, wie z.B. Verordnungen, festgelegt oder durch Maschinen, wie z.B. Würfel oder Rechenanlagen, ermittelt, sondern durch Personen gefällt werden.

Derartige Möglichkeiten werden im folgenden als 'Beteiligungsverfahren' bezeichnet.

Konzentration auf das politische Teilsystem: Die Verwendung des Begriffes 'Beteiligungsverfahren' macht es notwendig, sich gegen Mißverständnisse abzugrenzen, die aus der in den letzten Jahren geführten Partizipationsdiskussion erwachsen. In ihr herrscht ein emphatisch-partizipativer Ansatz vor. Kennzeichnend für ihn sind die umfassenden 'Demokratisierungs'ansprüche[15]. In der entsprechenden Literatur ist mehrfach versucht worden, Beteiligungsprobleme in der ganzen Breite des gesellschaftlichen Feldes – von der Familie bis zum Staat – zu erfassen. Überblicke von Vilmar, Greiffenhagen oder von Alemann gehen so vor (vgl. Vilmar 1973, Greiffenhagen 1973, v. Alemann 1975). Die sogenannte Partizipationsforschung operiert bis in die allerjüngste Zeit hinein – das Programm des Deutschen Soziologentages 1976 belegt das – mit diffusen, umfassenden und daher unhandlichen Beteiligungsvorstellungen.

Wo Verfahrensansätze erprobt werden sollen, muß gezielter vorgegangen werden. Hier ist es unumgänglich, sich auf einen bestimmten gesellschaftlichen Teilbereich einzugrenzen. Dabei empfiehlt es sich, dort anzusetzen, wo die Entwicklung neuer Verfahren am notwendigsten ist. Es gibt nämlich Bereiche, in denen die Erörterung und Erprobung von Verfahren „von selbst" läuft, und Bereiche, in denen das nicht der Fall ist.

Eine gewisse Eigendynamik in der Weiterentwicklung institutionalisierter Beteiligungsmöglichkeiten läßt sich in bestimmten *autonomisierbaren Teilstrukturen* der Gesellschaft feststellen. Die Kapazitätsgrenzen eines solchen Ausbaues werden zwar im einzelnen Fall oft bald erkennbar. Es werden aber in der Schule mit der Schülermitverwaltung oder mit der Beteiligung der Eltern am Schulgeschehen seit langem Erfahrungen gesammelt. Für bestimmte Entscheidungen im Theaterleben, in Zeitschriftenredaktionen oder Verlagen sind Beteiligungsmodelle entwickelt und z.T. erprobt worden. Die Hochschule hat gerade eine Welle von mehr oder weniger sinnvollen neuen Versuchen hinter sich. Am nachhaltigsten ist die Beteiligung für den betrieblichen Bereich diskutiert worden. Hier sind demzufolge längst eigene umfangreiche Einrichtungen wirksam, wie sie sich beispielsweise mit Koalitionsfreiheit, Tarifautonomie, Arbeitsgerichtsbarkeit oder betrieblicher Mitbestimmung ergeben.

Die Änderungsversuche, die wir als notwendig erkannt haben, könnten in derartigen Teilstrukturen ansetzen. Es dürfte auch nicht sinnlos sein, weitere solcher autonomisierbaren Bereiche auszugrenzen. So kann man fragen, ob nicht im sozialen Bereich im engeren Sinne, wo es um Krankenversicherung, Familie, Sozialversicherung oder Beruf geht, weitergehende Beteiligungsformen entwickelt werden können. Schmitt Glaeser rechnet sich hier – sicher mit Recht – latent vorhandene Teilnahmemotivationen aus, die genutzt werden könnten. (Schmitt Glaeser (1973, S. 258) setzt den Akzent der Weiterentwicklung auf diesen Bereich.)

In den genannten autonomisierbaren Teilbereichen kommt die Weiterentwicklung von Beteiligungsmöglichkeiten auch deswegen nicht zum Stillstand, weil sich hier inzwischen Interessen organisiert haben, die das Gespräch vorantreiben. Es ist z.B. unwahrscheinlich, daß den Gewerkschaften keine neuen Vorschläge und Forderungen für die Mitbestimmungsdiskussion einfallen werden.

Verglichen mit den Verhältnissen in den autonomisierbaren Teilstrukturen ist die Weiterentwicklung von Beteiligungsmöglichkeiten an den zentralen politischen Willensbildungsprozessen ungleich schwieriger. In der bestehenden Apparatur des *politischen Teilsystems* im engeren Sinne werden die als Mehrbereichsprobleme deklarierten Fragen entschieden. Hier sind so gut wie keine organisierten Interessen sichtbar, die auf eine Institutionalisierung neuer Beteiligungsmöglichkeiten drängen. Selbst die Bürgerinitiativbewegung, die in bestimmten Sachfragen, wie z.B. der Verhinderung einer überdimensionierten Kernenergie-Expansion, entscheidende Erfolge verzeichnen kann, hat für diesen Bereich kein Programm anzubieten.

Hier muß demnach der eigentliche Bedarf nach Weiterentwicklung von Verfahren der Beteiligung konstatiert werden. An diesen Apparaturen haben denn auch die hier vorgelegten Bemühungen angesetzt. Die Vollzüge, an denen in diesem Bereich mehr Beteiligung zu eröffnen wäre, werden von uns zusammenfassend und mit einer gewissen kalkulierten Ungenauigkeit des Ausdrucks als 'Planen' bezeichnet.

Systemrelevanz des Entwicklungsvorhabens

Trotz aller notwendigen Eingrenzung darf es bei der Konzentration auf die Beteiligungsverfahren im politischen Teilsystem nicht um eine nur punktuelle Reparatur gehen.

Die Erfahrungen, die bei der Neu- oder Weiterentwicklung von Beteiligungsverfahren heute gemacht werden, zeigen, daß bei diesen Entwürfen von bestimmten Schwachstellen ausgegangen worden ist, deren Abstellung das einzige Ziel der entsprechenden Maßnahmen abgegeben hat. Ein Verfahrensentwurf wie die sog. Bürgerinitiative versprach entscheidende Erleichterungen, aber schuf neue Probleme. Aber auch dort, wo eine Konzeption in größere theoretische Zusammenhänge eingebettet erscheint, z.B. beim Räte-Modell, werden die realen gesellschaftlichen Voraussetzungen und die sich damit ergebenden Folge- und Nebenwirkungen nicht ausreichend zur Kenntnis genommen. Selbst da, wo ein Fächer von Maßnahmen angeboten wird, wie etwa im britischen Skeffington-Report (Ministry of Housing and Local Government 1969) oder bei den entsprechenden späteren Bemühungen in der Bundesrepublik, bleibt das Ganze relativ einseitig einer Intention verhaftet, die auf ihre möglichen Effekte hin nicht voll abgeprüft erscheint.

Was bedeutet eine vorgeschlagene Maßnahme für die Verwaltung, für die Wirtschaft, für die Familie oder für die Verhaltensmotivation, das Lebensgefühl und den Zeitkonsum des Einzelnen? Verfahrensentwürfe müssen die Folgewirkungen, die sie für das Gesamtsystem haben, als vorab reflektiert ausweisen können.

Insbesondere dürfen – auch bei einer Konzentration auf den Verfahrensaspekt – die *Lern*effekte nicht übersehen werden, die mit der Inanspruchnahme eines Verfahrens beim Individuum ausgelöst werden. Das Sein bestimmt auch hier das Bewußtsein. Was man als Teilnehmer mitvollzieht, wirkt sich verhaltensbildend und dadurch langfristig in der Gesellschaft aus.

Gesellschaftliches Lernen erfolgt vielfach durch die Zuweisung der entsprechenden Rollen. Über welche Fähigkeiten und Einstellungen man als Geliebte, als Urlauber, Kunde oder Fußgänger verfügen muß, das wird einem durch die Teilnahme an der betreffenden Situation vermittelt. Fragt man danach, wo sich der Einzelne darüberhinaus die in unserem politischen Ordnungsentwurf vorausgesetzten Einstellungen und Fähigkeiten aneignet, so fällt es schwer, die erforderlichen situativen Lernprozesse in ausreichender Zahl zu entdecken. Rollen, in denen Bürgerqualitäten vermittelt werden, insbesondere die Fähigkeit, im langfristigen Interesse der Allgemeinheit zu denken, sind nicht sehr zahlreich. Die sog. Politische Bildung versucht hier auszuhelfen, aber die Grundwidersprüche, die sich aus dem Mangel an Lernsituationen für den Ordnungsentwurf wie für den Einzelnen ergeben, liegen offen zu Tage (vgl. statt anderer: Dahmer 1973, S. 150).

Eine Rolle, die ihren Inhaber veranlaßt, im langfristigen Interesse der Allgemeinheit zu denken, ist die des Planers. Wenn es möglich wäre, diese Rolle massenhaft zur Verfügung zu stellen, wären bestimmte Fähigkeiten und Einstellungen, die unser System fordert, in höherem Maße verbreitet, als das heute der Fall ist. Es müßte möglich sein, planen als ein Element der Bürgerrolle anzubieten. Die Forderung nach der Erweiterung eines entsprechenden Rollenangebotes unterstreicht noch einmal die Dringlichkeit der Entwicklung vermehrter Beteiligungsmöglichkeiten in den Apparaturen des politischen Teilsystems.

C. Arbeitsplan

Aus dem Überblick über die bestehende Situation und aus der sich daraus entfaltenden Aufgabenstellung ergeben sich einzelne Vorhaben, die sich zu Schritten eines Arbeitsplanes zusammenstellen lassen.

1. Zunächst müssen die im politischen Teilsystem unserer Gesellschaft *gängigen* Beteiligungsverfahren überprüft werden. Wo ist eine Erweiterung von Beteiligung möglich und wo nicht? Die Beantwortung dieser Frage setzt die Entwicklung von Kategorien und Maßeinheiten voraus, mit deren Hilfe die Überprüfung durchgeführt werden kann.

2. Sollte diese Überprüfung – und das ist der Fall – im ganzen zu negativen Ergebnissen kommen, so müßten *neue* Verfahren entwickelt werden, die die vorhandenen Verfahren in den erkannten Schwachstellen gezielt ergänzen und die die im Überblick genannten Defizite möglichst insgesamt angehen.
Eine derartige Konstruktionsarbeit ist inzwischen geleistet worden. Ihr Ergebnis ist der hier vorgelegte Verfahrensverbund.
Diese Konstruktionsarbeit schließt das Aufstellen plausibler Annahmen über die planerischen, politischen und gesellschaftlichen *Auswirkungen* der Neukonstruktion mit ein.

3. Ein derartiges Konstrukt müßte in seinen Teilen und als ganzes der theoretischen wie auch praktischen *Erprobung* zugeführt werden. Dabei mag es vorkommen, daß

ein neuer Entwurf den in ihn gesetzten Erwartungen nicht oder nicht gleich oder nicht in jeder Hinsicht entspricht. Damit wird sogar zu rechnen sein. Dennoch ist das Experimentieren mit Entwürfen, wenn das reine Theoretisieren als der kostensparenste Umgang mit der Wirklichkeit nicht mehr weiterführt, ein erfolgversprechender Weg, um Auskunft über die Leistungsfähigkeit des Entwurfes zu erhalten.
Die Konstruktion und Erprobung eines Neuentwurfes birgt Risiken. Es ist daher verständlich, wenn Neuentwürfe immer wieder auch als wenig sinnvoll abgelehnt werden (so z.B. AG-KOP 1973, S. 24; Buse 1975, S. 57). Andererseits ist bereits deutlich und wird im Fortgang der Darlegung auch weiter belegt werden, daß Risiken bei der derzeitigen Lage übernommen werden müssen, wenn es dadurch möglich erscheint, dem Problemstau im politischen System unserer Gesellschaft erfolgreich zu begegnen.

4. Schließlich darf auch die Übernahme in die politisch/administrative Praxis nicht ganz dem Zufall überlassen bleiben. Es sind Vorstellungen darüber zu entwickeln, ob, wo und wie eine *Einführung* neuer Modelle verwirklicht werden kann.

Die folgenden Kapitel beschreiben die Ergebnisse eines solchen Arbeitsablaufs. Für die dritte Arbeitsphase, die Erprobung eines Verfahrens, die in unserem Falle 1971 begonnen hat und seitdem mit unterschiedlicher Intensität läuft, gilt das allerdings eingeschränkt. Hier sind die brauchbaren Ergebnisse inzwischen zu umfangreich, als daß ihre Darstellung in diesem Band erwartet werden dürfte. Teilergebnisse der praktischen Erprobung sind aber an mehreren Stellen in die Erörterung des vorgelegten Modells ausgesprochen oder unausgesprochen mit einbezogen worden.

Anmerkungen zu Kapitel I

1 Erich Jantsch (Technological Forecasting in Perspective, OECD, Paris 1967) nennt über 100 Aktivitäten allein auf dem Gebiet der technologischen Voraussage.

2 In der Familie kann das Verhalten immer noch von Möglichkeiten gesteuert werden, die sich langfristig, z.B. durch Eigentum oder durch Hochschulstudium, für Sohn und Enkel sichern lassen.

3 Die Abhilfen werden mit sehr verschiedenen Bezeichnungen belegt. Die hier erwähnten wurden vonVogel (1973), S. 7, bezw. Eppler (1973), S. 951 benutzt.

4 Das Gefühl dieser Entfremdung ist umso ausgeprägter je größer der Wohnort ist. Vgl. Finifter (1970), S. 403.

5 Altmann (1960, S. 28) nennt unsere Verfassung mit ihrem geringen Angebot an Mitwirkungsmöglichkeiten ein „konstruktives Mißtrauensvotum gegen die Demokratie".

6 z.B. Klaus Müller (1972, S. 507): „Wir brauchen ein Mehr an Demokratie als in Repräsentativ-Gremien zu verwirklichen ist, wenn wir die Zukunft der Demokratie und also auch den Auftrag des Grundgesetzes der Bundesrepublik nicht verspielen wollen. In dieser paradoxen Formulierung liegt das Elend unserer gegenwärtigen politischen Situation angesichts der überwältigenden Herausforderungen beschlossen." – Die Ansicht, der Gesetzgeber werde hier „alte Einrichtungen verbessern oder neue schaffen müssen, um dem Bürger die Möglichkeit und das Bewußtsein zu geben, die Gemeinschaft mitzutragen und mitzubestimmen", wird vom Verfassungsgerichtshof NRW (Begründung des Entscheides v. 28.9.1973) vertreten.

7 So ist in den im NT überlieferten Seligpreisungen die Zusage „Gott wird sie trösten" oder „Gott wird barmherzig sein" bekanntlich nicht direkt ausgesprochen. Der Begriff „Gott" wird vielmehr durch Benutzung von Passivformen umschrieben: „Denn sie sollen getröstet werden! Denn sie werden Barmherzigkeit erlangen!"

8 Das Versagen (!) des Bürgers wird auf die Gegenpartei projiziert. In der angeführten Bundestagsdebatte konnte man z.B. zur anderen Partei gewandt sagen: „Die Beschlüsse, die wir von *ihnen* aufs Auge gedrückt bekommen haben ..." (Abgeordneter Schmidt/Kempten).

9 Schon Platon müßte hier bemüht werden. – Beispiele gibt es aber auch in der Moderne. Daß die Demokratie „als Bewegung wie als Gedankenwelt" aus dieser Krise nicht heil hervorgehen kann, vertrat im Vorkriegs-Europa von 1911 schon Robert Michels (1957, S. XX.).

10 Nicht daß diese Begriffe dadurch sinnlos würden, aber ihre inhaltliche Füllung muß heute mehr denn je in jedem kontroversen Fall neu ermittelt werden. Die Gemeinwohlproblematik ist durch v. Arnim (1977) soeben wieder einmal aufgearbeitet und auf eine erfreulich praxisnahe Weise aktualisiert worden.

11 Browarzik (1976, S. 75 f.) hat vermutlich Recht: Demokratische Institutionen entstehen erst, wenn ein demokratischer Glaube bereits vorhanden ist.

12 „An ihnen müssen alle Versuche, demokratische Verfahren einzuführen, demokratisch gelenkte Organisationen aufzubauen oder zu bewahren, scheitern." Krauch (1972, S. 130).

13 Vgl. insbesondere Rehbinder, Burgbacher, Knieper 1972. Marcic bezeichnet die Popularklage als „den Schlußstein im Gefüge des demokratischen Rechtsstaats" (1957), S. 255.

14 Klassisch ist hier Schumpeters Frage, „warum an einem Bridgetisch so viel mehr Intelligenz und klares Denken als beispielsweise in einer politischen Diskussion zwischen Nichtpolitikern sichtbar wird". Seine Antwort: De facto gibt es für den privaten Bürger, der über politische Angelegenheiten nachsinnt, „keinen Spielraum" für „wirksame Willensäußerung" und keine Aufgabe, an der sich ein Wille entwickeln könnte (1972, S. 415).

15 Ihre Intention kommt beispielsweise in den Erwartungen von Sozialarbeitern zum Ausdruck: 85 % der Befragten halten „die Demokratisierung aller Lebensbereiche für erforderlich", aber nur 4 % würden damit in der Verwaltung beginnen (vgl. Retza 1976).

Kapitel II

Vorhandene Beteiligungsverfahren

Der Überblick über die vorhandenen Verfahren sollte feststellen, wo eine Erweiterung von Beteiligung möglich ist und wo nicht. Den entsprechenden Darstellungen liegen eine Durchsicht der umfangreichen Literatur und eigene Beobachtungen zugrunde sowie, wo sich das als notwendig erwies, oft sehr eingehende Fallstudien. Die wesentlichen Ergebnisse des Überblicks seien hier vorweggenommen:

– Für alle untersuchten Verfahren gilt, daß ihre vermehrte Ingebrauchnahme gesamtgesellschaftlich unerwünschte Nebeneffekte hat.

– Jede weitere „Demokratisierung" mithilfe allein der vorhandenen Verfahren führt zu angebbaren Reibungen, Verlangsamungen, Mehrbelastungen oder offenen Benachteiligungen, die weder der Apparatur noch den Betroffenen oder der Gesellschaft als ganzer zugemutet werden sollten.

– Die Beteiligungs- und daher auch die Problemverarbeitungskapazität der im politischen Teilsystem unserer Gesellschaft vorhandenen Einrichtungen erweist sich insgesamt als weitgehend erschöpft.

Im einzelnen sind folgende Untersuchungsschritte absolviert worden:

A. Kategorisierung

Um Vergleiche anstellen zu können, muß mehr als ein Verfahren untersucht werden. Andererseits ist es nicht möglich, alle vorkommenden Verfahren einzeln zu erfassen. Die Fülle der Formen muß auf einige Grundtypen reduziert werden. Erst so werden Aussagen über Vor- und Nachteile bestimmter Verfahren rentabel möglich. Diese Reduktion ist mit der Ausgrenzung folgender sieben Grundtypen geleistet worden:

– Verwaltung,
– Parlament,
– Partei,
– Plebiszit,
– Beirat,
– Bürgerinitiative und
– Anwaltplanung.

Die zur Bezeichnung dieser Verfahrenstypen verwendeten Begriffe sind für unsere Zwecke bisher nicht allgemeingültig definiert worden. Die gemeinten Sachverhalte wurden jeweils mit dem ihnen am nächsten kommenden Wort der „gehobenen Alltagssprache" belegt (Zetterberg 1962, S. 68). Diese Begriffe werden aber z.T. in sehr unterschiedlichen Zusammenhängen gebraucht. Bei einigen Verfahren müssen daher einleitend zusätzliche definitorische Elemente genannt werden.

Der Überblick, der damit zustande kommt, beansprucht nicht, vollständig zu sein. Manche mitunter auch so bekannten Verfahren wie Sozialplan, Ombudsmann, Demonstration oder Leserbrief können weggelassen werden, weil sie der Sache nach – trotz einer eigenständigen Bezeichnung – nicht viel anderes darstellen als eines der hier bereits behandelten. Andere nehmen so überwiegend andere Hauptfunktionen wahr, daß die Vermittlung von Entscheidungsbeteiligung, soweit sie überhaupt auffindbar ist, als eine vernachlässigbare Nebenfunktion verstanden werden kann. Schließlich bleibt auch die Vielzahl der Mischformen unerwähnt, die zwischen den hier aufgeführten Verfahrenstypen denkbar sind.

Die Nennung der Verfahren macht trotz der Weglassungen deutlich, daß bei unserem vorhin erwähnten, enggefaßten Beteiligungsbegriff, der die nur konsumierenden oder nur symbolischen Formen der Beteiligung nicht einbezieht, sich sogar ein noch umfangreicheres Verständnis von 'Beteiligungsverfahren' ergibt, als es gemeinhin den partizipations-soziologischen Untersuchungen zugrunde liegt. So stellt sich z.B. unter den hier verwendeten Definitionen die „Verwaltung" als ein Beteiligungsverfahren dar.

Die genannten Verfahren werden sehr kurz skizziert. Ihre Notwendigkeit, Herkunft oder Bedeutung wird nicht ausdrücklich reflektiert. Die sieben werden mit einer gewissen Einseitigkeit lediglich als „Beteiligungsverfahren" gesehen.

Selbst hierbei geht es nicht ohne Vereinfachungen ab. Ob ein Verfahren in der Großstadt oder in einer dörflichen Gemeinde, ob es auf der Kreis- oder auf der Bundesebene angewendet wird, das macht Unterschiede aus. Diese sind z.T. so bemerkenswert, daß für die Darstellung der Verfahren auch eine Kategorisierung nach 'Ebenen' und nicht nach 'Verfahrenstypen' infrage gekommen wäre. Auf jeder Verwaltungsebene häufen sich bestimmte Arten von Problemen. Von den betreffenden Problemqualitäten hängt z.T. die Beteiligungseignung ab. Bestimmte Verfahrensmodelle kommen aber auf allen oder fast allen Ebenen vor. Weil es in unserer Untersuchung speziell um die Beschreibung eines neuen Verfahrensmodells geht, schien die hier vorgenommene Kategorisierung angemessener.

Jedes der Verfahren enthält schließlich Positionen verschiedener Teilnahmeintensität: Im ‚Parlament' gibt es so etwas wie eine Gewaltenteilung zwischen den mittleren und den vorderen Bänken der Fraktionen; dem Entscheidungsbeteiligungsverfahren ‚Verwaltung' gehören Staatssekretäre wie auch mit einer Datenaufstellung beschäftigte gehobene Beamte an; selbst die Teilnehmer einer ‚Bürgerinitiative' lassen sich einem Kern-Rand-Schema zuordnen. Alle diese Unterschiede bleiben hier unberücksichtigt. Trotz solcher Nivellierungen treten innerhalb der ausgegrenzten Verfahren, deren generelle Vorzüge und Schwachstellen hinreichend deutlich hervor.

Der Überblick muß offenlegen, an welchen *Anforderungen* die aufgezählten Verfahren gemessen werden sollen. Die allgemeinen Erwartungen, die in unserer Gesellschaft an Entscheidungsverfahren gerichtet werden, sind hier erfreulich eindeutig. Sie lassen sich daher auf recht einfache Begriffe bringen. Als Voraussetzung für das Fällen sach- und fristgerechter Entscheidungen darf unter anderem folgendes gelten:

- ausreichende *Informiertheit* der Teilnehmer,
- ausreichende *Motivation* zur Teilnahme,
- *Immunisierung gegen* den Durchgriff harter *Interessen* in die Entscheidung,
- *Immunisierung gegen* organisationsspezifische *Eigeninteressen* des Verfahrens.

Derartige Grundvoraussetzungen ließen sich weiter spezifizieren. So wird etwa als eine Voraussetzung der Immunisierung gegen den Interessendurchgriff ein gleichmäßiges Vertretensein der unterschiedlichen Interessenlagen erwähnt[1]. An die Verfahren wird z.B. die Frage gerichtet, ob alle sozialen Schichten zu ihnen in gleicher Weise Zugang haben. Die Darstellung der einzelnen Verfahren hatte unter anderem zu überprüfen, ob und in welchem Umfang die genannten Voraussetzungen gewährleistet sind.

Der Überblick wird punktuell auch auf Weiterentwicklungen einzugehen haben. Es muß daher erwähnt werden, daß Verfahren, die am Herstellen von Entscheidungen beteiligen wollen, 'einsetzbar' zu sein haben, d.h. sie müssen als Verfahren bereits üblich oder aber im Rahmen der bestehenden Gesetze in die Planungsprozesse neu einbaubar sein. Es hat wenig Zweck, Verfahren zu ersinnen, die andere als die bestehenden gesellschaftlichen Verhältnisse voraussetzen.

Teilnahme hat für den Einzelnen, und damit für die Gesellschaft, prägende Auswirkungen. Eine Überprüfung der gängigen Beteiligungsverfahren muß diese Lerneffekte berücksichtigen. Es ist allerdings eine Frage, mit welchem Genauigkeitsgrad das im folgenden geschehen kann. Sollten die Effekte eingehend erwogen werden, so wäre es notwendig, die Kenntnisse, Einstellungen und Fähigkeiten präzis zu benennen, die vom Teilnehmenden dabei erworben werden können, sowie auch die Einsatzdauer und Mitwirkungsintensität zu kennzeichnen, die mit dem betreffenden Verfahren für eine bestimmte Personenzahl (und zwar welche?) angeboten werden. Eine solche Vorgehensweise, so notwendig sie an sich wäre, hätte die Möglichkeiten dieser Untersuchung überschritten. Dennoch sind immer wieder Beobachtungen festgehalten und im Vergleich auch mit berücksichtigt worden, die es erlauben, Aussagen auch über die politischen Lerneffekte der angeführten Verfahren zu machen.

Die Gedrängtheit des folgenden Überblicks läßt die kritischen Aspekte der Darstellungen mitunter etwas hervortreten: Nachteile der Verfahren fallen so stärker ins Gewicht als deren Vorteile. Insofern machen die Verkürzungen dieses Kapitels – was vom Gesamtergebnis her nicht unberechtigt ist – auch eine gewisse Tendenz sichtbar. Im übrigen ist mit der unterschiedlichen Länge der Darstellung der einzelnen Verfahren keine Gewichtung beabsichtigt.

B. Darstellung einzelner Verfahren

Die Verwaltung

Eine frühe Form der Beteiligung am politischen Entscheiden des Souveräns ist die Verwaltung. Sie stellt die ihr Angehörenden wirtschaftlich sicher und gibt ihnen zeitlich und positionell die Gelegenheit, sich über anstehende Entscheidungen umfassend zu informieren. Im Prozeß seiner beruflichen Sozialisation identifiziert sich der Verwaltungsangehörige mehr oder weniger stark mit den Zielsetzungen der Großgruppe, der die betreffende Verwaltung „dient". Die Verwaltungsangehörigen werden so zu einer hochinformierten, sehr wirksamen und auch an Langfristproblemen orientierten Teilnahme am politischen Entscheidungsprozeß befähigt.

Diese Teilnahme des Einzelnen wird auf bestimmte Problemausschnitte begrenzt. Sie kann regierender, im engeren Sinne verwaltender oder auch rechtsprechender Art sein. Unsere Definition schließt damit die hauptamtlich Tätigen in *den* Teilbereichen der Justiz mit ein, die die politisch relevanten Entscheidungen zu erarbeiten haben[2]. Verwaltung läßt sich auf die zu bewältigenden Probleme hin arbeitsteilig organisieren. Durch Hierarchisierung der Kompetenzen wird jede Entscheidung auf einer bestimmten Ebene immer nur von wenigen erwogen und gefällt. Unabhängig vom Selbstverständnis des jeweiligen politischen Systems hat die Verwaltung in den letzten Jahren überall expandiert. („Ick weeß nich, det Deutsche Reich wird imma kleena, und det Auswärtige Amt imma größa." So wurde, lange vor Parkinson, im Berlin der 20er Jahre die Situation vom Pförtner des AA gekennzeichnet.) Eine Umgestaltung von weiteren Teilen der Gesellschaft in Verwaltung ist denkbar und wird vielfach für zwangsläufig gehalten.

Das Beteiligungsverfahren „Verwaltung" hat aber, so notwendig es unter den gegebenen Umständen ist, angebbare *Nachteile*:

– Bestimmte Arten von planungsrelevanten Informationen finden in die Verwaltung nur schwer Eingang, etwa auch Informationen wie Aristoteles sie meint: Willst du wissen, wie ein Schuh paßt, mußt du den fragen, der ihn trägt, nicht den, der ihn hergestellt hat.

– Soziale Apparate haben Eigeninteressen. Die Positionsinteressen der Verwaltung sind nicht identisch mit den Interessen der Allgemeinheit. Diese Eigeninteressen gehen in ihre Entscheidungen ein.

– Teilinteressen innerhalb der Verwaltung verlangsamen oder verhindern sachgemäße Lösungen. Diese werden z.B. erschwert durch die Zuteilung einzelner Problemaspekte an Leute, die jahrelang oder ein ganzes Leben in solchen Abschnitten tätig sind. Der verwaltungsextern vorgehaltene und dann angemietete Sachverstand (Experte, Gutachten, Beratungsfirma) kann daran wenig ändern, er verstärkt vielmehr diesen Nachteil.

– Eine Bürokratie geht Verbindung mit manchen Außeninteressen eher ein als mit anderen. Verwaltung ist z.B. kein schichtenneutrales Beteiligungsverfahren.

– Die Verwaltung wird vom Mißtrauen des Bürgers verfolgt. Das zeigt sich z.B. dann, wenn sie personell erweitert werden muß.

Die aufgeführten Vor- und Nachteile müssen unter dem Gesichtspunkt einer möglichen Vermehrfachung des Beteiligungsverfahrens gesehen werden. Die Vor- und Nachteile werden dafür in eine Suchmatrix (siehe Kasten) eingefüllt. Sie faßt die Anforderungen zusammen, die am Ende des vorigen Kapitels benannt worden sind[3]. Mit einer auf nur zwei Antwortmöglichkeiten reduzierten Bewertung (+/–) wird so eine, wenn auch grobe, Kennzeichnung des Verfahrens dingfest gemacht, die einen Vergleich mit den Kennzeichnungen anderer Verfahren erlaubt.

Insgesamt läßt sich sagen, daß eine Erweiterung des Beteiligungsverfahrens Verwaltung die aufgeführten Nachteile nicht mindern, sondern verschärfen wird. Die Kluft zwischen den Nichtbefugten und der befugten, nur schwer kontrollierbaren Technostruktur wird sich vertiefen. Eine solche Stabilisierung technokratischer Herrschaft dürfte das Gegenteil von dem sein, was gemeinhin als „Partizipation" angestrebt wird. Unter dem Gesichtspunkt der Beteiligung ist dieses Verfahren *nicht* erweiterungsgeeignet.

Die genannten Nachteile lassen sich in Anforderungen an neu zu schaffende Beteiligungsverfahren umformulieren. Demnach ginge es z.B. darum, Verfahren zu entwickeln, die

– mehr planungsrelevante Informationen aufnehmen,

– möglichst frei sind von den harten Eigeninteressen, wie sie soziale Apparate von hoher innerer Kontinuität, z.B. Verwaltungsapparate, haben, und die

– gegebenenfalls mehr Konsensbereitschaft bei denen bewirken, die durch im Gemeininteresse liegende Maßnahmen negativ betroffen werden, als das mit einem Verwaltungsentscheid allein möglich ist.

Kennzeichnung von Beteiligungsverfahren: **Verwaltung**	
Anforderung an das Verfahren:	Erfüllung der Anforderung*):
Technische Informiertheit des Teilnehmers	+
Informiertheit des Teilnehmers über den spezifischen Benutzerwillen	–
Motivation zur Dauerteilnahme	+
Erfassung aller sozialen Schichten in gleicher Weise	–
Immunität gegen den Durchgriff von Sonderinteressen	–
Immunität gegen Eigeninteressen der Organisation	–

*) Die Bewertungen (–) u. (+) geben nur Tendenzen an. Im übrigen vgl. Abschnitt C (Vergleich der Bewertungen).

Bestimmte Arten koordinierender Letztentscheidungen sind in unserer Gesellschaft Parlamenten, einer der großen Verfahrenserfindungen des demokratischen Ordnungsversuches, vorbehalten. An diesen Entscheidungen nimmt der Abgeordnete in Vertretung des Wählers teil.

Das Problem der Teilnahme*motivation* darf auch bei diesem Verfahren im Prinzip als gelöst gelten.

Darüberhinaus erschließt die Teilnahme hier dem Abgeordneten, woher auch immer er in diese Position gelangt ist, an den Werten und Zielen seiner Gesellschaft orientierte Identifikationsmöglichkeiten, die an Intensität denen einer beruflichen Sozialisation nicht nachstehen. Dennoch hat diese Beteiligungsform ihre Nachteile:

– Das *Informationsproblem* ist hier nicht so gut lösbar wie bei der Verwaltung. Angesichts der Fülle von Entscheidungen – z.B. hatte Frankfurts Stadtrat sich im letzten Jahr mit 2500 Vorlagen auseinanderzusetzen – bestehen für den Abgeordneten, und zwar nicht nur für den ehrenamtlich tätigen „Feierabend-Politiker" (Spiegel) im Kommunalbereich, schier unlösbare Informationsprobleme. Viele Fragen lassen sich von einem Parlament nur dann sach- und fristgerecht verarbeiten, wenn es sich ähnlich arbeitsteilig organisiert wie die Verwaltung, wobei es dann aber analoge Strukturen und Selbstverständnisse ausbildet[4].

– Das *Interessenproblem* ist ebenfalls offen. Abgeordnete verfolgen nicht nur das gemeine Beste. Die Interessen, die dem Bündel sozialer Rollen eines einzelnen Abgeordneten entsprechen, schlagen in die Rollen durch, die dieser in seiner Eigenschaft als Abgeordneter wahrzunehmen hat. Auf kommunaler Ebene werden, etwa an der Zusammensetzung der Bauausschüsse, solche Eigeninteressen auch für den Außenstehenden deutlich. 1972 wurden im Hause des Bundestagsabgeordneten Bäuchle Beträge genannt, die manchen veranlaßt haben mögen, über die Interessen zu reflektieren, die sich für den einzelnen Abgeordneten aus dem Wert seines Sitzes, etwa angesichts einer Neuwahl, ergeben: Die Apparate sind in den Händen „gewerbsmäßiger Politiker"[5].

Aber auch Gruppen sind – und zwar in unterschiedlichem Umfang – mit ihren Lebensinteressen vertreten. Besteht z.B. schon die gesamte Verwaltung aus Beamten und Angestellten des öffentlichen Dienstes, so sind diese auch hier überrepräsentiert. Etwa 44 % der Sitze des 8. Deutschen Bundestages oder 28 % der Ratssitze in den nordrhein-westfälischen Großstädten (Durchschnitt für 29 Großstädte; vgl. Demokratische Gemeinde, H. 10/75, S. 848) sind von dieser Gruppe besetzt.

Vor allem aber sind die Interessen des Apparates selber, also der Fraktionen und des Parlamentes, mit im Spiel. Z.B. häufen sich die Leistungszusagen an den Wähler in Form von Gesetzen auffällig in Wahljahren (Bank 1968 und 1970).

Die Wahrnahme all dieser Apparats-, Gruppen- und Eigeninteressen erfolgt hier besonders wirksam, weil weitgehend legalisiert. So hat denn das Parlament sich den Vorwurf einer „Herrschaft verschleiernden Interessenorganisation" anhören müssen, wie er etwa auch in dem Sammelbegriff „Außerparlamentarische Opposition" zum

Ausdruck kommt. Zum Schutze ihrer selbst hat denn die repräsentative Demokratie immer wieder auch versucht, das gegen sie mögliche Mißtrauen zu institutionalisieren[6].

Diese Nachteile würden durch eine Vermehrfachung des Verfahrens 'Parlament' nicht abgebaut werden. Vielmehr wäre dann teilweise mit ihrer Verschärfung bzw. mit weiteren negativen Nebenfolgen zu rechnen. Fünf Formen der Partizipationserweiterung per Parlament wären an sich denkbar:

1. *Vergrößerung der Parlamente:* Eine Vergrößerung der Zahl der Abgeordneten – bei Kleinparlamenten noch angängig aber zahlenmäßig insgesamt unerheblich –[7] ist bald geeignet, Arbeitsfähigkeit und Charakter eines Parlamentes nachhaltig zu verändern. Bestimmte Entscheidungen werden so aus dem Plenum herausverlagert. Sie werden in anderen Gremien gefällt. Die Parlamente würden sich damit noch mehr entfunktionalisieren. Der Extremfall eines Parlamentes mit mehr als Tausend Abgeordneten, wie etwa der Oberste Sowjet der UdSSR, kann eigentlich nur noch akklamierende Funktionen haben.

2. *Verkürzung der Wahlperioden* oder die Einführung von Rotationsregeln: Das würde ebenfalls den Durchsatz von beteiligten Bürgern quantitativ erhöhen, viele Entscheidungen würden aber, weil dem Abgeordneten weniger Informations- und Einarbeitungszeit zur Verfügung stünde, noch uninformierter gefällt werden müssen als heute. Die Abhängigkeit des Parlamentes von der Verwaltung und von den organisierten Interessen nähme zu. Außerdem müßten die Parteien und die Abgeordneten sich noch früher als heute auf die wieder heranrückende Wahl konzentrieren. Die 'Schaufensterarbeit' würde wachsen. Der Wahlkampf würde permanent. Personalisierung, Primitivisierung und Polarisierung würden die politischen Kosten dieses Verfahrens für die Gesellschaft unnötig steigern.

3. *Schaffung zusätzlicher Parlamente:* Das würde bedeuten, daß die Einzugsbereiche der Parlamente verkleinert oder daß neue Verwaltungsebenen ausgegliedert werden müssen. Unter Bezeichnungen wie Bezirksausschuß, Ortsbeirat oder Stadtteilparlament gibt es Versuche, die in diese Richtung zielen[8]. Zum Teil sind solche Einrichtungen schon gesetzlich vorgesehen und werden mit gutem Erfolg praktiziert. Allerdings werden auch bald die Nachteile des Verfahrens sowie spezielle Schwächen dieser Lösung begrenzend sichtbar: Es ist angesichts der wachsenden Problemkomplexität schwierig, echte Kontrollkompetenzen für die Gremien zu finden. Sie haben wenig politischen Spielraum. Dafür wird die Interessenbindung noch massiver, und je kleinräumiger eine Gemeindedemokratie ist, desto schwerer fällt es ihr, die übergreifenden Allgemeininteressen im Blick zu behalten. Außerdem muß vieles, was aufgegriffen wird, dann doch an übergeordnete Gremien weitergeleitet werden. Dort blockiert es die Abläufe.

Die Einrichtung von Bezirksausschüssen hat der Stadt München (allein von Januar bis Juli 1973) 498 Anträge eingebracht, die neben den 353 Empfehlungen von ordentlichen Bürgerversammlungen (Oktober 1972 bis Juli 1973) in vorgegebenen Fristen zu bearbeiten waren. „Viele Anträge könnten unterbleiben ... Allerdings sehen viele Bezirksausschüsse in der Antragstellung einen Teil ihrer Öffentlichkeitsarbeit und eine Popularisierungshilfe für ihre Arbeit." (Arbeitspapier der Stadt München, betr.: Arbeitsbelastung, München 1973, S. 9.) Auch sonst wird berichtet (z.B. Göb 1977, S. 100 f.), daß Rat und Verwaltung auf diese Weise mit einer Fülle von Anfragen und Initiativen „überschüttet" werden und der normale Arbeitsablauf „gehemmt" wird.

So ist es verständlich, daß — trotz vieler gegenläufiger Versuche und trotz ständiger verbaler Beschwörung des Primats der Bürgernähe — die Tendenz in der politischen Apparatur der Schaffung zusätzlicher Parlamente nicht günstig ist.

4. *Intensivierung der Basisrückbindung:* Immer hat es für den Bürger informelle oder formalisierte Kommunikationsmöglichkeiten mit seinem Abgeordneten gegeben. Das gilt speziell für den Angehörigen der gleichen politischen Partei. Die hier vorhandenen Teilnahmechancen könnten sowohl erweitert als auch verstärkt werden.

Eine *Erweiterung* wäre denkbar über den Ausbau parlamentsbezogener Substrukturen (jour fixe des Abgeordneten, Arbeitskreis o.ä.). Sie setzt beim Abgeordneten freie Kapazitäten und beim Bürger die Motivation zur Teilnahme voraus.

Mehrfach ist in diesem Zusammenhang der „Beraterstab"[9] eines süddeutschen Landtagsabgeordneten diskutiert worden. Fritz Vilmar (1973) hält diesen Versuch, bei dem Experten „dem in vielen Fragen total überforderten Abgeordneten beratend zur Seite stehen können", für eine „entscheidende basisdemokratische Fundamentierung des Repräsentativsystems" (S. 417) und eine „vollkommen neue Qualität von Bürgerinitiative" (S. 423).

Die Überprüfung des Falles durch eine Wuppertaler Untersuchung hat allerdings zu ganz anderen Ergebnissen geführt. Es handelt sich um eine Wahlkampfidee, wie weiland bei der tea-party der Familie Kennedy. Erfaßt wurden aber praktisch nur Mitglieder der eigenen Partei. Der Sache nach handelte es sich zudem um Scheinbeteiligung. Selbst diese konnte bis zum Zeitpunkt der Untersuchung nur 0,1 % der Wahlberechtigten des Kreises geboten werden. Das aber sind Prozentsätze und Personenkreise, die ein Abgeordneter auch früher schon ohne Verwendung des Begriffes „Beraterstab" erreicht hat. Gesicherte Einwirkungsmöglichkeiten und daraus erwachsende Teilnahmemotivationen haben sich so nicht zusätzlich erstellen lassen[10].

Als „Stammtisch" organisiert sind die Motivationen zur Teilnahme, selbst in einem so demokratiebewußten Land wie der Schweiz, offenbar noch schwerer beizubringen: Von den 800 Eingeladenen erscheinen — trotz der regelmäßigen Anwesenheit des Stadtpräsidenten, der gleichzeitig Fraktionspräsident im Parlament ist — nur zehn bis zwanzig. „Die übrigen Parteimitglieder benutzen diese günstige Gelegenheit nicht, um der schweizerischen Führungsgruppe Informationen zuzuführen"[11].

Eine *Verstärkung* der Basisrückbindung kann über das imperative Mandat versucht werden. Die Abgeordneten erscheinen dann im Parlament mit in den Grundeinheiten festgelegten Optionen.

Dieses Verfahren läuft allerdings auf eine Fixierung der Besitzstände hinaus. Seine innovationshemmende Wirkung manifestiert sich darin, daß „die Möglichkeiten der Entwicklung, der Initiative, des dynamischen Vorgriffs, des Entwurfs ... in einer Weise eingeschränkt werden, die am Ende allen schadet, insbesondere auch denen, die zunächst diese verfehlte Form des berechtigten Wunsches nach stärkerer Teilnahme fordern" (Dahrendorf, 1974, S. 11). Die bisher mit dem imperativen Mandat gemachten Erfahrungen haben außerdem ergeben, daß es den notwendigen Ausgleich der Interessen eher begrenzt oder gar verhindert.

Damit aber verändern sich die Funktionen des Parlamentes; es wird in seiner bisherigen Form obsolet.

5. *Stärkere Freistellung der Abgeordneten:* Schließlich könnte dem einzelnen Parlamentarier mehr Zeit für die Wahrnahme seiner Aufgaben eingeräumt werden: er wird von sonstigen Verpflichtungen vermehrt freigestellt und erhält eine entsprechende Vergütung, man kann ihm mehr Bürohilfe und mehr wissenschaftliche Hilfe zur Verfügung stellen, oder die parlamentsinterne Arbeitsteilung wird weiter vorangetrieben.

Mitglieder des US-Kongresses leisten sich heute ganze Stabsabteilungen[12]. Auch bei uns ist – blickt man zurück – einiges Notwendige in dieser Richtung schon erreicht worden: bis zum Jahre 1908 erhielten selbst die Reichstagsabgeordneten noch nicht einmal Diäten. In der Weimarer Republik gab es noch keine Abgeordnetenpensionen. Mehr noch ließe sich – mit Recht – fordern. Daß es tatsächlich gefordert wird, dürfte nicht zuletzt darin seinen Grund haben, daß es hier um eine Erweiterung von Beteiligungsmöglichkeiten geht, die auch im unmittelbaren Interesse des Abgeordneten selber liegt.

Auch diese Weise der Beteiligungserweiterung hat ihre Nachteile. Der weit überwiegende Teil der amerikanischen Abgeordneten-Hilfskräfte ist schlicht mit der Wiederwahl ihrer Bosse beschäftigt (so W. Hennis, ZDF-Sendung am 24.3.1977). Vor allem aber macht eine zunehmende Verhauptamtlichung des Abgeordneten und eine zunehmende Verapparatung des Parlaments dieses dem Beteiligungsmodell „Verwaltung" immer ähnlicher. Das gilt auch für eine zunehmende parlamentsinterne Differenzierung, in der Abgeordnete als „Experten", oft über Jahrzehnte wiedergewählt, in einem symbiotischen Zusammenspiel mit den Fachabteilungen der Verwaltung – möglicherweise sogar in der Kombination mit entsprechenden Verbandsfunktionen – „Kontroll-Erbhöfe" verwalten. Unser Parlament, ursprünglich konzipiert als Bürgerkontrolle gegenüber der vollzeitlich arbeitenden Apparatur, wird so immer stärker – auch was seine Eigeninteressen anbetrifft – ein Teil derselben. Von den sich damit ergebenden Nebeneffekten gilt, was bereits zur Verwaltung gesagt worden ist.

Insgesamt ist festzustellen, daß das genial entwickelte und in der Praxis hoch bewährte Beteiligungsverfahren „Parlament" sich in einigen Hinsichten ausbauen und in dafür geeigneten Teilbereichen neu einführen läßt und daß damit eine, allerdings nicht sehr umfangreiche, quantitative Ausweitung der Teilnahmekapazität erreicht wird. Der tatsächlich vorhandene, ständig zunehmende Beteiligungsbedarf dürfte aber auf diese Weise nicht annähernd abgedeckt werden können.

Kennzeichnung von Beteiligungsverfahren: **Parlament**	
Anforderung an das Verfahren:	Erfüllung der Anforderung*):
Technische Informiertheit des Teilnehmers	–
Informiertheit des Teilnehmers über den spezifischen Benutzerwillen	–
Motivation zur Dauerteilnahme	+
Erfassung aller sozialen Schichten in gleicher Weise	–
Immunität gegen den Durchgriff von Sonderinteressen	–
Immunität gegen Eigeninteressen der Organisation	–

*) Die Bewertungen (–) u. (+) geben nur Tendenzen an.

Die Eintragung der angedeuteten Vor- und Nachteile in unsere Such-Matrix gibt negative Tendenzen zu erkennen. Auch der die Situation optimistisch Beurteilende wird davon ausgehen müssen, daß das Verfahren Parlament zur Zeit nicht einmal eine Verdoppelung seiner Beteiligungsmöglichkeiten gestattet.

Die Partei

Das Besetzen von Parlamenten und von Spitzenpositionen in der Apparatur wird bei uns faktisch durch Personenselektion nach dem Kriterium „Parteizugehörigkeit" vollzogen. Eine solche Vorgehensweise setzt spezielle Einrichtungen voraus, als deren Hauptfunktion sich die Rekrutierung der Führungselite einschließlich der Regierungsbildung definieren läßt, nämlich die politischen Parteien (Kaack 1971, S. 687). Diese sind des weiteren geeignet – nicht immer, aber doch unter bestimmten Bedingungen –, parteiintern vorhandene unterschiedliche Standpunkte zu konfliktfähigen Positionen zu organisieren. Für die Wahrnehmung solcher Funktionen ist die Partei in unserem System inzwischen mit einer Art Sonderstatus (Art. 21 GG; Parteiengesetz) honoriert worden.

Auch die Partei bietet als Beteiligungsverfahren Teilnahmeweisen unterschiedlicher Intensität. Sie lassen sich z.B. nach Funktionen, nach 'Härtegraden' oder nach Verwaltungsebenen differenzieren. Entsprechend unterschiedlich fallen die *Motivationen* zur Teilnahme aus. Sie hängen vielfach mit der Hauptfunktion der Partei zusammen. „Braucht man sie nicht für die Karriere oder hat man nicht den Wunsch, etwas in der Politik oder durch sie zu werden, so bleibt man den Parteien fern."[13] Von hier aus bestimmt sich die Selektivität ihrer Mitgliedschaft. Für Rollen, die eine gewisse Affinität zur Entscheidungsapparatur haben (Interessenvertreter, Angehörige des öffentlichen Dienstes, Aufstiegsambitionierte), ist Mitgliedschaft eher funktional als für andere. Unter bestimmten Bedingungen artikulieren sich Parteien stärker mit Hilfe umfassender Ideologien. Sie können so die entsprechenden Teilnahmemotivationen in Anspruch nehmen. Die Parteien erweisen sich aber auch dann in ihrer Sozialstruktur als mittelständisch verengt (vgl. Diederich 1973, Hartwich 1974).

Auch bei der *Informiertheit* zeigen sich organisationsintern ähnliche Unterschiede. Neben Inseln höchster Informiertheit im Hinblick auf zu fällende Entscheidungen werden mehrheitlich „Fußvolkfunktionen" mit lediglich hohem Loyalitätsbewußtsein wahrgenommen. Im konkreten Entscheidungsfall ist die Informiertheit oft je nachdem bürokratisch, bürgerinitiativ oder apparatabhängig begrenzt.

Die Parteien sind als Interessengruppen angetreten. Sie sind aus „Ständen" entstanden, deren Ursache und Funktion in der Kritik herrschender Mißstände gesehen werden (Everke 1959). Heute stehen demgegenüber vermehrt die *Eigeninteressen* der Partei*apparate* im Vordergrund. Ihre Überlebens- und Expansionsinteressen haben auch die Entwicklung von der Weltanschauungs- zur Volkspartei mit ausgelöst. Eine Partei muß, wenn sie ihre Funktionen erfüllen will, sich der umfassenden Zielbegriffe ihrer Zeit versichern (z.B. Frieden, Lebensqualität, Fortschritt, Sicherheit, Vollbeschäftigung, Freiheit). Sie wird ihre Aktionen mit eben diesen Begriffen legitimieren. Als eine Einrichtung, die oberste Werte handhabt, ist sie damit von außen nur noch vermindert kontrollierbar. Die Institution Partei ist in eine Position geraten, die sich mit der der Kirche im Mittelalter vergleichen läßt. Einer Parteiorganisation wachsen so immer mehr Möglichkeiten zu. Diese Organisationen scheinen z.B. die eigentlichen Gewinner der Gebietsreform zu sein. Die vergleichsweise unabhängigen Elemente, die die kleinen Gemeinderäte geprägt haben, sind eliminiert. Die Ratsmitglieder in größeren Gemeinden sind apparatabhängiger und leichter zu disziplinieren.

Der Verdacht, daß die Parteien sich als Machtapparate verselbständigen, ist beim Bürger längst verbreitet. Er hat das Gefühl, daß diese Organisationen weitgehend für sich selber sorgen. Seine Probleme werden dort eigentlich nicht mehr verhandelt. Wie sonst könnte, vor die Wahl gestellt, ob Partei oder Bürgerinitiative für sie wichtiger sei, die Mehrheit einer repräsentativen Befragung gegen die Partei votieren (Bundesminister f. Forschung u. Technologie 1975, S. 239 f.). Macht bringt Kontaktverlust und damit verminderte Kenntnisse davon, welche Ängste den Bürger bewegen und was der Endverbraucher wirklich denkt. Es waren die Stabsstellen unserer politischen Parteien, die meinten, die Energiefrage aus dem Bundestagswahlkampf 1976 ausklammern zu sollen.

Mit den Funktionen, die der einzelne in der Partei wahrnimmt, ergeben sich unterschiedliche Sozialisationseffekte: Sie können gleich Null sein, sich an der Loyalität zur Organisation orientieren oder, in einer geringeren Zahl von Fällen, sogar der Position entsprechen, die einst der Souverän innehatte.

Die Erweiterungsfähigkeit des Beteiligungsverfahrens Partei ist begrenzt. Zwar gibt es Vorstellungen, die die Beteiligung parteiintern intensivieren oder den Mitgliedern neue Funktionen, z.B. durch Differenzierung der Struktur, etwa durch Einführung von Nominierungswahlen ('Primaries') (Kölsch 1972, S. 152)[14] oder etwa auch eine an den Verwaltungsebenen orientierte Parteiorganisation (Der aktive Bürger 1971, S. 24) eröffnen wollen. Es gibt vor allem auch den verständlichen Wunsch der externen Erweiterung, d.h. mehr Mitglieder aufzunehmen. Dafür ließen sich vorhandene Beteiligungsmotive verstärkt ausschöpfen. Man könnte Aufsteigern oder Beamten den Beitritt erleichtern. Oder man könnte neue Motivationen erschließen, z.B. ideologische Momente wieder stärker betonen, Vergütungen gewähren oder der Partei neue Funktionsbereiche zuschanzen. (Die Konservative Partei in England hat so viele Mitglieder, weil diese in Clubs organisiert sind, die für den einzelnen Freizeitwert haben. Die österreichischen Parteien haben nicht nur das gesamte Verbandswesen infiltriert. Selbst die Besetzung offener Lehrerstellen unterliegt den Kontingentabsprachen der Parteien: „Das wichtigste Schulbuch ist das Parteibuch" (Walter 1973, S. 169/170).) Aber diese interne wie externe Erweiterung von Beteiligung hat ihre Nachteile und damit Grenzen. Sie führt zu neuen „Klassen"-bildungen, zur Aufteilung der Gesellschaft in Genossen und Nichtgenossen, macht neue Monopolstellungen wahrscheinlich, engt den Freiraum des Individuums ein und bedeutet per saldo eine Immobilisierung des Gesamtsystems. In der Berliner SPD gehörten 1972 zwei von drei Parteitagsdelegierten dem öffentlichen Dienst an (SPIEGEL Heft 48/1972, S. 66). Die Abgrenzung von Partei und Verwaltung wird in solchen Situationen immer schwieriger.

Schließlich können auch, angesichts einer breiten Unzufriedenheit, relativ kurzfristig neue Parteien entstehen. Aber auch sie würden vermutlich an die gleichen Grenzen der Beteiligung stoßen. Bleibt es bei den Funktionen, über die die Parteien heute im politischen Teilsystem verfügen, so lassen sich sehr viel mehr Beteiligungsmöglichkeiten nicht denken. So ist vielleicht auch bezeichnend, daß die Partizipationserweiterungsversuche heute so gut wie überhaupt nicht auf die Partei zielen.

Kennzeichnung von Beteiligungsverfahren: **Partei**	
Anforderung an das Verfahren:	Erfüllung der Anforderung*):
Technische Informiertheit des Teilnehmers	–
Informiertheit des Teilnehmers über den spezifischen Benutzerwillen	–
Motivation zur Dauerteilnahme	+
Erfassung aller sozialen Schichten in gleicher Weise	–
Immunität gegen den Durchgriff von Sonderinteressen	–
Immunität gegen Eigeninteressen der Organisation	–

*) Die Bewertungen (–) u. (+) geben nur Tendenzen an.

Das Plebiszit

Unter dem Begriff „Plebiszit" sind hier Verfahren zusammengefaßt, die allen in einer Gebietskörperschaft Wahlberechtigten gleiche Chancen direkter Beteiligung bieten. Mit seiner Hilfe können, im Gegensatz etwa zu Verwaltung und Parlament, unbegrenzte Mengen Berechtigter an Entscheidungsprozessen beteiligt werden.

Plebiszite können *Versammlungs*charakter haben. Als solche setzen sie in der Regel kleine Einzugsbereiche voraus.

Die Vollversammlung der Bürger (GG Art. 28: „Gemeindeversammlung") kann an die Stelle der gewählten Körperschaft treten, in Baden-Württemberg z.B. in Gemeinden mit nicht mehr als 200 Einwohnern (vgl. § 23 GO Bad.-Wttbg.). Seine praktische Bedeutung hat dieses Ausnahmeangebot „spätestens mit der kommunalen Gebietsreform" (Schmitt Glaeser in: VVDStRL 31, S. 210) verloren.

Jedem Bürger zugängliche Versammlungen kommen auch neben der gewählten Körperschaft vor. In Baden-Württemberg wird eine solche „Bürgerversammlung" vom Bürgermeister einberufen. Sie kann Anregungen geben und Vorschläge machen, die von den zuständigen Organen innerhalb von 3 Monaten behandelt werden sollen (§ 20 GO Bad.-Wttbg.). In größeren Gemeinden kann die Versammlung auf Teile des Gemeindegebietes beschränkt werden. Trotz seiner prinzipiellen Offenheit erweist sich das Versammlungsplebiszit – untersucht man die faktische Teilnahme – als personell selektiv. Es kommt hinzu, daß für Einzugsbereiche der in Frage kommenden Größe heute naturgemäß eine nur noch geringe Anzahl von Kompetenzen vorhanden ist. Im Gegensatz zu dieser Funktionslosigkeit sehen sich die so Versammelten als nahezu allzuständig.

Thematische Eingrenzungen werden „erfahrungsgemäß als Bevormundung empfunden"[15]. Vor allem aber sind manche Entscheidungen, die hier zustande kommen, in höherem Maße vorurteilshaft, emotional oder nichtinformiert als in Repräsentativ-Gremien. Damit ist die Gefahr der Demagogie, der Gefälligkeitspolitik und der unsachlichen Erschwerung notwendiger Entscheidungsprozesse gegeben. So entsteht ein zusätzlicher unrentierlicher Aufwand in anderen Teilen der politischen Apparatur.

Dennoch setzen eine Reihe von Erweiterungsversuchen an diesem Verfahren an[16]. Es ist aber wegen der genannten Nachteile kaum denkbar, daß sich hier wesentliche neue Beteiligungsmöglichkeiten erschließen lassen, wie denn dieses Verfahren auch schon heute eine auffallend untergeordnete Rolle spielt.

In unserer repräsentativen Demokratie kommt das Plebiszit zumeist als schriftliche Abstimmung, als *Wahl* vor. In dieser Form wird es zur Besetzung der Parlamente verwendet. Es gibt Vorschläge, diese Form des Plebiszits häufiger zuzulassen, z.B. Nachwahlen für freigewordene Parlamentssitze – wie in England üblich – einzuführen (so z.B. von Unruh in: VVDStRL 31, S. 270). Daß so nicht nur neue Partizipationsmöglichkeiten eröffnet, sondern auch erhebliche, wenn nicht entscheidende politische Kostenfaktoren ausgelöst werden, liegt auf der Hand. Aber auch andere Ämter als das des Parlamentsabgeordneten können über die direkte Wahl von Personen besetzt werden[17]. Im Zusammenhang damit wird gern auf die in den süddeutschen Gemeindeordnungen vorgesehene Wahl des Bürgermeisters hingewiesen (so z.B. Scheuner 1973). Ein Vergleich mit den USA, wo immerhin 508 720 Positionen in der örtlichen Selbstregierung durch Bürgerwahl gefüllt werden, (US Dep. of Commerce, 1968, S. 7, Tab. 1) macht sowohl den Unterschied zwischen zwei politischen Kulturen deutlich als auch die erheblichen Erweiterungsmöglichkeiten, die hier im Prinzip bestünden, wobei aber gefragt werden muß, ob sie überhaupt gewollt werden sollen und können. Bezeichnenderweise sind die umfangreichen Diskussionen, die bisher bei uns zu Wahlfragen stattgefunden haben, weniger an einer quantitativen Vermehrung als vielmehr an einer qualitativen Verbesserung dieses Beteiligungsverfahrens orientiert gewesen[18].

Unter Bezeichnungen wie Volksentscheid, Volksbegehren usw. wird das Plebiszit ausdrücklich auch für *Sachentscheidungen* eingesetzt. Auf diese Form richten sich wachsende Erwartungen. Im politischen System der Schweiz vergeht kaum ein Sonntag, ohne daß auf eidgenössischer, kantonaler oder kommunaler Ebene irgendwo eine Wahl oder Abstimmung stattfindet (Steiner 1970, S. 87)[19]. Wo liegen die Grenzen und Nachteile dieses Verfahrens?

– Die Wahl ist lediglich in der Lage, Probleme bestimmter Qualität zu verarbeiten: Die Stellungnahme muß auf einen Ja/Nein-Entscheid reduzierbar sein; dies grenzt die Anzahl der verarbeitbaren Probleme beträchtlich ein. Die so gewonnenen Entscheide sind wegen dieser Reduktion in hohem Maße der Interpretation offen. Wir wissen oft nicht, „was die einzelnen Wähler mit ihrer Stimmabgabe anstreben, und unser System hält sie geradezu davon ab, ihre Wünsche zu äußern." (Thayer 1972, S. 833 ff.)

– Damit bietet diese Teilnahmeweise auch ein nur geringes Eingriffspotential. Selbst auf der Gemeindeebene überläßt der einzelne Wähler sein Votum „einem Meer von

Stimmen" (Eisfeld 1973, S. 13). Vermutlich sind für ihn „dergleichen Entscheidungen nur deshalb von Belang, weil sie ihm die Illusion einer Initiative verschaffen" (Kirchheimer).

– Das präsentierte Problem muß beim Wahlberechtigten als so wichtig gelten, daß er bereit ist, an der Abstimmung teilzunehmen. Das Beispiel unterschiedlich hoher Teilnehmerquoten zeigt, daß dieser Fall nicht immer gegeben ist[20]. Die durchgehend geringere Wahlbeteiligung in den größeren Gemeinden und Städten weist darauf hin, daß die Teilnahmemotivation von Bedingungen gemindert wird, die heute zunehmen. Eine Senkung der 'Teilnahmekosten' für den einzelnen Teilnehmer, etwa durch Einführung von Briefwahl[21] oder sogar von elektronischen Abstimmungsmöglichkeiten, würde diesen Nachteil nicht grundsätzlich aufheben.

– Der politische Sozialisationseffekt dieses Verfahrens kann nicht sehr hoch veranschlagt werden. Von ihm gehen auch viele frustrierende oder disfunktionale Wirkungen aus.

– Das Verfahren ist geeignet, nichtinformierte Entscheidungen zu produzieren. Dabei werden z.B. die Anforderungen an den schweizer Stimmbürger immer komplizierter (Bringolf 1969, S. 955, nennt exemplarisch zwanzig Abstimmungsanliegen). Der Informationsstand des Durchschnittsbürgers hält den Vergleich mit dem des Verwaltungsangehörigen oder des Abgeordneten nicht aus.

– Das Verfahren ist zu offen für Emotionen, sachfremde Einflüsse und Demagogie. Hier liegen die Gründe dafür, daß das Plebiszit bereits dem Aristoteles (Politik 1313 b), aber offenbar auch den Vätern des Grundgesetzes als gefährlich galt.

– An der erzielten Beteiligung wie auch an deren Effekt gemessen, handelt es sich um ein relativ aufwendiges Verfahren[22].

Insgesamt läßt sich sagen, daß dieses problemspezifisch sehr brauchbare und für das Gesamtsystem funktionale Verfahren durch seine beschränkten Einsatzmöglichkeiten und einige weitere erhebliche Nachteile belastet ist (siehe Kasten). Hier auf absehbare Zeit mehr als eine Verdrei- oder Vervierfachung der Beteiligungsmöglichkeiten erwarten zu wollen, dürfte unrealistisch sein. Einige der Formen dieses Verfahrens werden selbst da, wo ihr Einsatz heute formal möglich wäre, auffallend selten angewendet[23].

Kennzeichnung von Beteiligungsverfahren: **Wahl**	
Anforderung an das Verfahren:	Erfüllung der Anforderung*):
Technische Informiertheit des Teilnehmers	–
Informiertheit des Teilnehmers über den spezifischen Benutzerwillen	+
Motivation zur Dauerteilnahme	–
Erfassung aller sozialen Schichten in gleicher Weise	+
Immunität gegen den Durchgriff von Sonderinteressen	+
Immunität gegen Eigeninteressen der Organisation	+

*) Die Bewertungen (+) und (–) geben nur Tendenzen an.

Aus den aufgeführten Nachteilen lassen sich wieder *Anforderungen* an neu zu entwickelnde Verfahren gewinnen:

– Bei vermehrtem Einsatz plebiszitärer Elemente muß die Frage der Teilnahmemotivation gelöst werden. Mit umfangreichen und komplizierten Basisbefragungen – etwa dem anspruchsvollen Fragebogen für den Entwicklungsplan Eulenkamp (vgl. Eisfeld 1973) – ist sicher nicht dem Informiertheitsproblem beizukommen, aber erst recht nicht dem Motivationsproblem. Was sind die Gründe, die den Wähler dazu bewegen, sich an einer bestimmten Entscheidung zu beteiligen? Welche dieser Faktoren sind kurzfristig und welche nur langfristig vermehrbar?

– Mangelhaft oder falsch informierte Entscheidungen gefährden das Überleben unserer Gesellschaft. So muß entweder verhindert werden, daß Probleme mit hohem Informationsbedarf auf diese Weise gelöst werden (es ist nicht erstrebenswert, daß immer mehr Menschen über immer mehr Dinge mitentscheiden, von denen sie nichts verstehen); oder es muß dem einzelnen Beteiligten die zeitliche und positionelle Gelegenheit gegeben werden, sich über das anstehende Problem ausreichend zu informieren[24].

Verantwortliche Mitsprache erfordert Zeit. Der Planer bekommt die Zeit, die er zur Informationsaufnahme braucht. Der Beamte, der eine Maßnahme zu entscheiden hat, erhält in der Regel ebenfalls die erforderliche Informationszeit. Auch dem Richter steht die zur Beurteilung seines Falles notwendige Muße zur Verfügung. Nur für die Bürgerrolle wird Informationszeit strukturell knapp gehalten. Dem Bürger muß, wenn er zur Teilnahme aufgerufen wird, das erforderliche Maß an Zeit eingeräumt werden.

Als eine mögliche Sonderform des Plebiszit muß schließlich noch die *Demoskopie* in die Erörterung mit einbezogen werden. Man kann fragen, ob sie Beteiligung im Sinne der im Kapitel I gegebenen Definition vermittelt. Sie tut das sicher nicht in allen ihren Formen, erreicht aber als Meinungsumfrage schon heute große Zahlen von Bürgern und zeigt in vielen Fällen vorhersehbare Rückwirkungen auf politische Entscheidungsprozesse.

Der Begriff „Meinungsumfrage“ faßt üblicherweise Beteiligungsformen zusammen, die ihrem Effekt und ihrer Struktur nach sehr unterschiedlich sind. Die Befragung von 160 „meinungsbildenden Persönlichkeiten“, die die Arbeitsgruppe Nürnberg-Plan nach einem bestimmten Programm aus der Gratulationsliste des Oberbürgermeisters und anderen ähnlichen Listen ausgewählt hatte[25], löst in mancher Hinsicht das Problem der Informiertheit, räumt aber dafür bestimmten Interessen deutliche Vorteile ein. Einen ähnlichen Fall stellt die Befragung von Wissenschaftlern beim Versand des Bundesforschungsberichts dar (Bundesminister f. Bildung u. Wissenschaft 1972). Derartige Verfahren haben nahezu beiratartigen Charakter. Auf die Vor- und Nachteile, die sich damit ergeben, wird gleich noch einzugehen sein, wenn vom Beirat zu reden ist.

Verglichen mit solchen Verfahren ist die Massenumfrage weit weniger in der Lage, das Problem der erforderlichen Informiertheit zu bewältigen. Sie ruft vielfach nur uninformierte Klischeevorstellungen ab. Je „fachlicher“ ein Problem ist, zu dem eine

Äußerung erwartet wird, umso uninformierter und damit zufälliger wird die Stellungnahme in der Regel ausfallen. Die Ergebnisse selbst von großen und teuren Befragungen bieten dann oft nichts weiter als die Reproduktion von Meinungen, die gerade in den Medien verbreitet werden.

Reine demoskopische Beteiligungsformen bieten schließlich keine legalisierten Mitwirkungsmöglichkeiten. Es steht im Belieben der planenden Instanz, die Fragen zu formulieren, die Ergebnisse zu interpretieren und insbesondere den gewonnenen Einsichten zu folgen oder nicht zu folgen. Auch wenn man die Beteiligung der Bürger an der Entwicklung ihres Gemeinwesens bereits dadurch gesichert sieht, daß „die Befragungsergebnisse in die Erarbeitung des Sanierungskonzepts eingehen" (Städtebaubericht 1970 d. Bundesregierung), kann im Sinne unserer Fragestellung hier nur von einer sehr indirekten Beteiligung, wenn nicht sogar nur von einer Scheinbeteiligung gesprochen werden.

Die Meinungsumfrage wäre – wenn die Teilnahmemotivation zusätzlich abgesichert wird – an sich quantitativ erweiterbar. Ihre Ergebnisse leiden aber unter den genannten Mängeln: sind sie informiert, dann sind sie gleichzeitig interessenverhaftet, sind sie interessenneutral, so sind sie in der Regel schlecht informiert. Die erwogenen Nachteile insgesamt lassen es ausgeschlossen erscheinen, daß dieses Verfahren in einem dem Beteiligungsbedarf entsprechendem Umfang erweitert werden sollte.

Kennzeichnung von Beteiligungsverfahren: **Demoskopie**	
Anforderung an das Verfahren:	Erfüllung der Anforderung*):
Technische Informiertheit des Teilnehmers	–
Informiertheit des Teilnehmers über den spezifischen Benutzerwillen	+
Motivation zur Dauerteilnahme	+
Erfassung aller sozialen Schichten in gleicher Weise	+
Immunität gegen den Durchgriff von Sonderinteressen	–
Immunität gegen Eigeninteressen der Organisation	+

*) Die Bewertungen (–) u. (+) geben nur Tendenzen an.

Der Beirat

Eine weitere Familie von Beteiligungsverfahren arbeitet – wiederum vereinfacht gesehen – über organisierte Interessen. In periodisch zusammentretenden Beiräten, in Foren oder in der sporadischen Form des Hearings sind die problemrelevanten Gruppen personell repräsentiert. Diese Verfahren werden hier unter der Bezeichnung Beirat zusammengefaßt[26]. Sie üben zumeist beratende Funktionen aus. Die Beratung kann z.B. auf die Verwaltung oder auf das Parlament bezogen sein. Derartige Verfahren fungieren aber auch als verwaltende oder bestimmende Gremien[27]. Als gemeinsames Kennzeichen soll hier gelten, daß ihre Besetzung an organisierte Interessenstandpunkte, in der Regel an *Verbände,* rückgebunden ist. Auch in Gremien, die sich offiziell nicht nach Verbandsquoten zusammensetzen, wird beim Bemühen, freigewordene Positionen wieder zu füllen, den Beteiligten deutlich, welche Interessenbindungen auf der betreffenden Stelle ruhen. Mitunter weisen selbst Beteiligungsformen, deren Bezeichnung das nicht vermuten läßt, z.B. von Volkshochschulen veranstaltete „Stadtteil-Stammtische" oder von Zeitungen arrangierte Leser- oder Problemparlamente, eine deutliche, sich langsam institutionalisierende Rückbindung an Verbände und organisierte Interessen auf.

Beteiligungsverfahren dieser Art, wie sie auf allen Ebenen unseres Verwaltungsaufbaus angeboten werden, haben ihre *Vorzüge.* Wenn sie problembezogen angewandt werden, und das ist die Regel, wird mit ihnen der Kreis der relevanten Verbände deutlich. Die Eingrenzung auf einen bestimmten Sachbereich macht das Informationsproblem eher lösbar. Das Problem der Motivation erscheint gelöst, weil bestimmte Interessen gegeben sind. Das Verfahren erbringt Meldungen von der Problemfront, die der Sache nach Einwirken auf die Entscheidung sind, und es stellt gleichzeitig eine Festlegung der sich äußernden Interessen dar. Wegen solcher Vorzüge kommt das Verfahren denn auch immer stärker in Gebrauch[28].

Auch viele Weiterentwicklungsvorschläge setzen hier an. Von Schrötter (1969, S. 180) hat für den kommunalen Raum ad hoc-Organe vorgeschlagen, die sich aus Vertretern der am Problem beteiligten Gruppen, Vertretern der politischen Öffentlichkeit und aus Vertretern nicht beteiligter unabhängiger Sachorgane zusammensetzen. Von Schrötter nennt acht „pluralistische Fraktionen", die für alle Entscheidungsprozesse von gesellschaftlicher Relevanz als „strukturelle Faktoren" der Öffentlichkeit gelten können (1971, S. 135). Eine aus diesen Faktoren gebildete, auf das Planungsproblem bezogene paritätische Öffentlichkeit läßt sich „auch im regionalen und Landesbereich" (S. 148) einsetzen. Von Unruh (1971, S. 268) hält entsprechende Verfahren für institutionalisierbar. Bei seinen theoretischen Vorarbeiten für die Partizipationssicherung erkennt Wittkämper (1972) ebenfalls acht „Gewalten", die in der Weiterentwicklung des überkommenen konstitutionalistischen Modells zu beachten sind. Versuche in dieser Richtung werden sich mehren, Foren, Hearings oder feste Beiräte werden noch häufiger Anwendung finden.

Bei allen Vorzügen hat dieses Beteiligungsverfahren aber auch bestimmte *negative* Effekte. — Nach *innen,* also den Vertretenen gegenüber, ergeben sich folgende Nachteile:

— Abhängigkeit vom Apparat des Verbandes oder der Institution. Fixierung auf deren Verfahren, Kanäle und Ziele bedeutet partiell Verkrustung und Begrenzung von Entwicklungen.

— Diskriminierung abweichender Meinungen. Von Verbänden wird Geschlossenheit erwartet. Die gezielte Reduzierung der politischen Beteiligung der Mitglieder muß als eine Vorbedingung der effektiven Vertretung ihrer Interessen gesehen werden (Schoppe 1971, S. 248). Unter dieses Verdikt („Einmütigkeit") fallen auch sogenannte originelle Meinungen.

— Die in Beirat oder Forum laut gewordenen Verbandsstandpunkte wirken, z.B. über das Presseecho, auf die „richtige" Meinung verstärkend zurück. Bestimmte Meinungen verschaffen sich so verbandsinterne Vorteile.

– Abhängigkeit vom Funktionär. Nicht der einzelne Bürger spricht, der Funktionär spricht für ihn und beruft sich dabei auf ihn. Das Wort des Funktionärs wird nach der Größe seiner 'Armee', nämlich der Mitglieder-, Umsatz- oder Bettenzahl seiner Organisation, gewichtet. Der einzelne ist vereinnahmt.

– Die Eigeninteressen einer auf Dauer angelegten Organisation und ihrer Funktionäre dürften sich langfristig sogar dann durchsetzen, wenn es den Zielen des Verbandes widerspricht[29].

Der Ertrag an Beteiligung ist, verglichen mit dem Plebiszit, für den einzelnen Vertretenen ein sehr indirekter. Durch eine Vermehrung dieses Verfahrens wird der Bewegungsraum von Verbänden und Funktionären sicher erweitert, die Abhängigkeiten des einzelnen aber nehmen zu. – Auch der Gesellschaft gegenüber, also nach *außen*, lassen sich negative Effekte registrieren:

– Das Verfahren ist wegen der Rückbindung an bestehende Interessen per Saldo innovationsfeindlich. Auch da, wo man die Unabhängigkeit der Vertreter durch eine Ernennung „ad personam" zu sichern meinte[30], setzt sich häufig die Verbandsbindung durch.

– Das Verfahren fußt auf der Organisierbarkeit und Organisationskapazität von Interessen. Die aber ist bekanntermaßen sehr unterschiedlich. Damit bevorzugt es bestimmte Interessen vor anderen.

– Das Verfahren begrenzt die Mitsprache faktisch auf die gesellschaftlich anerkannten Interessen. So werden die Mitglieder von Beiräten, wie sie einige Landesplanungsgesetze vorsehen, als „Vertreter von Organisationen des wirtschaftlichen, sozialen, kulturellen und kirchlichen Lebens, deren Aufgaben durch raumbedeutsame Planungen ... berührt werden" tätig (Bayer. Landesplanungsges., Art. 12 Abs. 1). Gesellschaftlich nicht anerkannte und nicht organisierte Interessen kann man nicht vertreten. Sie sind damit disqualifiziert. Die Versuche, Vertreter der weniger organisationsfähigen Interessen zu beschaffen, sind nicht frei von gezielter Willkür[31].

– Die Auswahl der beteiligten Interessen erfolgt vielfach unter durchsetzungstechnischen Gesichtspunkten. Beim Anhörungsverfahren zum Münchner Stadtentwicklungsplan 1963 waren Ingenieur- und Architektenverbände sechs-, Wirtschaft und Grundeigentümer achtmal vertreten, aber nicht der Mieterbund, weil Mieter für die Durchsetzung dieses Plans im Stadtrat als unerheblich galten (s. Grauhan 1971, S. 6). Ähnliches wird bei vielen Beiräten sichtbar, in krasser Form z.B. bei dem 1969 gebildeten Sanierungsbeirat Osnabrück: drei Bürger-Mitglieder (ein Journalist, ein Vertreter des Bürgervereins, ein Gewerkschaftler) sahen sich 36 (in Worten: sechsunddreißig) Vertretern aus Wirtschaft und Verwaltung gegenüber[32].

– Die in dieses Verfahren aufgenommenen Interessen gewinnen auch dadurch an Gewicht, daß die in Forum oder Beirat geäußerten Meinungen eine Resonanz erhalten, die die dort nicht vertretenen Interessen nicht finden.

– Die Stärkung von Interessengruppen in Planungsprozessen mindert häufig die Chancen eines im übergreifenden Sinne rationalen Handelns. Die an ihrem Problem orientierten Teilsysteme müssen offengehalten werden für die Einrede im Gemeininteresse. Diese Offenheit ist, wenn die Interessenten eines Problems unter sich sind, nicht gewährleistet. Die Einigungen kommen dann auf Kosten der Nichtbeteiligten zustande.

So wichtig die Verbände und Kammern der Betroffenen, der Arbeitgeber, der Architekten oder der Kirchen und so berechtigt ihre Interessen sind, sie sind als Organisationen nicht frei von Eigeninteressen[33]. Diese sind auf weite Strecken identisch mit den Interessen ihrer Funktionäre. Wenn wir durch mehr Beiräte mehr Bürger beteiligen wollen, so hat das eine Funktionserweiterung und Vitalisierung der Verbände zur Folge. Es stärkt das Kartell der organisierten Interessen. Die uneingeschränkte Vermehrung dieses Beteiligungsverfahrens führt zu neoständischen Verhältnissen, letztlich zu einer Art Refeudalisierung unserer Gesellschaft.

Trotz der Vorteile, die es im Bereich der Informiertheit und der Motivation zu bieten hat (s. Kasten), wird man vom Beteiligungsverfahren „Beirat" – insbesondere auch wegen der unzureichenden Lösung der Interessentenproblematik und der damit absehbaren Lücken in der Legitimationsleistung – kaum mehr als eine Verdoppelung oder Verdreifachung seiner Beteiligungsmöglichkeiten erwarten dürfen.

Kennzeichnung von Beteiligungsverfahren: **Beirat**	
Anforderung an das Verfahren:	Erfüllung der Anforderung*):
Technische Informiertheit des Teilnehmers	+
Informiertheit des Teilnehmers über den spezifischen Benutzerwillen	+
Motivation zur Dauerteilnahme	+
Erfassung aller sozialen Schichten in gleicher Weise	–
Immunität gegen den Durchgriff von Sonderinteressen	–
Immunität gegen Eigeninteressen der Organisation	–

*) Die Bewertungen (–) u. (+) geben nur Tendenzen an.

Die Bürgerinitiative

Bei Einzweckbewegungen (single purpose movement), die spontan auf Fehlverhalten der politisch-administrativen Apparatur reagieren, sprechen wir von Bürgerinitiative. Eine solche kann sich um einzelne, wie Rechtsanwalt Nader oder Journalist Jack Anderson in den USA, oder mehr als Gruppe Gleicher organisieren. Massenhaft gleichzeitig auftretend, gewinnt sie plebiszitäre Züge[34].

Wenn sich dieses Verfahren stärker institutionalisiert und regional oder fachlich orientierte dauerhafte Strukturen entwickelt, entstehen Beteiligungsformen („Bürgerinitiative der 2. Generation"), die über das hinausgehen, was hier Bürgerinitiative genannt wird. Eine solche Entwicklung kann zu unterschiedlichen Ergebnissen führen. Es können verwaltungsintegrierte Einrichtungen entstehen, z.B. Forschungsinstitute, Verlage, bis hin zu eigenen Behörden (Modell: „Ministerium zur Ernährung der Landwirtschaft"). Es können sich aber auch harte Kontra-Strukturen bilden, eine Art

Gegenverwaltung oder auch „Gegenstaat", mit reisenden Demonstranten, Terrorspezialisten und dergleichen, die das bestehende System vor ernste Probleme stellen. Als eine dritte, sozusagen dazwischen liegende Möglichkeit können sich aus zentral koordinierten Bürgerinitiativen Verbandsstrukturen entwickeln, die im Konzert der pluralistisch konkurrierenden Verbände in die Maschinerie geregelter Konfliktaustragung integrierbar sind (Landes- und Bundesverbände der Bürgerinitiativen, Verband der Bürgerinitiativen gegen Fluglärm, für Umweltschutz usw.). Für diese Apparate gilt im wesentlichen das, was bei der Erörterung des Beteiligungsverfahrens 'Beirat' von den Verbänden allgemein festzustellen war[35].

Für manchen Betrachter der politischen Szene stellt sich die Bürgerinitiative heute als das eigentlich Neue im politischen System dar, als „unüberschätzbarer Beitrag zur Fortentwicklung unseres Gemeinwesens zu einer echten Bürgerdemokratie" (Mayer-Tasch 1976, S. 163). Das Verfahren ist aber eigentlich nicht neu. Spontane, reaktive, problemorientierte Organisation von Beteiligung hat es schon lange gegeben. Sie ist auch notwendig. Es gibt immer wieder Probleme, die auf andere Weise nicht mehr gelöst werden können. Hin und wieder tut – so Thomas Jefferson 1787 brieflich an Madison – sogar eine kleine Rebellion ganz gut; sie ist in der Politik ebenso erforderlich wie Stürme in der Natur. Kein Land kann seine Freiheit bewahren, dessen Herrscher nicht von Zeit zu Zeit daran erinnert werden, daß das Volk seinen Widerstandsgeist noch besitzt (vgl. Mannheim 1970, S. 237; Lipscomb 1903, S. 43).

Heute spielt die Bürgerinitiative – wie der Blick in die Tageszeitung belegt – eine prominente Rolle. Auf sie konzentrieren sich erhebliche, z.T. geradezu emphatische Erwartungen auch von Theoretikern[36]. Daß dieses Verfahren modisch geworden ist, hängt mit der als krisenhaft erlebten Zuspitzung unserer Situation und mit bestimmten *Vorteilen* zusammen, die es einer durch sie vertretenen Sache, dem einzelnen Teilnehmer oder der Gesellschaft bietet:

– Ein Interesse, das sich als Bürgerinitiative deklarieren kann, hat, verglichen mit anderen Vorgehensweisen, überproportionale Durchsetzungschancen. Das gilt naturgemäß besonders für Zeiten vor Wahlen.

– Selbstverwirklichungsmöglichkeiten für den Teilnehmer: die andernorts knappe Möglichkeit zur spontanen, als sinnvoll interpretierbaren Reaktion wird von manchen Personenkreisen gesucht, z.B. von Entfunktionalisierten oder Angehörigen des absinkenden Mittelstandes. Inzwischen erscheint für immer mehr Zeitgenossen der Souverän „Volk" auf diese Weise erlebbar. Die Zahl der Aktiv-Mitglieder wird 1975 auf 120 000 geschätzt (von Kodolitsch 1975, S. 272). In den Niederlanden entwickeln sich die Aktionsgruppen offenbar zu einer Form von Jugendarbeit.

– Möglichkeiten der Vergesellschaftung für den Teilnehmer: Ein entsprechendes Selbstverständnis der Gruppe stützt ihre Aktion. Der Integrationswert des spontanen, örtlich (z.B. an der Nachbarschaft) oder funktional (z.B. am Berufsfeld) orientierten Interagierens ist für manche erheblich.

– Ergänzung der Bürokratie durch Spontanreaktion: Die Bürgerinitiative ermöglicht ein unmittelbares, unbürokratisches Angehen von Problemen. Sie legt sich dort nahe, wo eine Verwaltung zögert, ein Problem aufzugreifen, oder wo – bewußt oder unbewußt – die Interessen Betroffener nicht berücksichtigt werden.

– Ergänzung der Bürokratie durch Informiertheit über den Benutzerwillen: Die Bürgerinitiative ist geeignet, Kenntnisse und Erwartungen der unmittelbar Betroffenen in den Meinungsbildungsprozeß einzubringen.

– Innovationspotential: Mitunter hat die Aktion Signalcharakter über den aufgegriffenen Fall hinaus. Sie wirkt als gesellschaftliches Frühwarnsystem. Die Bewußtmachungseffekte, die die Bürgerinitiativen in dieser Weise in der Kernenergiefrage ausgelöst haben, sind z.B. bemerkenswert.

– Qualifikationsfeld für politische Kader: Mancheiner, der eine Bürgerinitiative gründet oder leitet, übt damit Fähigkeiten ein, für die an anderer Stelle des politischen Teilsystems ein deutlicher Bedarf besteht. Politische Kader qualifizieren sich auch in anderen Feldern, z.B. in Vereinen und Verbänden, aber die Bedeutung der Bürgerinitiative nimmt zu.

Obgleich Bürgerinitiativen sinnvolle Kontrollfunktionen gegenüber anderen Einrichtungen der politischen Apparatur ausgeübt, beeindruckende Teilerfolge errungen und darüber hinaus sichtlich zu einer Belebung des gesamten politischen Klimas in der Bundesrepublik beigetragen haben, weist dieses Beteiligungsverfahren *Schwächen* auf, die bei der notwendigen Vermehrung von Beteiligungsmöglichkeiten negativ zu Buche schlagen werden.

– *Motivierungsdefizite:* Die Teilnahme an Bürgerinitiativen erfordert Motivationen, wie sie – etwa unter der Bezeichnung „Freiwilligkeit" zusammengefaßt – nicht von jedem jederzeit in gleicher Weise erbracht werden. Bei einigen Teilnehmern[(a)] stehen objektunabhängige Interessen, wie gruppeninterner Aufstieg, im Vordergrund. Für die Mehrzahl der Beteiligten[(b)] wird ein bestimmter Leidensdruck vorausgesetzt. In beiden Hinsichten steht das Beteiligungsverfahren unter kurzfristigem Erfolgszwang: Bürgerinitiativen bröckeln ab, wenn nicht etwas „geschieht", d.h. für (b), daß Sacherfolge sichtbar werden, oder für (a), daß sein Vorhaben genannt wird, etwa in der Presse.

– *Unzureichende technische Informiertheit:* Als spontanes Verfahren ist die Bürgerinitiative dem Verfahren „Verwaltung" mit seinem differenzierten Regelwerk sowohl im technischen Detailwissen wie in der Kenntnis der größeren Zusammenhänge immer wieder unterlegen.

– *Dramatisierungszwang:* Die Bürgerinitiative muß sich und ihrem Anliegen Gehör verschaffen, etwa durch visuelle Präsentation oder durch Demonstration. In England spricht man von 'nuisance groups' (Participation in Community Life, S. 64). Bestimmte Fälle müssen, ehe sich die notwendigen Erwartungen massenhaft einstellen, bewußt skandalisiert werden. Welche Stufe Gehör verspricht, das hängt nicht zuletzt von der Dichte der sonstigen Vorstellungen ab, die von Bildschirmen und Plakaten aus die Gehirne der Zeitgenossen besetzt halten. Je höher der allgemeine Geräuschpegel, desto lauter muß man sich äußern. Dieser Pegel steigt heute. Im Bereich der „harten" Wirtschaftswerbung versuchen wir Exzesse einzugrenzen. Auf dem Felde der politischen Meinungsbildung wird es immer wieder Fälle geben, die ohne eskalierte Dramatisierung nicht gelöst werden können[37]. Eine konsequente Vermehrung des autonomen

Beteiligungsverfahrens Bürgerinitiative aber könnte Zustände heraufführen, die einem Bürgerkrieg nicht unähnlich sähen. Es läuft Gefahr, mehr Emotionalisierung als Rationalität zu produzieren.

– *Verarbeitet nur aktuelle Probleme:* Daß dieses Verfahren nur unzureichend motiviert, kann auch so beschrieben werden: Es ist lediglich in der Lage, Probleme bestimmter Qualität zu verarbeiten. Sie müssen z.B. als aktuell gelten, am besten überreif sein – der Bulldozer nagt bereits am Nachbarhaus –, oft Probleme, die, wenn wir langfristig planten, so gar nicht entstünden.

Die Zahl der kurzfristig aktuellen Planungsprobleme nimmt, etwa im kommunalen Bereich, zwar zu und es scheint daher notwendig, mehr Beteiligungsapparatur zur Bewältigung solcher Probleme vorzuhalten. Kurzfristig sichtbar werdende Probleme lassen sich aber vielfach in weit vorab sichtbare umarbeiten. Man kann Krisenprophylaxe statt Krisentherapie betreiben, im Zeitalter der Planung wird man das sogar müssen. Demzufolge wäre mehr Beteiligungsapparatur zur Bewältigung derartiger Probleme anzulegen. Sie wird möglicherweise ohne die Betroffenen-Motivation auskommen müssen.

Zum Schaden der ganzen Gesellschaft werden die dringenden Langfristprobleme immer wieder von kurzfristigen Dringlichkeiten überlagert und verdrängt. Gerade das vielzitierte Frühwarnsystem Bürgerinitiative erweist sich hier als ein Zu-spät-Warnsystem. Zur Bewältigung von Problemen, die nur langfristig lösbar sind, ist dieses Beteiligungsverfahren – wenn überhaupt – nur in Ausnahmefällen geeignet.

– *Verarbeitet vorwiegend ortsnahe Probleme:* Nachbarschaft und Gemeinde mit ihren „überschaubaren" Problemen gelten als das Übungsfeld der Demokratie. Vor allem in diesem Rahmen arbeitet auch die Bürgerinitiative.

Die Probleme, mit denen es unsere Gesellschaft zu tun hat, gewinnen aber immer größere Einzugsbereiche, werden immer interdependenter. Sie können daher nur auf immer höheren Ebenen geklärt werden. Nicht die Dorf-, sondern die Regional-, Landes-, Bundes- oder Europaprobleme expandieren. Auf diesen wichtiger werdenden politischen Märkten ist die spontane Bürgerinitiative häufig kein geeignetes Mittel.

– *Schichtenselektion:* Die Bürgerinitiative ist personell selektiv. Hier finden sich vorwiegend Angehörige des relativ depravierten Mittelstandes, z.B. Bewohner ehemals besserer Viertel (Bezeichnende Teilnehmer-Argumente: „Dies *war* eine ruhige Wohngegend!" „Ich *hatte* als Kind einen besseren Unterricht!") Diese soziale Unausgewogenheit wird heute bereits als Ablehnungsgrund für entsprechende Gesetzespassagen angeführt[38]. Mittelschichtenkonform ist die Bürgerinitiative übrigens nicht nur von ihren Interessenlagen her, sondern auch von den Verhaltensweisen, die sie fordert (Unterschriftenliste, schriftliche Eingaben, Alternativplan, Betonung der moralischen Komponente im Selbstverständnis)[39].

– *Nicht immunisierbar gegen Interessendurchgriff:* Dieses Beteiligungsverfahren tritt mit dem Anspruch auf, hier würde der „Bürger", der letzte Hüter des Allgemeinwohls, selber initiativ. Oft aber stehen handfeste Teilinteressen hinter einer derartigen Aktion, die Hausbesitzer einer Wohngegend, Parteien oder der Einzelhandel. Keinem organisationsfähigen Interesse kann es ja verborgen bleiben, in wie hohem Maße dieses Beteiligungsverfahren geeignet ist, den Politiker oder Kontrahenten willig zu machen. Nicht immer ist leicht zu erkennen, wessen Interesse betrieben wird. Mitunter aber ist die Bindung auf Anhieb sichtbar[40].

Die durchgreifenden Interessen können auch Ziele verfolgen, die die deklarierten Absichten weit übersteigen. Der Putsch in Chile 1973 wurde durch einen bürgerschaftlichen Protestmarsch, für den sich die Hausfrauen aktivieren ließen, vorbereitet. Jetzt spricht man bei uns von bürgerschaftlichen Partisanen gegen den Technofaschismus[41]. Die Interessen sind hier nicht gehalten, sich als solche auszuweisen. Ob die Bürgeraktivisten sich dieses Defizits selber immer bewußt sind, bleibt offen[42].

Der eingangs erwähnten Vorteile wegen wird dieses Verfahren natürlich auch von der Verwaltung zur Durchsetzung ihrer Ziele genutzt. Im Fragenbereich Gebietsreform darf z.B. von jeder Bürgerinitiative angenommen werden, daß sie auch dem Selbstschutz bestimmter Verwaltungspositionen dient (analysierte Fälle bei Schäfers 1970).

Offenbar hängt es nur vom Vorhandensein der Mittel ab, was alles sich scheinlegitimiert und wirksam auf diese Weise vortragen läßt. Ursprünglich im Namen der Gleichheit und Gerechtigkeit angetreten, ist dieses Verfahren in hohem Maße geeignet, diese zu verletzen.

– *Formal schwer einbaubar:* Wegen seiner Spontaneität und seiner prinzipiellen Autonomie ist das Beteiligungsverfahren Bürgerinitiative nur begrenzt in die vorhandene Apparatur zur Produktion bindender Entscheide integrierbar. Es „läßt sich Probleme einfallen" und offeriert so Produkte, die nicht bestellt waren (die Verwaltung ist auf ihre Abnahme nicht eingerichtet).

Bürgerinitiativen entwickeln vielfach dementsprechende Selbstverständnisse. Manche Initiativen verstehen sich letztlich als allzuständig. Andere wollen nur „von unten nach oben", also basislegitimiert arbeiten. Das äußert sich mitunter auch in ihrer Kommunikationsstruktur: Immer andere Personen vertreten die Gruppe nach außen[43]. Manche Gruppen betrachten „die Verwaltung" schlicht als ihren Gegner: nur einer von beiden kann seinen Plan durchsetzen, die Verwaltung oder die Bürgerinitiative. „Beläßt man die Initiativfunktion der Verwaltung, dann wird Partizipation reduziert auf die Entscheidung, ob die Häuser auf dieser oder auf jener Seite des Parks stehen sollen. Ginge die Initiative von Gruppen aus, dann jedoch würde die Verwaltung zu Betroffenen. Beide Seiten wissen, daß hierum das Spiel eigentlich geht." (Smith 1970, S. 198).

Der formale Einbau dieses Beteiligungsverfahrens würde ihm andererseits seine Autonomie und Spontaneität nehmen. Damit wird es zu einem weiteren Verfahren der Öffentlichkeitsarbeit reduziert.

– *Vermittelt vielfach Frustrationen:* Im Hinblick auf den politischen Sozialisationseffekt wurden auf die Bürgerinitiative große Hoffnungen gesetzt. Angesichts mancher emphatischen Äußerungen muß eine Feststellung wie: sie „bietet ihren Teilnehmern die Chance ... zum Eintrainieren demokratischer Verhaltensweisen" (Bilstein/Troitzsch 1972, S. 271)[44], noch als ausgewogen bezeichnet werden. Leider halten selbst solche Erwartungen einer Überprüfung nicht stand.

Die Angehörigen der sozialaktiven Minderheit, die sich auf dem Wege über die Bürgerinitiative für politische Positionen qualifizieren, findet man nach Absolvierung des Vorhabens in Beteiligungsverfahren mit höherer Kontinuität (Partei, Parlament, Verwaltung) wieder. Für die Mehrheit der Teilnehmer dagegen stellt die Bürgerinitiative eine zusätzliche Frustrationsquelle dar. (Gelegenheit zum Einüben bürgernotwendiger Einstellungen und Fähigkeiten, wie der, langfristig im Interesse der Gesellschaft denken zu können, wird für sie nur in geringem Ausmaß und wenig effektiv geboten. Bereits der Anlaß einer Bürgerinitiative schließt das Eingeständnis der Ergänzungsbedürftigkeit der etablierten politischen Apparatur ein. Schon von daher ist eine Initiative nicht der unmittelbarste Ausdruck von Vertrauen in die Rationalität und die Effektivität des bestehenden Systems.) Es ist der negative Ausgang vieler Initiativen, der hier in Rechnung gestellt werden muß[45]. Die Resignation des einzelnen ist – nur ungern läßt man sich bei Nachuntersuchungen auf die einstige Bürgeraktivität ansprechen – hinterher tiefer als vorher. In solchen Fällen wird die Mehrheit der Teilnehmer für ihr Ansetzen zu sozialaktivem Verhalten mit neuen Enttäuschungen bestraft.

Das Beteiligungsverfahren Bürgerinitiative ist in unserer hochkomplexen Gesellschaft unter den bestehenden Bedingungen erforderlich. Immer wieder ergeben sich Verhältnisse, die seinen Einsatz sinnvoll machen. Versucht man aber den Grad der Erfüllung derjenigen Anforderungen zu bewerten, die bei der notwendigen Vermehrfachung an ein Beteiligungsverfahren zu stellen sind, so zeigt sich (siehe Kasten), daß einer intensiven Vermehrung dieses Verfahrens ernste Einwendungen entgegenstehen. Motivation, Informiertheit und Interessenimmunisierung lassen sich nicht im erforderlichen Umfang gewährleisten. Das Verfahren ist zur Ermöglichung massenhafter Beteiligung ungeeignet.

Kennzeichnung von Beteiligungsverfahren: **Bürgerinitiative**	
Anforderung an das Verfahren:	Erfüllung der Anforderung*):
Technische Informiertheit des Teilnehmers	–
Informiertheit des Teilnehmers über den spezifischen Benutzerwillen	+
Motivation zur Dauerteilnahme	–
Erfassung aller sozialen Schichten in gleicher Weise	–
Immunität gegen den Durchgriff von Sonderinteressen	–
Immunität gegen Eigeninteressen der Organisation	–

*) Die Bewertungen (–) und (+) geben nur Tendenzen an.

Dem kann hinzugefügt werden, daß spontane Eruptionen nicht als der „Normalfall“ erstrebt werden sollten. Was ist von einem Gesetz zu halten, so fragte schon Friedrich Engels, das sich nur durch periodische Revolutionen durchsetzen kann? (Ruge/Marx 1844). Es wird immer Probleme geben, möglicherweise sogar in steigender Zahl, an denen sich die Spontaneität des Menschen bewähren muß, aber das Gros der Probleme, die uns gestellt sind, muß planmäßiger abgebaut werden, als das mit der

Bürgerinitiative möglich wäre. Die systematische Vermehrung dieses Beteiligungsverfahrens dürfte in Zustände hineinführen, die nicht frei sind von einer gewissen Chaotik.

Die Anwaltsplanung

Die bisher aufgeführten Beteiligungsverfahren setzen unausgesprochen voraus, daß alle relevanten Interessen in der Lage sind, sich im politischen Feld zur Geltung zu bringen. Diese Annahme trifft nicht immer zu. Die Interessen der Kinder oder Fußgänger organisieren sich bekanntlich weniger gut als die der Landwirtschaft oder die der Autoindustrie. An dieser Stelle setzt das hier genannte Verfahren an. Es will „die Interessen der Planungsbetroffenen, insbesondere derjenigen, die auf Grund sozialer Unterprivilegierung sich anders kein Gehör verschaffen können", aktivieren, beteiligen und vertreten (Städtebaubericht 1970 der Bundesregierung, S. 51). Versuche dieser Art gibt es – mit unterschiedlichem Grad der Institutionalisierung, mit unterschiedlichem Erfolg und vermischt mit der Wahrnehmung anderer Funktionen – seit langem[46].

Der genannten Intention wird heute örtlich unter verschiedenen Bezeichnungen nachgegangen: Gemeinwesenarbeit (GWA), Advokatenplanung, offene Planung, Animation, Sozialplanung, katalytische Methode oder sogar Amt für Freizeit[47]. Mit dem Städtebauförderungsgesetz ist für solche patronisierenden Beteiligungsbemühungen vielfach die Bezeichnung 'Sozialplan' üblich geworden, obgleich Maßnahmen, die diesem Gesetz entsprechend unter dieser Bezeichnung durchgeführt werden eher den Charakter der Befragung haben[48].

Die markantesten Ausprägungen dieser Arbeitsform sind die Gemeinwesenarbeit und die Advokatenplanung. Diese unterscheiden sich nach ihrer Herkunft, nach der Gesprächsfähigkeit ihrer Klientel (Eigenvertretung, bzw. Stellvertretung), nach der vorwiegenden Ausbildung der 'Anwälte' (eher Gemeinwesen-/Sozialarbeiter oder eher Advokaten-Planer) sowie nach dem Selbstverständnis, das diese Sonderformen entwickelt haben. Als Beteiligungsverfahren sind sie trotz alledem so ähnlich, daß sie hier gemeinsam behandelt werden. Beide Verfahren bringen unzureichend artikulierte Interessen durch die Betroffenen zu Gehör. Beide stellen dafür spezielle Hilfe zur Verfügung, und zwar z.B.: Sie verhelfen den Betroffenen über aktivierende Befragungen zur Einsicht in die eigene Situation. Sie bieten, vorwiegend auch unter dem Namen 'Sozialplanung', ein Beratungsangebot für sozial Schwache. Sie stellen Räume, Ressourcen oder auch Sockelbeträge ("flooring") für die Planungsaktivitäten Unterprivilegierter. Spontanen Eingriffsversuchen soll so die Sorge um die eigene Existenz abgenommen und Unabhängigkeit ermöglicht werden, „damit sie sich entwickeln und gegebenenfalls auch ihre Richtung ändern können" (Sennett 1971, S. 177). Sie bringen extern finanzierte Fachleute ins Spiel, die Gegenpläne entwickeln und vertreten. Beide Verfahren bieten damit die beiden gleichen, voneinander unterscheidbaren Möglichkeiten der Beteiligung, nämlich einmal, für einen kleineren Kreis von Personen, die intensive Mitwirkung als Berater, Befähiger oder Planer – eine Möglichkeit, die insbesondere von jungen Hochschulabsolventen oder Studierenden wahrgenommen wird[49] – und zum anderen Teilnahmemöglichkeiten von geringerer Intensität für eine größere Anzahl von Betroffenen. Bei beiden Verfahren entstehen in der Ausübung dieser Funktionen eigene Apparate.

Die *Vorzüge* des Beteiligungsverfahrens Anwaltsplanung bestehen unter anderem in

– der engen Verbindung, die diese zwischen Betroffenen und Planenden ermöglicht (Buse/Nelles 1975, S. 110),

– den schrittweisen Lernprozessen, die sich daraus für alle Seiten ergeben (Kögler 1974, S. 58),

– insbesondere in der Einbringung von bisher zu wenig berücksichtigten Werten in den Planungsprozeß.

Wegen dieser Vorzüge mußte die Anwaltsplanung als eine besonders geeignete Form der Planungsbeteiligung erscheinen. Auf sie haben sich denn auch manche auffallend intensiven Erwartungen gerichtet. In den USA meinte man so den Weg gefunden zu haben, die 'schweigende Mehrheit' zum Reden zu bringen[50]. Umfangreiche Forschungsvorhaben wurden in Gang gesetzt. Auch bei uns findet sich dieses interessante Konzept in zahlreichen normativen Entwürfen. Es gilt – so Kögler – als der bisher aussichtsreichste Versuch, die bei den Beteiligten langfristig erforderlichen neuen Einstellungen zu bewirken (Kögler 1974, S. 58). Dennoch ist die Anwaltsplanung in vielen Fällen Theorie geblieben. In anderen verliefen schwungvoll begonnene Projekte ergebnislos im Sande. Die Anwälte sahen sich mit erheblichen Rollen- und Loyalitätskonflikten konfrontiert. Oft waren die Reibungsverluste größer, als die beteiligten Seiten sie meinten tragen zu können.

Derartige Belastungen müssen noch nicht gegen das Konzept sprechen. Man kann versuchen, die Mängel zu kompensieren. So verspricht die Übertragung von Gemeinwesenarbeiten an unabhängige Träger, z.B. an Stiftungen, Erleichterung. Man sollte hier die niederländischen Erfahrungen verfolgen. Andererseits zeigt die Anwaltsplanung auch weitere *Mängel*, die vor einer umfangreichen Vermehrfachung dieses Entscheidungsverfahrens bedacht sein wollen:

– *Nicht immunisierbar gegen Interessendurchgriff:* Ein Planen-für-andere ist für sehr unterschiedliche Interessen offen. Was die Architekten bisher professionell so betrieben haben, war der Sache nach nichts anderes als Anwaltplanung für Begüterte. Auch das neue Verfahren muß sich fragen lassen, wem es im konkreten Falle dient. Vorabaussagen darüber sind schwierig. Der empirische Befund in den USA ergibt, daß die bisher gelaufenen Anwaltplanungen – fragt man, in wessen Taschen die eingesetzten Dollars sich wiederfinden – mehr der besitzenden Mittelschicht genutzt haben als den Randgruppen, für die sie gedacht waren. Die Enttäuschung darüber ist in manchen Äußerungen abzulesen[51]. Auch bei uns wird es so sein, daß Interessen, die als Bürgerinitiativen auftreten können, sich genau so gut Anwaltplanung nennen werden, ohne daß damit im einzelnen Fall sichergestellt wäre, daß es hier wirklich um das allgemeine Wohl geht.

– *Etablierung einer Gegenverwaltung:* Der Gedanke eines der Verwaltung entgegenarbeitenden technischen Stabes zugunsten unterprivilegierter Interessen erscheint einleuchtend. Der Advokatenplaner greift förderungswürdige Probleme auf, d.h. solche, die als förderungswürdig an ihn herangetragen werden, letztlich Probleme, die er selbst für förderungswürdig hält. Zur Zeit ist diese Apparatur noch wenig ausgebaut. Sie verhindert noch eher Pläne, als daß sie eigene durchsetzt. Sichtbar ist aber bereits jetzt, daß für eine Reihe wichtiger Sachverhalte, unter anderem für die Produktivität der Anwaltplanung, das Maß der organisatorischen Selbständigkeit von erheblicher Bedeutung ist[52]. Nach den vergleichenden Untersuchungen Blechers in den USA waren denn auch Advokatenplanungen dann am effektivsten, wenn ein technisch hoch versierter Planerstab unabhängig arbeiten konnte. Auch von anderen wird die technokratische Komponente der Anwaltplanung hervorgehoben[53]. Bei entsprechendem Ausbau wird es eine Konsequenz dieses Ansatzes sein, daß neben der vom gewählten Parlament kontrollierten Regierungsapparatur eine zweite, von keinem direkt kontrollierte planende Apparatur entsteht, die den Namen Anwaltplanung führen darf.

Dies wird Folgen haben. Zunächst einmal sind dem einzelnen Bürger mit der offiziellen Anerkennung eines die Minderheit vertretenden technischen Stabes bestimmte Möglichkeiten der Auswahl und der Eigeninitiative genommen. Das wird wie alle technokratischen Lösungen, für ihn, weitere Abhängigkeiten mitsichbringen. Zum anderen werden sich Rückwirkungen im Funktionshaushalt des gesamten politischen Teilsystems der Gesellschaft zeigen. Es ist schwer abzuschätzen, wie groß der zusätzliche Aufwand für Reibungsverluste bei Wahrnehmung aller Obstruktionsmöglichkeiten und Einbeziehung aller entgehenden Gewinne zu veranschlagen wäre, der dadurch entsteht, daß jeweils zwei Organisationen Planungen entwickeln, propagieren und gegebenenfalls blockieren. Der Aufbau von Gegengewalt muß nicht gleich „in den Raum der mittelalterlichen Zweischwerterlehre" verwiesen werden (so H. Maier 1972, S. 11), aber daß zwei so potente Maschinen gegeneinandergesetzt werden, das dürfte mit Sicherheit negative Auswirkungen zeitigen. Das gilt um so eher, je mehr Beteiligungsmöglichkeiten dieser Art offeriert werden.

Damit ergeben sich auch für die Anwaltsplanung so viele Schwachstellen (siehe Kasten), daß eine Erweiterung dieses punktuell so sinnvollen Beteiligungsverfahrens in einem Umfang, der dem latenten Beteiligungsbedarf auch nur annäherungsweise entspricht, nicht wünschenswert ist.

Kennzeichnung von Beteiligungsverfahren: **Anwaltplanung**	
Anforderung an das Verfahren:	Erfüllung der Anforderung*):
Technische Informiertheit des Teilnehmers	–
Informiertheit des Teilnehmers über den spezifischen Benutzerwillen	+
Motivation zur Dauerteilnahme	–
Erfassung aller sozialen Schichten in gleicher Weise	+
Immunität gegen den Durchgriff von Sonderinteressen	–
Immunität gegen Eigeninteressen der Organisation	–

*) Die Bewertungen (–) u. (+) geben nur Tendenzen an.

C. Vergleichende Bewertung der Verfahren

Es gibt Fragen, die innerhalb ihres Problemeinzugsbereiches von den Betroffenen selbst gelöst werden können. Eine Ausgrenzung derartiger Probleme schafft neue Selbstverwaltungsmöglichkeiten. Unsere Untersuchung ist davon ausgegangen, daß die eigentliche Begrenztheit des Partizipationspotentials nicht hier, sondern im politischen Teilsystem vorliegt, wo die Mehrbereichsprobleme bindend entschieden werden müssen.

Einige Verfahren, die Beteiligungsmöglichkeiten an Entscheidungen dieser Art offerieren, sind hier auf ihre Mängel, auf ihre Vermehrbarkeit und auf ihren politischen Sozialisationseffekt hin untersucht worden. Bevor Ergebnisse dieser Untersuchung zusammengefaßt werden, sei noch einmal auf die nur bedingte Vergleichbarkeit der Aussagen verwiesen. Der globale Charakter einiger der verwendeten Kategorien verbietet stellenweise den Vergleich im eigentlichen Sinne. Mängel, die dem Gemeinderat nachgesagt werden müssen, treffen z.B. auf den Bundestag – beide Einrichtungen rangieren in der gleichen Kategorie – nicht zu. Dennoch erleichtern die folgenden Tabellen optisch die Zusammenfassung und damit die Einschätzung der Gesamtsituation.

Schwachstellen der Verfahren

Manche der Mängel, die sich bei diesem Überblick herausgestellt haben, sind ausgesprochen *verfahrensspezifisch*. Ein Beteiligungsverfahren wie der Beirat, der besonders auf den höheren Ebenen des Verwaltungsaufbaus noch Chancen hat und sicher in mancher Hinsicht weiterentwicklungsfähig ist, hilft zwar auch, bestimmte Freiräume des einzelnen zu sichern, stärkt aber vor allem die Position der organisierten Interessen, also die der Verbände, spezieller die der Funktionäre, – ein Trend, der hier

Tabelle 1: Informiertheit und Motivation als Teilnahmevoraussetzung bei den vorhandenen Beteiligungsverfahren

	Beteiligungsverfahren							
Bei den Teilnehmern ist weitgehend und/ oder mehrheitlich gewährleistet:	Verwaltung	Parlament	Partei	Plebiszit (Wahl)	Plebiszit (Demoskopie)	Beirat	Bürgerinit.	Anwaltsplanung
Technische Informiertheit	+	–	–	–	–	+	–	–
Informiertheit über den spezifischen Benutzerwillen	–	–	–	+	+	+	++	++
Motivation zur Dauerteilnahme	++	++	+	–	+	+	–	–

„Refeudalisierung“ der Gesellschaft genannt wurde. Oder ein Verfahren wie die Anwaltsplanung zeigt ein Gefälle zur Organisation autonomer Gegenverwaltungen.

Außerhalb solcher, zum Teil gravierender verfahrensspezifischer Nachteile gibt es Mängel, die bei *mehreren* der genannten Verfahren hervortreten. Sie werden hier tabellarisch festgehalten: Die notwendige Informiertheit ist bei den meisten der Verfahren nur mangelhaft gewährleistet (s. Tab. 1); die Motivation zur Dauerteilnahme scheint nur bei den Verfahren sichergestellt, die den Sozialaktiven offen stehen (s. Tab. 1); Sicherheit gegen den Durchgriff von Sonderinteressen ist z.Z. lediglich beim Plebiszit gegeben; bei so gut wie allen Verfahren lassen sich organisationspezifische Eigeninteressen nachweisen; kaum eines von ihnen erfaßt alle sozialen Schichten in entsprechenden Anteilen (s. Tab. 2). Bei einer stärkeren Öffnung der Verfahren muß damit gerechnet werden, daß diese Disproportionalitäten sich noch vertiefen (Verba/Nie 1972, S. 205 ff.; Hübner 1976, S. 87).

Tabelle 2: Generelle Schwachstellen vorhandener Beteiligungsverfahren

Anforderung an das Verfahren:	Beteiligungsverfahren							
	Verwaltung	Parlament	Partei	Plebiszit (Wahl)	Plebiszit (Demoskopie)	Beirat	Bürgerinit.	Anwaltsplanung
Immunität gegen den Durchgriff von *Sonderintersessen*	–	–	–	+	–	–	–	–
Immunität gegen *organisationseigene Interessen*	–	–	–	+	+	–	–	–
Erfassung *aller sozialen Schichten* in gleicher Weise	–	–	–	+	+	–	–	+

Vermehrfachbarkeit von Verfahren

Mit diesen Ergebnissen ist deutlich, daß innerhalb der vorhandenen Verfahren die Beteiligungsmöglichkeiten nur begrenzt vermehrbar sind. Zwar sind eine Reihe von Ausbau- und Erweiterungsmöglichkeiten sichtbar geworden. Hier handelt es sich aber fast nur um Positionen von geringer Teilnahmeintensität oder mit verminderten Eingriffsmöglichkeiten, beim Parlament z.B. um Orts- oder Bezirksräte. Die *Beteiligungskapazität* der meisten Verfahren ist *erschöpft.* Bei ihrer vermehrten Anwendung würden die negativen Nebeneffekte in einem Ausmaß zunehmen, das die Effekte, die mit der Beteiligung eigentlich angestrebt werden, in Frage stellt. So kann vielfach kaum eine Verdopplung der Teilnahmekapazität gewünscht werden.

Die immer wieder vorgebrachte Forderung nach einer stärkeren Demokratisierung unserer Gesellschaft ist sich dieser Kapazitätsgrenzen häufig nicht bewußt. Sie steht von daher in der Gefahr, utopisch zu wirken. Selbst da, wo diese Forderung sich in Zielvorstellungen präsentiert, die den Anspruch auf Realisierbarkeit erheben, zeigen die aufgestellten Normen, daß die Eigenheiten der vorhandenen Verfahren nicht bedacht worden sind. Hier hat z.B. eine Hochrechnung der aktiv Teilnehmenden von 3 % auf 15 % der Gesellschaft (und der passiv Teilnehmenden von 10 % auf 30 %), wie Vilmar sie seinem Entwurf zugrunde legt („ ... realistische Zielprojektion ..."), ihre schwachen Stellen[54].

Ein Überblick (s. Tab. 3) versucht, diese Begrenztheit der Erweiterungsfähigkeit der Verfahren grob vergleichbar zu machen: Die Teilnahmekapazität der Bürgerinitiativen läßt sich nicht verfünffachen, die der Parlamente nicht einmal verdoppeln. Lediglich bei der Demoskopie – wenn es gelingt, die Teilnahmemotivation der Befragten zu gewährleisten, was unter den gegebenen Bedingungen nicht sicher ist – könnte an eine Verzehnfachung gedacht werden.

Tabelle 3: Erweiterungsfähigkeit der Teilnahmekapazität vorhandener Verfahren

	Beteiligungsverfahren							
Die Teilnahmekapazität läßt sich ohne zu starke Nebeneffekte	Verwaltung	Parlament	Partei	Plebiszit (Wahl)	Plebiszit (Demoskopie)	Beirat	Bürgerinitiative	Anwaltsplanung
verdoppeln	–	–	+	+	+	+	+	+
verfünffachen	–	–	–	+	+	–	–	+
verzehnfachen	–	–	–	–	+	–	–	–

Politische Sozialisationseffekte der Verfahren

Bei der Vermehrfachung von Teilnahmemöglichkeiten dürfen deren politische Sozialisationseffekte nicht unberücksichtigt bleiben.

Die Analyse der hier dargestellten Beteiligungsverfahren hat ergeben, daß diese Verfahren derartige Effekte sehr unterschiedlicher Art und in unterschiedlichem Umfang erbringen. Bestimmte für den Bestand der politischen Ordnung bedeutsame Lerneffekte werden nur von wenigen der vorhandenen Beteiligungsverfahren vermittelt, oft auch gerade noch von denen, die gar nicht vermehrt angeboten werden können. Das trifft z.B. auch für so wichtige Fähigkeiten, Einstellungen oder Kenntnisse zu, wie sie in der Untersuchung unter den Bezeichnungen „Systemvertrauen" oder „Fähigkeit, im langfristigen Interesse der Allgemeinheit denken zu können", zusammengefaßt worden sind.

Tabelle 4: Ausgewählte Lerneffekte vorhandener Beteiligungsverfahren

	Beteiligungsverfahren							
Lernchance für folgende „Bürgerfähigkeit" ist für die Mehrheit der Teilnehmer vorhanden:	Verwaltung	Parlament	Partei	Plebiszit	Beirat	Bürgerinitiative		Anwaltsplanung
						örtliche Bi	Bi der zweiten Generation	
Artikulation von Eigeninteressen	*)	*)	–	–	*)	+	*)	+
Langfristig im Interesse der Allgemeinheit denken können	+	+	–	–	–	–	+	–
Systemvertrauen	+	+	+	–	+	–	–	+
Bürgernotwendiges Verfahrenswissen	*)	*)	+	–	+	–	+	–

*) Die von diesem Verfahren erfaßten Personen besitzen in der Regel bereits die Fähigkeit, die hier erworben werden kann.

Obgleich eine schematische Darstellung gerade hier besonders stark vergröbern muß und daher möglicherweise mehr Mißverständnisse als Übereinstimmung auslöst, wird auch hier wieder versucht, die Lage global in einem Überblick (s. Tab. 4) zu präsentieren. Dieser nennt exemplarisch nur eine knappe Auswahl von Merkmalen. Bestimmte für das Funktionieren des politischen Systems wichtige Fähigkeiten, die denn auch in den Lernzielkatalogen der Politischen Bildung häufig als Bürgerfähigkeiten aufgeführt werden, z.B. Toleranz, Kooperationsbereitschaft, Bereitschaft zum Engagement, sind derart grundsätzliche menschliche Fähigkeiten und können in so vielfältigen sozialen Situationen (auch außerhalb gerade der politischen Beteiligungsverfahren) eingeübt werden, daß sie hier nicht aufgeführt werden müssen.

Der Blick auf diese Tabelle zeigt, daß die Sozialisation bestimmter für den Fortbestand der Demokratie wichtiger Fähigkeiten von den hier untersuchten Beteiligungsverfahren nicht, oder jedenfalls nicht im benötigten Umfang erwartet werden kann.

Fazit des Vergleichs

Der Überblick über die vorhandenen Beteiligungsverfahren belegt, daß wir über eine in vieler Hinsicht hocheffektive und weit entwickelte politisch-administrative Apparatur verfügen. Diese weist allerdings einen – und zwar unter dem Gesichtspunkt, unter dem sie hier betrachtet wurde, entscheidenden – Fehler auf: die Möglichkeit, weitere Teilhabe zu gewähren, ist begrenzt. Jedes der hier aufgeführten Verfahren zeigte unter den untersuchten Aspekten einzelne oder sogar mehrere gewichtige Schäden. Dem Versuch, ein Verfahren auf voll befriedigenden Umfang auszubauen, sind jeweils deutliche Grenzen gesetzt.

Angesichts des gesellschaftlichen Bedarfs nach adäquaten Beteiligungsmöglichkeiten ergibt sich aus diesen Begrenzungen heraus die Forderung nach einer Ergänzung der vorhandenen durch die Entwicklung neuer Verfahren.

D. Folgerungen für die weitere Entwicklung

Komplexität der Entwicklungsaufgabe

Die Aufgabe, neue Verfahren zu entwickeln, ist ungewöhnlich komplex. Der Praktiker steht ihr hilfslos gegenüber, obgleich er mit den Auswirkungen des Dilemmas am härtesten konfrontiert ist und von daher am ehesten zur Lösung motiviert wäre. Auch die Wissenschaftspraktiker, Forschungsmanager auf hoher Ebene, wie Harvey Brooks, reagieren überfordert. Manche halten die Aufgabe für prinzipiell unlösbar[55]. Die Politikwissenschaftler ihrerseits zitieren die Aufgabe immer wieder, und zwar in den unterschiedlichsten globalen Begrifflichkeiten. Es ginge um „institutionelle Modernisierung", um die „Entwicklung einer höheren Selbststeuerungsfähigkeit des gesellschaftlich-politischen Prozesses", um „Erfindung neuer Institutionen" (Lepsius 1973, S. 312 f.), um eine angemessene „Systemdifferenzierung, die auf der Institutionalisierung von Gegenprinzipien basiert" (Schluchter 1972, S. 304 f.). Man sieht die Komplikation der gegenwärtigen Lage in der „Gleichzeitigkeit", mit der die verschiedenen institutionellen Probleme so auftreten, „daß der Eindruck eines totalen Infragestellens der geltenden Ordnung entsteht". „Demokratie wird verstärkt zu einem Problem organisatorischer Partizipation" (Steinberger 1973, S. 52). Es gelte, „theoretische Konzepte von hoher Komplexität zu finden, die gleichzeitig demokratischen Kriterien gerecht werden" (Wittkämper 1972, S. 115). Da wird die „Verknüpfung von System-, Entscheidungs-, Kommunikations- und Lerntheorie sowie Demokratietheorie" (Naschold 1968, S. 494 ff.) erstrebt oder schlicht festgestellt, daß die Überwindung nicht mehr kontrollierbarer Ordnungsinstanzen „nur mit Hilfe umfassender Beteiligungskonzepte" und über „soziale Basisprozesse" vermittelt werden könne (Aurich 1976, S. 124).

Aus alledem muß man den Eindruck gewinnen, daß bisher weder die Gesellschaftswissenschaften noch die Verwaltungspraxis den Herausforderungen dieser Aufgabe ganz gerecht geworden sind. Die Kapazitätsgrenzen, die sich beim Überblick über die vorhandenen Einrichtungen gezeigt haben, machen aber die Inbetriebnahme neuer Verfahrenskombinationen wahrscheinlich. Wir stehen – etwas emphatisch ausgedrückt – vor politischen Verfahrenserfindungen, die neue Dimensionen der Beteiligung an politischen Entscheidungsprozessen eröffnen werden.

Im Eingangskapitel sind Überlegungen zur lösungskräftigsten Definition unserer Situation angestellt worden. Wenn an deren Ergebnis etwas Richtiges ist, dann sind in der genannten Richtung, nämlich auf neue Verfahrenskombinationen, zunehmend auch bewußt intendierte Schritte zu erwarten. Kommt es dabei zu der erforderlichen umfassenden Ergänzung unserer politischen Apparatur, so werden Rückwirkungen möglich, die in ihren Auswirkungen für uns alle in mancher Hinsicht mit denen der technischen Revolution verglichen werden können.

Was sich jetzt bereits mit einiger Sicherheit feststellen läßt sind die Anforderungen, die derartigen Entwicklungsversuchen zugrunde gelegt werden können.

Anforderungen an neue Verfahren

Auch bei unserem Überblick hat sich eine Anzahl solcher Anforderungen gezeigt. Mit dem Aufzählen von Anforderungen ist an sich noch nicht die Möglichkeit der Entwicklung entsprechender Einrichtungen verbunden. Die Aufzählung hat lediglich den Charakter einer „Wunschliste". Im Stadium des Projektierens und der Konstruktion von Beteiligungsverfahren war sie dennoch ein sinnvolles Instrument zur Überprüfung von Modellen[56]. Die neu zu entwickelnden Teilnahmeweisen sollten unter anderem:

– institutionalisierbar sein;

– Planungsergebnisse von mindestens gleicher Qualität erbringen, wie die Verfahren, die heute verwendet werden;

– Entscheidungsprozesse nicht unzumutbar verzögern;

– informierte Entscheidungen ermöglichen. (Der Mitwirkende muß von der Sache etwas verstehen, zu der er sich äußert);

– geeignet sein (wenn der einzelne von der Sache noch nicht genug versteht), bearbeitbare Probleme einzugrenzen, dem einzelnen Zeit zu lassen, sich über sie zu informieren, und ihn zur Informationsaufnahme zu motivieren;

– möglichst selten verfahrenseigene Interessen planungsrelevant werden lassen;

– gegen den Durchgriff von Interessen gesichert sein;

– sozial umfassend sein. (Die heute gängigen Beteiligungsverfahren arbeiten vielfach schichtenselektiv);

– das Rechtsgut der Gleichheit wahren. (Wir einzelnen sind in vielfacher Hinsicht ungleich: Bei der bürgerschaftlichen Beteiligung an politischen Entscheidungsprozessen sollte Gleichheit der Chancen bestehen und richterlicher Überprüfung standhalten);

– geeignet sein, noch nicht politisierte Planungsprobleme abzuarbeiten. (Es gibt einen Nachholbedarf an Beteiligungsverfahren für Probleme, die nur langfristig lösbar sind und für die sich eigentlich noch keiner recht interessiert);

– auch für Probleme anwendbar sein, die auf höheren Verwaltungsebenen, z.B. Landes- oder Bundesebene, ressortieren;

– darüberhinaus den – eines Tages vermehrt auftretenden – Bedarf von Beteiligungsmöglichkeiten am Lösen supranationaler Probleme heute bereits mitbedenken. (Vermutlich sind Weltplebiszit und Weltbürgerinitiative für viele Probleme, die dort anstehen, keine adäquaten Lösungsverfahren);

– in die bestehende Apparatur von Entscheidungsverfahren einbaubar sein. (Es ist unrealistisch, Verfahren zu entwickeln oder zu fordern, die sich in die vorhandenen Planungsprozesse nicht integrieren lassen);

– ein ernsthaftes Element der Bürgerrolle bilden;

– dem Teilnehmer Gelegenheit geben, langfristig für die Allgemeinheit zu denken;

– dem Teilnehmer Gelegenheit geben, Systemvertrauen zu entwickeln;

– der gesellschaftlichen Nachfrage entsprechend, massenhaft einsetzbar sein;

– mit dem heute vorhandenen Menschen durchgeführt werden können.

Modellentwürfe

Unter diesen Anforderungen müssen ergänzende Verfahrensmodelle entwickelt werden, die umfassend genug, konkret genug und realisierbar sind. „Realisierbar“ darf in diesem Zusammenhang nicht heißen, daß ein neues Beteiligungsverfahren auch sofort als solches eingesetzt werden müßte. Es wäre schon hinreichend, ein Modell zu entwickeln und praktisch zu erproben, das – auch wenn es zunächst nur als Beratungsverfahren ohne eigene Entscheidungskompetenz Verwendung findet – bereit steht, um dann später einmal weitergehende Beteiligungserwartungen zu kanalisieren.

Diese neuen Verfahrensmodelle sollten eine massenhafte geordnete Beteiligung, eine Art Laienplanungssystem, erlauben.

Manche Einzelteile der hier analysierten Beteiligungsverfahren lassen sich auf neue Weise miteinander kombinieren. Derartige Kombinationsversuche können auf „Wunsch-Verfahren“ zielen. Durch Variieren der Faktoren und Überprüfung der vermutlichen oder wahrnehmbaren Effekte läßt sich ein solches „Produktbild“ einem realisierbaren Konstrukt annähern, das dann in Lebensgröße 1 : 1 erprobt und verbessert werden kann.

Unter den vielen denkbaren Kombinationsmöglichkeiten der Verfahrensteile zu Entwürfen sind vom Verfasser eine Anzahl theoretisch durchgespielt worden. Zwei solcher Entwürfe, die *Planwahl* und die *Planungszelle*, sind im Winter 1970/71 mehrfach in Vorträgen vorgestellt und anschließend veröffentlicht worden (Dienel 1971 c).

Von diesen beiden Konstrukten ist zunächst nur die Planungszelle der weiteren Entwicklungsarbeit zugrunde gelegt worden. Die Entscheidung für dieses Modell ist aus mehreren Gründen erfolgt:

– Die Entwicklung dieses Modells ist notwendiger, weil sie unwahrscheinlicher ist.

Durch die breite Anwendungsmöglichkeit elektronischer Ausrüstung in Verfahren nach Art der Planwahl ist ein deutliches Eigeninteresse der entsprechenden Industrien an einer Förderung solcher Verfahren nicht auszuschließen. Für sie stellen sich die bestehenden Entwicklungschancen als Marktlücken dar, die – wie Beispiele aus anderen Bereichen zeigen – auch unter hohem Forschungsaufwand genutzt werden. Für eine Förderung der Entwicklung der Planungszelle aber sind zunächst keine organisierten Interessen sichtbar.

– Die Planungszelle entspricht in höherem Maße einem vom Bürger empfundenen Bedarf. Es gibt z.B. eine hohe Nachfrage nach 'Gruppenerlebnis'. Dieser Gruppengenuß wird von der Planungszelle mitgeliefert.

– Das gewählte Verfahren ist billiger.

– Vor allem hat es eine höhere Problem-Verarbeitungskapazität. Das Verfahren Planwahl erfaßt demgegenüber einen weit geringeren Ausschnitt der Probleme, die mit Hilfe von Beteiligung gelöst werden können.

– Das Verfahren Planungszelle ist schließlich politisch leichter durchsetzbar. Es läßt sich unter den gegebenen Bedingungen eher in die bestehenden Entscheidungsabläufe einbeziehen.

Dieses Modell wird im folgenden beschrieben, und zwar in einer möglichst fixierten und nicht unaufwendigen Ausführung[57]. Man kann fragen, ob ein neues Verfahren gleich so umfangreich konzipiert werden muß. Erste Schritte in der richtigen Richtung sind auch billiger zu haben. Die dargestellte Endform mittlerer Genauigkeit leistet aber zweierlei:

– sie beschafft der Entwicklung der nächsten Jahre – auch wenn der Entwurf eine Reihe von Bedingungen als existent voraussetzt, die so noch nicht gegeben sind – koordinierende Zielvorstellungen,

– sie ist konkret genug, um so etwas wie erste Berechnungsgrundlagen für die angestrebten Zustände zu liefern. Wenn Neukonstrukte kalkulierbar gemacht werden können, so erhöht das ihre Realisierungsfähigkeit.

Eine Darstellung der Planungszelle ist der Versuchung ausgesetzt, bei der Fülle der möglichen Annäherungs- und *Zwischen*lösungen zu verharren. Diese werden jedoch erst sinnvoll, wenn sie als Vorstufen des umfangreicheren Modells aufgefaßt werden. Sie werden daher nicht jetzt, sondern erst im Zusammenhang mit den Schritten behandelt, die zur Realisierung des Modells unternommen werden müssen (vgl. S. 251). – Auch auf denkbare Varianten des Modells, die z.B. auf bestimmte Problemqualitäten zugeschnitten sind, wird erst im Fortgang der Untersuchung gesondert eingegangen.

Anmerkung zu Kapitel II

1 von Kodolitsch (1975, S. 264) z.B. möchte die Effizienz von Bürgerbeteiligung daran gemessen sehen, inwieweit einzelne Maßnahmen geeignet sind, bislang unterrepräsentierten Interessen zur kontinuierlichen Artikulation zu verhelfen.

2 Bestimmte Entscheidungsbereiche werden zunehmend einer Fortschreibung durch die Rechtsprechung überlassen. So werden beispielsweise im Bundesimmissionsschutzgesetz verwendete unbestimmte Rechtsbegriffe – Gefährdung, schädliche Umwelteinwirkung, erhebliche Beeinträchtigung – durch Verordnungen, z.B. durch die sogenannte TA-Luft, konkretisiert, an deren Festsetzungen Gerichte insofern nur indirekt gebunden sind. Letztlich entscheidet dann der nach dem Grundgesetz persönlich und sachlich unabhängige Richter über die einem Rechtsstreit zugrunde liegenden Interessen (Lenkaitis 1976, S. 120 ff.). Werner Weber hat schon früh darauf aufmerksam gemacht, daß der Rechtsprechungsbereich, verglichen mit der Weimarer Reichsverfassung, an Boden gewonnen hat. Er diagnostizierte eine „unerhörte Ausbreitung justizstaatlicher Elemente im Verfassungsgefüge“ (Weber 1970, S. 9 ff.).

3 Die Tabellen, die auf diese Weise entstehen, suggerieren mitunter eine Vergleichbarkeit, die methodisch nicht immer voll abgedeckt ist. Für den notwendigen Vergleich ist der Überblick aber dennoch von erheblichem Nutzen. Er soll daher auch in dieser Form ermöglicht werden. Insgesamt wird in dieser Weise der Einblick erleichtert, wie begrenzt die Entwicklungschancen der bestehenden Beteiligungsverfahren als solche sind.

4 Der Abgeordnete fühlt sich abhängig vom „imperativen Mandat von oben“, erfährt die Pläne der Regierung „erst aus der Zeitung“ und sieht sich letztlich als „Politclown der Exekutive“ (Hugo Collet MdB und Karl-Heinz Hansen MdB in: STERN, 4. Dez. 1973, S. 74 und 78)

5 Diesen Begriff gebraucht Theodor Geiger (Demokratie ohne Dogma, S. 63). Er ist aber durchaus nicht der erste, der diesen Sachverhalt ausspricht. Karl Marx vertritt z.B. die Ansicht, daß auch hier „wie in allen Sphären des gesellschaftlichen Lebens der Löwenanteil dem Vermittler zufällt ... In der Politik bedeutet der Repräsentant mehr als der Wähler.“ (Das Kapital, Volksausgabe, Wien-Berlin 1932, S. 784). Theodor Eschenburg resümiert: „In der BR ist politische Korruption vorwiegend im Parlamentsbereich anzutreffen.“ (Die Zeit, Nr. 26, 22. Juni 1973).

6 So ist z.B. in den USA die Vergabe von Bundesmitteln aus der Housing Act (1954) oder der Economic Opportunity Act (1964) an die Kommunen schon frühzeitig ausdrücklich von der Beteiligung außerparlamentarischer Bürgergruppen abhängig gemacht worden.

7 Im Saarland z.B. sind (Novellierung des Kommunalselbstverwaltungsgesetzes zum 1.1.1974) die Mitgliederzahlen in Gemeinderäten und Kreistagen erhöht worden: Im Rat einer Gemeinde mit 30–40 000 Einwohnern sitzen jetzt nicht mehr 35 sondern ganze 45 Abgeordnete.

8 Zur Diskussion solcher Versuche vgl. Rüdiger Göb (1977), Eckhart Müller-Heydenreich (1973), Walter Bückmann (1973). – Das Arbeitsprogramm der Jusos forderte die Bildung von Stadtteilparlamenten und Fachräten. Vgl. Wolfgang Roth (1971), S. 35. – Wie begrenzt die Möglichkeiten hierfür sind, zeigt Peter H. Krämer (1970). Selbst Befürworter des Roth-Papiers sehen hier nur wenige Kompetenzen, so z.B. Vilmar (1973/II), S. 292.

9 SPIEGEL, Heft 40/1969, S. 42: „Dreißig Beratungsgruppen mit durchschnittlich zehn sachkundigen Mitgliedern aus verschiedenen Fachbereichen werden aktiv, um Bauer für seine Landtagstätigkeit zu rüsten.“

10 Vilmar, der den Versuch Bauers für „demokratietheoretisch besonders folgenreich“ (1973, S. 416) hält, verwendet in der Beurteilung der Bauer-Saga völlig unzureichendes Material. Er gibt damit selber ein gutes Beispiel dafür, wie (S. 42:) „die positivistische Naivität in der Übernahme fragwürdigen, weil falsch isolierten und selektierten 'empirischen Beweismaterials' zu höchster Vorsicht bei Verifikationsprozessen mahnt“.

11 Der beobachtete „Stammtisch“ fand in der Ortssektion Thun an jedem Freitagabend für alle Mitglieder der Freisinnig-demokratischen Partei statt (vgl. Steiner 1970, S. 111).

12 Das Budget des Kongresses hat sich in den letzten fünf Jahren von 400 auf 800 Mio Dollar verdoppelt; die Zahl der Kongreßangestellten ist im gleichen Zeitraum von zehntausend auf siebzehntausend gestiegen. Jede der beiden Kammern hat derzeit mindestens 170 Ausschüsse.

13 Lohmüller 1960, S. 13. Fortsetzung des Zitats: „Das mag man bedauern, aber es ist eine in vielen Jahren erhärtete Erfahrung und nicht durch Appelle an die Staatsbürgerschaft zu beheben."

14 Der Schlußbericht der Enquete-Kommission Verfassungsreform des Deutschen Bundestages hat sich gegen die Einführung von Vorwahlen ausgesprochen. Vergl. Beratungen und Empfehlungen zur Verfassungsreform, Teil I; Parlament und Regierung, S. 56 f.

15 Arbeitspapier der Stadt München, Betr.: Arbeitsbelastung, München (1973, S. 9): „In der Regel geht nämlich die Versammlung davon aus, daß alle aus ihrer Mitte kommenden Empfehlungsvorschläge von besonderer Bedeutung sind".

16 Z.B. Dieter Eisfelds (1973) Vorschlag, der Summe der privaten Haushaltungen eines Stadtteils jährlich das Festsetzen der Prioritäten für Infrastrukturmaßnahmen im betreffenden Stadtteil zu überlassen.

17 Szmula (1976, S. 13 ff.) will alle Spitzenpositionen in der Verwaltung und auch darüber hinaus zu Wahlämtern umgestaltet sehen. – Ungelöst bleiben hier zumindest zwei gravierende Fragen: wie kann sichergestellt werden, daß Wahlen aller „leitenden Beamten der B-Kategorie" (ebd., S. 14) auf informierte und motivierte Wähler treffen, und wie läßt sich verhindern, daß große Teile der Arbeitskraft der Gewählten mit der Vorbereitung ihrer Wiederwahl gebunden sind?

18 Die Enquete-Kommission „Verfassungsreform" schlägt jetzt z.B. die Übernahme des Verfahrens der „begrenzt-offenen Liste" in das Bundestags-Wahlrecht vor. (Vgl. Beratungen und Empfehlungen 1976, S. 61 ff.)

19 In der BRD wollen 63 % der Wahlberechtigten wichtige politische Fragen durch Volksabstimmung selbst entscheiden. Das ergab eine Befragung der Infas (vgl. Südd. Zeitung vom 11. Juli 1973).

20 So haben z.B. im November 1974 nur 45 % der 141 Mio wahlberechtigten Amerikaner an den Wahlen ihrer Kongreßabgeordneten teilgenommen. Aus der Gruppe der 18–20jährigen Jungwähler waren es nur 21 %. – Bei kantonalen Abstimmungen in der Schweiz kommt es vor, daß sich nur 10–20 % der Stimmbürger an der Urne einstellen (Künzli, Vortrag vom 25.3.1977).

21 Die Einführung der Briefwahl für die Wahlen der Selbstverwaltungsorgane der Versicherungsträger hat 1974 zu einer Steigerung der Wahlbeteiligung von 20 % auf 45 % geführt.

22 Man kann von daher ein Parlament wie das nordrhein-westfälische verstehen, das – um die beabsichtigte Gebietsreform durchführbar zu machen – 1967 die bis dahin bei Gebietsänderungen mögliche Volksabstimmung abgeschafft hat.

23 So ist zum Beispiel von der in Baden-Württemberg (§ 21 GO) vorgesehenen Möglichkeit, eine Angelegenheit der Entscheidung durch die Bürger zuzuweisen, bisher erst in einem Fall (Ausbau des Neckarstadions in Stuttgart) Gebrauch gemacht worden. Zudem hat in Baden-Württemberg bisher kein einziger Bürgerentscheid das erforderliche Beteiligungsquorum erreicht (Oberbürgermeister i.R. Hans Reschke, Schreiben vom 29.12.1973).

24 Hier setzen Versuche wie die „Planwahl" (vergl. Dienel, 1971 c) oder die „Computerdemokratie" (vergl. H. Krauch, 1972) an. – Zur Kritik am Entwurf der Computerdemokratie vergl. Dienel (1974 a).

25 11 unterschiedlich große, nach Beruf- und Verbandszugehörigkeit sortierte Gruppen bildeten einen Raster, der mit 160 „meinungsbildenden Persönlichkeiten" gefüllt wurde, die nach einem bestimmten Verfahren gewonnen wurden. Diese 160 Personen wurden befragt. Vgl. Stadt Nürnberg, Arbeitsgruppe Nürnberg-Plan (Hrsg.), Umfrage 71 zur Stadtentwicklung. Repräsentative Bevölkerungsumfrage und Befragung meinungsbildender Persönlichkeiten, Nürnberg, November 1971.

26 Es gibt auch Gremien dieses Namens, die durch die Bürger in allgemeiner, direkter und geheimer Wahl besetzt werden. Von einem solchen Versuch in Kiel-Gaarden (Wahlbeteiligung 15 %) be-

richtet: Der Städtetag, Heft 7/1973, S. 380. Derartige Gremien werden hier, auch wenn sie formal nur beratende Funktionen haben, als „Parlament" behandelt.

27 „Beginnend mit den zaghaften Anfängen der Beteiligung des Bürgers an der Verwaltung zu Beginn des 19. Jahrhunderts über das Anschwellen dieser Bewegung in der Zeit der Weimarer Republik ... stehen wir heute vor einer Fülle von Ausschüssen, Beiräten und sonstigen Gremien, in denen der Bürger, größtenteils mediatisiert durch die Verbände, Kirchen und Parteien, an der staatlichen Verwaltung aktiv beteiligt ist." Dieter Schröder, Die Laienbeteiligung in Gremien der Staatsverwaltung. Dissertation, Göttingen 1963, S. 24.

28 Diese Beurteilung kommt auch deutlich in der Schlußempfehlung Schröders (1963, S. 176 f.) zum Ausdruck. – Im Bereich der Stadtplanung sind in den letzten Jahren Gremien mit Beiratsfunktionen vermehrt auch eng befristet, etwa in der Form von Volkshochschul-Kursen, eingerichtet worden. Vgl. beispielsweise: Frankfurter Bund für Volksbildung (1973) oder Volkshochschule Frankfurt a.M. (1976).

29 Disziplinierung von Mitgliedern zugunsten der Funktionäre im Namen der Befreiung des Menschen ist nicht selten. Was man im Osten sehen kann, gilt ähnlich für die politischen und gewerkschaftlichen Organisationen anderer Gesellschaften. Vilmar (1973, S. 304) sieht in der Zentralisierung und Oligarchisierung gesellschaftlicher Macht den „Kern des Sozialismusproblems". – Noch eklatantere Beispiele bietet die Geschichte religiöser Organisationen. Lesetip zum Thema Kreuzzüge: H. Wollschläger (1973).

30 Über entsprechende Erfahrungen mit Mitgliedern der sogenannten „Kommissionen" im Verfahren der Planification berichtet Lucien Nizard. Planification, processus décisionelle et changement: Le cas francais, in: Bulletin de L'Institute International d'Administration Publique, 1972, Heft 24, S. 673 ff.

31 Für Krankenhaus-Konferenzen wird „der Patient", für Theater-Arbeitskreise „der Zuschauer" rekonstruiert. Entsprechende Versuche beschreibt Hans Reschke in seinem Vortrag „Mitbestimmung und Mitwirkung in öffentlichen Institutionen", Regensburg 12. Okt. 1972, S. 6 ff. Selbst der Versuch, das Verfahren 'Beirat' plebiszitär aufzuladen, z.B. als 'Projektkommission' (vgl. Info „Strategien für Kreuzberg" des Berliner Senators für Bau- und Wohnungswesen vom 2. Juni 1977) ändert im Prinzip nichts an dem genannten Handikap.

32 Dieser Fall wird häufiger zitiert, siehe z.B. Ingeborg Flagge, Über die Möglichkeit einer Partizipation der Öffentlichkeit, Referat auf der Mitgliederversammlung des Landesverbandes Schleswig-Holstein des Bundes Deutscher Architekten am 25.2.1972, Bonn o.J. (1972); Harmut Holtmann, Haben die Bürger in Osnabrück etwas zu sagen?, in: Süddeutsche Zeitung Nr. 17 vom 22./23. Januar 1972; Martin Ritter, Unsere Neue Heimat. Projektbericht der Aktionsgruppe Sozialplanung Osnabrück, Osnabrück o.J. (1972). – Die positive Benotung, die dieser „Beirat" zunächst gefunden hatte (z.B. Städtebaubericht 1970 der Bundesregierung, S. 52 f. oder Rödel/Ronneberger/Walchshöfer, S. 41) entstammt dem, aus der allgemeinen Hilfslosigkeit erklärbaren, vorschnellen Eingehen auf die in den Selbstdarstellungen der Maßnahmenträger (z.B. „Osnabrück, Die Sanierung kann beginnen", Osnabrück 1970) gebrauchte Begrifflichkeit.

33 Eine solche Aussage gilt natürlich auch für „Bürgerinitiativen", die sich zu Verbänden zusammenschließen und entsprechende eigene Apparate entwickeln.

34 Am Tage nach der Entlassung des Watergate-Ausschußvorsitzenden Cox trafen in Washington über 70.000 Protesttelegramme ein, eine Flut, die an dem Oktobertag trotz Sonderschichten von der „Western Union" kaum bewältigt werden konnte.

35 Sie leiden denn auch unter den für Bürgerinitiativen an sich untypischen Handicaps des Massenverbandes: Von 30.000 erscheinen in Hessen zur Hauptversammlung ganze 30 Mitglieder (Demokratische Gemeinde, Heft 11/76, S. 944).

36 Instruktiv beispielsweise bei Ernest Jouhy (1974, S. 25 ff.): Bürgerinitiativen stellen eine „Ermutigung zum selbständigen Handeln breiter Schichten der Betroffenen" dar sowie den konkreten politischen Versuch, „die Veränderung objektiver Situationen mit der Veränderung der bewirkenden Subjekte zugleich zu vollziehen" (S. 31 f.). Sie haben es mit der „konkreten Höher-

entwicklung der repräsentativen Demokratie" (S. 26) zu tun, ja sind die „breiteste Entfaltung der Demokratie" (S. 27). – Die für eine erfolgreiche Durchführung von Bürgerinitiativen notwendigen Techniken werden seit Jahren propagiert. Vergl. z.B. Th. Ebert (1970), H. Großmann (1971), R. und M. Günter (1971), W. Beck (1972) oder jetzt Knirsch/Nickolmann (1976).

37 Für Vilmar (1973, Bd. I) bietet die Großstadt solche Fälle: „Wir werden zu radikalen öffentlichkeitswirksamen Formen der Bewußtmachung kommunal-politischer Existenzprobleme kommen müssen. Ohne die Mobilisierung der Massen: Massen-Kongresse, Massendemonstrationen und -aktionen werden wir nicht verhindern, daß unsere Kommunen in eine Kommerzialisierung und Verslumung hineingeraten ...," (S. 406/7). „Was wir an politischen Auseinandersetzungen auf den Straßen Berlins und Frankfurts erlebt haben, ist noch harmlos im Vergleich zu den Straßenkämpfen in den Großstädten anderer Länder." (S. 403).

38 Das Argument, „weitere Förderung der ohnehin schon Priviligierten", verhalf dem Entwurf eines Berliner Gesetzes über vorschulische Erziehung zur Ablehnung. Vgl. Battis 1975, S. 147.

39 In der Selbstdarstellung von Bürgerinitiativen wird das Heraufkommen „neuer Verhaltensweisen" gefeiert. Vgl. z.B.: „Das beginnt mit der Selbstkontrolle im emotionalen Bereich (!) und der Selbstmotivierung (!) und führt zur Anerkennung unterschiedlicher Rollen, der ständigen Rückkoppelung mit der Gruppe bis hin zur Rollenrotation ... Außerordentlich schwierig angesichts des Einflusses der gesellschaftlichen Umwelt (!) ist der Abbau des Konkurrenzverhaltens (!) zwischen den Personen". Günter 1971, S. 1988.

40 Solche Bindungen können durchschaut und dennoch im Bewußtsein der Teilnehmer rationalisiert werden. Das hört sich dann etwa so an: „Bürgerinitiativen sollten klarlegen, daß sie sich im Gegensatz zu den Parlamentariern nicht als Repräsentanten der Bevölkerung begreifen. Sie sind der Teil der Bürger, der aktiv Mitbestimmung zu realisieren versucht." (Günter 1971, S. 1987). – Weil sich nicht ausschließen läßt, daß Sonderinteressen einzelner bei der Initiative eine gewichtige Rolle spielen, sollte der Politiker sich in jedem Fall „sofort um persönlichen Kontakt mit den Initiatoren einer Bürgerinitiative bemühen: Wer, welcher Personenkreis mit welchen Wortführern und Mitgliedern prägt eine Bürgerinitiative?" Günter Rinsche nach: Kommunalpolitische Blätter, Heft 2/1974, S. 138.

41 Arnold Künzli, Vortrag vor der Wipog, Frankfurt 25.3.1977. („Es scheint mir sicher, daß Terrorgruppen eines Tages über A-Bomben verfügen werden".)

42 Es ist bemerkenswert, daß eine so umfassende Darstellung der Bürgerinitiativbewegung wie die von Mayer-Tasch (1976) diesem Aspekt kaum Rechnung trägt. Die Namen Baader oder Meinhof kommen z.B. überhaupt nicht vor.

43 „Die bewußte Strategie vieler Gruppen ist daher neuerdings, nie die gleichen Leute mehrmals als Gruppenvertreter vorzuschicken, so daß immer neue Gesichter auftauchen und keiner so leicht aus der Gruppe herausgelöst werden kann." Sam Tucker im Interview vom 7.6.1970, in: Stadtbauwelt, Heft 27/1970, S. 201.

44 Im übrigen übertreffen sich seit einiger Zeit gerade Parteipolitiker in positiven Äußerungen zum Demokratiepotential der Bürgerinitiative.

45 Einen politisch-pädagogisch unerheblichen, aber doch kennzeichnenden Fall von Resignation beleuchtet der Ausspruch eines Kölner Stadtverordneten zur Bürgerinitiative zum Bebauungsplan 218: „Ich habe ein Zeitungsfoto von der Demonstration aufgehoben. Da habe ich 17 Leute eingekreist, die (inzwischen) mit der Stadt in Grundstücksverhandlungen stehen." (Kölner Stadtanzeiger, 25.4.1972, S. 20).

46 In Schweden ist die Einrichtung des 'Ombudsmann' seit 1809 in der Verfassung verankert.

47 Die GWA versucht in Übernahme von Konzepten der community organisation/community development den Ansatz der traditionalen Sozialarbeit (Einzelfallhilfe) zu überwinden. Zur Advokatenplanung vgl. Davidoff (1972). Als Offene Planung bezeichneten sich z.B. Maßnahmen im Münchener Lehel, als katalytische Methode solche der Kölner 'Förderungsgemeinschaft Kinder in Not' (Rundbrief 2/73). Zur animation social vgl. z.B. N.H. Richardson (1970), zur 'Sozialplanung' die Gedanken Richard Hausers (Macht von unten entwickeln) oder M. Ritter (1972). In Erlangen wurden entsprechende Aktivitäten vom Amt für Freizeit getragen.

48 Man kann den 'Sozialplan' sogar als eine Form der Verhinderung von Entscheidungsbeteiligung sehen: Die dort vorgesehenen Erörterungen sind „weder als Partizipationsansätze konzipiert noch geeignet, sie dazu umzufunktionieren. Es bleibt zu hoffen, ob nicht wenigstens Ansätze zur Partizipation auch aus dem StBFG entwickelt werden könnten, wenn diese Bestrebungen weniger auf den Sozialplan fixiert würden". Günther Jaeschke, in: Kießler/Korte 1975, S. 69.

49 So immer wieder in den Berichten von Blecher (1971). In Oakland, Ca., werden die Beiträge der Advokatenplanung zum Stadtverschönerungsprogramm von Planungsstudenten erarbeitet (S. 75), in New Orleans erhalten Studenten ihre Seminar-Teilnahmescheine für die Mitwirkung in der Advokatenplanung (S. 79 ff.); ähnlich in der Bundesrepublik, z.B. Märkisches Viertel/ Berlin, Altstadtsanierung Osnabrück, Obdachlosensiedlung Wiesbaden-Mühltal (hier erhielten 12 Studenten eines Projektseminars der TH Darmstadt den mit 10 000 Mark dotierten Förderpreis der Bundesvereinigung Deutscher Heimstätten). – Die in sich problematische Position des Anwaltplaners wird in der Literatur häufig diskutiert. – Zur Rechtsstellung des Anwaltplaners vgl. Klemm/Pieroth 1976.

50 Richardson (1970, S. 53) sprach z.B. von einer "birth of a new form of grass roots".

51 Vgl. z.B. „Die größten direkten Nutznießer dieser Programme waren führende Wohlstandsbürger, die die Gelegenheit nutzten, dort führende Positionen einzunehmen." (Wallenborn, Verordnete Partizipation, in: Stadtbauwelt Heft 27/1970, S. 189). „Ein weites Netz von Gefreiten mit Generalsgehältern ..." (Saul Alinsky, ebd. zit.). „Durch sein Konzept der Advokatenplanung hat Davidoff sich erfolgreich zum Chef jenes Programms bei der Bundesregierung eingeführt, aus dem die Advokatenplaner bezahlt werden sollen. Er kontrolliert damit erhebliche Mittel und weiß ... zu verhindern, daß jene Leute Zugang zu den Mitteln erhalten, denen sie eigentlich nutzen sollten." (William Smith im Interview vom 7.6.1970, in: Stadtbauwelt, Heft 27/1970, S. 201).

52 Blecher a.a.O., findet, daß das Maß organisatorischer Selbständigkeit der Anwaltplanung eine bedeutsame Variable ist u.a. für die Motivation der Mitarbeiter, die Identifikation der Mitarbeiter mit der Organisation und deren Zielen, die organisationsinterne – eben mehr oder weniger hierarchische – Struktur sowie für die Produktivität der Organisation.

53 Der technokratische 'Anwalt' sollte und kann nicht daran gehindert werden, diejenigen Fälle aufzugreifen, die er selber für wichtig hält. Peattie (1968, S. 80) nennt das 'ein Problem anfassen und sich dann danach umtun, welche Gruppeninteressen von ihm betroffen sind'.

54 Vilmar (1973, Bd. I, S. 148). Das dort vorgelegte Modell bezieht sich nicht nur auf die Partizipation im politischen Teilsystem, sondern schließt auch die Beteiligung in autonomisierbaren Teilstrukturen ein.

55 Die Äußerungen des OECD-Ausschußvorsitzenden und Harvard-Professors werden, wie alle hier, nur beispielhaft genannt. Siehe Brooks 1973, S. 255.

56 Hier wird auf Listen zurückgegriffen, die 1970/71 nach der Auswertung von Verfahrensvergleichen der Konstruktionsarbeit zugrundegelegt wurden.

57 So ist z.B. eine Festlegung auf die 3-Wochen-Frist erfolgt, obgleich die Dauer als Variable definiert werden kann. Vgl. S. 109.

Kapitel III

Das Modell Planungszelle

Das Modell „Planungszelle“ stellt ein einfaches, vermehrfachbares Grundelement dar, wie es gegeben sein muß, wenn ein die vorhandenen Entscheidungsverfahren funktional ergänzendes Laienplanungssystem entwickelt werden soll. Das Modell (siehe Kasten) verspricht beides zu erbringen, nämlich

– die Verbesserung von Entscheidungsleistungen und
– die Eröffnung neuer Beteiligungsmöglichkeiten.

> *Die Planungszelle*
> ist eine Gruppe von Bürgern, die nach einem Zufallsverfahren ausgewählt und für begrenzte Zeit von ihren arbeitstäglichen Verpflichtungen vergütet freigestellt worden sind, um, assistiert von Prozeßbegleitern, Lösungen für vorgegebene, lösbare Planungsprobleme zu erarbeiten.

Für die praktische Entwicklung und Überprüfung des Modells mithilfe von Probeläufen ist eine so offene Formulierung günstig und hinreichend. Eine Beschreibung des Modells und seiner Auswirkungen, wie sie hier beabsichtigt ist, wird aber erleichtert, wenn einige seiner Kriterien noch konkreter gefaßt werden; das wird hier mit folgender Definition geleistet: *Die Planungszelle ist eine Gruppe von 25 im Zufallsverfahren ausgewählten, auf drei Wochen freigestellten und von der öffentlichen Hand vergüteten Laienplanern, die gemeinsam mit zwei Angehörigen der betreffenden Fachressorts und angeleitet von zwei Prozeßbegleitern Lösungen vorgegebener, in der zur Verfügung stehenden Zeit bewältigbarer Bewertungs-, Kontroll- oder Planungsprobleme erarbeiten.*

Bevor dieses Modell am Arbeitsablauf einer Planungszelle dargestellt wird, erscheint es sinnvoll, einige seiner Merkmale einzeln zu erörtern. Die Beschreibung des Modells wird dann durch eine Darstellung seiner Einbaumöglichkeiten in die bestehenden Planungsprozesse abgerundet.

A. Konstruktionsmerkmale des Modells

Die Planungszelle ist durch bestimmte Merkmale gekennzeichnet. Einige von ihnen sind für das Modell unerläßlich, andere in gewissem Maße variabel.

Zunächst sollen die konstitutiven Merkmale auf ihre Vor- und Nachteile hin entfaltet werden. Dabei müssen, um Doppelungen in der Darstellung zu vermeiden, Abgrenzungen hingenommen werden, die den abzubildenden Zusammenhängen mitunter nicht ganz gerecht werden[1].

Gruppenentscheid

Die Planungszelle ist eine Anwendung der Vorteile des aufgabenorientierten, Lernen ermöglichenden Gruppenprozesses für die Zwecke der Planungsbeteiligung.

Beteiligung an politischen Entscheidungen kann, grob gesehen, auf zweierlei Weise vermittelt werden, nämlich als

– Teilnahme in einer Einzelsituation oder als
– Teilnahme in einem Kleingruppenprozeß, der an einer gemeinsam zu lösenden Aufgabe arbeitet.

Diese beiden Beteiligungsformen unterscheiden sich u.a. in ihrem Vermögen, Teilnahme zu gewähren, in der Intensität ihrer Rückwirkung auf den einzelnen Beteiligten sowie in ihrer Problemverarbeitungskapazität.

Die Formalisierung von Einzelsituationen erscheint leichter als die von Gruppenprozessen. Verfahren der zweiten Art müssen gruppenprozeßgeeignete Verhältnisse bieten. Das heißt, sie haben die Chance unmittelbarer Kommunikation für jeden mit jedem anderen Teilnehmer sicherzustellen. Das begrenzt die Anzahl der Teilnehmer. Dafür ist in der Gruppe eher feed-back, Korrektur und Selbstkorrektur möglich. Die Gruppe „lernt". So kommt es unter bestimmten Bedingungen eher zur Angleichung der Meinungen der Mehrheit an einen sich als rationaler ausweisenden Standpunkt. Ob Beirat, Ausschuß oder Team, die in sich kommunizierende Gruppe ist einer entsprechenden Vielzahl isolierter Einzelner, z.B. bei Leistungen des Suchens und Bestimmens, überlegen.

Außerdem liegt hier, verglichen mit der individuellen Entscheidung, die Entscheidungsschwelle niedriger. In der Gruppe besteht unter bestimmten Bedingungen eine verstärkte Neigung zu riskanten Entscheidungen (risky shift) (Wallach, Kogan und Bem 1962 ff.). Das könnte eine Gefahr darstellen. In Zusammenarbeit mit Fachleuten dürfte sich aber auch das als Vorteil erweisen: Mit Sachverstand angereicherte Meinungsbildung formiert sich früher als bei isolierten einzelnen zur entscheidungstragenden Meinung.

Die Vorteile der Kleingruppe für die Konstruktion auch politischer Urteile werden gelegentlich als historische Phänomene, etwa am Beispiel des bürgerlichen Salons im vorigen Jahrhundert oder dem der Nachbarschaft beschrieben. Bei der Frage, wie man die Vorteile für die heutige Situation fruchtbar machen kann, wird mitunter nach vorhandenen Fortsetzungsmöglichkeiten solcher Formen gesucht, wie sie etwa in Pub, Kaffeehaus oder Club gegeben zu sein scheinen[2]. Funktionale Äquivalente für die geforderte Leistung lassen sich aber heute nur noch rational konstruiert erstellen, etwa auf Wegen, wie sie hier vorgeschlagen werden.

Einzelsituationen lassen sich auch leichter als Gruppenprozesse zu massenhaft vollziehbaren Aggregaten kombinieren. 1973 haben z.B. alle wahlberechtigten Norweger und Dänen zum EWG-Anschluß ihres Landes in Volksabstimmungen Stellung genommen. Im Prinzip ist es denkbar, unbegrenzte Mengen von Personen auf diese Weise zu beteiligen. Die Kombination von einzelnen Gruppenprozessen ist demgegenüber aufwendiger. Nicht zuletzt wegen der quantitativen Möglichkeiten, die über die Montage von Einzelsituationen erschlossen werden können, setzen neue Verfahrensversuche bei derartigen Beteiligungsweisen an[3].

Entscheidungsbeteiligte Gruppen haben auch eher und häufiger als entsprechende Einzelsituationen verhaltenssteuernde und sogar langfristig prägende Rückwirkungen auf den einzelnen Teilnehmer. Diese Eigenschaft ist sogar noch an ihrem Mißbrauch aufweisbar. Indoktrination und „Umerziehung“ selbst breiter Bevölkerungen kann – die „Hsueh-Hsi“, die Studiengruppen-Bewegung im China Maos, scheint das wieder zu belegen (vgl. Barnett 1971) – über Kleingruppenstrukturen bewerkstelligt werden.

Was schließlich die Verarbeitungskapazität anbetrifft, kann das erste Verfahren, bei massenhaftem Einsatz, nur Probleme verarbeiten, deren Lösung sich auf einige wenige Ja/Nein-Entscheidungen reduzieren läßt. Das zweite ist in der Lage, selbst hochkomplexe Probleme zu bewältigen. Probleme, die dieses Verfahren bearbeiten kann, kommen weit häufiger vor.

Wenn die Lerneffekte und Leistungsvorteile des Gruppenprozesses voll wahrgenommen werden sollen, kann die Arbeit der Planungszelle nicht mit wechselnder oder offener Teilnehmerschaft durchgeführt werden. Sie bedarf der konstanten Besetzung. Im Arbeitsablauf der Gruppe 'Planungszelle' werden die genannten Vorteile übrigens noch intensiver durch Aufgliederung in Untergruppen genutzt.

Abbildung 2: Laienplaner bei der Arbeit: Gruppe setzt sich unter Argumentationszwang.

Akzeptables Positionsangebot

Die Teilnahme an dem genannten aufgabenorientierten Gruppenprozeß stellt dem Einzelnen eine als sinnvoll interpretierbare Position zur Verfügung. Er wird als Mitplaner, Mitbewerter oder Mit-Kontrolleur quasi in der Rolle des Beraters oder *Gutachters* in Anspruch genommen.

Die Rollen, die unsere Gesellschaft uns anbietet, werden bekanntlich sehr unterschiedlich bewertet. Es ist eine Alltagserfahrung, daß für das Ausführen einer Tätigkeit die Attraktivität der angebotenen Position von erheblicher Bedeutung ist. Dabei kann diese Position mehr oder weniger fest organisiert sein, mehr oder weniger wirklichkeitsnah sein oder sich mehr oder weniger stark manifestieren.

Im Rheinland zur Karnevalszeit kann man beobachten, wie wenige Requisiten – ein Cowboyhut und eine Blechpistole – genügen, um ein Kind in eine freie Welt zu versetzen. Zwischen parkenden Autos hat der Junge die endlose Weite im Blick. Die Trapper-Rolle offeriert attraktive Dispositionschancen, männliche Bewährung, Erwachsensein, bis hin zur selbständigen Verfügung über Tod und Leben. Der Erwachsene aber spürt sehr schnell, wie 'unwirklich' diese Rolle ist. Sie ist heute faktisch nur noch als Spiel realisierbar.

Für ihn wären ganz andere Dispositionschancen attraktiv. Sie müßten die Abwendung drohenden Übels von sich oder von anderen 'ernsthaft' ermöglichen. Was Urbarmachung, Bewährung und Erwachsensein ist, kann sich nur in der Bewältigung derjenigen Probleme messen lassen, mit denen wir heute konfrontiert sind.

Solche Verfügungs- u. d.h. auch Bewährungsmöglichkeiten, die gestaltend in unsere gemeinsame Zukunft eingreifen, werden bei den Positionen vermutet, die hier pauschalisierend 'Planerrolle' genannt werden. Das ist es, was diese Rolle so attraktiv macht.

Die positive Wertschätzung, die Tätigkeitsbezeichnungen wie Planer, Berater, oder Gutachter heute zuteil wird, liegt denn auch relativ hoch. Auf einen quantitativen Beleg dieses Sachverhaltes wird hier verzichtet. Ich halte ihn für evident. Mit einer Änderung dieser Wertschätzung ist kurzfristig nicht zu rechnen.

Findet sich ein Teilnehmer ('Laienplaner') in dieser von ihm latent akzeptierten Gutachterrolle vor, so wird das angebbare Auswirkungen auf sein Verhalten haben. Von solchen Auswirkungen sind einige erwähnenswert. Sie beziehen sich u.a. auf

– die Befähigung des Teilnehmers,
– seine Motivation,
– die Nivellierung von Verhaltenserwartungen unter den Teilnehmern
– die Qualifizierung mitgebrachten Wissens und
– die aufgabenkonformen Identifikationsmöglichkeiten.

Für viele gesellschaftliche Positionen ergeben sich die zu ihrer Wahrnahme erforderlichen *Fähigkeiten* mit der Inanspruchnahme der Position, und zwar mehr oder weniger „von selbst". Ein solcher Schnell-Lern-Mechanismus ('learning by doing') wird mit der Annahme der Gutachterposition ingang gesetzt. Bestimmte Aspekte dieser Befähigung des Laienplaners werden im Fortgang der Darstellung noch genauer angesprochen werden müssen.

Die für weiterführende Lösungen des Beteiligungsproblems entscheidende Frage einer ausreichenden *Motivation* zur Teilnahme wird mit dem genannten Rollenangebot ebenfalls einer Beantwortung nähergebracht. Es ist eben diese hochbewertete Position, die – verstärkt durch den Erwartungshorizont der überschaubaren Gruppe – im einzelnen Teilnehmer die Bereitschaft zur Mitwirkung auf Dauer stellt.

Die Laienplaner treten in den Gruppenprozeß mit der Ausrüstung ein, die sie aus ihrer jeweiligen Lebensweise mitbringen. Es wird von ihnen aber offenbar nicht verlangt, daß sie sich dort in dieser Eigenschaft begegnen. Bestimmte gewichtige Verhaltenserwartungen, die die Teilnehmer aneinander richten, werden mit der neu übernommenen Position *nivelliert*. Die Teilnehmer treten einander zunächst und vor allem als „Planer" gegenüber. So wird das aufgabenorientierte Verhalten des anderen Teilnehmers berechenbar. Das ermöglicht dem Einzelnen sichere Reaktionen. Dabei besteht kein Zwang, Unterschiede und Gegensätze, die der gemeinsamen Aufgabe unangemessen sind, zur Kenntnis zu nehmen oder gar zur Sprache zu bringen. Die Nivellierung der Erwartungen „neutralisiert" die Situation.

Dem Gutachter bleiben sein eigenes Wissen und seine mitgebrachten Wertvorstellungen gestattet. Andererseits *qualifiziert* die Gutachterrolle sogar diese mitgebrachten Kenntnisse und Einstellungen. Vom Planungsberater wird erwartet, daß er sie ins Spiel bringt. Das erst ermöglicht Rückfrage, Einwand, klärenden Konflikt und Korrektur. Gestützt auf diese Erwartung leistet der Teilnehmer sogar, wo das notwendig wird, die sachliche Konfrontation mit dem hauptamtlichen Planer (s. Abb. 3).

Die Konditionierung des Verhaltens, die sich mit der Übernahme der Gutachterposition ergibt, führt beim Teilnehmer außerdem zu *Identifikations*prozessen, die sich über die Nivellierung hinaus für den Ertrag der gemeinsamen Arbeit als funktional erweisen. Die Identifikation spiegelt sich auch im Außenverhältnis der Gruppe. Daß diese Auswirkung vorhanden ist, dürfte sich in dafür geeigneten Situationen manifestieren[4]. Die Manifestationen belegen die Intensität der Identifikationsprozesse, die durch die Zuweisung der Gutachterposition ausgelöst werden.

Freigestellte Teilnehmer

Der aufgabenorientierte Gruppenprozeß der Planungszelle stellt mit seinen Informations- und Entscheidungsvorgängen erhebliche Anforderungen an den einzelnen Teilnehmer. Dieser muß z.B. kontinuierlich anwesend sein. Die Planungszelle entspricht – wenngleich inhaltlich ganz andersartig gefüllt, und zwar zumeist anregender – in ihrer Zeitanforderung damit einem normalen Arbeitsverhältnis. Anwesenheit des einzelnen setzt voraus, daß dieser von anderen Verpflichtungen voll freigestellt ist.

Für die Arbeit der Planungszelle ist es wichtig, daß eine Person, die als Laienplaner ausgewählt worden ist, der Einladung auch tatsächlich Folge leisten kann. Sie muß einen Anspruch auf Freistellung haben.

Eine solche Freistellung, z.B. von Arbeits- oder Familienverpflichtungen, ist nicht für alle gleich leicht zu bewerkstelligen. Für manche ist sie sogar mit erheblichen

Abbildung 3: Identifikation mit der Gutachter-Rolle

Fallbeispiel: Diskussion von Laienplanern mit dem Verkehrsplaner über die Notwendigkeit einer Bushaltestelle im Fußgängerbereich

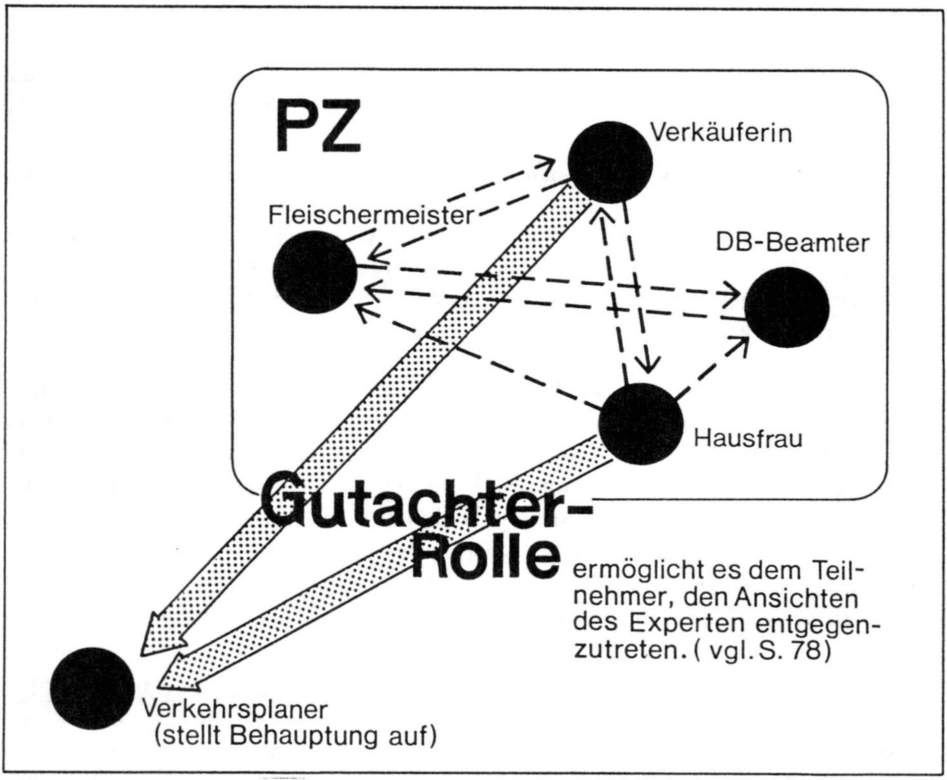

Schwierigkeiten verbunden. Um diesen Faktor als dominierendes Selektionskriterium für Teilnahme auszuschalten, bedarf es ergänzender Maßnahmen. Personengruppen, die erst nach Regelung ihrer speziellen Probleme in der Lage sein werden, an der Arbeit einer Planungszelle teilzunehmen, sind z.B. Mütter mit Kleinkindern, selbständig Tätige, Hochverdiener oder betrieblich Unabkömmliche.

Für alle diese Fälle lassen sich Lösungen denken. Müttern z.B. oder anderen pflegeverantwortlichen Personen könnten ihre Aufgaben durch Bereitstellung von Familienpflegerinnen, von Freiplätzen in Kindergärten oder durch befristete Freistellung des Ehepartners vorübergehend abgenommen werden.

Es mag auch Fälle geben, bei denen die Freistellung des Laienplaners negative Rückwirkung auf dessen Arbeitsverhältnis oder für seine Aufstiegschancen hat. Manche dieser Rückwirkungen lassen sich vermeiden. So könnte z.B. die Sicherung des Arbeitsplatzes gewährleistet werden, wenn die geltende Gesetzgebung, die den Arbeitsplatz bei der Einberufung zum Wehrdienst sichert, auf die Tätigkeit in der Planungszelle ausgedehnt und angewendet würde. Dieser Fragenkomplex ist inzwischen eingehend untersucht worden (vgl. Eberle 1972).

Vermutlich wird es in solchen und ähnlichen Fragen zu Regelungen kommen, die sich auf dem Verordnungswege oder über die Gesetzgebung treffen lassen. Wenn die Freistellung in der notwendigen Breite erfolgen soll – was aus einer Reihe von gesamtgesellschaftlichen Gründen sehr wünschenswert wäre –, so läßt sich das am ehesten mit einer generellen Verpflichtung zur Teilnahme ermöglichen. Damit ist der Gedanke einer „Planpflicht" angesprochen[5].

Immer hat es Funktionen gegeben, die von Einzelnen zugunsten des Ganzen wahrgenommen werden mußten. Derartige für den Bestand und für das Funktionieren etwa des Staates erforderlichen Leistungen des Einzelnen werden auf unterschiedliche Weise sichergestellt. Sie können durch Gewaltanwendung erzwungen werden, als religiöse Verpflichtung gelten oder sogar als Vorrecht oder Ehre erscheinen. Auf welche Weise diese Leistungen 'erzwungen' werden, hängt von verschiedenen Faktoren ab, so z.B. von dem Aufwand, den die Tätigkeit dem Einzelnen abverlangt, sowie von der politischen Kultur, in die dieses Verhalten eingebettet ist, also von dem allgemeinen Erwartungsschema, dem das Verhalten auch des jeweiligen Einzelnen unterliegt. Es macht einen Unterschied, ob eine Wehrpflicht, eine Mülltransportpflicht oder eine Planungspflicht abzuleisten ist, und es ist bedeutsam, als was die entsprechenden Tätigkeiten in der Gesellschaft gelten, wie sie bewertet werden.

Bei der Bedeutung, die der massenhaften, gezielten bürgerschaftlichen Teilnahme an Planungsprozessen für das Überleben und die Weiterentwicklung unserer Gesellschaft zukommt, ist es sinnvoll, die Leistung der Teilnahme als Pflicht zu organisieren.

Die Schulpflicht, die selbst in Europa noch nicht sehr alt ist, wurde zu einem Zeitpunkt eingeführt, als deutlich wurde, daß der Kommunikationsbedarf der Gesellschaft nicht mehr gedeckt werden könnte, wenn nicht der einzelne in die Lage versetzt würde, mit neuen Symbolsystemen umzugehen. Der Bestand tradierbarer Erfahrungen konnte dem einzelnen gar nicht mehr anders erschlossen werden. Die neue Verpflichtung ist durchaus nicht von allen sofort als ein Segen empfunden worden. Die Interessen der alt etablierten Wirtschaftseinheit „Familie" und von Institutionen wie der Kirche standen ihr zunächst entgegen. Inzwischen wird diese Anforderung der Gesellschaft allgemein akzeptiert.

Für eine Darstellung der Merkmale der Planungszelle ist dieser Hinweis auf eine rechtliche Normierung einer Planpflicht hier ausreichend. Wegen der möglichen Bedeutung dieser Konzeption im Gesamtzusammenhang der Überlegungen aber liegt es nahe, sie im Fortgang der Untersuchungen (s. S. 228 ff.) weiter zuerörtern[5a].

Eine Freistellung für den aufgabenorientierten Gruppenprozeß der Planungszelle bringt nicht nur Schwierigkeiten mit sich, die auf dem Wege gesetzlicher Regelungen minimiert werden müssen. Sie hat für den Einzelnen auch angebbare Vorteile. So entlastet die Übernahme neuer vollbeanspruchender Rollen gleichzeitig von anderen Rollenerwartungen. Ein Soldat ist z.B. bestimmten Erwartungen entnommen, die ihn als Vater, als Ehemann, Arbeitnehmer oder Sportvereinsmitglied durchaus betreffen. Derartige Entlastungsmöglichkeiten werden sich für die Laienplanung in vielen Fällen als zusätzliche Motivierung des Teilnehmers auswirken ('Urlaubseffekt').

Vergütete Teilnahme

Jedes menschliche Verhalten ist auf irgendeine Weise motiviert. Werden neue Verhaltensweisen gewünscht, so müssen die erforderlichen Motivationen bereitgestellt werden. Für die Planungszelle werden Motivationen benötigt, die beim Einzelnen bestimmte, bei Laien derzeit noch nicht übliche Verhaltensweisen sicherstellen, nämlich z.B.

- die Anwesenheit zu den festgelegten Planungszeiten,
- die erforderliche Informationsaufnahme oder
- das zielorientierte Mitwirken im Gruppenprozeß.

Will man sich Klarheit über die motivationellen Möglichkeiten verschaffen, die hierfür heranzuziehen sind, so können diejenigen Motivationen untersucht werden, die heute bereits eine Teilnahme an Planungsprozessen bewirken. Im Zusammenhang mit dem Versuch, ergänzende Beteiligungsmodelle zu entwickeln, sind solche Motive unter folgenden Begriffen erfaßt worden[6]:

- objektbezogene Interessen,
- objektunabhängige Interessen,
- Realisierung von eigeninteressenneutralen Werten,
- Spielreiz,
- Gruppenzugehörigkeit und
- finanzielle Vergütung.

Die so benannten Motive treten natürlich nicht rein, sondern in Mischungsverhältnissen auf. Dennoch haben sich diese Kategorien bei der Analyse vorhandener Beteiligungsverfahren bewährt.

Die Motivationen bzw. Motivationsmischungen, die bei vielen solcher Verfahren, z.B. der Wahl, dem Forum oder der Anwaltsplanung, offenbar noch genügend wirksam arbeiten, reichen für ein so intensives Beteiligungsverfahren wie die Planungszelle nicht mehr aus. Hier werden, zumal die Teilnahme massenhaft erreicht werden soll, härtere Motivationen mit herangezogen werden müssen, z.B. auch die finanzielle Vergütung.

Eine solche Form der Motivierung für notwendig erachteter Bürgeraktivitäten ist an sich nichts Ungewöhnliches. Im alten Athen wurden sogar für den Besuch der Volksversammlungen (wie übrigens auch für den der Theateraufführungen, denen man die Funktionen einer politischen Bildung zugestand) an jeden Bürger Diäten ausgezahlt. Die Zahl der Anspruchsberechtigten war nicht gering. In der für unsere Begriffe noch überschaubaren Stadt gab es Vorlagen, deren Beschluß in geheimer Abstimmung die Anwesenheit von mindestens 6000 Athenern bei der Volksversammlung voraussetzte[7]. Finanzielle Vergütung einer Teilnahme an öffentlichen Aufgaben galt damals als eines der wesentlichsten Merkmale der Demokratie (Aristoteles, Politik 1317 b). Auch bei uns werden wenn auch in weit geringerem Umfang Diäten gezahlt: an die gewählten Volksvertreter in Bund, Ländern, Kreisen und Gemeinden. Eine Ausweitung dieses Empfängerkreises wird mitunter erwogen. Sachkundigen Bürgern wird ihre Teilnahme an den Sitzungen von Ratsausschüssen vergütet (vgl. z.B. Hessische Gemeindeordnung).

Eine kommunalpolitische Konferenz der Jungsozialisten forderte eine Vergütung für die von ihr konzipierten Stadtteilräte und Fachräte (Roth 1971, S. 36). Ein zur Veröffentlichung anstehendes „Handbuch für die Erarbeitung von Standortprogrammen" sieht in seinem Entwurf Verdienstausfallentschädigungen für die Bürgerbeteiligung vor[8]. Für das Modell „Planungszelle" ist die finanzielle Vergütung der Beteiligung schlechthin kennzeichnend.

So wichtig die finanzielle Vergütung für den einzelnen Teilnehmer sein mag, im Fortgang der Arbeit wird sie spürbar durch weitere, den Aufwand entschädigende Faktoren unterstützt und ergänzt. So räumt die übrige Gesellschaft den Teilnehmern an der Laienplanergruppe ein Prestige ein, das mit der positionsspezifischen Hochschätzung des „Planers" verknüpft ist. Je ernsthafter die Gruppe an tatsächlich zu fällenden Entscheidungen mitwirkt, umso größer wird das Prestige sein, das die gesellschaftliche Umwelt den Teilnehmern der Planungszelle zuerkennt (einen Überblick zu dieser Problematik bietet: Daheim, S. 370ff.) Andere 'Entschädigungen' liegen im Kleingruppenprozeß selber. Dafür lassen sich Rahmenbedingungen schaffen. Man kann entsprechende interpersonale Tauschvorgänge ermöglichen und fördern (Zuwendung des Prozeßbegleiters, Prämierung, Ämterrotation innerhalb der Gruppe, „Bordzeitung"). In manchen Bereichen der Gesellschaft haben sich zusätzliche Motivierungen als notwendig erwiesen, die einen erheblichen Aufwand und eigene umfangreiche soziale Apparaturen voraussetzen[9]. Die vielfältigen Möglichkeiten, Vergütungen gruppenextern oder -intern zu organisieren, werden auch in andern Zusammenhängen genutzt. Auf sie wird daher hier nicht näher eingegangen. Erwähnenswert bleibt als Spezifikum die finanzielle Vergütung.

Im Verlauf der Erprobung von Planungszellen hat sich herausgestellt, daß die Funktion dieser Vergütung weniger in der finanziellen Zuwendung selber als vielmehr in ihrem Bedeutungsgehalt liegt. Wenn in unserer Gesellschaft für irgendetwas Geld gezahlt wird, so belegt das die 'Wirklichkeit' dieses Sachverhaltes. Durch die finanzielle Vergütung wird dem Planungszellen-Teilnehmer die gesellschaftliche Ernsthaftigkeit der Gutachterposition, die er einnimmt, unmißverständlich verdeutlicht.

Für den Einsatz dieses Motivationsmittels sind verschiedene Anwendungsweisen denkbar. Man könnte jedem Teilnehmer den gleichen 'Sold' auszahlen. Bei der Bemessung der Vergütung kann auch von der individuellen Situation des Teilnehmers ausgegangen werden. Dann sind ihm, voll oder anteilig, die ihm entstehenden Verluste oder entgehenden Verdienste zu ersetzen. Es wäre auch denkbar, daß bestimmte Leistungen, die der einzelne innerhalb der Arbeit der Planungszelle erbringen kann, vergütet werden. Schließlich sind auch Kombinationen dieser Vergütungsweisen möglich, z.B. derart, daß der einzelne Teilnehmer einen bestimmten Sockelbetrag erhält sowie nach bestimmten Gesichtspunkten bemessene Zusatzbeträge. Daß durch die unterschiedlichen Weisen der Vergütung unterschiedliche Wirkungen auf den einzelnen Teilnehmer und auf die Arbeit der Planungszelle ausgelöst werden, ist deutlich. Es wird diejenige Vergütungsweise gewählt werden müssen, die unter den jeweils gegebenen Bedingungen die insgesamt förderlichsten Auswirkungen auf den Ertrag der Planungszellenarbeit hat.

Diese Bedingungen dürften in der Einführungsphase dieses Beteiligungsverfahrens andersgeartet sein als nach seiner breiten Anwendung, die eine die politische Kultur beeinflussende Eigendynamik auslösen wird. Planungsteilnahme dieser Art wird dann stärker den Charakter des Erstrebenswerten, aber auch des Selbstverständlichen gewonnen haben. Auf den Vergütungsbedarf angewendet würde das heißen, daß dann mit geringer dosierten motivierenden Anreizen finanzieller Art gearbeitet werden könnte. Aller Erfahrung nach werden aber einmal gewährte Vergütungen von den Empfängern leicht als sozialer Besitzstand gewertet. Die dann sinnvolle Korrektur nach unten dürfte daher nur schwer durchsetzbar sein. Vielleicht sollte deswegen heute bereits ein Teil der anfangs notwendigen Vergütung als „Testphasen-Zulage" aufgefaßt und bis in die einzelne Auszahlung hinein deutlich als solche gekennzeichnet werden.

Die für diese Vergütung erforderlichen, durchaus nicht geringen Mittel werden von der öffentlichen Hand gezahlt werden. Die Frage, wie diese aufzubringen sind, wird später erörtert. Im Zusammenhang mit der Motivations- und Vergütungsproblematik muß allerdings soviel erwähnt werden, daß unter anderem auch Mittelaufbringungen über Umlagen oder zweckgebundene Sondersteuern denkbar sind und daß dies Rückwirkungen auf die durchschnittliche Teilnahmebereitschaft haben dürfte. Eine 'Partizipationsabgabe', zu der jeder Verdienende automatisch herangezogen wird, würde dann nämlich von denen, die mit Hilfe dieses Verfahrens an Planungsprozessen beteiligt werden, 'abgewohnt' werden können. Der einzelne Bürger, der an einer Planungszelle teilnimmt, bekommt sozusagen hier, und nur hier, 'sein Geld' zurück.

Befristete Teilnahme

Die Teilnahme an einem Planungsprozeß, wie sie mit dem Verfahren „Planungszelle" angeboten wird, ist zeitlich klar begrenzt. Dem Laien-Teilnehmer soll hier keine neue Dauerrolle angesonnen werden. Die Identifikations- und Wertübertragungsvorgänge, mit denen beim einzelnen gerechnet werden kann, stellen sich bereits bei einer befristeten Professionalisierung ein, und was den out-put an Planung anbetrifft, so lassen sich Planungsprobleme ausgrenzen, deren Bewältigung durch eine Laienplanergruppe nur wenige Wochen oder Tage erfordert.

Bei der Entwicklung der Planungszelle ist in den Jahren 1970/71 theoretisch mit einem Modell gearbeitet worden, das eine 12 Wochen lange Teilnahme an Planungsprozessen vorsah. Nach der Diskussion von Erfahrungen, die mit vergleichbaren Abläufen, etwa Akademie-Tagungen, Kursen oder Block-Studien, gewonnen worden sind, wird inzwischen davon ausgegangen, daß eine Frist von 3 Wochen ausreicht, um für den beteiligten Laien wie auch für den Ertrag an Planung ein Optimum der angestrebten Effekte zu erzielen. Ob sich die erwünschte Sozialisation bei noch kürzerer Dauer erreichen läßt, kann späteren eingehenderen Untersuchungen überlassen bleiben.

Die Frage, ob die zur Problemlösung notwendige Informiertheit gesichert werden kann, hat sich für die Festlegung dieser Frist als weniger bedeutsam erwiesen. Projektspezifische Informiertheit läßt sich mitunter recht schnell erstellen. Es gibt eine Reihe von Darstellungstechniken, die eine hinreichend umfassende Informationseingabe in erstaunlich kurzer Zeit ermöglichen[10]. So können vor Bewertungsprozessen die notwendigen Informationen, z.B. die relevanten Nebenaspekte, über optische Darstellungsverfahren weit zeitsparender eingegeben werden als etwa mit Hilfe von Gesprächsrunden, die die einzubeziehenden Gesichtspunkte erbringen sollen.

Mit der Befristung der Teilnahme ergeben sich einige Sonderprobleme:

– Bestimmte Kenntnisse, z.B. über Verwaltungsverfahren, über gegebenenfalls notwendige Außenkontakte oder über informelle Randbedingungen, lassen sich bei Befristung gar nicht oder nicht rationell von den Teilnehmern erwerben.

– Bei der Dauerbeschäftigung sind bestimmte, den einzelnen zusätzlich motivierende Momente wie Arbeitsplatzsicherheit oder Aufstiegsmöglichkeit gegeben. Sie entfallen mit der Befristung.

– Kompetenzen sind bei uns in der Regel mit der Möglichkeit der Haftbarmachung verbunden. Faktisch wird sich der in der Bürokratie für eine Maßnahme Verantwortliche einer gewissen Großzügigkeit seines Dienstherren sicher sein können. Es ist aber gar keine Frage, daß Verwaltungsangehörige in der Vorstellung leben, ihre Entscheidungen seien durch den Aspekt der Haftbarmachung mitbestimmt. Läßt sich bei einem nur befristeten Dienstverhältnis diese Art von Verantwortlichkeit erstellen?

Amtswissen, zusätzliche Motivationen und Verantwortlichkeit müssen in befristeten Tätigkeiten auf andere Weise erbracht werden als in Dauerarbeitsverhältnissen. Die notwendigen Verfahrenskenntnisse werden der Laienplanergruppe von außen zur Verfügung gestellt, und zwar in Gestalt der Prozeßbegleiter und der beigeordneten Fachplaner. Für die Arbeitsmotivation ergeben sich aus der befristeten Situation nicht nur Nach-, sondern auch Vorteile, die im Motivationshaushalt des einzelnen hoch zu Buche schlagen. Die leistungsverbessernde soziale Kontrollwirkung, die mit dem Begriff „Verantwortlichkeit" gemeint ist, kommt in der befristeten Planungszelle ebenfalls anders zustande als etwa in der Bürokratie. Das muß nicht gleich so streng ausfallen wie im alten Athen, das über Generationen hinweg nur die befristete Mitwirkung in Verwaltung und Regierung kannte. Dort wurden die Kontrollfunktionen, die heute die Karrieremöglichkeiten des Beamten haben, durch Prüfungsverfahren ersetzt, denen sich der Zeit-Beamte nach Ableistung seines Dienstes unterziehen mußte. Wenn dabei Unregelmäßigkeiten festgestellt wurden, so war die Todesstrafe nicht selten. Selbst zeitgenössische Freunde der Demokratie haben das als zu hart empfunden[11]. In der Planungszelle ergibt sich verantwortliches Handeln weitgehend mit der hohen Einschätzung, die dieser Tätigkeit durch die Mitwirkenden allgemein entgegengebracht wird (Gruppendruck). Doch auch hier sind Regelungen notwendig, die ein derartiges Handeln auch für solche Situationen sicherstellen, in denen dieser informelle Mechanismus nicht mehr greift. Zur Zeit bietet die Vergütung den Anlaß zum Abschluß eines Vertrages mit dem Teilnehmer. Für dessen Selbstverständnis ist diese seiner Mitwirkung vorausgehende Vereinbarung erfahrungsgemäß von erheblicher Bedeutung. Sie bietet gleichzeitig den verbindlichen Hintergrund für sein auftragsentsprechendes Engagement. Eine noch weitergehende Verbindlichkeit wird man von der generellen Normierung entsprechender Pflichten erwarten dürfen.

Die Möglichkeit einer Haftung für Schadensfälle ist ebenfalls nicht an eine Dauertätigkeit gebunden. Der einzelne Erwachsene muß normalerweise für die Auswirkungen seines Handelns und Unterlassens voll einstehen. Bestimmte Verhaltensweisen wirken sich z.B. als Mehrung oder Minderung seines Besitzes aus. In bestimmten Fällen wird der einzelne auch für Rückwirkungen seines Handelns auf Dritte haftbar gemacht. Dabei kann es – wie im Straßenverkehr – um erhebliche Beträge gehen, über die man persönlich möglicherweise gar nicht verfügt. Die hier auftretenden Risiken werden heute durch Versicherungen abgedeckt. Auch in den Fällen, in denen Verhaltensweisen nicht eindeutig zurechenbar sind, z.B. auch bei Kollegialentscheidungen, lassen sich so Verfahren finden, die das Haftungsproblem für die betroffenen Dritten befriedigend lösen[12].

Andererseits ergeben sich aus der Befristung der Teilnahme eine Reihe angebbarer Vorteile:

— Nur die Befristung erlaubt überhaupt den erstrebten *Wechsel der Perspektiven* für den Einzelnen. Der Laienplaner kommt aus anderen gesellschaftlichen Zusammenhängen in die Planungszelle und verläßt diese auch wieder hinein in andere gesellschaftliche Zusammenhänge. Die Bedeutung, die ein Aspektwechsel für die Selbstverwirklichung des Menschen angesichts der Unausweichlichkeit der Spezialisierung hat, wird oft — und nicht nur von Marx und Mao — hervorgehoben. Dieser Aspektwechsel ist nur durch befristete Übernahme einer Rolle zu erreichen. Dauertätigkeit wäre lediglich eine weitere Form der Spezialisierung.

— Daß die Rolle des Planers befristet angeboten wird, macht es möglich, *mehr Personen* an ihrer Ausübung zu beteiligen als durch jedes andere Verfahren. Bezogen auf eine etwa 40-jährige Berufstätigkeit des vollzeitlich tätigen Planers bewältigt die Planungszelle — auf allerdings nur grob vergleichbare Aufgabenstellungen hin — etwa das 680fache an personellem Durchsatz. Selbst gegenüber einem 18-monatigen Wehrdient bietet, wenn der Vergleich gestattet ist, diese Beteiligungstechnik noch das etwa 25fache an Möglichkeiten.

— Mit der Planungszelle ist die Sozialfigur der *Klein*gruppe auf eine absehbare Zeit befristet. Damit werden einige Vorteile ermöglicht, und zugleich gewisse Nachteile vermieden.

Mitglieder einer Kleingruppe werden für einander im Fortgang des Gruppenprozesses berechenbar. Für diesen aufgabenorientierten Prozeß wirkt es sich zunehmend zeitsparend aus, daß man den Bedeutungsgehalt des verbalen wie des nichtverbalen Zeichenrepertoirs der Mitteilnehmer kennt. Andererseits ist diese Nähe und Intensität der Begegnung nicht für immer verhängt. Ihr Ende ist absehbar. Permanente Anforderungen, wie sie sich in kommunitären Dauereinrichtungen, etwa den Entwürfen Robert Owens folgend[13], ergeben würden oder wie sie eine Realisierung des Nachbarschaftsgedankens mit sich bringt, den Arthur Mahraun vertreten hat (Mahraun 1927; Pfeil 1963, S. 39 ff.; Klages 1968; Hamm 1973), sind nur auf Zeit erträglich. Erlebniskonstellationen, wie sie von den beiden genannten „Bastlern" intendiert wurden, lassen sich — und zwar mit ähnlich bindendem und befriedigendem Effekt — auf begrenzte Zeit risikoloser erstellen. Gerade angesichts der anspruchsvollen sozialen Heterogenität der Planungszelle stellt ihre überschaubare Befristung eine wesentliche psychologische Entlastung für die Teilnehmer dar.

— Die Befristung verhindert die *Entfremdung* des Beteiligten von seiner sozialen Position. Dauerbeteiligung, etwa als Partei- oder Gewerkschaftsfunktionär oder als Abgeordneter, führt bei Unterschichtangehörigen allen Erfahrungen der Arbeiterbewegung nach zur Übernahme andersgearteter Eigeninteressen. So heiraten, wie Michels 1912 in seiner Partei beobachtete, die Kinder des Funktionärs „fast durchweg nicht alte, sondern neue Klassengenossen des Vaters." Die Sozialdemokratie war in diesem Sinne eine „Klassenerhöhungsmaschine", die die Funktion hatte, „proletarische Bestandteile ... zu entproletarisieren" (Michels 1957, S. 268 f.)[14]. – In der Planungszelle bleibt auch der Angehörige der Unterschicht Vertreter positionsspezifischer Interessen.

– Eine radikale Befristung der Teilnahme reduziert in entscheidenden Punkten das Entstehen von *verfahrens*spezifischen *Interessen.*

Ob Stadtverwaltung oder kommerzielles Planungsbüro – jede Organisation hat ihre Eigeninteressen. Es geht ihr um Überleben und Selbsterweiterung. Das gilt auch für das bürgerschaftliche Kontrollorgan der Verwaltung, das Parlament aus gewählten Abgeordneten. Vernünftige Entscheidungen z.B., deren Ertrag erst nach über vier Jahren sichtbar wird, werden von ihm offenbar zögernder gefällt als andere.

Die Planungszelle ist hier anders konstruiert. Sie tritt nach wenigen Wochen wieder auseinander. Sie bietet keine Laufbahn. Es gibt keine Möglichkeit der Wiederwahl. Der einzelne kann hier keine Karriere machen. Auch als ganze hat die Planungszelle keine gemeinsame Zukunft, an der sich Verhalten orientieren könnte. In diesem „Entscheider auf Zeit" sind die systeminternen Rollen mit so gut wie keinen Apparaturinteressen behaftet.

Für die Lösung einer Anzahl gewichtiger Probleme bietet diese Art von Neutralität erhebliche Vorteile.

Teilnehmerzufallsauswahl

Die Teilnehmerauswahl im Zufallsverfahren umgeht die schwierigen Fragen, die sich bei der Bildung gesprächsfähiger Problemlösungsgruppen im Hinblick auf die Definition, Gewichtung und Repräsentation von Interessen ergeben.

Die in der Übersicht erwähnten Beteiligungsverfahren sind im Hinblick auf die Beteiligten alle auf ihre Weise selektiv. Die von ihnen erfaßten Personenkreise sind in bestimmten Hinsichten homogen.

– In den Parlamenten sind die von den Karrieremechanismen der Parteien selektierten Sozialaktiven versammelt,

– auf einem Verbandskongress sind die Fachleute unter sich und

– Bürgerinitiativen setzen sich mehrheitlich aus Angehörigen des betroffenen Mittelstandes zusammen oder aus oppositionellen Jugendlichen.

Damit stellen diese Beteiligungsverfahren gleichzeitig jeweils eine Selektion von Interessen dar. Die in einem Bundesverkehrsbeirat vertretenen Verbände argumentieren nur selten aus der Position des älteren Fußgängers. Wenn bei der Gründung eines Bürgerforums – und das hier zitierte Düsseldorf ist kein Einzelfall – bei 400 Anwesenden allein 200 Architekten und Planer gezählt wurden, dann läßt sich ein Interessenungleichgewicht auch bei diesem Bürgerbeteiligungsverfahren vermuten.

Diese zumeist unreflektierten einseitigen Interessenkonstellationen führen bei den Planungsvorhaben, an denen man sich beteiligt, zu Verzerrungen. Auch die so unverfänglichen, als neutral geltenden Intellektuellen sind von massiven Eigeninteressen motiviert. Selbst einer fachlich legitimierten Personengruppe wie den Stadtplanern läßt sich nachweisen, daß die von ihnen angefertigten Entwürfe nicht frei sind von den Einwirkungen ihrer eigenen Interessenlage. So plant z.B. der amerikanische Architekt seine Foren und Plazas für einen weißen, erfolgreichen, jungen und sehr disziplinierten Benutzer (vgl. Wood u.a. 1966, S. 228 ff.).

Das Faktum der Interessenvertretung ist an sich kein Übel. Die bestehende politische Maschinerie ist auf Interessenwahrnehmung hin konzipiert. Zur Tempobeschränkung äußert sich der ADAC, zum Ladenschlußgesetz der Einzelhandelsverband und zu den Lebensmittelpreisen die Landwirtschaft. Öffentliche Einrichtungen scheinen vielfach nach ganz ähnlichen Gesetzen zu arbeiten. Ihre Referenten nehmen sich mitunter aus wie vorgeschobene Positionen von Interessengruppen. Ganze Ministerien wirken wie die legalisierte Vertretung gewisser Interessen. Selbst bei den wissenschaftlichen Gutachten darf nicht vergessen werden, daß sie von diesen Positionen aus bestellt und bezahlt werden. Schwierig zu lösen bleibt immer das Problem der Vertretung von Gesamtinteressen.

Die Neutralisierung solcher Verzerrungen wird heute vielfach von Versuchen erwartet, die als bürgerschaftlich firmieren (Bürgerinitiative, Bürgerforum, „Aktion Bürgerwille"). Oder sie wird der bewährten Institution des aus Wahlen hervorgegangenen Parlaments zugemutet. Aber auch hier stößt man auf ähnliche Einseitigkeiten in der Zusammensetzung und damit der Interessenlage. Bei Bürgerinitiativen ist dieses handicap offensichtlich. Bei den Parlamenten fällt wegen ihrer eindeutigen Legitimation dieser Sachverhalt weniger ins Auge. Analysiert man jedoch ihre Zusammensetzung auf die dahinterliegenden Interessenkonstellationen hin, werden Disproportionalitäten sichtbar, die nicht ohne Folgen bleiben können. 60 % der derzeitigen Abgeordneten unseres Bundestages haben ein Hochschulstudium abgeschlossen. Überraschend hoch ist in vielen Parlamenten der Anteil an Beamten. Im Bundestag macht sich die starke Beamtenfraktion, die quer durch alle Fraktionen verläuft, besonders intensiv in der Arbeit am Komplex des Beamtenrechts bemerkbar.[15]

Nicht so auffällig wie diese intraparlamentarische Lobby sind – weil als unvermeidbar hingenommen – die im Parlament vertretenen Selbsterhaltungsinteressen der politischen Parteien. Bei Gebietsreformen etwa verweisen deren Schwierigkeiten und Erfolge auf die entscheidende Rolle, die u.a. die Interessen der Parteiorganisationen hier spielen. Aber auch eine so leise Interessenverhaftung, wie die durch die vorwiegende Besetzung von Parlamenten mit Männern, zeigt Wirkung. Frauen gehen nämlich in mancher Hinsicht mehrheitlich von anderen Wertvorstellungen aus als Männer. So wird etwa bei einer Befragung die weitere wirtschaftliche Expansion ihrer Heimatstadt von 2/3 aller Männer bejaht, während die Frauen mehr für eine relativ ruhige Stadt plädieren (vgl. Stadt Nürnberg 1971, S. 29 f.).

Es ist verständlich, daß angesichts oder gerade trotz solcher Einseitigkeiten die Forderung aufrechterhalten wird, alle „Interessen" sollten im politischen Willensbildungsprozeß vertreten sein. Und es ist in der Tat kein Schaden für eine Demokratie, wenn man dort Entscheidungsverfahren entwickelt, deren Gremien auf eine Weise zusammengesetzt sind, die keine Interessen benachteiligt.

Für die praktische Durchführung erweist sich eine solche Forderung als zu anspruchsvoll. Ihre Erfüllung setzt voraus, daß „alle" Interessen identifiziert und erfaßt werden können und in das betreffende Beteiligungsverfahren – entsprechend ihrer Gewichtung – Zugang erhalten. Man könnte fragen, wie umfangreich solche Beteiligungsgremien dann sein würden und ob derartige Verfahren überhaupt noch arbeitsfähig sind. Unser Vorgehen jedenfalls mit seinen nur 25 Plätzen je Gruppe dürfte mit Sicherheit hier nicht mehr ausreichen.

Weniger aufwendig und damit realisierbarer ist die Umkehrung dieses Ansatzes, nämlich der Ausschluß des direkten Interessendurchgriffs, und zwar durch eine *Beteiligtenauswahl im systematischen Zufallsverfahren.*

Eine Teilnehmerauswahl im Zufall kann jeden Bürger treffen. Sie greift zurück auf den der Demokratie zugrunde liegenden Anspruch, daß „der einzelne Bürger ihr Ausgangspunkt und ihr Ziel“[16] sei, und auf die von daher ableitbaren Rechte und Pflichten.

Die Zufallsauswahl stellt ein *technisches Problem* dar, das auf verschiedene Weise bewältigt werden kann, z.B. durch Ziehung jeder x-ten Karte aus einer Personalkartei oder durch das Los. So wurde früher z.B. die Reihenfolge der einzuberufenden Wehrpflichtigen bestimmt, etwa nach der Preußischen Instruction vom 13. April 1825. Als Auswahlverfahren für politische Positionen war im alten Athen das Los sogar weit gebräuchlicher als die Wahl. Beide Verfahren, Wahl oder Los, können dazu verwendet werden, eine vorher festgelegte Anzahl aus einer beliebig großen Menge von Personen auszusondern.

Eine zweckentsprechende Organisation dieser Zufallsauswahl setzt die Klärung einiger Fragen voraus. Dabei geht es unter anderem um:

Einzugsbereich: Der Zufallsauswahl werden die 18- bis 68jährigen Einwohner eines abgrenzbaren räumlichen Bereichs zugrundegelegt.

Teilnahmebefreiung: Von der Zufallsauswahl sollten bestimmte Personen ausgenommen werden, und zwar u.a.: a) Hauptamtliche Planer und Prozeßbegleiter, die mit der Durchführung von Planungszellen befaßt sind. b) Personen, die durch ihre Mitwirkung in diesem Verfahren der Entscheidungsbeteiligung in formale Kompatibilitätskonflikte geraten können (Parlamentarier, Ratsmitglieder, Regierungs- und leitende Verwaltungsangehörige). Dabei handelt es sich immer um Personen, die in Positionen tätig sind, deren politische Sozialisationschancen denen mindestens gleichwertig sind, die in der Laienplanung angeboten werden. c) Ausländer, die noch keine drei Jahre in der Bundesrepublik ansässig sind[17]. d) Personen, die von der Wahlberechtigung ausgeschlossen sind (entmündigt; unter vorläufiger Vormundschaft oder wegen geistigen Gebrechens unter Pflegschaft; infolge Richterspruchs ohne Wahlrecht) oder für die das Wahlrecht ruht. e) Untersuchungs- und Strafgefangene. – Neben derartigen Personenkreisen, die unter Umständen schon vor der Zufallsauswahl aus der verwendeten Datenmenge ausgeschieden werden können, gibt es Personen, die – obwohl ausgewählt – an der Planungszelle nur mit unzumutbar erhöhtem Aufwand oder gar nicht teilnehmen können. Z.B. vorübergehend im Ausland Wohnhafte, Wehrdienstleistende, akut oder chronisch Kranke. – Die Vorgaben für einen Ausschluß aus der Teilnehmerauswahl brauchten zunächst nur grob festgelegt zu werden. Erst die Einführung einer Pflichtteilnahme würde genauere und bundesweit geltende Regelungen erforderlich machen.

Teilnahmehäufung: Im Fortgang der Laienplanung muß sichergestellt sein, daß nicht ein und dieselbe Person wiederholt zur Teilnahme zugelassen wird, andere aber noch gar keine Gelegenheit zur Teilnahme gehabt haben. Es ist daher sinnvoll, in das Zufallsverfahren Merkmale einzubeziehen, die bei jeder Person vorhanden, eindeutig und unveränderbar sind. Ein Kennzeichen, das diesen Bedingungen genügt, ist das Geburtsdatum[18]. Mit Hilfe solcher Kriterien ist es möglich, die Menge generell Berechtigter in einzelne arbeitsfähige Planungszellen umzuformen, ohne daß dabei die Gleichheitsrechte des einzelnen Bürgers beeinträchtigt werden.

Übergangslösungen: Solange noch keine gesetzliche Regelung für die Teilnahme an der Planungszelle besteht, würde das geschilderte Verfahren allein nicht in der Lage sein, einseitig zusammengesetzte Planungsgruppen zu verhindern. Da hier die Teilnahme letztlich von der Abkömmlichkeit und der Teilnahmebereitschaft des Einzelnen abhängt, würden leichter abkömmliche und sozialaktivere Personen häufiger teilnehmen als andere. Damit wären bestimmte Alters-, Einkommens- oder andere Gruppen in der Planungszelle überproportional vertreten. Derartigen Unausgewogenheiten kann durch den Einbau anderer Verfahren, z.B. durch die Zwischenschaltung von Rastern, wie sie in der empirischen Sozialforschung oder bei Meinungsumfragen verwendet werden, begegnet werden.

An die Verwendung von Zufallsverfahren kann allerdings erst gedacht werden, wenn es gelingt, vorher mindestens drei gewichtige Problemkomplexe, die sich hier neu ergeben, befriedigend zu lösen, und zwar die Fragen der Motivierung der Teilnehmer, der heterogenen Gruppensituation und der Informiertheit der Teilnehmer.

Zusatzproblem Motivierung: Mit der Teilnehmergewinnung über eine Zufallsauswahl treten die bisher in Bürgerbeteiligungsverfahren genutzten, z.B. die unter der Bezeichnung 'Freiwilligkeit' zusammengefaßten, Teilnahmemotivationen in den Hintergrund. Einerseits kann hier ihr Vorhandensein nicht als Berechtigung zur Teilnahme gelten, andererseits würde in den meisten Fällen die Teilnahme an Planungszellen nur durch 'Freiwilligkeit' nicht ausreichend zu motivieren sein.

Wie dieser neuen Anforderung durch die Hereinnahme neuer Faktoren, nämlich Vergütung, Planpflicht oder stabilisierender Außenerwartung entsprochen werden kann, die neben der Motivation durch den Reiz einer interessanten Aufgabenstellung und der neuartigen Situation wirksam werden, ist bereits angedeutet worden. Im übrigen dürfte ein so sinnfälliger Entwurf wie die Planungszelle geeignet sein, Ideologeme auszulösen, die es den Inhabern sehr unterschiedlicher sozialer Positionen möglich machen, an derartigen Einrichtungen teilzunehmen („Dort begegne ich dem Volk! Das ist Integration! Wer das nicht mitmacht, kann nicht mitreden!"). Es gibt im politischen Bereich für den Einzelnen heute frustrierende Situationen in großer Zahl, die die an der Planungszelle orientierten Erwartungen verstärken werden.

Zusatzproblem heterogene Gruppensituation: Die durch dieses Verfahren zustande kommenden Ausschnitte von Gesellschaft werden in hohem Maße heterogen zusammengesetzt sein. Hier kommen Vertreter aller Schichten und aller Altersgruppen von 18 Jahren an aufwärts in einer so bunten Sortierung zusammen, wie sie nicht einmal von der Grundschule oder Rekrutenkompanie erreicht wird. An den meisten Orten wird die Planungszelle mehr Unter- als Oberschichtenangehörige enthalten und mehr Frauen als Männer. Man wird verschiedene Sprachen sprechen[19]. Unterschiedliche Erwartungsschemata und Verhaltenscodes treffen aufeinander. Wie signalisiert man good will? Wie hält man Distanz? Auf welchen Arbeitsrhythmus kann man sich einigen? Worüber soll man in den Pausen miteinander reden? Soziale Heterogenität kompliziert den Gruppenprozeß.

Das Problem der heterogenen Gruppensituation muß in seinen Differenzierungen gesehen werden, wenn es lösbar werden soll. Die „Heterogenität" der Planungszelle ergibt sich aus einer Fülle unterschiedlicher Heterogenitäten. Bestimmte dieser Heterogenitäten, z.B. Geschlecht des Laienplaners, sind polar. Andere, wie Status oder Alter, lassen sich auf Skalen fassen. Wieder andere, wie die Streuung der örtlichen Herkunft, können auf Flächen gedacht werden. Die Verteilung der Teilnehmer in solchen Dimensionen macht in etwa den „sozialen Raum" sichtbar (vgl. Abb. 4), den eine Planungszelle einnimmt. Mit ihm läßt sich jede einzelne Laienplanergruppe kennzeichnen. Derartige Erfassungs- und Beschreibungsverfahren eröffnen damit Vergleichsmöglichkeiten zwischen den Planungszellen. Darin sind sie eine der Voraussetzungen für den Versuch, die Abläufe und den Effekt des Modells systematisch zu verbessern.

Abbildung 4: Beispiele für Dimensionen zur Kennzeichnung des sozialen Raums einer Planungszelle

Dimension:	*gemessen in:*	*Verteilung:*
Status	Schichtenzugehörigkeit	u. Untersch. — o. Obersch.
Problembewußtsein	Punktbewertung	0 — 100
Begriffsrepertoir	Punktbewertung	0 — 100
Alter	Jahren	18 — 68

Weitere, ebenfalls unter dem Stichwort „Heterogenität" zu fassende Zustände der Gruppe ergeben sich aus dem Vorkommen bestimmter Eigenschaften, etwa psychischer Deformierungen, wie traumatische Aggressivität oder habitueller ideologischer Extremismus. Weil diese Eigenschaften relativ selten auftreten oder nur in bestimmten Situationen erkennbar werden, werden sie hier als qualitative Phänomene behandelt. Sie gehen zunächst in die quantifizierende Beschreibung der Gruppe nicht ein. Als Problem für den Gruppenablauf sind sie natürlich dennoch gegeben und müssen in ihren Auswirkungen verarbeitet werden. Jede einzelne Dimension von Heterogenität bietet eigene Probleme, die für bestimmte Situationen von mehr oder weniger großem Belang sind.

Diese komplexe Heterogenität kann von der Planungszelle bewältigt werden. Die Planungszelle steht vor einer, für alle Teilnehmer als sinnvoll interpretierbaren gemeinsamen Aufgabe. Gegenüber schulischen Gruppenlernprozessen ist die Situation durch die Ernsthaftigkeit dieser Aufgabenstellung gekennzeichnet. Verglichen mit der täglichen Berufsarbeit oder mit der Situation der Hausfrau hat diese Arbeit etwas von der Faszination einer Entdeckungsreise. Für die Gruppe ist damit sowohl die Chance der Integration als auch der internen Strukturierung gegeben. Heterogenität läßt sich funktional verwerten, – eine Erfahrung, wie sie auch in der Familie, im Betrieb oder in einer Militäreinheit gemacht werden kann[20]. Aus der sozialen Heterogenität können sich Differenzierungsmöglichkeiten ergeben, die der in der Planungszelle notwendigen Arbeitsteilung entgegenkommen.

Die auf der Ebene der Planungszelle nicht quantitativ erfaßbaren Extremeigenschaften einzelner, die ebenfalls die Heterogenität der Gruppe mit ausmachen, sind im einzelnen Fall auf ihre Auswirkung hin analysierbar[21]. Sie sind der nivellierenden, korrigierenden und ergänzenden Wirkung des Gruppenprozesses auf eine Weise ausgesetzt, die den Teilnehmern eine normale Zusammenarbeit selbstverständlich erscheinen läßt.

Schließlich bieten sich gerade mit der Heterogenität Einübungsmöglichkeiten in gesamtgesellschaftliche Verständigungsprozesse, wie sie so an anderer Stelle in unserer Gesellschaft nicht bestehen. Dieser Umstand läßt sich – davon wird noch zu reden sein – für den Abbau latenter Konflikte, wie Generationsprobleme, Klassengegensätze, Diskriminierung der Frau oder Rassenprobleme nutzen. Der Funktionsverlust von Familie und Kirchengemeinde unterstreicht, wie begrenzt ansonsten die bestehenden Möglichkeiten sind, sich anbahnende gesellschaftliche Konflikte auf Kleingruppenebene zu transformieren und so neue Ausgangssituationen für Konfliktlösungen zu schaffen.

Zusatzproblem Informiertheit: Die im Zufallsverfahren ausgewählte Gruppe schließt Personen unterschiedlicher Informiertheit und unterschiedlicher Aufnahmefähigkeit ein. Ein Blick auf die Verteilung von Ausbildungsabschlüssen in der Bevölkerung (s. Tabelle 5) macht das deutlich. Eine solche Planergruppe ist erst einsetzbar, wenn das Problem der hinreichenden Informiertheit der Teilnehmer gelöst ist.

Tabelle 5: Verteilung von Ausbildungsabschlüssen

Verteilung von Ausbildungsabschlüssen in % der Wohnbevölkerung der Bundesrepublik*	
Volksschule	57,1
Mittlere Reife	6,3
Abitur	1,1
Berufsfach-, Fach-, Ingenieurschule	6,8
Hochschule	2,1

*) Stand vom Mai 1970

Der Einwand mangelnder Informiertheit des Laienplaners ist schlagend. Er erscheint zutiefst durch unsere Lebenserfahrung begründet, ist aber auch ein gutes Beispiel dafür, wie vorsichtig man mit solchen „Selbstverständlichkeiten" umgehen muß. Es gibt nämlich angebbare Sachverhalte, die dieser Einwand nicht in Rechnung stellt. Zudem läßt sich einiges Aufschlußreiche dazu sagen, woher diese Selbstverständlichkeit ständig neu genährt wird, das heißt, welche sozialen Funktionen sie für uns erfüllt. Die Abqualifizierung des Laien ist ein effektiver Selbstschutz des Fachmanns. Wir alle sind bereit, sie unsererseits zu akzeptieren, weil diese Diskriminierung uns von bestimmten Verantwortlichkeiten oder Verpflichtungen entlastet.

> „Laien sollen planen? Wir werden unseren Verkehr nicht von Nichtfachleuten planen lassen! Das kann doch nur der Fachmann! Der hat eine jahrelange Ausbildung hinter sich."
>
> Diskussionsbemerkung eines Angehörigen des öffentlichen Dienstes

Der genannte Einwand unterschätzt dreierlei: die 'Lebenserfahrung', über die der einzelne Bürger in bestimmten Hinsichten verfügt, die generelle Lernfähigkeit des Menschen und die Möglichkeit, bewältigbare Probleme auszugrenzen.

Der Einzelne hat im Verlauf seiner Sozialisation normalerweise eine Fülle von Einstellungen, Zielen, Werten und oft sehr speziellen Fähigkeiten und Kenntnissen übernommen. Diese *Grundausstattung* an Informiertheit ist nicht an bestimmte Ausbildungsgänge gebunden. Sie braucht auch nicht durch abgeleistete Prüfungen belegt zu werden. Es gibt übrigens ganze Berufsgruppen, wie Dichter, Künstler, Politiker, die weithin ohne formalisierte Ausbildungsgänge auskommen. Die hier relevanten Fähigkeiten werden als über Ausbildungen nicht kontrollierbar unterstellt. Die unterschiedliche Verteilung von Ausbildungsabschlüssen, wie sie in der Tabelle 5 zum Ausdruck kommt, sagt über das Vorhandensein dieser Art von Informiertheit wenig aus.

Die *Lernfähigkeit* des Menschen kann nur phänomenal genannt werden. Wer immer diesen Text liest, hat in jungen Jahren erstaunliche Abstraktionsleistungen vollbracht. Er hat z.B. gelernt, mit die Wirklichkeit deutenden Symbolsystemen wie Sprache oder Schrift komplizierte Operationen auszuführen, nämlich zu „sprechen".

Daß auch die Fähigkeit des Erwachsenen, neue Informationen aufzunehmen, nicht gering geschätzt werden darf, ergibt sich aus der Beobachtung der gesellschaftlichen Wirklichkeit: Bestimmte unbekannte Situationen werden vom lernenden Einzelnen erstaunlich schnell und sicher verarbeitet. Während des Verkaufsgespräches nimmt der Vertreter in Sekunden eine Fülle von optischen Signalen auf und setzt sie in eigenes Verhalten um. Ähnlich effektiv reagiert der Verliebte. Es werden aber auch in kurzer Zeit ganze neue Rollen gelernt. Der ins Krankenhaus Eingelieferte ist nach wenigen Stunden ein „guter" Patient. Die junge Mutter bewältigt ihre neue Aufgabe. Der Auslands-Ersturlauber kehrt heim wie ein Weltreisender. Der zu den „Jesus-People" Bekehrte gehört am nächsten Tag schon ganz dazu. Kurze Zeit an der Front, und der Junge reagiert wie ein alter Landser; und der Beförderte benimmt sich binnen einer Woche wie ein richtiger Abteilungsleiter.

Der Erwachsene lernt in „Zwangssituationen", in Situationen, die durch neue Erwartungen seiner Umwelt gekennzeichnet sind. Will man ihn lernen sehen, so müssen solche Situationen geschaffen, d.h. entsprechende Rollen angeboten werden. Der Einwand mangelnder Lernfähigkeit des Laienplaners läßt sich damit so eingrenzen, daß klar wird, wo er gilt und wo nicht. Im übrigen steht und fällt ja auch der Entwurf des Parlaments, also der einer politischen Kontrolle der Verwaltung durch Laien, mit der Fähigkeit immer wieder neuer Einzelner, sich im Umgang mit Problemen, über die sie entscheiden sollen, die jeweils relevanten Sachkenntnisse anzueignen.

Ein Problem wird erst dann rational lösbar, wenn es sich so formulieren läßt, daß die zur Lösung notwendige Informationsmenge bewältigt werden kann. In unserem Fall hängt also die „Informiertheit" des Laienplaners nicht zuletzt davon ab, daß entsprechend *dimensionierte Probleme* vorgegeben werden. 'Entsprechend dimensioniert' heißt hier, daß Probleme gefunden werden müssen, bei denen die zur Lösung notwendigen Informationen von Teilnehmern, die im Zufall ausgewählt sind, in der zur Verfügung stehenden Zeit so aufgenommen werden können, daß sie in ihre Entscheidung eingehen.

In allen drei Richtungen zeichnen sich damit Bereiche ab, für die der genannte Einwand keine Gültigkeit besitzt. Die unzureichende Informiertheit des Laienplaners erweist sich, so gesehen, als Scheinproblem: es läßt sich reduzieren auf Fragen des Angebots entsprechender Rollen sowie vor allem auf Fragen der Materialaufbereitung und -vermittlung. Auf beide Probleme wird an anderer Stelle dieser Untersuchung eingegangen.

Die Rückfrage nach der Informiertheit des Laien erfolgt, darauf sei abschließend hingewiesen, selber von einer Position aus, die weitgehend als gesellschaftliche Setzung begriffen werden muß, von der Position des Fachmanns. Es wäre absurd, die Notwendigkeit von Spezialistentum in Frage stellen zu wollen; dennoch muß hier ein wenig entmythologisiert werden. Was ist eigentlich ein „Fachmann“? Vom Fachmann, der ein bestimmtes Rollenverhalten und bestimmte Rolleninsignien übernommen hat, werden daraufhin bestimmte Fertigkeiten, eine bestimmte Informiertheit, erwartet. Der Medizinstudent, der im weißen Kittel auf der Station als Famulus tätig ist, wird von den Patienten mit „Herr Doktor“ angesprochen. Derartige Rollenelemente sind in den einzelnen Gesellschaften in unterschiedlichem Ausmaß zu Berufen professionalisiert. Im Jahre 1951 wurden in den USA 80 % aller Wohnbauten ohne die Inanspruchnahme eines Architekten errichtet (Demerath/Baker 1951, S. 86 ff.). Im englischen Gerichtswesen werden heute 95 % der von der Polizei eingeleiteten Fälle nicht von Berufsrichtern sondern von den 21 000 Laienrichtern erledigt[22]. Die entsprechenden Fertigkeiten sind dort — das darf man unseren Berufsvertretern vielleicht gar nicht sagen — offenbar in geringerem Maße als bei uns auf eine Berufsrolle festgeschrieben. Sie werden nicht-professionell erbracht. Diese Diastase von Profession und Fertigkeit leuchtet mitunter kurz auf, etwa wenn ein ‘erfolgreicher Arzt’ als gelernter Friseur entlarvt wird, oder wenn ein Gewerkschaftssekretär das Postministerium übernimmt.

Man kann sich auch aufs Generelle spezialisieren. Es gibt natürlich auch entsprechende Rollen, so den Juristen, Journalisten oder Politiker. Aber gerade in diesen Rollen werden besonders viele auch in anderen Zusammenhängen erworbene Informationen verwendbar. Das gilt auch für den Planer.

Daraus ergeben sich Konsequenzen, die z.B. bei einem Stadtplanspiel in Detroit sichtbar wurden, das hier kurz dargestellt werden soll, weil bestimmte Folgerungen übertragbar sind. Bewohner einer sanierungsreifen Gegend beteiligen sich auf der Straße an einem Wiederaufbauspiel. Kunststoffblöcke werden auf den auf die Fahrbahn gemalten Straßenraster des Viertels gesetzt. So investiert man nach Diskussionen Millionenbeträge für Krankenhaus, Wohnhaus und Schule. Die nächste Runde führt, nach Begrenzung der Mittel, zu neuen Planungen, aber auch zu Konflikten zwischen den Teilnehmern. Kann man sich den Park dort und das Altersheim hier noch leisten? Der arbeitslose Alte und die Mutter einer siebenköpfigen Puertoricaner-Familie, bisher immer ohne eigene Meinung zu den oft schwierigen Fragen der Funktion, der Plazierung und Dimensionierung von Einrichtungen, entwickeln plötzlich klare, begründete Standpunkte. Interessant sind die Reaktionen der Stadtplaner, die das Spiel mit viel Mühe arrangiert hatten. Die Herren wurden im Laufe des Tages immer stiller. Die sachliche Informiertheit und damit partielle Planerfähigkeit des Laien auf diese Weise mitzuerleben — das trifft den hauptberuflichen Planer unvorbereitet an einem sensiblen Punkt. Selbsteinschätzung hängt bei vielen enger mit beruflicher Bewährung zusammen, als wir das wissen. Sich dort gefährdet zu sehen, ist nicht leicht zu verkraften.

Das Problem der Informiertheit von Laien, die im Zufallsverfahren für Planungsprozesse ausgewählt werden, ist nicht unlösbar. Durch einen drei Wochen langen täglichen Umgang mit einem bestimmten Sachverhalt erwerben die Teilnehmer möglicherweise mehr Sachkenntnisse, als sie der nur kurzfristig hinzugezogene Fachmann zu diesem Punkt besitzt. Informiertheit läßt sich als eine Funktion von Teilnahme verstehen.

Die genannten Argumente sprechen dafür, daß es gelingen dürfte, die notwendige Motivierung der Teilnehmer, die Kooperation in heterogen zusammengesetzten Gruppen sowie die erforderliche Informiertheit zu sichern. Die Anwendung von Zufallsverfahren für die Auswahl von Teilnehmern wird damit möglich. Die Ausschnitte von Gesellschaft, die so für die Planungszelle erstellt werden, bieten von der Zusammensetzung der Teilnehmer her eine Gewähr dafür, daß keine Entscheidungen zustande kommen, die einseitigen Interessen dienen. Vertritt ein Laienplaner derartige Einseitigkeiten, so werden sie aller Erfahrung nach im gruppendynamischen Prozeß dekouvriert. Sie können sich, wenn sie die Vernünftigkeit einer Entscheidung erkennbar gefährden, hier nicht durchsetzen. Der direkte Interessendurchgriff ist hier, schon durch die Teilnehmerzufallsauswahl, weitgehend verhindert.

Vorteile der Zufallsauswahl: Neben der dargestellten Verhinderung des Interessendurchgriffs lassen sich weitere Vorzüge der Auswahl im Zufallsverfahren benennen.

Die Planungszelle kommt bei ihrem Zustandekommen ohne die Kategorie der unmittelbaren *Betroffenheit* aus. Innerhalb der festgelegten Teilnehmereinzugsbereiche ist das Faktum der Betroffenheit für die Auswahl der Laiengutachter ohne Bedeutung.

In den meisten neuen Beteiligungsversuchen wird der 'Betroffenheit' entscheidende Bedeutung zugemessen. Das gilt etwa für Beirat, Bürgerinitiative oder Sozialplanung in gleicher Weise. Vielfach ist es geradezu die erklärte Absicht der Verfahren, die Mitentscheidung der Betroffenen sicherzustellen. Für manche Probleme ist das notwendig und läßt sich auch ermöglichen. Es gibt aber auch Aspekte, unter denen sich die Entscheidungen der Betroffenen mit den Interessen der größeren Gesamtheit nicht vereinbaren lassen. Die Hochschule gehört eben nicht nur dem Studenten, der Flughafen nicht nur dem Lotsen und die Altstadt nicht nur den derzeitigen Hausbesitzern oder Mietern.

Für das Zustandekommen von möglichst richtigen Entscheidungen ist es oft nicht unwichtig, auf welche Weise die problemnahen Informationen Zugang zum Entscheidungsprozeß gewinnen, die eigentlich gemeint sind, wenn heute mit dem Begriff 'Betroffenheit' argumentiert wird. Vielfach wird nämlich übersehen, daß die Kategorie 'Betroffenheit' immer, und zwar oft sehr harte Interessen einschließt. Es macht daher einen Unterschied, ob die hinzugezogenen Betroffenen den Entscheidungsprozeß als 'Teilnehmer' mitdirigieren oder ob sie lediglich durch die Präsentation ihrer Kenntnisse und Argumente, sozusagen als Ankläger, Zeuge oder Verteidiger, ein informiertes Entscheidungsverfahren ermöglichen. Die Präsenz von Interessen ist nicht entscheidungsnotwendig, wohl aber die der entsprechenden Informationen. Sie können, etwa durch Hearings, abgefragt und damit eingebracht werden. In dieser Weise stellt die im Zufallsverfahren ausgewählte Planungszelle als Anhäufung bürgerschaftlicher, speziell uninteressierter, potentieller Rationalität eine günstige Ausgangsbasis für das Abarbeiten bestimmter Planungsprobleme dar.

Das Verfahren der Zufallsauswahl ist zweitens geeignet, den *Gleichheitsgrundsatz* zu gewährleisten. Es bietet allen Personen im gewählten Einzugsbereich die gleiche Chance der Beteiligung. Es kann bei diesem Verfahren keine „Bevorzugung" geben, die des Einspruchs und der richterlichen Überprüfung bedürfte. Die Forderung nach Gleichberechtigung – jeder Deutsche hat ... die gleichen staatsbürgerlichen Rechte und Pflichten, Artikel 33 des GG – bleibt beachtet.

Schließlich schafft dieses Auswahlsverfahren ein als *Repräsentativität* deklarierbares Verhältnis zwischen der Gesamtheit der Berechtigten und den ausgewählten Personen.

Der Begriff „Repräsentativität" kann dabei in unterschiedlichen Bedeutungen verwendet werden. Er kann z.B. mehr auf die betroffenen Einzelinteressen oder mehr auf das Allgemeininteresse bezogen sein. Die Entscheidung darüber fällt u.a. mit der Festlegung des Bereiches, der einer Zufallsauswahl zugrunde gelegt wird. Findet sie kleinräumig im Einzugsbereich des zu lösenden Problems statt, so gilt mehr die erste, findet die Auswahl dagegen unter Bewohnern außerhalb des direkten Interesseneinzugsbereichs statt, so gilt eher die zweite Bedeutung. Die Ausgewählten sind dann als spezifisch Nicht-Interessierte – nur mit ihrer normalen Rationalität begabt – am Lösen von Problemen beteiligt.

Nach diesen Erwägungen erscheint es sowohl als wünschenswert wie auch als möglich, die Planungszelle mit im Zufallsverfahren ausgewählten Teilnehmern zu besetzen. Probeläufe haben diese Aussage in der Praxis bestätigt.

Laienteilnehmer

Was die Teilnehmer, die aus höchst unterschiedlichen Lebenssituationen kommen, gemeinsam als „Laien" qualifiziert, ist zweierlei: Die Teilnehmer sind im Hinblick auf die spezielle Planungsaufgabe vermutlich unzureichend informiert und sie sind nicht hinreichend in Gruppenprozesse eingeübt, wie sie zur Bewältigung der gestellten Aufgabe absolviert werden müssen. Eine Laienplanergruppe dieser Art bedarf daher der Ergänzung. Sie mit einer Planungsaufgabe sich selber zu überlassen, hieße die Mehrheit der Teilnehmer zur Selbstfrustration zu verurteilen. Nach außen würde diese laienhafte Bürgerplanung den Eindruck des Obstruktionismus nicht vermeiden können. Unausgereifte, irrationale Ergebnisse behindern die notwendigen Entscheidungsprozesse mehr, als sie zu fördern. Die notwendige Ergänzung wird im wesentlichen in zwei Richtungen erfolgen müssen. Einmal müssen die Laienplaner mit den notwendigen Sachinformationen versorgt und zum anderen muß ein effektiver Gruppenprozeß ermöglicht werden.

Eingabe von Sachinformationen: Wer über die Lösung eines Planungsproblems mitentscheidet, sollte über die notwendigen Informationen verfügen. Diese werden jedoch den Laienteilnehmern zunächst nur mehr oder weniger bekannt oder zugänglich sein.

Sie müssen für alle in gleicher Weise verfügbar gemacht werden. Es gibt natürlich planungsrelevante Sachkenntnisse, die durch einzelne Teilnehmer in die Gruppe eingebracht werden.

Abbildung 5: Laiengutachter vertreten eigene Standpunkte und bringen Sachinformationen ins Gespräch ein.

Darüber hinaus erfolgt die Eingabe der erforderlichen Informationen aber im wesentlichen über:

- vorbereitetes Informationsmaterial,
- begleitende Fachleute,
- Hearings (mit Betroffenen oder Experten und Gegenexperten)
- Begehungen / Besichtigungen / Ortstermine,
- problemrelevante Situationen und Personen, zu denen die Gruppe sich Zugang verschafft.

Die vorab aufbereiteten Informationen müssen für die Teilnehmer verständlich dargeboten werden. Die komplexe Vielfalt der Probleme muß auf die wichtigen Faktoren reduziert werden. Diese lassen sich bildlich darstellen, etwa als Zeichnung, Film oder Tabelle. Jede sinnvolle Übersetzung der Probleme ins Optische ist für die Informationsaufnahme sowie für den Verständigungsprozeß in der Gruppe hilfreich. So können alternative Lösungen durch verschiedene Farben gekennzeichnet werden (roter Plan, blauer Plan). Die Informationen müssen außerdem so präsentiert werden, daß die Teilnehmer sich mit dem Problem identifizieren können. Auch die Informationsaufnahme durch kleingruppenhaftes Mitvollziehen, etwa Rollenspiel, Soziodrama oder Interview bedarf der Vorbereitung. Ganz ohne schriftliche Texte und Zahlenübersichten wird keine Ersteingabe von Sachinformationen auskommen.

Die Teilnehmer der Planungszelle kommen aus sehr unterschiedlichen Positionen, gemessen etwa an Schichtenzugehörigkeit, Alter oder Geschlecht. Für die Zusammensetzung der einzelnen Planungszelle ist dabei u.a. der spezielle Einzugsbereich relevant. Die soziale Zusammensetzung einer Großstadt unterscheidet sich von der eines Landkreises. Zwischen einzelnen Flächenländern treten Unterschiede auf, deutlich z.B. in der Verteilung von Ausbildungsabschlüssen. Noch größere Unterschiede zeigen sich kleinräumig zwischen einzelnen Wohnvierteln. Dennoch kann von folgenden groben Annahmen ausgegangen werden: Was die sogenannte Allgemeinbildung anbetrifft, sollten Volksschulabschlußkenntnisse vorausgesetzt werden. Die Planungszelle kommt ohne 'Eingangstest' aus. Für das aktuelle politische und allgemeine Problembewußtsein wird zumindest das BILD-Leser-Niveau unterstellt werden können. Soziales Verfahrenswissen dürfte stark vom Lebensalter und von der beruflichen Position abhängen.

Die Sachinformationen müssen in einer Form angeboten werden, die solche Durchschnitte berücksichtigt. Die Aufbereitung der Erstinformationen sollte daher nicht dem Planungsfachmann allein überlassen bleiben. Pädagogische Erfahrungen und die Erkenntnisse der Lernpsychologie müssen mit herangezogen werden.

Im Verlauf der Planungsarbeit werden immer wieder mit dem Planungsfall verknüpfte Daten nachgefragt werden, für die keine vorbereiteten Informationseingaben vorliegen und die sich am schnellsten beschaffen lassen, wenn die Planungsarbeit von zuständigen Fachleuten begleitet wird.

Die Sachkenntnis und die Interessen von Betroffenen werden durch Hearings oder Ortstermine eingebracht. Dem Planungsfall ähnlich gelagerte Probleme oder an anderer Stelle bereits erarbeitete Lösungsvorschläge werden durch Einladung von Referenten oder durch Besichtigungsfahrten und Begehungen in die Überlegungen der Planungszelle einbezogen.

Es kann notwendig werden, darüber hinaus weitere Informationsquellen zu erschließen. Im Prinzip muß der aus Laien zusammengesetzten Planungszelle der Zugang zu allen für eine sach- und fristgerechte Entscheidung notwendigen Informationen offenstehen. Dabei sind Fälle denkbar, in denen zunächst eine Klärung darüber herbeigeführt werden muß, ob diese Notwendigkeit besteht, wie auch Fälle, in denen die Mitglieder der Planungszelle in die Verpflichtung zur Amtsverschwiegenheit ausdrücklich miteinbezogen werden müssen.

Sicherung der Mitarbeitsfähigkeit: Mit der Präsentation von Sachinformationen ist es nicht getan. Entscheidend ist, ob und wie sie aufgenommen und verarbeitet werden. Dieses hängt nicht zuletzt von der Aufnahmebereitschaft des Einzelnen und von Konstellation und Klima innerhalb der Gruppe ab. Personen wie soziale Gruppen lassen sich als leicht verletzbare Gleichgewichtszustände verstehen. Das gilt in erhöhtem Maße bei der im Zufallsverfahren ausgewählten und auf Zeit einberufenen Planungszelle, deren einzelne Mitglieder damit einer sehr neuen und ungewohnten Situation ausgesetzt sind. Sozial so schwierige Situationen können sich in der zur Verfügung stehenden Zeit

- ohne eine Ergänzung durch ablauforientierte Informationseingaben und
- ohne die Anwesenheit gruppendynamisch geschulten Sachverstandes

vermutlich nur schwer selber effektiv strukturieren. Der Planungszelle sind daher die entsprechenden Informationen zugänglich sowie zwei sozialpädagogische Prozeßbegleiter beigegeben.

Es gibt heute *Hilfsmittel*, mit denen es in Arbeitsgruppen wie der Planungszelle z. B. möglich ist

- Gesprächsabläufe so zu strukturieren, daß unnötiger Aufwand vermeidbar wird,
- diffuse Debatten an Zielen zu orientieren,
- Diskussionssituationen für alle akzeptabel auf entscheidbare Alternativen zu reduzieren.

Poster, wie sie in Probeläufen der Planungszelle als „Problemberg", „Diskussionsbaum" oder „Problemschrank" versuchsweise eingesetzt worden sind, ermöglichen es der Gruppe, sich auf die wesentlichen Probleme zu konzentrieren statt sich an vermindert oder gar nicht lösbaren festzubeißen[23]. Solche wie auch andere ablauforientierte Informationseingaben erleichtern das Zusammensein der Laienplanergruppe und sichern die Mitarbeitsfähigkeit der Teilnehmer.

Über derartige vorbereitete Eingaben hinaus bedarf die Gruppe der *Prozeßbegleitung*. Jeder einzelne der teilnehmenden Laien ist für sich Fachmann für irgendetwas. Die in der Überschrift dieses Kapitels gewählte Bezeichnung „Laie" ist insofern falsch. Mit der heterogenen Zusammensetzung sind eine Fülle von interessanten Erfahrungen, Spezialkenntnissen und die unterschiedlichsten biographischen Dispositionen in die Planungszelle eingegeben. Diese 'Reisegruppensituation' ist für jeden stimulierend. Sie wird für den einzelnen Teilnehmer eine Bereicherung, kann aber für ihn unter bestimmten Bedingungen auch eine Belastung darstellen. Der einzelne Teilnehmer bringt ja auch seine problematischen Eigenheiten und seine Probleme mit. Die hauptamtlichen Partizipationshelfer müssen es verstehen, dieses Potential insgesamt einer funktionalen Nutzung zuzuführen.

Die Notwendigkeit einer Ergänzung der Laien in der Planungszelle durch ausgebildete Prozeßbegleiter ergibt sich vor allem aus der zentralen Bedeutung, die die Gruppensituation für den sachlichen Ertrag der Laienplanung hat. Der Gruppenprozeß nämlich ist es, der den Einzelnen zur konstruktiven Mitarbeit befähigt, und er ist es auch, der das Verhalten und damit auch die Leistung des einzelnen Teilnehmers kontrolliert.

Fachliche Begleitung

Für das Problem der zahlenmäßigen Zuordnung von hauptamtlichen Fachkräften zu Laienplanergruppen sind unterschiedliche Lösungen denkbar. Das Modell Planungszelle geht von einem Verhältnis 1 : 6 aus, und zwar weil dieses Verfahren einerseits möglichst vielen Nichtplanern eine Beteiligungsmöglichkeit gewähren sollte, zum anderen aber die Qualität des Planungsertrages garantiert bleiben muß. Die Tätigkeitsbilder der vier Fachleute, nämlich der zwei Prozeßbegleiter und der zwei Planer, werden im folgenden beschrieben.

Der Prozeßbegleiter: Die Prozeßbegleiter (Moderator/Tagungsleiter und Tagungsassistent) nehmen unter anderem folgende Funktionen wahr:

– Er führt die vor Beginn der Planungszellen-Arbeit notwendigen Kontaktbesuche durch. Diese Verbindungsaufnahme hat u.a. den Zweck, die Arbeits- und Familienverpflichtungen des einzelnen 'Einberufenen' zu klären und seine Abkömmlichkeit sicherzustellen.

– Er arrangiert die Vorbereitungs- und Einführungsgespräche.

– Er berät das Planungsressort bei der Erstellung des Informationsmaterials.

– Er initiiert die Konstituierung bzw. begleitet die Selbstorganisation der zusammentretenden Planungszelle.

– Er organisiert und leitet den Arbeitsablauf.

– Er wendet sich in der Anlaufphase verstärkt den sozial Ungewandten zu und verhilft ihnen zur Übernahme ihrer Rolle als Teilnehmer.

– Er erleichtert dem gruppendynamisch Schwächeren die Integration in die Gruppe. Das kann durch Einleitung gratifizierender Gruppensituationen erfolgen. Aus der heterogenen Zusammensetzung der Gruppe ergeben sich bei jedem einzelnen Teilnehmer Spezialkenntnisse, die dazu verwendet werden können, den sozial Schwächeren in bestätigenden Situationen zu exponieren. In einzelnen Fällen mag er sozial-therapeutisch tätig werden müssen.

– Er wertet nach Abschluß der Planungszelle die gewonnenen Erfahrungen für weitere Abläufe aus.

Die personelle Zusammensetzung einer Laienplanergruppe, ihre jeweilige Aufgabenstellung und damit die spezifische Strukturierung des Ablaufes haben Rückwirkungen auf den Umfang und auf die Verteilung der Aufgaben, die vom Prozeßbegleiter wahrzunehmen sind. Es sind Veranstaltungstypen denkbar, bei denen Gruppen sich in so hohem Maße selber moderieren, daß die Abläufe mit nur einem vollzeitlichen oder sogar nur teilzeitig tätigen Prozeßbegleiter auskommen. Grundsätzlich gilt aber, daß der Prozeßbegleiter sich für alle im Ablauf auftretenden Programmlücken oder Sondersituationen verantwortlich weiß.

Der Planer: Die Rolle dieses Fachmanns hängt weitgehend von der Aufgabenstellung der jeweiligen Planungszelle ab. Dabei sind Fälle denkbar, die die ständige Mitarbeit des verantwortlichen Planers erforderlich machen. In anderen Fällen mag seine zeitweilige Anwesenheit genügen. Der Fachplaner nimmt in der Planungszelle u.a. folgende Funktionen wahr:

– Er strukturiert das Planungsproblem vor und beschafft die Daten für die Informationsersteingabe.

– Er gewährleistet die Verbindung zum federführenden Amt oder Haus. Diese Funktion wird nicht ohne Personenkenntnisse wahrgenommen werden können.

– Er bringt aufgabenspezifische Fachkenntnisse ein und hält sie als Ansprechperson oder Berater präsent.

– Er macht auf Außenbeziehungen des Problems aufmerksam und stellt die aus den Interdependenzen des Problems sich ergebenden Verbindungen zu anderen Ämtern oder Häusern her.

– Er begleitet die Arbeitsergebnisse der Gruppe verantwortlich über die Dauer der Planungszelle hinaus.

Gefahr der Manipulation: Aus der Laieneigenschaft der Teilnehmer, aus der Eingabe von Informationsmaterial, das einer bestimmten Verwaltung/Institution entstammt, und aus der Anwesenheit von Fachleuten, die zum Teil ebenfalls dieser Verwaltung/Institution angehören, ergibt sich die Frage nach der Beeinflussung von Planungsergebnissen.

An sich muß diese Frage noch breiter gestellt werden. Es gibt – grob gesehen – *vier* mögliche Ansatzstellen für die Beeinflussung einer Planungszelle durch Ansichten und Interessen des Veranstalters: seine Mitwirkung bei der Definition von Aufgaben, seine Mitwirkung bei der Aufbereitung des Informationsmaterials, die Mitarbeit von Vertretern des Veranstalters während der Planungszelle und die Mitwirkung bei der Präsentation der Ergebnisse. Einem möglichen Vorwurf, die Planungszelle diene der Manipulation des Bürgers, wird man nur entgegentreten können, wenn eine solche zunächst diffuse Verdächtigung differenziert auf die infragekommenden Situationen entfaltet wird und so die relevanten Sachverhalte besprechbar gemacht werden. Das kann hier vorerst nur begrenzt auf zwei der Ansatzstellen, nämlich das Informationsmaterial und die Mitarbeit der Fachleute erfolgen. Über diejenigen Steuerungsmöglichkeiten seitens der Verwaltung, die mit der Themenvorgabe bzw. der Ergebnispräsentation verbunden sind, muß dort nachgedacht werden, wo die entsprechenden Verfahrensschritte (S. 159 ff.; 127 f.) behandelt werden.

Wird die Bearbeitung von Planungsaufgaben in der Laienplanergruppe von den Positionen her präformiert, die von dem Informationsmaterial und insbesondere von den anwesenden Planern zu den Lösungsmöglichkeiten eingenommen werden?

Diese Frage brauchte nicht gestellt zu werden, wenn es hier nicht einige Unterschiede zwischen Sollvorstellungen und der sozialen Wirklichkeit gäbe. Den ersteren nach führt unsere von unseren Steuergeldern bezahlte Verwaltung lediglich in unserem Interesse demokratisch zustandegekommene und verantwortete Entschlüsse aus. Faktisch aber gehen die Eigeninteressen der Verwaltung oder auch von ihr zugelassene, mit ihren Interessen kombinierbare Interessen Dritter, in dieses Ausführen ein. Dieser Sachverhalt ist es, der das viel diskutierte Problem des Informationsvorteils, den die Verwaltung gegenüber einem Parlament besitzt, so heikel macht. Es muß angenommen werden, daß sich dieser Informationsvorteil der Planungszelle gegenüber in noch stärkerem Maße zur Geltung bringt. Gibt es Möglichkeiten, die überlegene Position der Verwaltung, wie sie sich hier letztlich in der Person der mitarbeitenden Planer repräsentiert, einzuschränken oder zu neutralisieren?

Die Gefahr, daß von den Planern, die der Laienplanergruppe beigeordnet sind, „Herrschaft" ausgeübt wird, darf nicht übersehen, sollte aber auch nicht überschätzt werden. Zunächst muß allerdings festgehalten werden, daß es sich bei der Frage der Manipulierbarkeit nicht um ein Spezialproblem des Modells „Planungszelle" handelt, sondern um ein generelles Problem. Jede Information hat ihre Herkunft. Keine Zeitungszeile und kein Fernsehspot, die nicht von einem bestimmten Sender, aus einer bestimmten Situation, von einem bestimmten Redakteur kämen. Verglichen mit den sonst gängigen politisch relevanten Meinungsbildungsprozessen, also der Situation des isolierten Zeitungslesers, des Fernsehzuschauers oder des Besuchers bei einer Wahlveranstaltung, ist der Teilnehmer einer Planungszelle der einseitigen Informationsselektion weit weniger hilflos ausgeliefert. Zum einen befindet sich der Experte durchaus nicht in der beherrschenden, alles praeformierenden Rolle, die ihm hier scheinbar zugemutet wird. Zum anderen ist sein Resonanzboden ein Gruppenprozeß, dessen Eigengesetzlichkeit sich einer Konditionierung durch ihn entzieht. Die Informationseingaben des Planers unterliegen einer Mehrzahl von Kontrollen:

– Auf der Expertenebene sind schon bei der Vorbereitung des Materials mehrere Ressorts vertreten. Diese werden sich – jedenfalls in bestimmten wichtigen Fragen – gegenseitig kontrollieren.

– Der Experte ist im Hinblick auf das zu lösende Problem nicht der einzige Informant. Die Gruppe erhält auch gegenläufige Informationen (Ortstermin, Hearing, Gegenexperte).

– Die Gruppe kann sich Zugang zu weiteren Informationen verschaffen. Es werden sich Regeln darüber entwickeln, unter welchen Bedingungen eine Gruppe das Recht hat, ihrerseits weitere Daten aus der Verwaltung anzufordern.

– Die Fachplaner nehmen in den Informationsphasen an den Plenarsitzungen der Gruppe ohne Stimmrecht teil. Ob und wann sie in der weiteren Arbeit der Gruppe Stimmrecht erhalten, kann von einem Entscheid der Laienplaner abhängig gemacht werden.

– Es ist denkbar, daß die Teilnahme des Fachplaners am Gespräch generell eingeschränkt wird. Er sitzt in bestimmten Situationen, die sich routinisieren lassen, am „Expertentisch", nimmt also nicht jederzeit und nicht gleichberechtigt am Gespräch teil, sondern steht nur für Rückfragen zur Verfügung.

– Für die Neutralisierung der Informationseingaben ist aber vor allem die Gruppensituation als solche von Belang (s. Abb. 6). Der Experte hat es mit Gruppenprozessen zu tun. Aller Erfahrung nach bilden sich, aus was für Gründen auch immer, zu vorgetragenen Ansichten Gegenmeinungen. Den hier waltenden Gesetzmäßigkeiten ist die Gruppendynamik nachgegangen. Sogar Polemik und persönlich gefärbte Auseinandersetzung kann hier funktional sein. Der Gruppenprozeß ermöglicht das konfrontierende Denken, zwingt zur Argumentation und erhöht damit die Rationalitätschance.

– In der Planungszelle ist dieser Gruppenprozeß zudem dadurch qualifiziert, daß er in der Anwesenheit sehr unterschiedlicher, mitunter gegensätzlicher, in jedem einzelnen Fall aber stimmberechtigter Positionen und damit Meinungen abläuft.

– Schließlich ist der Zeitvorrat für die Klärung eines Problems – und dieser spielt beim Sichdurchsetzen vernünftiger Argumente eine wichtige Rolle – in der Planungszelle, dank ihrer begrenzten Aufgabenstellung, größer als in vergleichbaren Entscheidungssituationen, etwa der des Abgeordneten.

Abbildung 6: „Wieso diese Umgehungsstraße? Ich bin da anderer Meinung!" – Argumentation erhöht die Rationalitätschance.

Zusammenfassend läßt sich sagen, daß bei dem Verfahren Planungszelle die Fachressorts-Experten zwar die Möglichkeit haben, das gesamte relevante und insbesondere auch das ihre Position begründende Informationsmaterial einzugeben, daß aber eine Anzahl kontrollierender Faktoren die offenen wie die verdeckten Steuerungsmöglichkeiten, die sich daraus ergeben, deutlich begrenzen.

Außerdem muß hier angeführt werden, daß bis zum Zeitpunkt einer breiten Ingebrauchnahme der Planungszelle das Problem der Teilnehmermanipulation durch fachliche Begleitung auch auf andere Weise einer Lösung nähergebracht sein wird, nämlich durch Einbau entsprechender „sozialer Kontrollen" in den Rollenentwurf des beteiligten Planers bzw. Prozeßbegleiters. Diese Kontrollen können als

– interne Kontrollen, etwa als „Standesethik" oder „Moral" (wie z.B. bei Ärzten oder Richtern) wirksam werden oder als

– externe Kontrollen, etwa in Form einer Dienstaufsicht. Die Art der Informationsvermittlung könnte dann z.B. als aufstiegsrelevantes Kriterium definiert werden.

Da die bewußte Manipulation von entscheidungsverantwortlichen Bürgern mit den Vorstellungen des Grundgesetzes nicht in Einklang zu bringen sein dürfte, steht zu erwarten, daß entsprechende Kontrollen tatsächlich in die Rolle des Planers und des Prozeßbegleiters Eingang finden werden.

Vorgegebene Aufgabenstellung

Die Auswahl der zu bearbeitenden Kontroll-, Bewertungs- oder Planungsthemen ist der Laienplanergruppe nicht selber überlassen. Ihre Aufgaben sind ihr vorgegeben.

Diese Vorgehensweise hat bestimmte Nachteile. Einmal wird das bei einzelnen Teilnehmern vorhandene Problembewußtsein so nicht ausgeschöpft. Auf die Möglichkeiten, die hier generell für die Problemfindung liegen, wird allerdings nicht verzichtet. Sie werden in aller Breite genutzt, und zwar in dem der Planungszelle vorgeschalteten Verfahren der Themenselektion, das an anderer Stelle noch geschildert wird. Formuliert man diesen Sachverhalt unter dem Gesichtspunkt bürgerschaftlicher Beteiligung, so zerlegt das Modell Planungszelle die Mitwirkungsmöglichkeit in zwei im Regelfall nur getrennt wahrnehmbare Funktionen: Der Bürger hat das Recht, Planungsprobleme vorzuschlagen, und das Recht, Planungsprobleme – wenn er dazu ausgewählt wird – zu bearbeiten.

Die Themenvorgabe hat zweitens den Nachteil, daß die Planungszelle bei ihrer Arbeit ohne die mit der Selbstwahl eines Themas verbundene Identifikationsmöglichkeit und die damit gegebenen zusätzlichen Motivationen auskommen muß.

Die Nachteile und Erschwerungen, die sich ergeben würden, wenn der Planungszelle die Themenwahl freigestellt wäre, sind allerdings gravierender.

– Die frisch einberufene Laienplanergruppe einem derartigen Problemsuchprozeß zu überlassen, stellt – allen vergleichbaren Erfahrungen nach – eine Überforderung dar. Das Ergebnis dieses Suchprozesses ist auf eine vermeidbare Weise zufällig.

– Die Definition einer eigenen Aufgabenstellung ist, und zwar gerade auch dann, wenn die Gruppe ihre Aufgabe ernst nimmt, unzumutbar zeitaufwendig. Verglichen mit den hier denkbaren Grundsatzdiskussionen ist es geradezu befreiend, mit einem vorgegebenen Problem beginnen zu können.

– Bei Themenselbstbedienung ist das Ergebnis der Planungszelle nur schwer oder gar nicht in die laufende Gesamtplanung zu integrieren. Die Realisierung des Ergebnisses ist überhaupt nicht sicherzustellen. Ist dagegen die Aufgabenstellung der Verwaltung bekannt und von ihr mitdefiniert, so ist die Planungszelle in den Verwaltungsablauf einbaubar. Dort werden auch sonst Probleme verwaltungsintern an spezielle Arbeitsgruppen delegiert oder nach außen als Gutachten- oder Konstruktionsauftrag abgegeben. Der Ablauf ist als solcher bekannt, und mit dem Ergebnis kann gerechnet werden.

– Bei freier Themenwahl ist es nicht oder jedenfalls nur schwer möglich, das Material für die Informationseingabe vorzubereiten.

– Vor allem aber muß das Problem auch deswegen vorgegeben werden, weil sich nicht jedes Problem zur Bearbeitung durch eine Planungszelle eignet. Bei der Selektion von planungszellengeeigneten Themen sind eine Reihe von Kriterien zu berücksichtigen, deren Handhabung in der Kürze der Zeit von der Laienplanergruppe nicht erwartet werden kann.

Der Grundsatz der Themenvorgabe schließt Variationsmöglichkeiten nicht aus. So ist denkbar, daß es in bestimmten Fällen einer Gruppe überlassen bleiben kann, in welcher Reihenfolge sie die vorgegebenen Aufgaben abarbeitet. Man kann der Planungszelle auch eine Wahlmöglichkeit zwischen einer begrenzten Anzahl von Themen einräumen (Themen-Menü). Ein solcher Fall könnte dann eintreten, wenn vor Ort mehrere Themen von gleicher Dringlichkeit anstehen, das entsprechende Informationsmaterial vorbereitet worden ist und dem Planungsvorhaben aus einer möglichen Interessensteuerung der Themenauswahl kein zusätzlicher Nachteil erwächst. Auch wenn sich der Fall ergeben sollte, daß eine gestellte Aufgabe ethische Bedenken auslöst, die von der Mehrheit der Mitwirkenden geteilt werden, muß eine geordnete Möglichkeit bestehen, eine Zweitthematik für die Planungszelle zu erhalten. Schließlich könnte die Aufgabenstellung selber sogar darin bestehen, Aufgabenstellungen zu suchen. Solche „Themensuchgruppen" sind aber unter den Bedingungen des hier gemeinten Laienplanungssystem der seltene Sonderfall. Grundsätzlich gilt, daß die Laienplanergruppe ihre Aufgabenstellung vorfindet.

Wenn es sich als förderlich für die Arbeit erweist, die Definition der eigenen Aufgabenstellung aus der Laienplanergruppe herauszunehmen, so steht damit diese Frage zur Lösung an anderer Stelle an. Die Probleme sowie die Möglichkeiten, die sich hieraus ergeben, werden in einem eigenen Kapitel behandelt.

Mit dem Merkmal der Themenvorgabe werden im übrigen zwei Eigenschaften möglich, die dem Verfahren „Planungszelle" interessante Entwicklungschancen eröffnen, nämlich die Freizügigkeit des Einsatzes und die Simultanverwendbarkeit. Sie müssen hier erörtert werden.

Freizügigkeit des Einsatzes

Kombiniert man die Vorgabe von Aufgabenstellungen mit den bereits erwähnten Merkmalen der Fall-unabhängigen Teilnahmemotivierung sowie der fachlichen Begleitung, so ergibt sich ein Verfahren, das geeignet ist, Probleme zu bearbeiten, die von den Beteiligten her gesehen

– Probleme von anderen Personen,
– Probleme an anderen Orten und/oder
– Probleme auf anderen Verwaltungsebenen

sind. Diese Eigenschaft des Verfahrens wird hier als Freizügigkeit des Einsatzes bezeichnet. Für jede der genannten drei Einsatzrichtungen werden mit dieser Eigenschaft *neue Möglichkeiten* bürgerschaftlicher Beteiligung eröffnet.

– Der Einsatz an Problemen anderer bringt Probleme ins Gesichtsfeld des Laienplaners, von denen dieser weniger oder zunächst gar nicht „betroffen" ist. Anders als in der städtebaulichen Sozialplanung, in der betrieblichen Mitbestimmung, in den Bürgerinitiativen und anders als in der gesamten Partizipationsbewegung kann die Planungszelle die Arbeit von spezifisch Nichtbetroffenen in die jeweilige Entscheidungsbeteiligung einbringen.

– Mitzuplanen an den Problemen anderer Orte heißt, daß Laienplaner an anderen als ihrem Herkunftsort eingesetzt werden. Mit Hilfe des Verfahrens Planungszelle werden so die Ergebnisse von Planungsbemühungen, vor allem aber wird bürgerschaftliche Teilnahme räumlich transferierbar.

– Laienplaner können an der Bearbeitung und Lösung von Problemen eingesetzt werden, die auf Ebenen rangieren, die ihnen als Bürger an sich nicht zugänglich sind. Damit erschließt sich – für manchen Fachmann vielleicht etwas unerwartet – ein Zugang für die bürgerschaftliche Beteiligung auch zu den höheren Verwaltungsebenen.

Diese Art der Verwendung von Planungszellen erfordert spezielle *Aufwendungen.* Sie sollen am aufwendigsten Fall, nämlich dem Einsatz am anderen Ort, hier benannt werden:

– Der Transport von und zum Arbeitsort muß sichergestellt sein. Der Transport könnte mit Hilfe des öffentlichen Nahverkehrs oder mit Teilnehmer-Pkw geleistet werden, wird aber in vielen Fällen besser mit speziell eingesetzten Bussen durchgeführt.

Der Ort der Teilnehmerauswahl und der des Planungseinsatzes sollten räumlich nur so weit voneinander entfernt sein, daß die tägliche An- und Abfahrt für den einzelnen Teilnehmer zumutbar bleibt.

– Bei Mitarbeit an noch entfernteren Orten gewinnt die Planungszelle durch die Teilnehmer-Unterbringung am Einsatzort mehr den Charakter einer Tagung. Dabei ergeben sich neue Probleme und auch neue Vorteile. Einige von ihnen, z.B. der zusätzliche Raum- und Personalbedarf, sind im Zusammenhang mit der Entwicklung des Modells „Planungsurlaub" schon vor Jahren erörtert worden (Dienel 1973 a, S. 158). Insgesamt spricht viel dafür, die Planungszelle zunächst nicht als „Tagung" laufen zu lassen.

– Für alle drei Formen der betroffenheitsfreien Planung gilt, daß bestimmte für die Aufgabenerfüllung notwendige Informationen nicht vorausgesetzt werden können, sondern der Gruppe angedient werden müssen. Ortsfremde Gruppen benötigen zusätzlich sonst als ortsbekannt voraussetzbare Informationen. Die damit neu auftauchenden Probleme der Programmgestaltung sind nach bisher gewonnenen Erfahrungen leichter bewältigbar, als erwartet worden war.

Die betroffenheitsfreie Planung bringt für den mitwirkenden Einzelnen, besonders aber für die Gesellschaft als ganze bestimmte *Vorteile* mit sich. Sie werden hier ebenfalls am heterolokalen Einsatzfall verdeutlicht:

– Bestimmte im Verlauf des Planungsprozesses zu beurteilende Sachverhalte werden von der auswärtigen Laienplanergruppe distanzierter bewertet als von der ortsansässigen. Der Laienplaner ist hier z.B. mit Grundstückseigentümern weder bekannt noch verwandt. Seine Kinder gehen hier nicht zur Schule, seine Frau kauft hier nicht ein. Derartige „Nichtbetroffenheiten" wirken sich – über den Neutralisierungseffekt, den die Zufallsauswahl der Teilnehmer hat, hinaus – als Immunisierung des Planungsablaufes gegen den Durchgriff von Sonderinteressen aus. Es gibt eine Vielzahl von Planungsproblemen, deren sach- oder fristgerechte Lösung durch diese Eigenschaft eines Planungsverfahrens erleichtert werden könnte.

– Der heterolokale Einsatz eröffnet Mitarbeitsmotivationen für den Teilnehmer, die für die Arbeit zusätzlich genutzt werden können. Arbeit am anderen Ort versachlicht die zunächst ungewohnte Gutachtertätigkeit. Außerdem mag hier in manchen Fällen so etwas wie ein Touristik-Effekt mitspielen. Für einen Oberammergauer ist Oberammergau eine ganz alltägliche Angelegenheit; nicht so für andere Leute.

Abbildung 7: Planen am andern Ort

Remscheid, morgens 7 Uhr 20 bis 7 Uhr 30: Laienplaner sammeln sich bei der täglichen Busabfahrt zur Planungsarbeit in Hagen/Westf.

– Planen am anderen Ort stiftet, in bisher nicht genutzter Weise, überörtliche Kommunikation. Kontakt zwischen Menschen unterschiedlicher Bereiche und menschliche Verbindung zwischen bestimmten Städten stellen einen Wert in sich dar. Was bisher von einigen Sozialaktiven an Gruppenbegegnung bei Bauplatzbesetzung, Ostermarsch oder anderen Spontananlässen als Überhöhung der nüchternen Zielsetzungen erlebt wurde, wird jetzt systematisch nutzbar.

– Planen in einer anderen Stadt vermittelt dem einzelnen (und damit auch der Gesamtheit der Bürger) neue Lernbereiche. Ihm werden so Kontrastregionen, eventuell auch andere Länder präsentiert, mit Aspekteinsichten in einer daheim nicht erstellbaren Eindringlichkeit.

Simultanverwendbarkeit

Aus der gleichen Merkmalskombination, die soeben genannt wurde, ergibt sich eine weitere Eigenschaft des Modells. Das von einer Gruppe bearbeitete Problem kann in der gleichen Form ein weiteres Mal, ja ein drittes, viertes und fünftes Mal und im Prinzip unendlich häufig auch anderen Gruppen aufgegeben werden.

Es gibt Gesichtspunkte, unter denen nimmt sich diese Simultanverwendbarkeit der Planungszelle als eine ihrer interessantesten Eigenschaften aus. Sie kann in unterschiedlichen Hinsichten verwertet werden, nämlich zur Erhöhung der Rationalität des Planungs-output, zur Erhöhung der Legitimationsleistung und zur Vervielfachung der Partizipationsmöglichkeiten.

Für die Art des Ertrags von Simultanentscheiden ist bedeutsam, wie offen und umfangreich das Problem formuliert ist, das den Planungszellen vorgegeben wird. Einerseits produzieren Lösungsprozesse, die auf wenige Schritte und Alternativmöglichkeiten reduziert sind, Ergebnisse, die dann mit einander verrechnet werden können. Sind andererseits kompliziertere Schritte als kleinste Aufgabeneinheit vorgegeben, so werden mehrere Planungszellen um eine beste Lösung konkurrieren, wie rivalisierende Architektengemeinschaften, die ein und dasselbe Problem auf Grund der gleichen Ausschreibungsunterlagen mit unterschiedlichen Vorschlägen zu lösen versuchen.

Bei der Simultanverwendbarkeit sind u.a. folgende Aspekte bemerkenswert:

– *Neutralisierung gegen internen Interessendurchgriff:* Die Immunisierung gegen den unmittelbaren Interessendurchgriff, die das Teilnehmerauswahlverfahren für die einzelne Planungszelle leistet, wird durch den Einsatz simultaner Gruppen verbessert. Das mögliche Auftreten einer im Rahmen der Zufallsauswahl prinzipiell denkbaren zufälligen Einseitigkeit läßt sich durch das 'Parallelschalten' mehrerer Laienplanergruppen neutralisieren. Sollten zu einer Planungszelle, die ein Industriegelände auszuweisen hat, zufällig einige Zuckerfabrikanten gehören, so könnte der entsprechende Planungsschritt von drei weiteren Gruppen (mit dem vermutlichen Ergebnis 3 : 1) mitvollzogen werden.

– *Minderung illegalen Außendrucks:* Je kleiner der Kreis der in einer Sache entscheidungsbeteiligten Personen ist (z.B. Parlamentsausschuß), umso höher ist die Erfolgschance illegalen Außendrucks. Durch Simultaneinsatz kann die Zahl der Teilnehmer an einer Entscheidung in einem Umfang erhöht werden, daß es für einen Interessenten nicht mehr lohnt, die Entscheidungsbeteiligten 'unter Druck zu setzen', oder gar 'aufzukaufen'. Theoretisch werden so 'bestechungssichere Problemlösungen' möglich.

– *Erhöhung der Legitimationschance für bestimmte Entscheidungen:* Es gibt Probleme, die zwar planungszellengeeignet, aber auch so komplex sind, daß ihre Lösung durch nur 25 Laienplaner als in zu hohem Maße zufällig angesehen werden müßte. Die mit diesem Verfahren an sich erreichbare Legitimierung setzt den Einsatz mehrerer Planungszellen an der gleichen Aufgabe voraus.

– *Erhöhung der Anzahl von Partizipationsmöglichkeiten:* Vor allem aber werden mit der Simultanverwendbarkeit dieses Verfahrens Beteiligungsmöglichkeiten erschlossen, die mit der bestehenden politischen Infrastruktur verträglich sind. Die im Entscheidungssystem einer Gesellschaft vorhandenen Lücken werden damit optimal nutzbar. Ein zur bürgerschaftlichen Mitarbeit „freigegebenes“ Problem kann in dem jeweils gewünschten Umfang zur Aktivierung von Beteiligung verwendet werden.

Will man die Ergebnisse simultaner Abläufe gemeinsam verwenden, so müssen sie verrechenbar sein. Das wird in vielen Fällen eine Standardisierung der Bewertungsvorgänge erfordern, in manchen Fällen sogar eine weitgehende Standardisierung der Informationseingaben und der gesamten Ablaufsituation.

In unserem Zusammenhang bleibt aber von entscheidender Bedeutung, daß das Verfahren Planungszelle über den Simultaneinsatz eine radikale Erweiterung von Partizipation ermöglicht.

B. Variable Merkmale

Als variable Merkmale werden hier solche verstanden, die zwar für das Modell wichtig sind, bei deren begrenzter Änderung aber die Modellidentität erhalten bleibt[24]. Im folgenden werden die Teilnehmerzahl, die Dauer und die Programmdichte der Planungszelle beispielhaft als solche variablen Merkmale erörtert.

Teilnehmerzahl

Das Modell Planungszelle, wie es 1971 entwickelt worden ist und dieser Darstellung zugrunde liegt, gibt eine bestimmte Teilnehmerzahl vor. In der Gruppe arbeiten 25 Personen mit. Mit dieser Setzung sollte zweierlei erreicht werden, die

- Standardisierung des Instruments und eine
- zweckentsprechende Kommunikationssituation.

Diese zweite Begründung gibt gleichzeitig die Grenzen an, innerhalb deren dieses Merkmal variiert werden kann. Einerseits sollten möglichst viele soziale Positionen in der Gruppe durch Teilnehmer vertreten sein. Andererseits ist nur in Kleingruppen gewährleistet, daß in Gegenwart aller unmittelbar aufeinander reagiert werden kann. Diese Art der gruppeninternen Gesprächsfähigkeit könnte – das hängt von beeinflußbaren Randdaten ab – bei 30 aber auch bei 15 Teilnehmern gegeben sein.

Es ist anzunehmen, daß es feststellbare Unterschiede sowohl im Ertrag als im Aufwand bei Planungszellen unterschiedlicher Größe gibt. Hier wird man noch Erfahrungen sammeln müssen. Die Vorteile, die durch eine – innerhalb der genannten Bandbreite – niedrigere oder höhere Festsetzung der Teilnehmerzahl erzielt werden können, dürften aber, verglichen mit denen anderer Verbesserungsmöglichkeiten, nicht sehr groß sein. Sie können daher in der jetzigen Phase der Verfahrensentwicklung vernachlässigt werden. Es ist ausreichend, wenn zunächst mit der durch eine Reihe von Überlegungen und Erfahrungen abgesicherten Größenordnung von 25 Teilnehmern gearbeitet wird.

Ob dagegen die Fixierung auf eine ganz bestimmte Personenzahl unter den derzeit gegebenen Bedingungen wirklich zweckentsprechend ist, muß bezweifelt werden. Eine solche Festlegung verursacht zusätzlichen Aufwand, z.B. durch die Bereitstellung von Ersatzteilnehmern für Ausfälle. Sinnvoll erscheint sie erst, wenn eine weitergehende Standardisierung der „Planungszelle" später einmal auch aus anderen Gründen heraus erforderlich wird[25].

Dauer

Die Teilnehmer der Planungszelle arbeiten 3 Wochen lang zusammen. Die Festsetzung dieser Dauer ist angesichts anderer Möglichkeiten erfolgt. Es handelt sich mithin um ein variables Merkmal.

Es wäre an sich denkbar, daß die Teilnehmer 8 Wochen, 12 Wochen oder gar noch länger zusammenarbeiten[26]. Für eine längere Frist spricht die vergrößerte Planungskapazität eines solchen Laienteams, die Aufgabenstellungen in anderen Größenordnungen zuläßt, oder die bessere Nutzung der Einarbeit in ein Fachgebiet. Der Punkt jedoch, wo eine Zunahme an Effekt in keinem vertretbaren Verhältnis mehr steht zu dem Mehr an Aufwand, der für die Laienplanergruppe erforderlich ist, dürfte schnell erreicht sein.

So hätte es auch nahe gelegen, kürzere Fristen zu diskutieren. Eine Halbierung des Zeitaufwandes würde die laufenden Kosten für die Laienplanergruppe um die Hälfte reduzieren. Das Planungssystem wird billiger. Anders gesehen: Mit einem 1 1/2 Wochen-Modell ließe sich für das gleiche Geld die doppelte Anzahl von Bürgern an Entscheidungsprozessen beteiligen. Möglicherweise würde auch die Freistellung des einzelnen Teilnehmers erleichtert und das Modell eher durchsetzbar.

Eine Reihe von Gründen haben aber für die 3-Wochen-Frist gesprochen. Der in jedem Fall erforderliche Aufwand, der bei sozial heterogenen Gruppen für Anlaufzeit und Grundinformation geleistet werden muß, wenn entsprechende Probleme gemeinsam gelöst werden sollen, steht bei kürzerer Dauer in keinem angemessenen Verhältnis zu der Phase der eigenen Mitarbeit. Dafür besteht eher die Gefahr, daß eine zu große Aufgabenstellung gewählt wird. Dem Teilnehmer wird dann die Erfahrung vermittelt, einer gestellten Aufgabe nicht gerecht geworden zu sein. Dokumentieren kann sich dabei vermutlich nur das eigene Unvermögen und der Wissensvorsprung des Fachmannes. Der positive politische Sozialisationseffekt dürfte bei kürzeren Fristen ebenfalls mit Sicherheit geringer ausfallen. Die 'Einbaubarkeit' und Durchsetzbarkeit des Verfahrens „Planungszelle" erscheint bei 3-wöchiger Dauer gewährleistet. Dieser sommerurlaubsartige Zeitaufwand ist innerhalb der Vorstellungswelt unserer Gesellschaft durchaus akzeptabel. Das dürfte für den einzelnen Teilnehmer gelten, der an derartige Dispositionen gewöhnt ist, wie auch für Wirtschaft und Verwaltung, wo ebenfalls mit solchen Fristen gerechnet wird.

Manches, was in diesen Erwägungen über die 'Dauer' grob nach Plausibilität gegriffen wird, ist sicher noch näherer Prüfung zugänglich. Dennoch wird man schon jetzt annehmen können, daß für den massenhaften Einsatz in der Laienplanung ein

Modell vorzuziehen ist, das dem Teilnehmer längere Mitarbeitsmöglichkeiten als nur von 1 1/2 Wochen bietet.

Programmdichte

Der Arbeit der Planungszelle liegt ein Programm zugrunde. Einen nicht unwesentlichen Faktor dieses Programms findet die Gruppe bereits in Form ihrer Aufgabenstellung vor.

Die daraus zu erarbeitende konkrete Ablaufstruktur kann auf unterschiedliche Weise zustande kommen. Sie kann beispielsweise von der betreffenden Gruppe in eigener Arbeit oder sie kann außerhalb der Gruppe geleistet und dann der Planungszelle vorgegeben werden.

Für die einzelne Planungszelle stellt sich dieser Unterschied als unterschiedliche Programmdichte dar. Idealtypisch lassen sich zwei Arten von Programmablauf gegenüberstellen. Es gibt Abläufe, in denen Laienplanergruppen nur einen engen Entscheidungsspielraum vorfinden. Der einzelne Teilnehmer hat immer nur wenige, festgelegte Dispositionsmöglichkeiten. Und es gibt Abläufe, in denen einer Gruppe ein relativ weiter Entscheidungsspielraum zugestanden wird. Diese unterschiedliche Dimensionierung von Handlungsmöglichkeiten läßt sich graphisch darstellen (vgl. Abb. 8).

Abbildung 8: Planungszellen mit unterschiedlicher Programmdichte

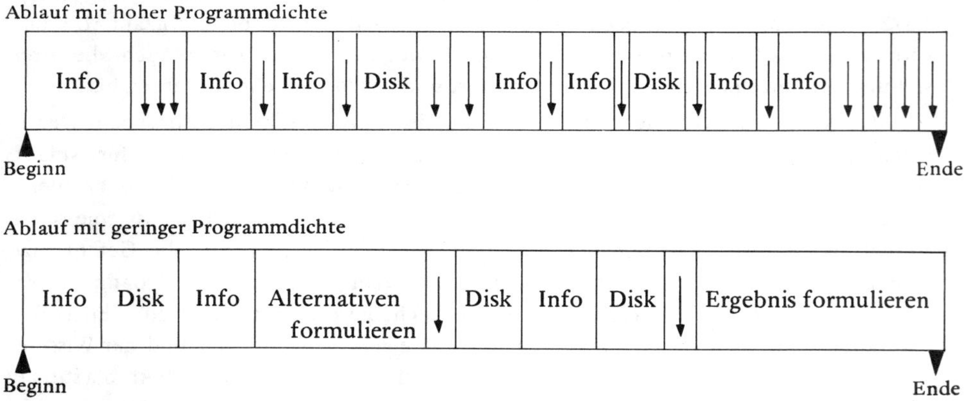

Info = Informationseingabe (Film, Ortstermin, Referat, Hearing u. dergl.)
Disk = Plenums- oder Gruppendiskussion
↓ = Bewertungsvorgang (die Ergebnisse werden schriftlich festgehalten)

Die einzelnen Ausprägungen des variablen Merkmals „Programmdichte" haben ihre Besonderheiten und natürlich ihre unterschiedlichen Vor- und Nachteile. Abläufe mit *geringer* Programmdichte haben z.B. folgende Vorzüge: Sie sind ergiebiger, wenn es darum geht, daß eine Gruppe eigene Lösungen für ein Planungsproblem entwickelt. Sie sind menschlich befriedigender für manche Teilnehmer, weil sie dem geistig Anspruchsvollen mehr eigene Verwirklichungsmöglichkeiten eröffnen. Für den Veranstalter der Planungszellen-Maßnahme sind sie außerdem unaufwendiger. Die Zahl der aus der Planungszelle herausverlagerten Arbeitsvollzüge, die sonst vom Planungsträger in Form von Vorarbeit (z.B. Tätigkeit des Planungsprogrammierers) oder in Form von Nacharbeit geleistet werden müssen, ist hier nämlich relativ gering.

Abläufe mit *hoher* Programmdichte weisen andere Vorzüge auf. Sie sind z.B. geeignet, eine große Zahl quantitativ erfaßbarer Ergebnisse zu erbringen. Hier lassen sich nämlich mehr Bewertungsvorgänge im Programm plazieren. Es gibt Aufgabenstellungen, für die Planungszellen dieser Art einfach rentabler sind. Außerdem liefern Abläufe dieser Art dem Teilnehmer mehr Vorgaben und damit in der Regel mehr Verhaltenssicherheit. Bestimmte soziale Unterschiede unter den Teilnehmern haben weniger Gelegenheit, zum Ausdruck zu kommen. Es kommt zu keiner so ausgeprägten Rollendifferenzierung, wie sie in weniger strukturierten Situationen notwendig wird. Für den Veranstalter der Planungszellen-Maßnahme schließlich sind hier die Arbeitssituationen sowie deren Ergebnisse in höherem Maße vorhersehbar. Für ihn bieten Abläufe dieser Art weniger nur schwer kalkulierbare Risiken. Damit ist die Gefahr des Scheiterns von Planungszellen-Abläufen hier geringer. Gerade für die Entwicklungsjahre des Modells liegt es also nahe, Probeläufe mit höherer Programmdichte zu veranstalten.

Letztlich hängt die Wahl, ob einer Planungszelle ein mehr oder weniger stark fixierter Ablauf zugrunde gelegt werden soll, von der Art der Aufgabenstellung ab. Es gibt Aufgaben, die von einer im Zufall ausgewählten Personengruppe bewältigt werden können, ohne daß viel Zeit dafür aufgewendet werden muß, bei den Teilnehmern eine gleichwertige und der Situation entsprechende Informiertheit herzustellen. Hierher gehört z.B. das Abrufen persönlicher Einstellungen zu gesellschaftlichen Grundfragen durch sogenannte „Bewertungsprozesse", die vom einzelnen Teilnehmer, ohne allzu lange Abstimmung mit der Gruppe, absolviert werden können.

Es gibt andere Aufgaben, die können nur nach umfangreichen Informationsvorgaben, nach Detaildiskussionen und über komplizierte Gruppenlernprozesse befriedigend gelöst werden.

Wenn ich die Argumente zu bedenken versuche, die mir bisher zu diesem variablen Merkmal der Planungszelle eingefallen sind, so meine ich, daß damit gerechnet werden darf, daß in der planerischen wie der politischen Praxis Laienplanergruppen mit unterschiedlicher Problemfracht und damit auch unterschiedlicher Programmdichte je ihre Rolle spielen werden.

C. Arbeitsablauf einer Planungszelle

Eine Erörterung einzelner Merkmale ist zwangsläufig auf Teilaspekte des darzustellenden Verfahrens ausgerichtet. Sie bedarf der Ergänzung durch eine zusammenhängende Beschreibung des Modells. Hierfür bietet sich das Nachzeichnen seines zeitlichen Ablaufs an.

Arbeitsphasen

Die Struktur eines Planungszellenablaufs hängt weitgehend von der Art der Aufgabe ab, die der betreffenden Gruppe gestellt worden ist. Unterschiedliche Aufgabenstellungen können unterschiedliche Formen des Arbeitsablaufs bedingen. Bestimmte Strukturen werden sich aber bei jedem Ablauf in gleicher Weise wiederfinden. Das gilt z.B. für die drei Arbeitsphasen: Vorbereitung, Durchführung und Nacharbeit (s. Kasten).

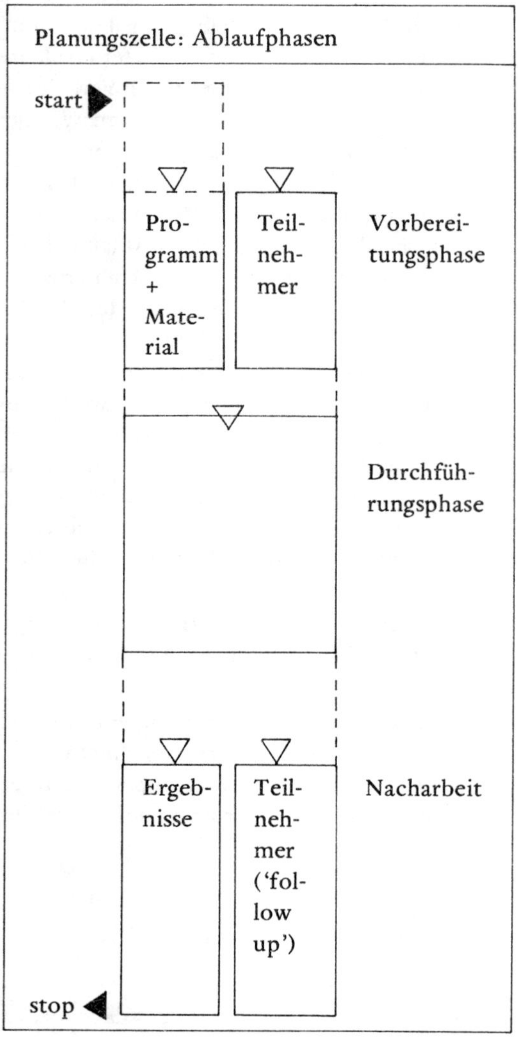

Abbildung 9:
Ablaufphasen der PZ-Arbeit

Vorbereitungsphase

Die Vorbereitungsphase umfaßt sowohl die Programmierung der Durchführung und die Erstellung des dazugehörigen Materials als auch die Einladung und Einweisung der Teilnehmer.

Sie beginnt einerseits mit der Zuweisung der Aufgabenstellung an den Planungsträger und andererseits mit der Übergabe ausgedruckter Anschriften der zur Einladung ausgewählten Teilnehmer an die einladende Stelle des Veranstalters[27].

Die beiden Arbeitsblöcke der Vorbereitungsphase sind in unterschiedlichem Maße zeitlich fixiert. Während die geordnete Einladung der Teilnehmer in jedem Fall einen etwa gleich großen Zeitraum in Anspruch nehmen wird, hängt der Aufwand für die Programm- und Materialvorbereitung deutlich von der Art des Auftrags und damit auch von der zu erstellenden Programmdichte der Planungszelle ab.

Programm- und Materialerstellung: Die Mitteilung über die ausgewählte Thematik geht dem entsprechenden Fachplanungsressort zu. Liegt die Thematik im Zuständigkeitsbereich mehrerer Stellen, so führen diese gemeinsam eine Einigung darüber herbei, wer sie in der Vorbereitung und Durchführung der betreffenden Planungszelle vertreten soll.

Die Vertreter der Fachressorts konzipieren im Einvernehmen mit den Programmspezialisten des Partizipationsamtes ('Planungsprogrammierer') eine problementsprechende und für die Teilnehmer bewältigbare Ablaufstruktur der Durchführungsphase. Dafür müssen:

– die Aufgabenstellung in die logisch erforderlichen Teilaufgaben zerlegt werden,

– das zur Bewältigung der einzelnen Teilaufgaben erforderliche Informationsminimum festgelegt werden,

– das notwendige Datenmaterial beschafft werden,

– die einzelnen Formen bestimmt werden, in denen die betreffenden Informationen jeweils der Gruppe präsentiert werden sollen,

– das Anschauungsmaterial beschafft oder hergestellt werden, das zur Verdeutlichung von Aufgabenstellungen oder zur Beurteilung der sich aus ihnen ergebenden Probleme erforderlich ist,

– Einigung über die Art der Daten herbeigeführt werden, die als Ertrag der Laienplanergruppe erwartet werden sollen,

– die Bewertungsaufgaben – soweit das bereits möglich ist – fixiert und die entsprechenden Bewertungsbögen hergestellt werden.

Teilnehmereinladung: Nach Eingang der Anschriften versendet das Partizipationsamt an die zur Teilnahme vorgesehenen Bürger die Einladungsschreiben („Einberufung") sowie die Einführungsschriften, die die Funktionsweise des Verfahrens erläutern. Die Vorabsendung von Informationsmaterial – so sinnvoll sie erscheinen mag – muß unter den zur Zeit noch obwaltenden Bedingungen mit Vorsicht behandelt werden. „Arbeitsmaterial" vermindert gerade bei den sozial Schwachen die Teilnahmebereitschaft. Das wird sich anders darstellen, wenn das Mitwirken in der Planungszelle eines Tages mehr zur Selbstverständlichkeit geworden sein sollte.

Vom Einladungsträger aus werden auch die individuellen Vorbereitungsgespräche eingeleitet, die gegebenenfalls erforderlichen Freistellungsverhandlungen geführt und die in Einzelfällen notwendigen Kinderversorgungsmaßnahmen organisiert. Die beiden Prozeßbegleiter haben so bereits in dieser Phase Gelegenheit, die für die Selbstorganisation der Planungszelle und die für die Informationseingaben hilfreichen Personenkenntnisse zu erwerben.

Durchführungsphase

Der eigentliche Ertrag der Planungszelle wird in der „Durchführungsphase" erbracht. Sie ist damit das Kernstück einer Veranstaltung, deren Zweck es ist, die Qualität von Entscheidungen zu verbessern, die im Interesse der Allgemeinheit zu fällen sind.

Die Arbeit der Planungszelle kann im Rahmen der durch das Modell vorgezeichneten Grenzen auf sehr unterschiedliche Weise organisiert sein. Bei Arbeitsabläufen mit geringer Programmdichte wird die Gruppe in der Erledigung ihrer Aufträge ihre Aufmerksamkeit immer wieder darauf verwenden müssen, sich selber zu programmieren und z.B. bereits strukturierte Probleme in für sie bewältigbare Schritte zu transformieren. Man muß sich dabei auf die anzuwendenden Verfahren einigen und Zwischenziele festsetzen. Das kostet Zeit.

Bei Programmen von hoher Dichte werden solche „Regie-Phasen" vielfach eingespart. Die Laienplaner sehen sich statt dessen verhältnismäßig genauen verbalen (schriftlich/mündlich), optischen oder situativen Anweisungen gegenüber, die ihnen eine gezielte eigene Arbeit als Plenum, als Kleingruppen oder als Einzelne ermöglichen.

Die unterschiedlichen Strukturierungsmöglichkeiten, die sich von der jeweiligen Aufgabenstellung der Laienplanergruppen her ergeben, lassen es nicht sinnvoll erscheinen, hier so etwas wie eine einzelne Modell-Durchführungsphase darzustellen. Statt dessen wird im folgenden auf bestimmte Ereignisse und Probleme eingegangen, die im Verlauf so gut wie jeder Planungszellen-Arbeit vorkommen.

Raumanforderung: Die Durchführung einer Planungszelle setzt Räumlichkeiten voraus, die ein arbeitstägliches Zusammensein aller Mitarbeitenden, eine Arbeit im Plenum (höchstens 35 Personen), Gruppenarbeit in mehreren Kleingruppen, sowie Getränke- und Erfrischungspausen ermöglichen. Die Mittagsmahlzeit kann gegebenenfalls in der Tagesstätte oder in einer dafür unter Vertrag genommenen Gaststätte eingenommen werden.

Eröffnung: Im Verlauf der theoretischen Vorarbeiten für die Entwicklung des Modells ist der Eröffnungstag einer Planungszelle immer wieder als eine bedeutsame, aber auch problematische Situation behandelt worden. Menschen, nach Zufall ausgewählt und einander nicht bekannt, treffen sich an einem ihnen nicht vertrauten Ort, um gemeinsam eine ihnen nicht bekannte Aufgabe zu lösen. Wie können die neuen Eindrücke

Abbildung 10: Tagungsstätte auf einem stillgelegten Werksgelände. Laienplaner auf dem Weg zum Bus.

und die Vielzahl der zur Aufgabenerfüllung notwendigen Informationen mit einem möglichst geringen Aufwand an Zeit so bewältigt oder vermittelt werden, daß ein Optimum an Einsatzbereitschaft und Befähigung seitens der Teilnehmer gewährleistet ist? Dabei schien insbesondere bedenkenswert, wie schon in der Eröffnungssituation die latente Diskriminierung bestimmter Positionen (Unterschicht, Lebensalter, Frau) kompensiert und die sich aus ihnen ergebenden Frustrationen vermieden werden könnten. Für den Eröffnungstag wurden daher eine Reihe von Hilfsmaßnahmen zur „Normalisierung" der Situation für den Teilnehmer sowie von Kommunikationshilfen entworfen, die z.B. das Kennenlernen unter den Laienplanern erleichtern sollten.

Bei Probeläufen wurde dann deutlich, daß die Teilnehmer relativ problemlos miteinander Kontakt aufnahmen. Es entstand so gut wie kein Bedarf nach irgendwelchen „Hilfen". Die Orientierung auf die gemeinsame Arbeit erwies sich in den bisher beobachteten Eröffnungssituationen als hinreichend wirksamer Integrationsfaktor[28]. Die Gruppenbildung scheint umso besser zu gelingen, je stärker die Situation auf ihre eigentlichen Funktionen reduziert wird, d.h. auf die Erledigung der arbeitsbezogenen Einführungsformalitäten: die Teilnehmer werden bei Eintreffen persönlich begrüßt, ihr Name wird auf der Teilnehmerliste abgehakt und ihnen wird die Arbeitsnummer[29] und die Arbeitsmappe ausgehändigt. Die versammelte Gruppe erhält dann eine kurze Einweisung in die Tageseinteilung, in die Arbeits- und Gesprächsformen und in die Aufgabenstellung. Die Planungsaufgabe wird von dem Vertreter der Institution, die das Arbeitsthema beschlossen hat, erläutert und übergeben. Der Leiter des Partizipationsamts stellt seine Mitarbeiter und die Vertreter der zuständigen Behörde vor, führt die Verpflichtung der Teilnehmer durch und gibt die Ausweise aus[30]. Ein öffentlicher Anlaß dieser Art dürfte des Interesses der Lokalpresse sicher sein. In den Jahren der Einführung der Laienplanung wird eine solche Eröffnung auch in der überregionalen Presse und im Fernsehen Beachtung finden.

Bestimmte Aufgabenstellungen für Planungszellen können auch eine formale Selbstorganisation der Laienplanergruppe nahelegen. Zu denken wäre – auch wenn man nur für drei Wochen zusammen ist – an einen Programmierungsausschuß, einen Gesprächsleitungsausschuß, einen Pressebeauftragten oder sogar eine Kassenverwaltung. Es ist sicher nicht ratsam, alle denkbaren Aufgabenbereiche bereits bei Beginn detailliert zu organisieren. Im Verlauf der Arbeit werden sich Aufgaben abzeichnen, die möglicherweise neue Formen arbeitsteiliger Selbstorganisation nahelegen. Ein personeller Wechsel, etwa nach dem Rotationsprinzip, dürfte sowohl für den politischbildnerischen Effekt wie auch für die Motivation zur Mitarbeit funktional sein.

Informationseingang: Mit der Darstellung der Planungsaufgabe beginnt gleichzeitig die Übernahme der zur Bewältigung des Planungsvorhabens erforderlichen Informationen durch die Teilnehmer. Die Aufnahme und gemeinsame Verarbeitung solcher Informationen wird den Hauptanteil der Arbeitszeit der Laienplanergruppe in Anspruch nehmen.

Zweck aller Information, insbesondere der Eingangsinformation, ist einerseits die Sensibilisierung der Teilnehmer für das Problem: Dieses muß in seiner Bedeutung erfaßt und in seinen Dringlichkeiten gesehen werden. Andererseits geht es darum, daß Problemtransparenz hergestellt wird. Die relevanten Interessenlagen, alternative Lösungsmöglichkeiten, ihre Folgekosten und die Konsequenzen der Lösungen für andere Bereiche und für die Betroffenen müssen erkannt werden.

Ein Grundproblem der Informationseingabe ergibt sich aus der unübersehbaren Flut mehr oder weniger relevanter Daten. Es würde nicht schwerfallen, die Laienplaner durch eine regelrechte Informationsschwemme zu frustrieren. Bekanntlich kann man durch Informationen Informiertheit verhindern. Die Arbeitsfähigkeit der Planungszelle läßt sich nur durch eine konsequente Reduktion der Informationen sicherstellen, wo immer diese sachlich möglich ist. Dem Auswahlinteresse der Teilnehmer dabei freien Lauf zu lassen, das dürfte in der Regel in der zur Verfügung stehenden Zeit keine optimale Informiertheit zustande bringen. Die Planungszelle bedient sich daher, soweit als möglich, vorbereiteter Informationseingaben.

Folgende Arten des Informationseinganges können unterschieden werden:

– *Programmierte Vorgaben:* Sie können in Form von Kurzvorträgen (durch Planer oder Referent, vgl. Abb. 11) oder als festgelegte Arbeitsaufgaben für die einzelnen Teilnehmer oder für Gruppen erfolgen. Vollständig standardisiert ergehen sie schriftförmig oder über Bild und Ton.

Es ist sinnvoll, hier zwei Kategorien von Informationsgegenständen zu unterscheiden. Einmal geht es um die Eingabe allgemeiner *Grundlageninformationen*, z.B. welchen Begrenzungen ist Planung auf der betreffenden Ebene unterworfen? Warum muß hier geplant werden? Welche Normierungen durch welche Gesetze müssen beachtet werden? Wie ist die Mittelbeschaffung strukturiert? Welche Trends sind im betreffenden Planungsbereich zu beachten? Zum anderen sind *fallbezogene Informationen* notwendig, z.B.: Was muß im speziellen Fall als Ausgangslage definiert werden, – sozial,

Abbildung 11: Ein Referent am Expertentisch erläutert vor den Teilnehmern ein Sachproblem.

verkehrstechnisch, kulturell, finanziell? Wem von den Betroffenen entstehen wann welche Vorteile, wann welche Nachteile?

Die Unterscheidung zwischen diesen beiden Kategorien ist vorbereitungstechnisch von Bedeutung. Informationsmaterial der zweiten Art ist auch programmierbar, ist aber vielfach nur für den gegebenen Fall wichtig. Dagegen ist das Material der ersten Art auch in anderen Planungsfällen verwendbar. Es eignet sich daher für die Präsentation in Form von Filmen, Handbüchern, Tonbildschauen, gedrucktem Arbeitsmaterial und dergleichen. Im Fortgang der Planungszellenarbeit wird sich ein Bestand derartiger bewährter Grundinformationspakete bei den Partizipationsämtern ansammeln.

– *Situative oder interessenabhängige Vorgaben:* Ortstermine und Begehungen erschließen den unmittelbaren Einblick in den örtlichen Planungsfall, in für Teilaspekte wichtige Situationen oder in Vergleichsfälle. Hearings lassen die relevanten Interessen direkt zu Wort kommen. – Diese beiden Arten der Vorgabe eröffnen in der Regel mehr Informationen, als im Programm vorgesehen. Sie sind daher nur schwer im eigentlichen Sinne standardisierbar, bedürfen aber doch eingehender Vorbereitung.

– *Teilnehmerbedingte Vorgaben:* Mit der Vielfalt der in die Gruppe eingebrachten Positionen (s. Abb. 12) gehen durch den einzelnen Teilnehmer eine Fülle von Kenntnissen, Einstellungen und Werthaltungen, die von den Mitteilnehmern zunächst nicht

Abbildung 12: Die Vielfalt der in die Gruppe eingebrachten sozialen Positionen

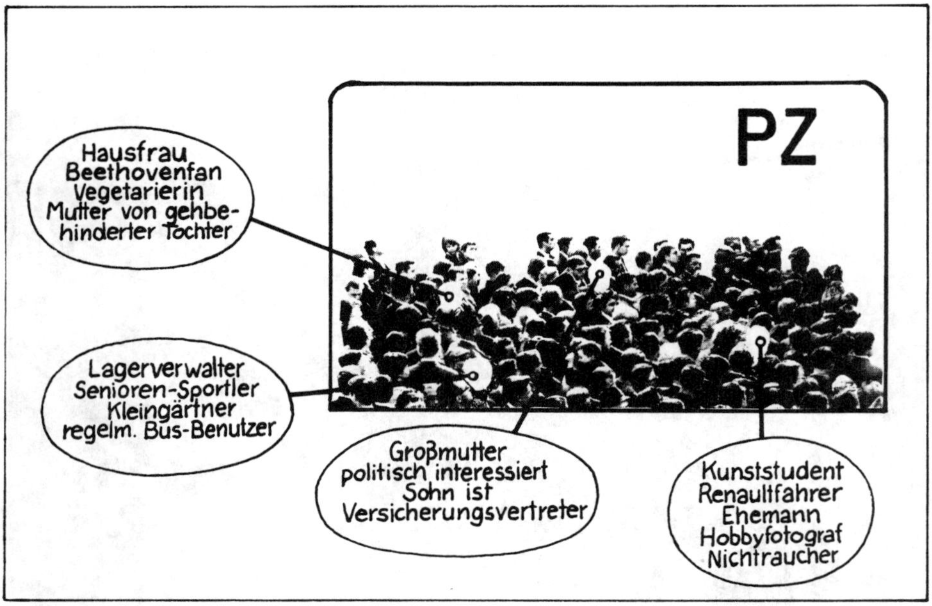

geteilt wurden, in die Planungsarbeit ein. Diese für die Mitteilnehmer neuen Informationen können formlos oder über formalisierte Situationen in den Arbeitsprozeß gelangen. Informelle Situationen wie Einzel- und Tischgespräche oder Pausengruppen (s. Abb. 28, S. 260) lassen sich von daher als Informationseingaben verstehen. Sie spielen als solche für die Meinungsbildung unter den Laienplanern eine oft bedeutsame Rolle. Formalisierte teilnehmerbedingte Informationsvorgaben stellen die Arbeit im Plenum oder – in dieser Funktion noch wirksamer – in den Arbeitsgruppen (s. Abb. 13) dar. Die Breitenwirkung des Informationseingangs in den Plenarsitzungen wird durch Festhalten relevanter Sachpunkte auf Postern oder Wandtafeln („simultane Visualisierung") erhöht.

– *Von der Gruppe erschlossene Eingaben:* Bestimmte Informationen, die für eine erfolgreiche Bewältigung der gestellten Aufgabe erforderlich sind, werden von einer Laienplanergruppe neu produziert. Das kann arbeitsteilig über Handbücher, Präsenzmaterial zum Planungsfall, Dokumentationskartei und dergleichen erfolgen, über Daten, die aus Begehungen oder von 'Entdeckungsgruppen' gewonnen werden oder sich aus Unterlagen und Aussagen ergeben, die die Gruppe sich zusätzlich beschafft hat.

Jede Aufnahme neuer Daten und alle Informationsverarbeitung in der Gruppe zielt auf das Gewinnen von Ergebnissen im Sinne der Aufgabenstellung. Ständig weiterreichende Datenanforderungen ('Informations-Sucht') können den Zeit- und Kostenaufwand vervielfachen und eine individuelle Ausweichstrategie vor der Abgabe einer eigenen Beurteilung darstellen. Jede wirklichkeitsnahe Entscheidung findet unter begrenztem Zeitvorrat statt. Die Informationseingabe sollte daher auch den Übergang zur Bewertung finden helfen. Das wird sie nur leisten, wenn sie entscheidbare Alternativen erbringt bzw. wenn aus der Fülle der zusätzlich benannten Randinformationen die bewertbaren Hauptalternativen neu hervortreten.

Arbeit in Untergruppen: In der Planungszelle kann die gesamte Palette der heute bekannten Formen der Gruppenarbeit, wenn diese mit der vorhandenen Teilnehmerzahl durchführbar sind, als Mittel der internen Arbeitsteilung der Laienplanungsgruppe genutzt werden. Es ist insbesondere mit folgenden Gruppenformen zu rechnen:

– *Kurzgruppen:* Eine solche Aufgliederung in Untergruppen dient der Verlebendigung und intensiveren Verarbeitung während der referatsartigen Informationseingaben oder der Plenumsdiskussionen. Derartige Einschübe, etwa der „Bienenkorb“ oder die „Methode 555“ (5 Gruppen à 5 Personen für 5 Minuten), nehmen nur wenig Zeit in Anspruch, eröffnen aber hohe Mitwirkungsmöglichkeiten für den einzelnen Teilnehmer und steigern so den Ertrag und die von der Teilnahme abhängige Motivierung.

– *Arbeitsgruppen:* Ein wesentlicher Teil der Planungszellenarbeit wird nicht als Plenum, sondern in zeitlich parallel laufenden Gruppen geleistet, die eine volle Arbeitsperiode in Anspruch nehmen (1/2 bis 2 Stunden) und in der Regel fünf Personen umfassen. Diese Gruppen arbeiten mit je eigenen Aufgabenstellungen oder mit einer für alle Gruppen gleichlautenden. Im letzteren Falle erlauben die unterschiedlichen Lösungen der gleichen Aufgabe später einen Vergleich und gegebenenfalls einen Ent-

Abbildung 13: Laienplaner bei der Gruppenarbeit

scheid auf höherer Ebene. Aufgabenstellungen für diese Gruppen ergeben sich in unterschiedlichen Bereichen, z. B. in der

- Informationsbeschaffung,
- Informationsverarbeitung,
- Bewertung oder
- Formulierung und Begründung von Entscheiden.

Arbeitsgruppen dieser Größe kommen ohne eine hauptamtliche Leitung aus. Sie sind in der Lage, auf mündliche oder schriftliche Anweisung hin das vorgelegte Material erfolgreich zu bearbeiten. Die Ergebnisse der Gruppensitzungen können über Bewertungsvorgänge abgerufen werden oder mündlich oder schriftlich ins Plenum eingehen.

– *Neigungsgruppen:* Zu bestimmten Zeiten werden Gruppen mit unterschiedlichen Aufgabenstellungen angeboten, in denen der Teilnehmer nach eigener Wahl tätig wird. Gruppen dieser Art sind eine beliebte Arbeitsform in der konventionellen Erwachsenenbildung. In der Planungszellen-Arbeit werden sie vermutlich nur begrenzt Verwendung finden.

Abbildung 14: Verteilung von Interaktionen in Kleingruppen (nach Bales)

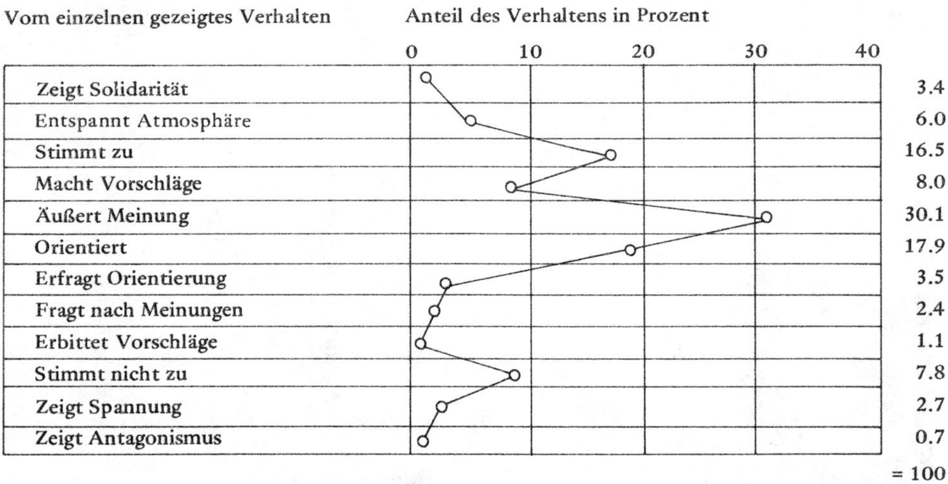

Der Tabelle (Abb. 14) liegen 72 000 beobachtete Interaktionen in 96 Gruppenzusammenkünften zugrunde. Jede Gruppe war viermal zusammen (vgl. Bales 1955).

Über Ablauf, Strukturierung und Ertrag aufgabenorientierter Kleingruppen liegt eine Reihe von Ergebnissen sozialwissenschaftlicher Forschung vor. Diese lassen sich zum Teil direkt auf die Verhältnisse in der Planungszelle übertragen. So kann angenommen werden, daß der Einzelne, Mitwirkungsmöglichkeiten vorausgesetzt, funktional interagieren wird: das Bemühen, an der Problemlösung mitzuwirken, überwiegt (vgl. Abb. 14). Die Häufigkeit, mit der ein Einzelner Problemlösungsversuche beiträgt, hängt von der Zusammensetzung der Gruppe ab. Eine niedrige Teilnahmerate der anderen stimuliert die eigenen Versuche. Bei den Interaktionen lassen sich mehr aufgabenbezogene von mehr gruppenbezogenen unterscheiden: Es kommt zu der bekannten kleingruppeninternen Rollendifferenzierung.

Hearing: Der organisierte Austausch von Gedanken zwischen Betroffenen oder Experten und dem Plenum der Laienplanergruppe in einer befristeten gesprächsweisen Begegnung kann in vielen Fällen für die Erstellung sachgerechter Ergebnisse notwendig sein (Hearing).

Eine Funktion des Hearings ist die Eingabe gezielter Informationen. Hearings mit den Betroffenen sind in dieser Hinsicht besonders dann wichtig, wenn die Planungszelle sich aus spezifisch Nichtbetroffenen zusammensetzt. Zum anderen gewinnt die Gruppe in der personalen Begegnung mit konfligierenden Interessen ihre Identität als Laienplanergruppe. Sie wird sich ihrer Aufgabe und Bedeutung bewußt.

Planungstechniken: Zum Thema Planungstechniken gibt es heute eine schnell wachsende theoretische und auch praxisorientierte Literatur. In ihr wird von Verfahren berichtet, die auf den verschiedensten Planungsebenen einer Erhöhung der Problemtransparenz dienen sollen. Diese wird angestrebt durch Hereinahme von mehr und gezielteren Daten, etwa in Kosten-Nutzen-Analysen, Kosten-Wirksamkeits-Analysen oder Angebot-Nachfrage-Modellen, durch schnellere Rechenoperationen, etwa in komputergestützten Verfahren, durch Eingrenzung der Handlungsräume (etwa in der Programmierung von Abläufen, in iterativen Prozessen und in Entscheidungsbäumen) oder durch gedankliche oder spielende Vorwegnahme von Möglichkeiten in Delphi-Verfahren, Simulationen und dergleichen.

Es kann hier nicht im einzelnen auf derartige Verfahren eingegangen werden. Generell läßt sich sagen, daß die genannten und so ziemlich jedes erprobte und als realisierbares Konzept vorgelegte Planungsverfahren auch innerhalb der Planungszelle anwendbar ist. Also ist auch damit zu rechnen, daß sie im Rahmen der Laienplanung erprobt und eingesetzt werden.

Ein Vorzug der Planungszelle sollte in diesem Zusammenhang nicht unerwähnt bleiben. Eins der Haupthandicaps vieler der gebräuchlichen Planungsverfahren besteht darin, daß im einzelnen Fall nur unzureichend geklärt werden kann, auf welche Weise Wert- und Zielvorstellungen in die betreffenden Planungen Eingang finden oder finden sollen. Die technischen Verfeinerungen von Planungsverfahren sowie die Weiterentwicklung der entsprechenden Apparaturen gehen in einem oft erstaunlichen Maße an diesem gewichtigen Problem vorbei. In der Planungszelle sind Wertvorstellungen und Ambitionen, wie sie von im Zufallsverfahren gegriffenen Zeitgenossen gehegt werden, deren soziale Positionen bekannt sind, auf eine neutralisierte, wissenschaftlich kontrollierbare und damit handhabbare Weise präsent. Sie können – was gleich noch weiter zu bedenken sein wird – auf eine angebbare Weise in die Planungsprozesse einbezogen werden.

Ergebnisdokumentation: Die Arbeit der Planungszelle wird zu Ergebnissen führen. Diese müssen, damit sie verwendbar sind, festgehalten werden. Eine solche Aussage gilt sowohl für die im Arbeitsablauf einer Planungszelle immer wieder vorkommenden Bewertungsvorgänge wie auch für ihr abschließendes Gesamtergebnis.

– *Bewertungsvorgänge:* Die Beurteilungen planungsrelevanter Sachverhalte durch die Laiengutachter sollten, wenn möglich, nicht durch allgemein gehaltene Sätze, sondern in einer Form erfolgen, in der die Ergebnisse einer Planungszelle mit denen anderer verglichen werden können. Hierfür lassen sich „Bewertungsvorgänge" entwickeln, mit deren Hilfe

- die einzelnen Teilnehmer,
- die Arbeitsgruppen oder
- die Laienplanergruppe als Plenum

quantitativ bearbeitbare Reaktionen auf planungsrelevante Sachverhalte produzieren. In solchen Bewertungsvorgängen werden bestimmte Zustände oder Möglichkeiten beurteilt. Situationen werden aus unterschiedlichen Perspektiven heraus bewertet. Es wird nach Optionen angesichts begrenzter Mittel gefragt. Gruppen stellen Wunschlisten oder Ranglisten zusammen oder das Plenum befindet über vorgelegte Alternativen. Jede dieser Aufgabenstellungen erlaubt oder fordert unterschiedliche Weisen des Festhaltens von Ergebnissen. Als ein Instrument, das in allen diesen Bewertungsvorgängen einsetzbar ist, hat sich der sog. 'Bewertungsbogen' erwiesen. Bogen dieser Art sind in den Probeläufen der Planungszelle eingesetzt und weiterentwickelt worden (s. Abb. 15). Bei den Meinungsäußerungs- und Bewertungsvorgängen muß, wie bei der Informationseingabe, die unterschiedliche Artikulationsfähigkeit der Teilnehmer in Rechnung gestellt werden. In der Umfragetechnik sind Verfahren und Materialien entwickelt worden, die bestimmte Fähigkeiten der Bewertenden nivellierend aus dem Spiel bringen. Derartige Verfahren finden in der Planungszelle Verwendung. So ist z.B. mit nonverbalen Bewertungsvorgängen gearbeitet worden (s. Abb. 16), bei denen der Laiengutachter Prioritäten durch die Vergabe von farbigen Klebepunkten setzen kann.

In der Regel reicht es aus, wenn ein beurteilungswürdiger Sachverhalt einmalig durch die Laiengutachter der Planungszelle bewertet wird. Es kommen aber auch Fragestellungen vor, für deren Beantwortung es hilfreich ist, wenn planungsrelevante Sachverhalte – etwa wie in der Fernsehsendung 'pro und contra' – von den gleichen Laiengutachtern in unterschiedlichen Zuständen der Informiertheit oder von unterschiedlichen Zuständen des Interesses her, also mehrfach, bewertet worden sind. Um die Vergleichbarkeit der so gewonnenen Ergebnisse zu erhöhen, werden solche 'Mehrfachbewertungen' in der Regel mit den gleichen Bewertungsbogen durchgeführt.

Planungszellengeeignete Bewertungsaufgaben müssen unkompliziert formuliert und leicht verständlich sein. Sie können daher auch relativ schnell absolviert werden. So ist es möglich, nach der Vorlage eines Bewertungsbogens schon bald wieder zur Informationseingabe und damit zur Weiterarbeit am gestellten Problem überzugehen. Informationseingaben oder Gruppendiskussionen wechseln immer wieder mit Bewertungspha-

Abbildung 15: Laiengutachter beim Ausfüllen von Bewertungsbogen

sen ab. Technisch ist es möglich, daß die Ergebnisse eines Bewertungsvorgangs einer Weiterarbeit an anderen Zusammenhängen in erneuten Diskussions- und Meinungsbildungsprozessen zugrunde gelegt werden. So kann eine durch Gruppenbewertung vorgenommene Gewichtung von Daten, z.B. die Einschätzung der Situation an einer bestimmten Straßenkreuzung, als ermittelte Größe in die Ausgangslage des nächsten Planungsschrittes, z.B. die Zulassung eines weiteren Verkehrsproduzenten in der betreffenden Straße, mit aufgenommen werden. Zwischenmeinungsbildungen können mit Spezialisten besprochen und mit zusätzlichen Informationen konfrontiert werden, was einen weiteren Bewertungsschritt nahelegen wird. So lassen sich ganze Kaskaden von Bewertungsvorgängen entwickeln.

Der flüssige und zielgerichtete Ablauf solcher Arbeitsprozesse setzt einiges an Organisation voraus. Gleichgültig wie diese benannt wird – hier liegen Aufgaben, die in den Funktionskatalog des Prozeßbegleiters gehören. Dieser wird daher in seiner Ausbildung über die üblichen Verfahrenstechniken in Bewertungs- und Entscheidungsprozessen informiert werden müssen.

Einen nicht unwichtigen Sonderfall bei den Bewertungsvorgängen bilden die nur schwer quantifizierbaren Bewertungen. Hier ergeben sich für den Einsatz der Planungszelle methodische Möglichkeiten, die bisher an anderer Stelle so noch nicht verwendet worden sind.

– *Bewertung schwer quantifizierbarer Sachverhalte:* In Planungsprozessen werden eine Vielzahl von Sachverhalten als planungsrelevant definiert und so miteinander in Beziehung gesetzt, daß von daher entschieden werden kann, welche Maßnahmen zu ergreifen sind. Diese Sachverhalte sind aber in unterschiedlicher Weise quantifizierbar. Die nicht quantifizierbaren werden in der Regel weniger beachtet als die quantitativ erfaßbaren. Die scheinbare Eindeutigkeit des Quantifizierbaren verleitet zur Überbewertung der so gewonnenen Daten. Die nur als „qualitativ" begreifbaren Sachverhalte sind aber für das Wohlbefinden des Menschen und das Überleben der Menschheit oft von entscheidender Bedeutung. Die Frage ist, wie sie handhabbar zu machen sind, damit sie in die gesellschaftlichen Entscheidungsprozesse eingehen können. Auf diese Frage soll hier exkursartig eingegangen werden.

Verfahren der Umorganisation auch komplizierter Sachverhalte in verrechenbare Daten sind bekannt. In gesellschaftlichen Teilbereichen, in denen ein hoher Erwartungsdruck im Hinblick auf Verrechenbarkeit von Daten besteht, z.B. in bestimmten formalisierten Wettkampfsituationen, sind sie längst gang und gäbe. Im Bereich des Sports lassen sich bestimmte Leistungen in cm und sek. messen, andere wie Turmspringen, Eiskunstlauf oder Bodenturnkür dagegen nicht. Sie werden im „Jury-Verfahren" gemessen: spezifisch informierte individuelle Beurteilungen werden als Gruppenmeinung objektiviert.

Abbildung 16: Beim Bewerten. Vergabe von Klebepunkten

Die Planungszelle stellt eine solche problemspezifisch informierte Jury dar. Mit diesem Instrument können Sachverhalte, wie die Zugänglichkeit einer Einrichtung, der Wert einer Freizeitanlage, die Silhouette einer Stadt oder die Lebensqualität eines Wohnquartiers, einer Bewertung unterworfen werden.

Auch für diese Bewertungsprozesse gilt, daß sie in der Lage sind, alle vorhandenen positionsspezifischen Wertungen in sich aufzunehmen. Für sie gilt weiterhin, daß die Bewertung relativ standardisiert erfolgt. Sie geht immer von der gleichen Anzahl im Zufallsverfahren ausgewählter Personen aus, die unter weitgehend vergleichbaren Bedingungen arbeiten, und ihr können gleichartige Situationen und identisches Informationsmaterial zugrunde liegen.

Damit können die so gewonnenen Daten auf einer nächsthöheren Aggregationsebene mit anderen derartigen Daten in bestimmten Hinsichten verrechnet werden. Sie erlauben z.B. den regionalen Vergleich oder den Vergleich im Zeitablauf. Es lassen sich auch hier wieder Verrechnungseinheiten schaffen, mit denen in vieler Hinsicht unterschiedliche Situationen unter einem bestimmten Gesichtspunkt bewertet werden können. Gold- und Silbermedaillen werden für die verschiedensten olympischen Disziplinen in gleicher Weise vergeben. So werden Indikatoren zur Beurteilung nur schwer identifizierbarer Sachverhalte bereitgestellt[31].

Es können Durchschnittswerte gebildet werden, und diese können in andern Zusammenhängen die Funktion von Richtwerten übernehmen.

Mit diesen Möglichkeiten ergänzt das Instrument Planungszelle heute übliche Planungsverfahren in einigen wichtigen Hinsichten. Es kann damit nicht nur für Zielfindungs-, Planungs- und Kontrollaufgaben eingesetzt werden, es ist auch für die Erstellung bestimmter Arten sozialer Indikatoren und im Zusammenhang mit dem Versuch interessant, Auswirkungen technologischer Entwicklungen vorauszubewerten (technology assessment).

Bis jetzt wird bei der Erstellung sozialer Indikatoren in der Regel nur das verwendet, was bereits gezählt vorliegt. Das gilt sowohl dort, wo soziale Leistungen präsentiert werden, wie in den sog. Sozialbilanzen oder weitgehend in dem Überblick, den der „Arbeitskreis Soziale Indikatoren" vorgelegt hat[32], wie auch dort, wo Defizite an solchen Leistungen festgestellt werden sollen.

Diese Art der Datengewinnung, an der die politischen, administrativen und wissenschaftlichen Eliten beteiligt sind, faßt Zapf unter der Bezeichnung „Maßnahmen von oben" zusammen (Zapf 1973, S. 30). Man zögert, Daten durch „Maßnahmen von unten" zu erstellen, in denen die Betroffenen zu Wort kommen würden. Faktisch schließt keiner der bisher von Regierungsseite geförderten „Sozial-Berichte" – eine Ausnahme bilden offenbar die Japaner (Michalos 1973, S. 10) – derartige Daten ein. Die Gründe dafür liegen auf der Hand. Es ist leichter, verläßliche Angaben über die Zahl der Kraftwagen, der Ärzte oder der Ehescheidungen zu machen, als über die Einstellungen und Meinungen, die die Bürger hierzu einnehmen. Der Aufwand, den diese Art von Aussagen erfordert, ist außerdem wesentlich größer. Und das, was dabei herauskommt, ist nicht unumstritten. Statistische Ämter und renommierte Institute im Datenverarbeitungsbereich scheuen sich daher, hier ihre Prestige aufs Spiel zu setzen. Johansson hat auch politische Gründe dafür genannt, warum derartige Daten vermieden werden: ihre Auswirkung als „Pseudo-Plebiszite" sind politisch nicht kalkulierbar (Johansson 1973).

Die Nachfrage aber wächst[33]. Der Endverbraucher muß in den Datengewinnungsprozeß einbezogen werden. Das erforderliche Wissen ist zu breit verteilt. Es ist nicht mehr wie bisher in der Phase der Industrialisierung an Fachwissenschaften und Ausbildungsgänge gebunden, sondern mehr an konkrete Situationen. Die in einer solchen Situation auf höchst unterschiedliche Weise Befangenen sind die eigentlichen Wissensträger. Sie müssen an den Bewertungsprozessen beteiligt werden.

Wie das zu machen ist, ist weithin unklar. Manche erwarten Hilfe vom Instrument der Meinungsumfrage (Eppler, in: Die Demokratische Gemeinde, 9/1973, S. 952). Fraglich ist, ob dabei die „Kurzsichtigkeit" der Betroffenen überwunden werden kann (Zapf 1973, S. 31). Manche halten das für überhaupt nicht machbar[34]. Diese Bedenken gelten in noch höherem Maße – verglichen mit der Beschreibung von Ist-Zuständen – für das Erstellen von Zielindikatoren. Aber auch hier ist man sich über die Notwendigkeit der Konsensusbildung und über deren partizipatorischen Charakter im Prinzip einig[35]. Subjektive und Zielindikatoren müssen über argumentative partizipatorische Prozesse erbracht werden.

Solche Prozesse können, im Hinblick auf bestimmte Arten von Problemen, am ehesten unter Bedingungen verwirklicht werden, wie sie die Planungszelle bietet:

- Der einzelne Mitwirkende ist über die zu bewertenden Zusammenhänge speziell informiert.
- Der zu beurteilende Sachverhalt wird hier nicht 'einseitig' gesehen, sondern aus unterschiedlichen Interessenlagen heraus.
- Das Verfahren ist in der Lage, alle vorkommenden positionsspezifischen Wertungen in sich aufzunehmen (vgl. Abb. 12).
- Die Verteilung der unterschiedlichen Interessenlagen in der Planungszelle ist deren Verteilung in der Gesellschaft weitgehend angenähert. Diese Art der Datenermittlung fängt damit auch die sog. „kumulativen Aspekte" (Paschen/Gresser 1973, S. 21) ein.
- Die eingebrachten Werte sehen sich, unter der Einwirkung gruppendynamischer Prozesse, mit anderen Werten argumentativ konfrontiert. Die Bewertungen passen sich in Richtung auf vermehrte Allgemeingültigkeit aneinander an.
- Die Anpassung erfolgt, wenn eine als sinnvoll akzeptierbare Problemlösung das erfordert, sogar entgegen den konfligierenden Individualinteressen.
- Die Planungszelle stellt ein standardisiertes Instrument dar.

Das Gesagte macht deutlich, warum dem Teilnehmer einer Planungszelle zugemutet werden kann, im Zusammenhang mit seiner Planungsaufgabe an Bewertungsveranstaltungen mitzuwirken.

– *Abschlußergebnis:* Der Arbeitsauftrag der Planungszelle enthält in der Regel die Verpflichtung zur Vorlage eines Ergebnisberichtes in schriftlicher Form. Selbst dann, wenn Ergebnisse der Laienplanergruppe dem betreffenden Auftraggeber in der Form eines Hearings unmittelbar zu Gehör gebracht werden, bedarf diese Datenpräsentation der vorherigen schriftlichen Fixierung[36].

Eine schriftliche Abfassung des Ergebnisses ist zum einen für eine sachgerechte Erledigung des gestellten Auftrages wichtig. Die gewonnenen Aussagen müssen zur Weiterverarbeitung festliegen. Die schriftliche Fassung hat aber genau so ihre Bedeutung für die Teilnehmer. Der Laiengutachter hat ein Recht darauf, nach einer dreiwöchigen Mitwirkung das Bewußtsein entwickeln zu können, etwas in sich Geschlossenes mitgeschaffen zu haben.

Die Erfüllung des Auftrages setzt eine entsprechende Organisation sowie zusätzliche Arbeitsmittel voraus. Eine Möglichkeit bestände darin, einem der Laienplaner die Funktion eines vortragenden Sekretärs zuzuweisen. Er verfaßt den Entwurf des Ergebnisberichtes und verwendet dabei die vorliegenden Zwischenentscheide und Protokolle. Bei der Begründung der erarbeiteten Lösungen werden auch Teile des eingegebenen Informationsmaterials als Formulierungshilfe dienen können. Eine andere Möglichkeit wäre die Bildung eines Redaktionsausschusses innerhalb der Planungszelle.

Obgleich erwogen werden könnte, die Formulierung der Ergebnisberichte über Diktiergeräte und verwaltungseigene Schreibbüros abzuwickeln, so ist wegen der ständigen Rückgriffs- und Korrekturmöglichkeit, wie sie in redaktionellen Prozessen gewährleistet sein muß, die Zuweisung einer Schreibkraft für diese Phase empfehlenswerter.

Nacharbeit

Die Nacharbeit besteht, wie die Vorbereitungsphase der Planungszelle, aus zwei deutlich unterscheidbaren Funktionsbereichen. Sie beginnt einerseits mit der Annahme der vorläufigen Fassung des Abschlußberichtes durch die Gruppe oder seiner Übergabe an die auftragserteilende Instanz und andererseits mit der offiziellen Entlassung der Teilnehmer aus der dreiwöchentlichen Gutachtertätigkeit.

Verwertung der Ergebnisse: Die Ergebnisse einer Planungszelle stehen den auftraggebenden Stellen zur Lösung der angegangenen Problematik zur Verfügung. Im Regelfall dürften dort die Daten zur weiteren Verwendung bereits erwartet werden.

Die Übergabe der Ergebnisse schließt die Auflage ihrer *Veröffentlichung* mit ein. Wird die Planungszelle nicht als selbständiger Entscheider eingesetzt, sondern ist sie, was zunächst den Normalfall darstellt, in der Entscheidungsvorbereitung tätig, so sichert diese Veröffentlichung die sachgemäße Weiterverarbeitung der erzielten Ergebnisse. Die Bevölkerung in ihrer ganzen Breite, die Verbände und die Interessenten erhalten so Zugang zur Aufgabenstellung und zu den Ergebnissen der Planungszelle. Der simple Sachverhalt, daß hier Mitbürger die Planung erarbeitet haben, wird den Nachrichtenwert dieser Veröffentlichung erhöhen.

Das durch den Bericht erzeugte oder geförderte Bürgerinteresse wird über seinen Kontrolleffekt im einzelnen Fall hinaus den vorhandenen Einrichtungen im politischen Teilsystem unserer Gesellschaft, z.B. den Parlamenten und den Parteien, zugute kommen[37].

Die Veröffentlichung eines Schlußberichts ist bei Probeläufen der Planungszelle bereits in Ansätzen praktiziert worden, bzw. für weitere Probeläufe vorgesehen. Sie kann auf unterschiedliche Weise erfolgen, sollte aber festgelegt werden, und zwar für die jeweilige Einsatzart der Planungszelle in einer dem jeweiligen Planungsverfahren entsprechenden Form. So könnte eine Zusammenfassung des Schlußberichts in verständlicher und kurzer Form im amtlichen Veröffentlichungsorgan der entsprechenden Gebietskörperschaft erscheinen. Derartige Blätter sind an manchen Orten weit entwickelt. So gibt es in der Stadt Bern täglich ein mehrseitiges städtisches Amtsblatt, von dem jedem Haushalt kostenlos ein Exemplar zugestellt wird und das von den Bürgern der Stadt mit Eifer gelesen wird. Die amtliche Veröffentlichung läßt sich auch, wie andernorts üblich, mit der lokalen Zeitung kombinieren. Darüberhinaus werden die Abschlußberichte, die ein so bisher noch nicht vorhandenes, aber publizistisch verwertbares Material darstellen, auch im redaktionellen Teil der Presse ihr Echo finden. Die Stadt Köln, die dabei ist, Planungszellen förmlich in die bürgerschaftliche Bearbeitung bestimmter Stadtplanungsprobleme einzubauen, hat sich jetzt bereits festgelegt, einen solchen Planungszellenbericht, bevor er an die Bezirksversammlung und den Rat übergeben wird, in einer öffentlichen Veranstaltung diskutieren und beschließen zu lassen. Die Bezirksversammlung muß dann über Alternativen, die der Bericht vorgelegt hat, in öffentlicher Sitzung beraten. Ihre dort gefaßten Beschlüsse werden ebenfalls an den Rat der Stadt weitergeleitet[38].

Eine gute Möglichkeit, die Verwertung von Planungszellenergebnissen sicherzustellen, bietet sich mit der Anwendung von Vorschlägen, die der Skeffington-Report in ähnlichen Zusammenhängen gemacht hat: wenn die Ergebnisse formalisierter bürgerschaftlicher Beteiligung nicht innerhalb einer gesetzten Frist verwendet werden, so ist die zuständige Instanz verpflichtet, ihre Ablehnungsgründe zusammen mit der betreffenden Vorlage den vorgesetzten Stellen und der Öffentlichkeit förmlich zur Kenntnis zu bringen.

In die Nacharbeitsphase fällt auch die Auswertung der Erfahrungen der Prozeßbegleiter. Ihre Berichte analysieren rückblickend den Ablauf der Arbeit und machen Fehler und Verbesserungsmöglichkeiten für weitere Planungszellenabläufe verwendbar.

follow up: Die Teilnehmer einer Planungszelle haben einen – zunächst moralischen – Anspruch auf eine gewisse weitere „Betreuung" sowie auf eine Informierung darüber, was mit dem Planungsfall weiter geschieht, an dem sie mitgearbeitet haben. Erst wenn der Einzelne die Möglichkeit hat, weiterhin die Entwicklung „seines" Planungsfalles zu verfolgen, läßt sich der durch die Mitarbeit und die Identifikation mit dem Planungsvorhaben bei ihm bewirkte politisch-bildnerische Effekt stabilisieren. Diese Informationsfunktion kann als Mitteilungsblatt institutionalisiert werden, das nach Bedarf erscheint und entweder vom Partizipationsamt oder auch von einer Organisation „Ehemaliger" herausgegeben wird. Sie kann aber auch als Wiedersehenstreffen der Teilnehmer wahrgenommen werden. Möglicherweise finden hier die örtlichen Volkshochschulen eine weitere sinnvolle Funktion.

Maßnahmen dieser Art richten sich an die Teilnehmer bestimmter Planungszellen. Darüberhinaus wird die Laienplanung bei manchen Bürgern eine langfristigere an Planungsfragen orientierte Mitarbeitsbereitschaft auslösen. Sie wird ebenfalls von den Volkshochschulen mit speziellen Seminaren aufgegriffen werden können.

D. Einbau der Planungszelle

Mit der Planungszelle bietet sich ein Verfahren an, das geeignet ist, in bestehende Arbeitsabläufe der politisch-administrativen Apparatur einbezogen zu werden. Das kann bekanntlich nicht von jedem anderen der vorhandenen Beteiligungsverfahren gesagt werden. Neueinführung und Durchführung von Plebisziten erfordern einen erheblichen Aufwand. Die Bürgerinitiative ist in ihren Eingriffsrichtungen nicht zu kalkulieren. Die Planungszelle ist demgegenüber auf vielen Ebenen, auf denen Bewertungs-, Beratungs-, Planungs- oder Kontrollprozesse institutionalisiert sind oder institutionalisiert werden sollten, einsetzbar. Diese Einbaueignung gilt sogar unabhängig davon, ob der strukturelle Zusammenhang, in dem der Einsatz erfolgen soll, sich eher als „innerorganisatorisch" – im Sinne der eingangs erwähnten autonomisierbaren Teilstrukturen – darstellt oder ob er eher dem politischen System als solchem zuzurechnen ist.

Kann von dieser Eigenschaft „einbaufähig" des Verfahrens Planungszelle ausgegangen werden, so müssen doch folgende Fragen gestellt werden: Mit welcher Kompetenz, an welchen Stellen der Apparatur und mit welchen apparatur-internen Auswirkungen sollte der Einsatz dieses Verfahrens erfolgen?

Kompetenz des Verfahrens

Bei der Beschreibung des Modells ist die Frage ausgespart worden, ob die hier dargestellte Planungszelle mit eigenen Entscheidungskompetenzen ausgestattet ist oder ob sie lediglich zur Vorbereitung von Entscheidungen eingesetzt wird. Dies ist aber die Frage, die von politischen Praktikern vielfach als erste gestellt wird. Die Juristen sind von ihr geradezu fasziniert. Welche Möglichkeiten einer Beantwortung gibt es?

Die Planungszelle als Entscheidungsvorbereiter: Die Dringlichkeit, die dieser Frage zugemessen wird, mag damit zusammenhängen, daß die Planungszelle – mit dem flair der Basislegitimation umgeben – bei ihrem Einsatz Machtverluste an anderen Stellen des betreffenden Entscheidungsvorganges auszulösen geeignet erscheint. Traumatische Erfahrungen mit organisierten bürgerschaftlichen Ansprüchen sind in der Verwaltung noch präsent. Der Gefahr, die hier empfunden wird, muß daher sehr deutlich begegnet werden.

Die Planungszelle kann als ein neues Beteiligungsverfahren nur auf die gesetzlich fixierten Rahmenbedingungen und auf die Machtverteilung hin entworfen werden, die bei uns realiter gegeben sind: Sie bringt jeweils neuartige Informationen ins Spiel, und sie ist ein Forum, auf dem langfristige gesamtgesellschaftliche und partielle Interessen einander begegnen. Damit nimmt sie im ganzen des Meinungsbildungsprozesses informierende und beratende Funktionen wahr: Die Planungszelle ist eindeutig mit Aufgaben der Entscheidungsvorbereitung betraut.

Die Planungszelle als Entscheider: Es gibt einzelne ausgrenzbare Entscheidungsmaterien, die mit Hilfe einer befristeten Zufallsauswahl von Laien nach der Art des Verfahrens Planungszelle besser verarbeitet werden können als durch andere vorhandene Verfahren. Bereiche, für die zu vermuten ist, daß sie solche Entscheidungsmaterien enthalten, werden noch im Zusammenhang mit Fragen der Anwendungsmöglichkeit von Planungszellen und der Themenauswahl zu erwähnen sein.

Es ist denkbar, daß eines Tages die Diskussion über derartige Möglichkeiten einsetzen wird. Dabei ist nicht auszuschließen, daß es im Zuge dieser Diskussion zu entsprechenden Ergebnissen und Versuchen kommt, nämlich zur Übertragung begrenzter Zuständigkeiten bei Bewertungs-, Planungs- oder Kontrollfragen an Laienplanergruppen. Eine Planungszelle würde dann, etwa nach Art des Geschworenenmodells, an der Entscheidung eines bestimmten vorgegebenen Falles eigenständig mitwirken.

Eine solche Entwicklung würde von einer sozialwissenschaftlichen Diskussion gefördert werden, die die latenten Entscheidungsfunktionen dieses Verfahrens ins Bewußtsein hebt. Was eigentlich ist eine Entscheidung? Es ist nicht sinnlos, den gemeinten Sachverhalt an dieser Stelle einmal zu problematisieren. Die Fixierung des Entschiedenen in einer Form, die es der sozialen Umwelt erlaubt, eine Sache als entschieden zu akzeptieren, ist eine sehr wichtige, aber sozusagen nur die Außenseite der Entscheidung. Es lassen sich – neben der notariellen Funktion – auch andere Seiten dieses Vorganges ausmachen: Durch wen und auf welche Weise sind die Sätze, die sich Entscheidung nennen dürfen, faktisch präformiert worden? Welche sozialen Kräfte hatten wann Zugang zur Formierung der Aussagen? Die empirische Analyse von Fällen des entscheidungsvorbereitenden Einsatzes der Planungszelle wird deutlich machen, wo und in welchem Umfang diese als ein Faktor im Meinungsbildungsprozeß beteiligt war, dessen Ergebnisse anschließend als formale Entscheidungen der Zuständigen in Erscheinung treten.

Die Eindeutigkeit der begrifflichen Abgrenzung, die hier auf der juristischen Ebene möglich und notwendig ist, braucht auf anderen Beobachtungsebenen so nicht mitvollzogen zu werden. Dafür wird aber auch hier erst der 'amphibische' Charakter deutlich, den die Planungszelle unterschiedlichen politischen Umwelten gegenüber aufweist. Sie entwickelt heute schon Arbeitsformen, die gegebenenfalls auch unter sehr andersgearteten Ansprüchen zu funktionieren in der Lage sind. Eine Beschreibung der zur Zeit realisierbaren Möglichkeiten gibt daher die augenblickliche Situation sicher richtig wieder. Nur werden auf diese Weise, was manchmal übersehen wird, bestimmte vorhandene Langfristmöglichkeiten ausgeblendet. Wie 'richtig' aber ist eine solche Momentaufnahme angesichts einer Langfristentwicklung, die durch jene gar nicht sichtbar gemacht werden kann, sondern eher verdeckt wird?

Die Planungszelle als Bauelement qualifizierter Plebiszite: Die Planungszelle kann schließlich auch als vermehrfachbares Segment zum Aufbau eines qualifizierten Plebiszits verwendet werden. Ein solches Plebiszit würde sehr andere Eigenschaften aufweisen als das, mit dem seiner Zeit die Väter des Grundgesetzes zu rechnen hatten. Es würde informierte und gegen den gezielten demagogischen Durchgriff weitgehend immunisierte Ergebnisse bereitstellen.

Diese Art der Verwendung von Planungszellen setzt aber die Möglichkeiten zu deren massenhaftem Einsatz voraus sowie die Entwicklung von den hier zusätzlich notwendigen Verfahren. Auf dieses qualifizierte Plebiszit wird also noch dort einzugehen sein, wo von den möglichen Weiterentwicklungen des politischen Instrumentariums zu sprechen ist.

Die Frage nach der Kompetenz des Verfahrens Planungszelle ist damit insgesamt dahingehend zu beantworten, daß diese als Entscheidungsvorbereiter fungieren wird. Weitere Entwicklungen sind nicht ausgeschlossen. Sie bleiben der Eigendynamik der mit dem Modell eingeleiteten Entwicklung vorbehalten. Die Planungszelle ist nämlich im Prinzip auch in anderen Funktionen als zur Entscheidungsvorbereitung einsetzbar.

Verortung des Verfahrens

Wie schwierig es ist, die Frage nach dem Anteil an Entscheidung zu beantworten, der heute schon im einzelnen Fall von einer Planungszelle übernommen wird, zeigt sich auch, wenn der zweiten Frage nachgegangen wird, der Frage nämlich, an welchen Stellen der politisch-administrativen Apparatur die Planungszelle eingehängt werden soll.

Zwei mögliche Verortungen lassen sich idealtypisch gegenüberstellen: die Orientierung an einer Verwaltung oder die Orientierung an einer parlamentarischen Körperschaft[39]. Beiden Arten von Einrichtungen liegt daran, ihre Kontakte zum Bürger zu verbessern, beide sind bestrebt, sich entsprechende Instrumente zu schaffen. Der schleswig-holsteinische Landtag verfügte die Umbenennung seines Petitionsausschusses in „Ausschuß für Bürgerinitiativen und andere Eingaben". Verwaltungschefs richten Bürgersprechstunden, Bürgertelefone oder eigene Ämter ein. Ein sehr intensives Programm dieser Art ist aus dem Staat Pennsylvania bekannt geworden[40].

Bei jeder der beiden Einrichtungen sind unterschiedliche Anknüpfungspunkte denkbar. Bei Parlamenten (Räten) kommen z.B. folgende Stellen für eine Zuordnung von Planungszellen in Frage:

- das Gesamtparlament,
- die Fraktionen,
- die Fachausschüsse des Parlamentes,
- ein Parlamentarischer „Fachausschuß für Beteiligungsverfahren", der dann einzurichten wäre, oder
- einzelne Abgeordnete.

Die verschiedenen Probleme und Möglichkeiten, die sich mit diesen Anknüpfungspunkten jeweils ergeben, sollen hier nicht detailliert erörtert werden. Beleuchtet werden muß aber die übergeordnete Frage, ob die Planungszellen eher in die Informations- und Meinungsbildungsprozesse der Verwaltung oder eher in die des Parlamentes eingehängt werden sollten. Ihre Beantwortung wird nicht zuletzt davon bestimmt, welche Effekte im einzelnen Fall mit dem Verfahren Planungszelle primär erreicht werden sollen.

Effekte des Einbaus

Der Einbau einer Planungszelle hat unabhängig davon, mit welcher Kompetenz er ausgestattet oder wie er benannt wird, unterschiedliche Auswirkungen. Er kann z.B. die Verbesserung eines Planungsergebnisses oder mehr die Kontrolle von Verwaltungsmeinungen bewirken.

Will man das erstere, nämlich eine qualitative Verbesserung der von den Fachplanern konzipierten Lösungsmöglichkeiten eines Problems, so empfiehlt sich eine Anbindung der Laienplanergruppe an die zuständige Verwaltung. Will man dagegen den Selbstdarstellungs- oder Expansionsbedarf der vorhandenen Apparaturen eingrenzen, von ihnen nicht berücksichtigte Alternativen ins Spiel bringen oder realisierbare Innovationsmöglichkeiten ergründen, so liegt es näher, bei den parlamentarischen Gremien anzusetzen.

Die hier idealtypisch einander gegenübergestellten Einbauweisen sind beide nicht frei von *Nachteilen,* die sich durch diese Art der Anbindung ergeben. Der Einbau von Planungszellen in die Verwaltung erbringt, neben vielen positiven Verbesserungen, eine strukturelle Stärkung der Position von Verwaltungsapparaturen mit sich, die nicht wünschenswert sein kann. Das von Max Weber zu Beginn dieses Jahrhunderts diskutierte Bürokratieproblem hat sich seither nur verschärft.

Die Anbindung der Planungszellen an das Parlament bringt – neben den Positiva, die auch hier wieder benannt werden können – insbesondere die Gefahr einer zeitlichen Überforderung des Politikers mit sich. Dem gewählten Abgeordneten werden hier neben der Integration von Mehrheiten potentieller Wähler neue Funktionen zugemutet. Für ihn stellt die nur schwer unter ein bestimmtes Minimum reduzierbare Mitwirkung in der Vorbereitung, Durchführung und Auswertung von Planungszellen eine nicht immer bewältigbare Mehrbelastung dar. Andererseits ergibt sich für den Abgeordneten, wenn er nur mit einzelnen Planungszellen kooperiert, die Gefahr, daß er im Rahmen dieses relativ intensiven Beratungsprozesses zufälligen Interessen-Ungleichgewichten ausgesetzt ist.

Die genannten Nachteile lassen sich vermeiden, wenn eine Instanz mit der Durchführung von Planungszellen betraut werden könnte, die von den genannten beiden Einrichtungen relativ *unabhängig* ist. Eine entsprechende Sonderverwaltung ist nicht undenkbar und unter der Bezeichnung 'Partizipationsamt' auch bereits erwähnt worden.

Die Steigerung der Unabhängigkeit der Planungszelle von eindeutig problemrelevanten Trägern ist das eine Argument für die Schaffung einer solchen Stelle, das andere ist die Erhöhung der Rentabilität des Verfahrens.

Als eine relativ einfache Konstruktion, die nach Bedarf fallweise und ohne Wiederholungszwang eingesetzt werden kann, ist die Planungszelle im Prinzip zu einem weitgehend unabhängigen und dezentralen Einsatz geeignet. Dennoch wird eine stärkere Nachfrage und ein entsprechend massenhaftes Angebot von Planungszellen Zustände herbeiführen, die einer Ordnung bedürfen, die über das hinausgeht, was bisher zu den Merkmalen, dem Ablauf und dem Einbau der Planungszelle gesagt worden ist.

Der Einsatz von Laienplanergruppen auf den verschiedenen Verwaltungsebenen und in den unterschiedlichsten Trägersystemen legt die Ausdifferenzierung einer eigenen, gemeinsam benutzbaren Organisation nahe. Bestimmte Funktionen (z.B. Teilnehmerselektion, Einladung, Vergütung, Prozeßbegleitung, Ablauforganisation, Bevorratung von Informations- und Bewertungsmaterial) werden so preiswerter erfüllt.

Die Entwicklung einer derartigen relativ autonomen Instanz wird sicher noch einige Zeit auf sich warten lassen. Zunächst werden wohl Trägerorganisationen für das Verfahren, je nach den örtlichen Gegebenheiten, sowohl bei der Verwaltung wie auch beim Parlament anwachsen. Erst langsam wird sichtbar werden, daß der Effizienzgewinn, den die Sonderverwaltung verspricht, deren Einrichtung rechtfertigt.

Anmerkungen zu Kapitel III

1 So wird z.B. die 'Informiertheit' der Teilnehmer mit je anderen Aspekten unter dem Gesichtspunkt der befristeten Teilnahme, dem der Zufallsauswahl sowie dem der Laienteilnahme zu behandeln sein.

2 So z.B. auch Niklas Luhmann, Politische Planung, 1971, S. 11, Anm. 9. Bei Nagels Modellen zur Aktivierung bürgerschaftlicher Willensbildung („Kleiner Salon", „Zeitungs-jour-fixe") tragen die Teilnehmer Lesefrüchte bei u. schaffen (vereinbarte) Taschenbücher an. Albrecht Nagel, Das ständige Gespräch unter den Bürgern, in: Partizipation. Aspekte politischer Kultur, Opladen 1970, S. 178 ff.

3 Das an anderer Stelle skizzierte Modell „Planwahl" versucht z.B. die Möglichkeiten des Plebiszits zu erweitern. Vgl. Dienel (1971 c); auch die „Computerdemokratie" Helmut Krauch's verwendet plebiszitäre Elemente. Vgl. Krauch (1972).

4 Bei der Ortsbegehung im Rahmen eines der Probeläufe des neuen Beteiligungsverfahrens 'Planungszelle' kam es zu einer spontanen, informellen Gesprächssituation vor dem Hause eines Sanierungs-Betroffenen (Selbständiger; metallverarbeitender Kleinbetrieb). In dieser Straßendiskussion, in die der Eigentümer, Anlieger, Passanten und Teilnehmer der Planungszelle eingriffen, bezogen denn auch letztere – auf Angriffe hin – in diesem Fall auffallend eindeutig die Position des Sanierungsplanes.

5 Die Konstruktion einer Planpflicht ist im Zusammenhang mit den Überlegungen zur Planungszelle im Herbst des Jahres 1970 entwickelt worden. Erwähnungen und Kurzdarstellungen einer Planpflicht sind damals in eine Reihe von Vorträgen eingegangen. Vgl. z.B. Dienel (1971b), S. 85.

5a Ihre Erörterung erfolgt im Kapitel „Varianten zum Modell", weil die PZ auch ohne sie einsatzfähig ist.

6 Auf eine Darstellung der Motivationskategorien muß hier verzichtet werden. Zu einer entsprechenden Aufreihung von Motivationen vgl. Dienel 1971 c, S. 153.

7 So in der ersten Hälfte des 4. Jahrh. v. Chr. jeder Beschluß über eine Einbürgerung, vgl. Tarkiainen 1972, S. 211.

8 Und zwar für die Mitarbeit in der Standortversammlung wie auch in den Planungs-, Problem- und Aufgabengruppen. Vgl. Curdes/Böttcher/Merk, Standortprogrammplanung. Handbuch für die Erarbeitung von Standortprogrammen. Institut für Städtebau und Landesplanung der TH Aachen 1972, Band I, S. 27 f.

9 Vgl. z.B. den Aufwand für das Ordenswesen. Einige Millionen Ehrenzeichen pro Kriegsjahr wollen verteilt sein. Das Vorschlagen, Prüfen, Zuteilen, Beurkunden und das Verleihen, sowie die Anfertigung der Orden erfordert eigene Zuständigkeiten bei den Truppenteilen und übergeordnete Institutionen und stellt ein gutes Stück Arbeit dar.

10 In der Kunst oder in der Werbung werden derartige Techniken heute schon vorweggenommen. Vergl. etwa den Bericht über Werner Neekes Film "T-WO-MEN" in der ZEIT vom 23.3.1973 (Wolfgang Donner, Eine Fuge über das Sehen).

11 Demokrit (470–360 vor Chr.), genialer Naturforscher und Mitbegründer der Atomistik war z.B. der Meinung, daß es „nach der jetzt bestehenden Verfassung keine Möglichkeit gibt zu verhindern, daß diese Verfassung den Beamten, selbst wenn sie ausgezeichnet sind, unrecht tut." Vgl. Wilhelm Capelle, Die Vorsokratiker. Stuttgart 1956, S. 453.

12 Auch hier brauchen wir nicht gleich auf Verfahren des antiken Athens zurückzugreifen, dessen Zeit-Beamte in vielköpfigen Behörden einzeln und kollektiv mit Person und Vermögen haftbar waren. Vor Abschluß des Pflicht-Ermittlungsverfahrens am Jahresende durfte keiner der etwa 700 Beamten außer Landes gehen, sich adoptieren lassen oder frei über sein Vermögen verfügen. Vgl. Tuttu Tarkiainen, Die athenische Demokratie, München 1972, S. 269 ff.

13 Zu Robert Owen vrgl. Thilo Ramm (Hrsg.), Der Frühsozialismus, Stuttgart 1956, S. 181–305, sowie W.W. Engelhardt, Robert Owen als früher freiheitlicher Sozialist, in: Flohr/Lompe/Neumann, Freiheitlicher Sozialismus, Bonn-Bad Godesberg 1973, S. 3-20. Kurzbeschreibungen seiner und ähnlicher anderer Gruppen in: L. und O.M. Ungers, Kommunen in der Neuen Welt 1740–1972, Köln 1972.

14 Seit den aufsehenerregenden Untersuchungsergebnissen Michels' sind die von ihm zitierten Sachverhalte vielfältig neu beschrieben worden. So spricht Vilmar (1973, Bd. I, S. 155) von „die Demokratie zerstörenden Entfremdungstendenzen aller ... Repräsentanten gegenüber denen, die sie durch Wahlakte bevollmächtigt haben."

15 So der damalige Abgeordnete Dr. Dr. Gustav Heinemann am 12. Dez. 1964 in Loccum. Vgl. Loccumer Protokoll der Tagung „Parteiendemokratie", S. 51.

16 So Bundespräsident Walter Scheel anläßlich der Verleihung des Theodor-Heuss-Preises am 11.2.77 in München.

17 Bei Probeläufen wurden ausländische Staatsangehörige, die noch nicht vier Jahre lang in der BRD gemeldet waren, von der Einladung ausgenommen. Die Ansprüche an die Ansässigkeitsdauer (Indikator für Sprachbeherrschung) waren zunächst nach Erfahrung grob gegriffen.

18 So bereits: Der aktive Bürger – Utopie oder Wirklichkeit? Ein Cappenberger Gespräch. Köln u. Berlin, Mai 1971, S. 31. Inzwischen steht fest, daß das Geburtsdatum in das Personenkennzeichen eingeht, das als automationsgerechtes Sortiermerkmal für Einwohnerdaten in allen Verwaltungen in Gebrauch sein wird.

19 Als aufschlußreich hierfür werden immer wieder die Arbeiten Basil Bernsteins zitiert. Einführend Bernstein (1959).

20 Brunner (1966, S. 237) stellt die Frage, wie weit in den Verbänden des schweizer Bundesheeres mehrere Altersstufen vermischt werden sollen. Ergebnis: „Die beruhigende Wirkung älterer auf die jüngeren und der anspornende Einfluß der jüngeren auf die älteren Jahrgänge ist eine durch die Kriegsgeschichte vielfach bewiesene Tatsache"

21 Erfahrungen während der Probeläufe mit 'Außenseiterrollen in der Planungszelle' werden zur Zeit in einer eigenen Untersuchung ausgewertet.

22 So Prof. Nevil Johnson, Oxford, auf der Tagung der Deutschen Sektion des Internationalen Instituts für Verwaltungswissenschaften, Regensburg, Oktober 1973.

23 Zwei der hier aufgeführten ‚Poster' sind als Beispiele abgebildet in: Dienel 1977 b, S. 45.

24 Die Darstellung des Arbeitsablaufs der Planungszelle wird später noch eingehender zeigen, daß es eine Fülle von Variationsmöglichkeiten einzelner Strukturelemente gibt, die zur Anpassung des Modells an bestimmte Aufgabenstellungen durchgespielt werden können. Das reicht von der Form der Informationsdarbietung oder der Weise der Vergütung über die Pausengestaltung bis hin zu der Frage, ob dem Teilnehmer ein Techniker-Kittel gestellt wird oder nicht. Derartige Variationsmöglichkeiten brauchen nicht als Merkmale im hier gemeinten Sinne begriffen zu werden. Sie stellen aber Konkretisierungsnotwendigkeiten bei der Realisierung des Modells dar.

25 Die Verwendung der Planungszelle als Bauelement für höherrangige Abstimmungsverfahren könnte z.B. ein solcher Grund sein.

26 Im Verlauf der Modellentwicklung ist mit Konstrukten solcher Länge theoretisch gearbeitet worden.

27 Im folgenden wird davon ausgegangen, daß die öffentliche Hand eine Planungszelle veranstalten will und daß als Veranstalter ein sogenanntes „Partizipationsamt" zur Verfügung steht.

28 Die Schnelligkeit, mit der sich Gruppen aus einander zunächst unbekannten Personen bilden, fällt auch bei den sogenannten T-Gruppen auf. Vgl. Hofstätter 1972, S. 219.

29 Es hat sich für den Arbeitsablauf als eine Vereinfachung herausgestellt, wenn die Laiengutachter bei den schriftlich abgegebenen Bewertungen nicht namentlich, sondern mit einer 'Arbeitsnummer' zeichnen. Bei den Probeläufen sind diese Nummern zur Wahrung der Anonymität der Beteiligten ausgelost worden.

30 Solche Ausweise können mit attraktiven Nebenfunktionen ausgestattet sein, z.B. mit Berechtigung zur Freifahrt auf den städtischen Verkehrsmitteln.

31 Interessante Indikatoren zur Beurteilung der jungen afrikanischen Nationen lieferte z.B. der Medaillenspiegel der panafrikanischen Spiele in Lagos.

32 Presse- und Informationsamt der Bundesregierung (Hrsg.), Gesellschaftliche Daten 1973, Bonn Okt. 1973. – Die in den USA üblich gewordenen Sozialbilanzen (als Beispiel: Polaroid Corporation) werden zunehmend auch von deutschen Unternehmen aufgestellt.

33 Sie artikuliert sich in einer Vielzahl von Veröffentlichungen. „Wie erfährt man, was alle Bürger als nützlich empfinden? ... ist zu überlegen, ob man Sozialindikatoren entwickeln kann, die verschiedene Werturteile, also verschiedene Nutzenbeurteilungen umfassen." Gerhard Brück, Sozialindikatoren als Instrumente zur Messung der Lebensqualität, in: Theorie und Praxis der Sozialarbeit, Heft 2/1974, S. 42 ff.

34 Harvey Brooks beispielsweise geht davon aus, daß bei technischen Fragen informierte Meinungen des Bürgers nicht zustande kommen und spricht von „unrealistischen Hoffnungen" und davon, daß es „unmöglich ist, die Öffentlichkeit entsprechend zu erziehen". (Technology assessment as a process, in: Internat. Social Science Journal, 3/1973, S. 255).

35 „Wo allerdings die Möglichkeiten liegen, die Bevölkerung und die gesellschaftlichen Gruppen zu beteiligen, ist mir noch unklar". So Helmut Schmidt in: Bergedorfer Protokolle, Nr. 45, 1973, S. 40.

36 Im Februar 1971 fand in Stuttgart ein anderthalbtägiges 'Planspiel Städtebauförderungsgesetz' statt, das dem entsprechenden Bundestagsausschuß die Positionen des Deutschen Städtetages verdeutlichen sollte. Den mündlichen mit verteilten Rollen vorgetragenen Darlegungen lag ein präzis formuliertes 'Drehbuch' von 127 Seiten Länge zugrunde.

37 Der Einwand, obrigkeitliche Vorgänge sollten der Einblicknahme entzogen bleiben, galt bis ins frühe 19. Jahrh. sogar bei Gerichtsurteilen. Erst mit der Reichszivilprozeßordnung von 1879 wird das Fehlen von Entscheidungsgründen zum Anlaß der Revision.

38 Stadt Köln, Niederschrift über die Sitzung des Rates am 15.3.1977, S. 10 (Ds-Nr. 01-125/77).

39 Im Prinzip wäre es auch möglich, das Verfahren an die Rechtsprechung anzulehnen oder es im Bereich der relativ autonomen Kontrollgewalten einzusetzen, die (wie Bundesbank, Rechnungshöfe oder Sachverständigenrat) außerhalb des klassischen Gewaltenteilungssystems entstanden sind. Die Überlegungen zur Verortung werden hier beispielhaft auf die beiden oben genannten Bereiche begrenzt.

40 Im August 1967 ließ sich der Gouverneur dieses Staates in zunächst sieben verschiedenen örtlichen sozialen Brennpunkten durch persönlich Bevollmächtigte vertreten. Später waren dann 21 Ansprech-Läden (Governer's Branch Offices) – mit der Kanzlei des Gourverneurs direkt verbunden – in dieser Funktion tätig. Vgl. Vosburg/Hyman (1973).

Kapitel IV

Die Anwendung des Verfahrens

A. Anwendungsmöglichkeiten

Die Anwendungsmöglichkeiten des Verfahrens Planungszelle sind nicht auf das beschränkt, was man gemeinhin Planung nennt. Planungszellen können z.B. auch in Kontrollfunktionen verwendet werden, etwa für die Erfolgskontrolle von Verteilungsprozessen. Sie sind, wie gezeigt, des weiteren geeignet, Bewertungsprozesse durchzuführen, und zwar bei bestimmten Arten von Bewertungen effektiver, als das durch andere heute übliche Prozesse möglich ist[1].

Für die Entwicklung eines neuen Planungs- und Beteiligungsverfahrens ist es nicht belanglos, ob für seine Anwendung möglichst konkrete Perspektiven aufgewiesen werden können oder nicht. Ein solcher Überblick kann unter unterschiedlichen Aspekten gegeben werden. Mögliche Aufgabenstellungen ergeben sich z.B.

- aus dem gesellschaftlichen Beteiligungsbedarf,
- aus der spezifischen Eignung des betreffenden Verfahrens oder
- auf unterschiedlichen Verwaltungsebenen.

Eine derartige Einteilung kann zwar Überschneidungen in der Darstellung nicht ausschließen; sie erleichtert aber das Einbringen von unterschiedlichen Gesichtspunkten. Ihr wird daher im folgenden nachgegangen.

Gesellschaftlicher Beteiligungsbedarf

Aufgabenstellungen, wie sie für die Planungszelle mit dem breit vorhandenen Bedarf nach vermehrter Entscheidungsbeteiligung sichtbar werden, lassen sich einerseits dort ausmachen, wo dieser Bedarf nach mehr Beteiligung heute bereits *im Bewußtsein* der Bevölkerung und der Verwaltung vorhanden ist. Anwendungsbereiche wie etwa

die Stadtsanierung/Stadtentwicklung,
die Bildungs- und Ausbildungsstruktur,
der Umweltschutz oder
die Allokation von Kraftwerken

stehen hier im Vordergrund. Das Städtebauförderungsgesetz deutet unter dem Begriff der 'Sozialplanung' sogar schon einen relativ konkreten Rahmen an, innerhalb dessen ein Einsatz von Planungszellen möglich wäre. Entsprechende Einsätze haben inzwischen bereits stattgefunden. Weitere sind zur Zeit in Vorbereitung.

Andererseits kann man von einem Bedarf ausgehen, der in bestimmten Bereichen unserer Gesellschaft *latent* nach einer vermehrten Beteiligung vorhanden ist. Es gibt eine Fülle von Steuerungsentscheidungen, die ohne eine hinreichende Beteiligung zu weniger guten Entscheidungsergebnissen führen. Dafür seien aus nur drei Bereichen beispielhaft einige Probleme genannt:

Verkehrswesen:
Organisation des Nahverkehrs,
Fahrplangestaltung,
Tarifpolitik,
Identifikationsmöglichkeit des Bürgers mit dem Transportmittel,
Erprobung und Einführung neuer öffentlicher Verkehrsmittel,
Entwicklung eines „Vernunftsautos".

Kommunikationswesen:
Programmgestaltung,
Erprobung und Einführung neuer Medien (Kabelfernsehen),
Organisation kooperativer Trägerschaften,
kommunale Kommunikation,
Bewertung neuer Dienstleistungen im Fernmeldebereich.

Gesundheitswesen:
Definition von Anspruchsniveaus der medizinischen Versorgung,
Entwicklung funktionskonformer Restriktionen für den Pharma-Markt,
Verbesserung der Kontrollverfahren ärztlicher Leistung,
Finanzierung selbstverantworteter Risiken (Alkohol, Nikotin usw.),
Verweildauer stationärer Krankenbehandlung.

Anwendungsmöglichkeiten ergeben sich hier auch aus dem zunehmenden Bedarf nach verläßlichen, politisch relevanten Daten. Bei der wachsenden Vielfalt der Probleme führen die am Informationsmarkt üblichen Selektions- und Kontrollmechanismen (Interessentenstandpunkt, Sensation, Verkaufbarkeit und dergl.) häufig nicht oder nicht rechtzeitig zu der erforderlichen Transparenz und Prioritätenbildung.

Die Planungszellen sind demgegenüber in der Lage, mit ihren Gesprächs- und Bewertungsprozessen Ergebnisse zu produzieren, die klärend und versachlichend als Daten in den allgemeinen Meinungsbildungsprozeß eingehen können. Die Verlegung von funktionalen Meinungsbildungsprozessen in informierte Zufallsgruppen bedeutet in vielen Fällen volkswirtschaftlich eine Kosteneinsparung von möglicherweise erheblichem Umfang. Das würde sogar bei Problemen gelten, die auf eine Ja/Nein-Entscheidung reduzierbar und damit plebiszitgeeignet sind, wie etwa die Einführung des metrischen Systems in England oder die des Rechts-Verkehrs in Schweden.

Spezifische Eignung des Verfahrens

Es gibt Aufgabenstellungen, die in besonderer Weise geeignet sind, in Planungszellen verarbeitet zu werden. Dabei handelt es sich vielfach um Probleme, die unter den bestehenden Bedingungen der Produktion bindender Entscheide benachteiligt sind. Als Beispiele lassen sich unter anderem folgende Fälle aufführen:

– *Aufgabenstellungen, bei denen massive Einzelinteressen neutralisiert werden müssen:* Bei bestimmten Problemen läßt sich eine Lösung, die im langfristigen Interesse aller liegt, erst finden, wenn es gelingt, die Interessen, die zu der Entscheidung von sich aus Zugang haben, zu neutralisieren. Was passiert, wenn z.B. die Plazierung eines Werkes der Großchemie dem Einfluß von Rat und Bürgerinitiativen der betreffenden Landgemeinde und den gewichtigen Einwirkungsmöglichkeiten des investierenden Unternehmens allein überlassen bleibt? Die Argumente der 'Sachverständigen' lassen sich dann leicht einer der beteiligten Seiten zurechnen. Die Ortspresse bleibt davon nicht unbeeinflußt. In den örtlichen Parteiorganisationen wird sich ähnliches abzeichnen. Wer nimmt dann wirksam die Interessen der 'nichtbetroffenen' Allgemeinheit wahr? Laienplanergruppen können hier zu Tribunalen werden, die geeignet sind, die Probleme in breiteren Zusammenhängen zu versachlichen.

– *Aufgabenstellungen mit einem hohen Bedarf an Einstellungswandel seitens der Betroffenen:* Es gibt Probleme, die einer rationalen Lösung deswegen nicht zugeführt werden können, weil diese Lösungen mit den kurzfristigen Interessen breiter Gruppen nicht in Übereinstimmung zu bringen sind. So widersprechen die Erwartungen der privaten Autobesitzer – an der Entwicklung bestimmter US-Städte läßt sich das aufzeigen – mehrheitlich einer gesamtgesellschaftlich vernünftigen Lösung der City-Verkehrsprobleme. Das Akzeptiertwerden einer solchen Lösung setzt eine Versachlichung der Problematik voraus, wie sie so schnell gar nicht in aller Breite, sondern nur von Gruppen Hochinformierter geleistet werden kann.

In der Planungszelle kommt es – in der Übernahme der Planerrolle und ihrer Werte sowie angesichts der präsentierten Argumente – zu einer, im gruppendynamischen Prozeß fixierten und verstärkten, Reduktion der mitgebrachten Eigeninteressen. Sie erst ermöglicht eine gesamtgesellschaftlich rationale Entscheidung der Gruppe. Die Vorschläge, die in solchen Gruppen zustande kommen, legitimieren diese Lösungen dann in aller Breite in einer Weise, die sie auch politisch durchsetzbar werden lassen.

Die „kontrollierte Verlangsamung" des sozialen und wirtschaftlichen Wandels, wie sie heute diskutiert wird (Scardigli 1977, S. 8), ist z.B. ein solches Problem, dessen Lösung breite Einstellungsänderungen voraussetzt. Sie können durch den gezielten Einbau von Bürgervernunft mithilfe von Beteiligungsgruppen eher erbracht werden.

Probleme, deren Lösung hohe Anforderungen an den Einstellungswandel des einzelnen stellt, sind zur Verarbeitung in der Planungszelle besonders geeignet.

– *Aufgabenstellungen, bei denen Betroffenheit nicht zur Teilnahme an der Lösung motiviert:* Mitunter ist Betroffenheit nur in so hohen Verdünnungsgraden vorhanden oder konstruierbar, daß sie die notwendige Mitwirkung an der Lösung des Problems nicht zu motivieren in der Lage ist. Je größer in unserer mobilen und vermehrt kommunizierenden Gesellschaft die Problemeinzugsbereiche werden und je komplexer sie sich in einer immer arbeitsteiligeren Gesellschaft darstellen, umso größer wird die Zahl der Probleme werden, für die das gilt.

– *Aufgabenstellungen, bei denen sich keine Betroffenen feststellen lassen:* Bei manchen Problemen, die z.T. sehr dringend zur Lösung anstehen, gibt es noch gar keine „Betroffenen“ oder diese sind nur unter sehr hohem Aufwand greifbar. Ein typischer Fall sind Probleme, wie sie sich bei der Stadterweiterung ergeben. Wer sind die Bewohner einer neu zu errichtenden Stadt? Oder wie ist es mit der Beteiligung der noch Ungeborenen an der Lösung eines Problems? Je länger vorab und je mehr wir planen, umso häufiger stehen wir in der schwierigen Situation, Betroffene nicht beteiligen zu können. Die Planungszelle ist geeignet, die stellvertretend zu erarbeitenden Lösungen breiter abzusichern, als andere Verfahren das tun.

– *Aufgabenstellungen mit hohem verwaltungsinternen Neutralisierungsbedarf:* Es kommt vor, daß Probleme nicht recht angefaßt werden, weil sie zwischen die Kompetenzen von Verwaltungen fallen oder in den toten Winkel oder in zu harte Auseinandersetzungen der konkurrierenden Apparaturen geraten. Solche Probleme werden von Außenstehenden mitunter eher gesehen und auf die – oft recht naheliegenden – Lösungen hin bedacht.

– *Aufgabenstellungen mit geringem Prestigeertrag:* Manche Themen sind für Politiker nicht interessant genug, um nachhaltig aufgegriffen zu werden. Es ist noch nicht lange her, da war die Schlagzeile „Hochhaus mit 500 Wohnungen geschaffen!“ für einen Politiker ergiebiger als die Nachricht über die erfolgreiche Entfeuchtung der Grundmauern einiger Altstadthäuser.

Optisch präsentierbare Erfolge sind karrierefördernd. Dieser Selektionsfaktor benachteiligt bestimmte Probleme gegenüber anderen zum Schaden der Gesellschaft. Laienplanerthemen können dagegen unspektakulär sein.

– *Aufgabenstellungen, die sich aus strukturellen Legitimationsdefiziten ergeben:* Es gibt Organisationen, die theoretisch sehr effiziente Planungsmöglichkeiten offerieren, für die aber nur schwer eine ausreichende Legitimation zu beschaffen ist. So wird wegen der zunehmenden Komplexität und überörtlichen Verflechtung für manche Aufgaben die Konstruktion des *Zweckverbandes* interessant. Seinen Maßnahmen gebricht es aber an direkter demokratischer Legitimation. Weil dieser Geburtsfehler als irreparabel gilt, ist der Zweckverband in den letzten Jahren häufig diskriminiert worden. Schließlich halten sogar die beteiligten Ministerien „die Lösung der interkommunalen Aufgaben durch Zweckverbände wegen der unzureichenden demokratischen Legitimation sowie unter dem Gesichtspunkt der Effizienz für problematisch“ (Bundesminister für Raumordnung, Bauwesen und Städtebau 1973, S. 12). Durch Einbezug von Planungszellen kann derartigen Organisationen die erforderliche Legitimation projektorientiert erstellt werden. Zweckverbände können in ihre Meinungsbildungs- und Entscheidungsabläufe Planungszellen einhängen und dadurch Planungsergebnisse absichern.

Diese Vorgehensweise ist nicht nur dem üblichen Zweckverband, sondern auch stabileren Konstruktionen möglich, z.B. Aufgabenträgern für Verbundprobleme in Ballungsregionen. Ein solcher Träger ist „... kein Teil des allgemein gebietskörperschaftlichen Verwaltungsaufbaues, soll also auch keine unmittelbar zu wählenden Organe haben ..." (Laux 1972, S. 239). Die Auswahl entsprechender Aufgabenstellungen für die Laienplanung kann sinnvollen Formen der Planungsorganisation zusätzliche Legitimation bieten und ihnen so zu neuen Perspektiven verhelfen.

– *Aufgabenstellungen, bei denen eine direkte zwischenmenschliche Konfliktaustragung ermöglicht werden sollte:* Bestimmte sich langsam aufbauende Interessenkonflikte haben noch nicht zu einer sichtbaren Konfliktaustragung geführt, die geeignet ist, personale Lernprozesse im gesellschaftlich erforderlichen Umfang in Gang zu setzen. Konrad Otto (1977, S. 61–63) sieht beispielsweise in der Ermittlung von Belastungsgrenzen für den Schutz vor Verkehrslärm eine solche sinnvolle Einsatzmöglichkeit für Planungszellen.

– *Aufgabenstellungen mit einem überwiegenden Anteil „qualitativer" Probleme:* Unsere gesamte 'Empirie' hat einen ansich erfreulichen Hang, ihre Aussagen auf quantitative Daten zu gründen. Der Generalverkehrsplan eines Landes oder der Sozialplan einer Kleinstadt operieren da sehr ähnlich wie das Statistische Jahrbuch in der Bundesrepublik. Nun sind aber längst nicht in allen Bereichen die relevanten Sachverhalte hinreichend genau gezählt oder auch nur zählbar. Mit der genannten Vorgehensweise unserer Praktiker kommen daher nicht immer Abbildungen von Wirklichkeit zustande, die zur Lösung der gestellten Probleme ausreichen. Die nicht quantifizierbaren Elemente einer Situation werden dann leicht als ästhetisch, politisch oder psychologisch gekennzeichnet und so bei der Beschreibung als „qualitative" Aspekte ausgelassen, was eigentlich nur heißt, daß diese Aspekte zu komplex sind, als daß sie mit den vorhandenen Bewertungsmaßstäben bewältigt werden könnten.

Die Planungszelle ist in der Lage, mit standardisierbaren Bewertungsprozessen sogenannte qualitative Situationen einer quantitativen Bearbeitung zu erschließen.

– *Probleme aus Ansprüchen, die die gesellschaftlichen Möglichkeiten übersteigen:* Es ist fraglich, ob die menschlichen Bedürfnisse als grenzenlos bezeichnet werden müssen. Sicher ist jedoch, daß mehr gesellschaftliche Bedürfnisse produziert werden, als zu einem gegebenen Zeitpunkt befriedigt werden können. Zudem enthält die politische Maschinerie der parlamentarischen Demokratie Elemente, die zwangsläufig eine Zunahme von Ansprüchen bewirken. Die zur Lösung bestimmter Probleme erforderliche Beschränkung solcher „Bedürfnisse" kann von dieser Maschinerie nur schwer geleistet werden. Wir stehen hier vor einem fundamentalen Teufelskreis (Klages 1975, S. 153 f.).

Die Laienplanergruppe stellt angesichts solcher Probleme für den Teilnehmer eine Lernchance dar, in der soziale Selbsteingrenzungsnormen entwickelt werden können. Sie bietet gleichzeitig die Möglichkeit, sinnvolle gesellschaftliche Anspruchsniveaus zu etablieren. Die von ihr produzierten Ergebnisse haben auch in den hier gemeinten Situationen einen hohen gesamtgesellschaftlichen Legitimationseffekt.

– *Aufgaben mit überdurchschnittlichem Informationsbedarf:* Es gibt Probleme, zu deren Lösung der Benutzer/Bewohner entscheidende Daten beibringen könnte – z.B. Daten über seine eigene Einstellung zu den möglichen Lösungsalternativen –, wenn es gelingen würde, den Beteiligten vor der Meinungsabgabe über das betreffende Problem in der notwendigen Ausführlichkeit mit den vielleicht noch seltenen Informationen zu versorgen.

Die Planungszelle ist in der Lage, ein solches Informationsangebot zu leisten. Auf einen entsprechenden Anwendungsfall wird im folgenden eingegangen.

*

Exkurs: *Technology Assessment (TA):* Die industriellen, politischen oder wissenschaftlichen Eliten stellen bei den vielen Entscheidungen, die in der technischen Weiterentwicklung zu fällen sind, zwangsläufig die ihnen selbstverständlichen Gesichtspunkte in den Vordergrund. Vielfach spielen auch positionsspezifische Interessen eine ausschlaggebende Rolle. So gilt es z.B. in manchen Bereichen als sachgemäß, möglichst jede sich eröffnende neue technologische Möglichkeit wahrzunehmen. Die bereits aufgetretenen oder sich langfristig abzeichnenden Folgen einer solchen Technologiepolitik liegen auf der Hand und werden heute viel diskutiert.

Dieser bedrohlichen Entwicklung gegenüber wird unter der Bezeichnung 'technology assessment' zunehmend der Versuch entgegengestellt, die Auswirkungen neuer Technologien im Vorhinein systematisch zu ergründen sowie die Auswirkungen bereits eingeführter Technologien laufend auf ihre Nebeneffekte hin zu beobachten. Die auf diese Weise gewonnenen Daten bilden die Unterlagen, von denen aus über die Notwendigkeit oder die Form der entsprechenden Weiterentwicklung entschieden werden kann. Damit werden neue sinnvolle Steuerungsmöglichkeiten für die Entwicklung erschlossen.

Das erfolgreiche Bewerten technologischer Folgen setzt in vielen Fällen voraus, daß annähernd zutreffende Aussagen über die Einstellungen und die Verhaltensweisen der betroffenen Bevölkerung gemacht werden können. Hier begegnet das Vorhaben des Technology Assessment einer Reihe methodischer Schwierigkeiten, die mit den bisher üblichen Verfahren der Datenerhebung nicht zu beheben sind[2].

Genau hier ergeben sich umfangreiche Einsatzmöglichkeiten für ein Beteiligungsverfahren nach Art des Modells Planungszelle. Für die sachgerechte Beantwortung vieler Bewertungsprobleme ist es wichtig, mit der Planungszelle endlich ein Verfahren zur Verfügung zu haben,

– das informierte und reflektierte Reaktionen von Betroffenen, Benutzern und Verbrauchern gewährleistet,

– das in hohem Umfang den bisher nur wenig repräsentierten Bevölkerungskreisen Mitwirkungsmöglichkeiten eröffnet,

– das mit der informationellen, scenarioartigen oder modellhaften Vorgabe kommender Zustände heute bereits die Erfassung von Reaktionen auf technologische Auswirkungen erlaubt, die erst morgen auftreten werden.

Die Regierungen der Industriestaaten versuchen heute, Institutionen zu entwickeln, die die umfangreichen, als notwendig erkannten TA-Vorhaben koordinieren, fördern und durchführen. Im Instrumentarium dieser Vorhaben werden der Planungszelle, zusammen mit anderen Verfahren, wichtige Aufgaben zufallen können.

*

Bei der weiteren Entwicklung der Planungszelle werden vermutlich noch andere Problemqualitäten sichtbar werden, die sich in besonderer Weise zur Verarbeitung durch Laienplanergruppen eignen. Die hier vorgelegte Auflistung „speziell geeigneter Themen" muß also als unvollständig angesehen werden.

Ist es möglich, die vielfachen Benennungsversuche auf einige wenige Begriffe zu reduzieren? Die Verständigung über das Modell, die jetzt im politischen Bereich für dessen Anwendung notwendig wird, setzt solche Vereinfachungen voraus. Vielleicht kann man zusammenfassend sagen, daß die Planungszelle geeignet ist, insbesondere zwei Arten von Problemen zu bearbeiten: unpopuläre Aufgabenstellungen und die sog. Zukunftsprobleme (die sich bei Licht betrachtet als die unbewältigten Gegenwartsprobleme herausstellen).

Sich für konkrete Maßnahmen einzusetzen, die das Konsumdenken abbauen, dürfte einen Gewerkschaftsapparat überfordern. Die Beamtenschaft ist mit den notwendigen Korrekturen des Berechtigungsdenkens überfordert, das sich im öffentlichen Dienst entwickelt hat; die politischen Funktionäre sind es mit der erforderlichen Eingrenzung des langfristigen Machtzuwachses der Parteiorganisationen oder auch die Tarifpartner angesichts der Notwendigkeit, die Anteile an Arbeitszeit und Arbeitsmöglichkeit vorausblickend neu zu verteilen. Noch deutlicher wird das Dilemma, in dem die Entscheidungsstrukturen unserer Gesellschaft stecken, wenn die Entwicklungspolitik, wie die Weltinnenpolitik bei uns genannt wird, einbezogen wird. „Wie sollen die hochentwickelten Länder eine wesentliche Verringerung ihres Wachstums bis hin zur Stagnation bei gleichzeitigen aufwendigen Hilfeleistungen für die dritte Welt politisch und gesellschaftlich verkraften?" (Unternehmerbrief des Instituts der deutschen Wirtschaft, Nr. 44/1974, S. 5). Schließlich sei ein aktueller Fall zur Verdeutlichung von Behandlungsmöglichkeiten eines unpopulären Problems – aus Gründen der Verfremdung in den fernen USA – zitiert: Am 18. April 1977 hat Präsident Carter seine Vorstellungen über die Maßnahmen zur Benzineinsparung nicht dem Kongreß direkt, sondern (in Voraussicht der zu überwindenden Widerstände) zunächst dem amerikanischen Volk mit sehr ernsten Worten vorgetragen: Das Energieproblem erfordere Anstrengungen vom moralischen Gewicht eines Krieges! Zwei Tage später brachte die Rede des Präsidenten vor beiden Häusern des Kongresses konkrete Besteuerungsvorschläge. Sie sollten eine Senkung des Benzinverbrauchs um 10 % bis 1985 bewirken. Die eingehend begründeten und sehr vernünftigen Vorschläge verfielen dennoch zunächst der Ablehnung. Die politische Apparatur taktierte hinhaltend. Für den Abgeordneten war als Gefährdung absehbar, daß bestimmte Minderheiten von ihren

Eigeninteressen her gesamtgesellschaftlich irrational reagieren würden. Eine solche Situation ließe sich als Anwendungsfall für Planungszellen konzipieren (s. Kasten). Deren voraussehbar mehrheitlich gleichlaufende Entscheidungen bringen insgesamt ein Meinungsbild zustande, das eine breite und nachhaltige legitimatorische Wirkung in der Bevölkerung haben dürfte.

Fallprojektion Anwendungsfall 'Benzineinsparung in den USA'
Ausgangsannahme: Angebot des Präsidenten an den Kongreß, die Erstellung von Entscheidungsunterlagen in Sachen 'Benzineinsparungsmaßnahmen' an 1000 Planungszellen ('Informiertes Plebiszit') zu vergeben. *Ablauf:* 1.) Erarbeitung der Fragestellungen und des einzugebenden Informationsmaterials. 2.) Verteilung der Teilnehmer-Selektionsbereiche: Wieviele PZ pro Staat? Wieviele PZ Stadt/offenes Land? Z.B. 100 Planungszellen nach Detroit, 100 nach New York City. 3.) Vorlage der Ergebnisse: die Daten dienen der Meinungsbildung in den Kongreßausschüssen. *Effekt:* Die vorgelegten Gesetze finden die erforderlichen Mehrheiten.

Eine spezielle Eignung des Verfahrens Planungszelle ist prinzipiell überall dort gegeben, wo derartige 'vested interests' gesamtgesellschaftlich rationale Lösungen erschweren oder sogar verhindern.

Einsatzebenen

Aufgaben, vor die Planungszellen gestellt werden können, fallen auf unterschiedlichen Ebenen an. Die politisch-administrative Apparatur unserer Gesellschaft arbeitet bekanntlich auf Ebenen verteilt. Aber auch darüber hinaus sind weitere Ebenen erkennbar.

Kommunale Ebene: Es ist unstrittig, daß Bürger in vielen Hinsichten qualifiziert sind, auf der kommunalen Ebene wesentliche Beiträge zu Bewertungs-, Planungs- und Kontrollprozessen zu leisten, wenn die erforderlichen Gelegenheiten, Informationen und Motivationen bereitgestellt werden können. Eben das läßt sich mit der Planungszelle gewährleisten. Die Erfahrungen und Erwartungen des Bürgers können so auf eine neue geordnete Weise in die Planungen der Städte und Gemeinden (Bebauungspläne, Sozialplan, Standortpläne, Bereichsentwicklungspläne, Teilentwicklungspläne, Stadtentwicklungsplanung usw.) eingehen. Zudem qualifiziert die Verbreiterung der Datenbasis, die mit der sozialen Heterogenität der Teilnehmerschaft gegeben ist, die Ergebnisse der Bewertungsprozesse, die auf diese Weise durchgeführt werden: sie sind damit sowohl umfassender als auch situationsentsprechender.

Anwendungsrelevant ist weiterhin, daß Planungszellen – wenn und weil sie über problemspezifische Informationen verfügen – bereits heute auf Zustände von morgen reagieren können. Die Kommune verfügt so über neuartige Ausgangsdaten für Prognoseversuche und für die Früherkennung sozialer Nebenfolgen ihrer Maßnahmen.

Neben der allerorts geforderten oder bereits praktizierten kommunalinternen Planung werden von den Kommunen vermehrt auch Beiträge zur regionalen und überregionalen Planung erwartet. Hier ergeben sich ebenfalls Anwendungsmöglichkeiten für Laienplanergruppen.

Der Verwendung im kommunalen Bereich ist schließlich auch der Einsatz von Bürgern in anderen als ihren eigenen Gemeinden zuzurechnen. Mit Hilfe der Laienplanergruppe sind ja sowohl Planungsleistungen als auch Beteiligung transferierbar, z.B. aus problemschwachen in problemintensive Gemeinden.

Überörtlicher Bereich: Im überörtlichen Bereich (Kreis, Regierungsbezirk, Landschaftsverband, Land usw.) ist das Reservoir an planungswürdigen Problemen umfangreicher. Von der Art der Probleme wie auch von den Methoden ihrer Lösung her sind immer mehr Aufgabenstellungen ungeeignet, auf der kommunalen Ebene gelöst zu werden. Die Entscheidungen wandern auf höhere Ebenen ab oder werden dort präformiert.

Für diese Ebenen ist kennzeichnend, daß die hier vorhandenen Entscheidungsapparaturen erheblich weniger Beteiligung zulassen. Das gilt für unterschiedliche Beteiligungsverfahren in unterschiedlichem Umfang (s. Tabelle: Beispiel 'Parlament'), wenngleich der gemeinsame Trend eindeutig ist.

Tabelle 6: Verteilung der vom Verfahren 'Parlament' offerierten Beteiligungsmöglichkeiten auf Ebenen

	Kommunale Ebene*)	Landesebene	Bundesebene
Anzahl der Abgeordneten	180 167	1437	518

*) Eildienst Landkreistag NRW 20/1976/183

Die sich aus der Konstruktionsweise der üblichen Verfahren ergebende Begrenztheit von Entscheidungsbeteiligung auf höheren Verwaltungsebenen äußert sich im allgemeinen wie im fachwissenschaftlichen Bewußtsein und natürlich auch im Selbstverständnis der an diesen Prozessen bisher Beteiligten. Für die Regional- und Landesplanung, wird gesagt, werden wir kaum jemals soweit kommen, dem einzelnen Bürger eine reale Beteiligungsmöglichkeit zu eröffnen (Stich 1972, S. 372). Es liege nämlich „im Wesen der Landesplanung" daß sie „ein behördlich-interner Vorgang" ist, also die Bevölkerung selbst nicht betrifft (Niemeier 1972, S. 21). So wird denn auch in der Literatur übereinstimmend festgestellt, daß eine bürgerschaftliche Beteiligung nur für die Ebene konkreter Durchführungsplanung in Betracht kommt und schon für die Regionalstufe ausscheidet (Ossenbühl 1973, S. B 123). Eine unmittelbare Beteiligung der Betroffenen sei schon aus praktischen Gründen nur und ausschließlich im eng gezogenen lokalen Rahmen realisierbar (Ossenbühl 1973, S. B 124).

Das Mißverhältnis zwischen Problemzuwachs und Beteiligungsmöglichkeit, das auf dieser Ebene besteht, und die darin zum Ausdruck kommende „Bürgerferne" von Entscheidungen wird in vielen Bereichen in zunehmendem Maße als Problem empfunden. Je konkreter und detaillierter die Pläne auf höherer Ebene werden, um so dringender wird die Notwendigkeit, die Wünsche der Bevölkerung zu beachten und als Korrektiv der Planung heranzuziehen[3].

Insgesamt zeigt sich, daß die überörtliche Ebene für eine Anwendung des Verfahrens Planungszelle besonders offen ist:

– Die Entscheidungsfindung muß hier durch mehr verläßliche Informationen über die Einstellungen und Erwartungen des Bürgers verbessert werden. Anregungen und Alternativen „von unten" sollten Zugang finden.

– In einer „informierten Gesellschaft" wächst der Legitimationsbedarf auch für Maßnahmen, über die auf den höheren Ebenen entschieden wird (z.B. Kreisentwicklungspläne, Regionalpläne, Festlegung langfristiger Entwicklungsziele, Plazierung von Großinvestitionen).

– Auf dieser Ebene, deren formale Entscheidungsapparaturen bisher extrem wenig Beteiligungsmöglichkeiten bieten, gibt es damit nur wenig Konkurrenz zu dem hier offerierten Verfahren. Die auf dieser Ebene erweiterbaren Verfahren wie Demoskopie, Plebiszit, Beirat oder Bürgerinitiative weisen gravierende Nachteile auf.

– Der mit der Laienplanung intendierte Sozialisationseffekt ist auf den überörtlichen Ebenen besonders wirksam erreichbar. Die Qualität der Planungsprobleme, über die zu entscheiden ist, und die extreme Andersartigkeit der Situation, in der sich der Mitwirkende vorfindet, erleichtern den gewünschten Einstellungswandel: Die Chance, langfristig im Interesse der Gesellschaft denken zu lernen, ist hier besonders hoch.

Sonstige Ebenen: Das Reservoir beteiligungsgeeigneter Themen ist nicht auf den Problembestand beschränkt, den die politischen Gremien und Verwaltungen der genannten Gebietskörperschaften bearbeiten. Es schließt auch Probleme ein, wie sie in anderen Organisationen, z.B. in Zweckverbänden, 'Regionen', öffentlich-rechtlichen Körperschaften, Entwicklungs- und Betriebsgesellschaften oder den Trägereinrichtungen für Technology Assessment zur Diskussion stehen. Auch die mit weitgehender Autonomie ausgerüsteten Organisationen und Institutionen wie Versicherungsanstalten, Sendeanstalten, ERP-Fond, Lottogesellschaften, Hochschulen oder Kirchen sind nicht nur mit Problemen konfrontiert, die mit ihrem speziellen Sachverstand und nur im Eigeninteresse der Institution zu lösen wären. Sie stehen auch vor Entscheidungen, die nur unter Einbeziehung des langfristigen Interesses der Gesamtheit richtig getroffen werden können.

Derartige Institutionen sind aus guten Gründen – nicht zuletzt im Interesse einer funktionierenden Gewaltenteilung – befugt, ihre Entscheidungen weitgehend unabhängig vom allgemeinen politischen Willensbildungsprozeß zu entwickeln. Man wird aber festhalten können, daß hier, etwa im Zusammenhang mit Großinvestitionen von öffentlichem Gewicht, beteiligungsgeeignete Aufgabenstellungen vorliegen. Inwiefern es sinnvoll ist, solche Entscheidungen als ein Einsatzfeld für Planungszellen aufzufassen, soll hier nicht weiter diskutiert werden. Von der Problemqualität her ist jedenfalls die Möglichkeit einer Verwendung nicht auszuschließen.

In ähnlicher Weise gilt das für Probleme, für die noch keine unmittelbaren gesetzgeberischen Zuständigkeiten bestehen, die zu diskutieren und für die Lösungsvorschläge zu erarbeiten und abzuprüfen aber sinnvoll erscheint. Die Diskussion solcher *neuen* Probleme findet in dem Bereich statt, der als „Wissenschaft" deklariert ist. Gesetzgebende Körperschaften (und unter der Vordringlichkeit des Befristeten gilt Gleiches für die Verwaltung) beschäftigen sich nicht oder kaum mit dieser Frühform von Problemen. Unter diesen in die Wissenschaft ausgelagerten Planungsproblemen sind, gerade weil sie grundsätzlicher Natur sind und mit letzten Wertentscheidungen des Einzelnen zusammenhängen, viele besonders beteiligungswürdig. Die Forderung, bestimmte wissenschaftliche Forschungen einer Begleitung durch die Bürgervernunft auszusetzen, ist seit dem Bombenabwurf auf Hiroschima immer wieder laut geworden.

Der Versuch, außerwissenschaftliche Kontrollvorhaben von Wissenschaft zu realisieren, wird jetzt sogar – begrenzt auf einen Teilbereich der Genetik, nämlich die Forschung mit rekombinanten Molekülen – in mehreren amerikanischen Kommunalparlamenten diskutiert. Der Stadtrat von Cambridge/Massachusetts hat den entsprechenden Beschluß bereits gefaßt (vgl. v. Randow 1977). Ein eigens berufener Bürgerausschuß kann die Vorlage der Forschungsprotokolle und gegebenenfalls den Abbruch von Versuchen verlangen. Der Wissenschaftler wird verhandeln müssen. Dabei wird sich zeigen, daß der neutralisierende Umgang mit den wissenschaftsfeindlichen Affekten, die heute deutlich zunehmen, am ehesten noch in überschaubaren themenzentrierten Gruppen möglich ist, wie sie sich dem Wissenschaftler z.B. auch mit der Planungszelle anbieten. Warum sollten nicht eines Tages Laienplanergruppen auch an wissenschaftliche Institute zur Bearbeitung derartiger Probleme vergeben werden?

Supranationale Horizonte: Bei vielen Einzelfragen ist es nicht mehr möglich, Entscheidungen zu fällen, die sich lediglich auf unser Staatsgebiet beziehen. So wurden für den 1968 vollendeten europäischen Agrarmarkt allein in einem Jahr (1973) von seinem Ministerrat 3 318 Verordnungen erlassen. Immer mehr auch zentrale Probleme der Industriegesellschaft lassen sich nur noch im übernationalen Verbund lösen. Hier liegen die Gründe dafür, daß die *Europa-Ebene* an Gewicht gewinnt.

Auch für Europa stehen Grundsatz- und Detailentscheidungen an, die ohne den gezielten möglichst direkten Beitrag des Bürgers nur weniger vernünftig und weniger legitimierbar zu lösen sind. Offenbar gibt es noch keine Verfahren, die geeignet sind, diesen Beitrag zu kanalisieren. Diese Entscheidungsebene wird damit zwangsläufig zum Eldorado der Verwaltung. Der Perfektionismus der erlassenen Vorschriften „grenzt an Irrsinn" (wie Helmut Schmidt, damals Finanzminister, einmal sagte). Die Eurokratie prosperiert. Es ist damit zu rechnen, daß sich in den kommenden Jahren hier zusätzliche Probleme bilden und aufstauen werden.

Planungszellen sind – etwa im Zusammenhang mit dem Europaparlament – im Prinzip in der Lage, die hier erforderlichen Beiträge zu leisten. Ein zusätzlicher Ertrag ihres Einsatzes wäre die Einübung von gegenseitiger Verständigungsbereitschaft an der Basis der Europäischen Gemeinschaften sowie die Eröffnung einer praktikablen Möglichkeit für den einzelnen Europa-Bürger, sich mit der größeren politischen Einheit zu identifizieren.

Der Einsatz von Planungszellen auf der Ebene der Europäischen Gemeinschaft dürfte so weniger durch Mangel an Themen als durch andere Schwierigkeiten verlangsamt werden. Neben Schwierigkeiten, die sich aus kulturellen und rechtlichen Verschiedenartigkeiten ergeben, ist es vor allem das Sprachproblem, das hier zusätzlich auftritt[4].

Die Wahrscheinlichkeit einer Verwendung der Laienplanung auf dieser Ebene erscheint zunächst nicht sehr groß. Dennoch ist es vielleicht kennzeichnend, daß von den potentiell in Frage kommenden Ministerialverwaltungen Brüsseler Instanzen bereits während der Versuchsphase ihr deutliches Interesse für das Modell bekundet haben. Die Verwirklichung des Vorsatzes, auf der Europaebene ein kontrollierendes direkt gewähltes Parlament zu installieren, rückt näher. Verzögerungen oder Enttäuschungen, die sich auf diesem Wege noch einstellen könnten, würden den Einsatz von Planungszellen sogar noch begünstigen.

Bestimmte Probleme haben inzwischen *weltweite* Konsequenzen. Immer mehr Faktoren ökonomischer und gesellschaftlicher Entwicklungen sind als endliche Ressourcen zu definieren.

Die großen Fragen, die in einem System, das sich als endlich erkannt hat, vorentschieden werden müssen, bevor die sogenannten konkreten Probleme diskutiert werden können, lassen sich oft einfach formulieren, etwa: Wollen wir mehr Menschen oder mehr Wohlstand? Auf welchen Niveaus innerhalb einer Welthierarchie von „Gleichheiten" sollen welche Existenzbedingungen garantiert werden? Mit dem Versuch, solche Fragen zu beantworten, werden die Steuerungs- und Verteilungsprobleme sichtbar, die auf höchster Ebene anstehen.

Es dürfte durchaus sinnvoll sein, den einzelnen Bürger an der Beantwortung solcher Grundsatz- sowie der Detailfragen zu beteiligen. Ohne sein informiertes und legitimierendes Urteil ist die Durchsetzung eines 'Weltlastenausgleichs', und damit die Verhinderung der eines Tages drohenden einfachen Umkehrung der bestehenden Schichtung, kaum zu bewerkstelligen. Auch die Lerneffekte, die mit einer Teilnahme für den Einzelnen verbunden sind, machen es wünschenswert, Bürger an derartigen Entscheidungsprozessen mitwirken zu lassen, jedenfalls dann, wenn von uns eine rationale Weltinnenpolitik – mit Gleichgewichtszuständen, die dem Generationen-Vertrag in der Altersversorgung ähneln – als langfristiges Ziel akzeptiert wird. Der zur Neukonditionierung der Entwicklung notwendige Einstellungswandel verläuft zu langsam, wenn es nicht gelingt, Verfahren zu beschaffen, die einen solchen Einstellungswandel gezielt ermöglichen.

An der Gestaltung der Weltgesellschaft in dieser Weise auf der Ebene der Wert- und Zieldiskussion mitzuwirken, das wird sicher noch auf sich warten lassen. Verglichen damit, erscheint es realistischer, ein solches Mitdenken, Klären und Anregen für den eigenen staatlichen Bereich zu erhoffen. Hier stehen ähnliche Grundsatzentscheidungen an. Dennoch darf die Frage nicht aus dem Blick verloren werden, welche Lösungsverfahren für welche Arten von Problemen langfristig geeignet oder nicht geeignet sind.

Als Fazit dieses Überblicks läßt sich festhalten: der Problemlösungsbedarf steigt. Der Koordinationsbedarf, etwa zwischen den an einer Problemlösung beteiligten

Faktoren, nimmt ebenfalls zu. Schließlich vergrößert sich auch der Kontroll- und Korrekturbedarf in der Apparatur zur Produktion bindender Entscheide. Es wird immer schwieriger, die notwendige gesamtgesellschaftliche Rationalität zu sichern.

In vielen dieser Bereiche wird es zunehmend um Probleme gehen, die sich als Aufgabenstellungen für Planungszellen ausgrenzen und aufbereiten lassen.

B. Organisatorische Voraussetzungen

Die Wahrnahme der sich bietenden Aufgabenstellungen setzt eine entsprechende Organisation sowohl der Themenauswahl wie auch der massenhaften Durchführung von Planungszellen voraus.

Die Themenauswahl wird in einem eigenen Kapitel behandelt werden müssen. Hier sei lediglich schon der Arbeitsumfang ins Bewußtsein gerufen, der sich ergibt, wenn auf jeder der erwähnten Verwaltungsebenen Themen zur Bearbeitung durch Planungszellen anstehen.

Sind die Entscheidungen für bestimmte Themen und für eine bestimmte Anzahl von Planungszellen gefallen, so ergibt sich als zweites die Frage ihrer Durchführung. Planungszellen lassen sich, wenn sie im wünschenswerten Umfang eingesetzt werden sollen, ohne ausgebildetes Personal, ohne geeignetes Arbeitsmaterial und ohne entsprechende Verwaltungseinrichtungen nicht bewerkstelligen. Diese Voraussetzungen stellen Kostenfaktoren dar, auf die in anderem Zusammenhang einzugehen sein wird. Hier sollen die personellen, materialmäßigen und organisatorischen Erfordernisse zunächst im Hinblick auf ihre Funktionsweise und auf ihren Umfang skizziert werden.

Personal

Die Organisation, Durchführung und Auswertung der hier dargestellten Laienplanung erfordert Personal mit spezifischen Qualifikationen. Diese sind z.T. anderer Art, als sie von Mitarbeitern erbracht werden müssen, die unter den derzeitigen Gegebenheiten in der laufenden Planung oder in der konventionellen Erwachsenenbildung engagiert sind.

Innerhalb der einzelnen Planungszelle werden *Fachplaner* gebraucht. Wer die Funktionen wahrnehmen will, die hier auf ihn zukommen, muß über entsprechende Fähigkeiten verfügen. Die Darbietung der Informationen an die Laienteilnehmer hat z.B. in einer Weise zu erfolgen, die diesen die Aufnahme erleichtert. Der Fachplaner muß außerdem die im Zufallsverfahren ausgewählten Teilnehmer zur Mitarbeit motivieren. Schließlich muß berücksichtigt werden, daß der Laienteilnehmer, der seine

Tätigkeit in der Planungszelle als „mitplanen“ begreift und ja auch begreifen soll, den Fachplaner für sein eigenes Verhalten als Bezugsperson wählen wird. Wenn wir heute auch nicht mehr wie etwa noch Rousseau, der immerhin ebenfalls die politische Bildung des Bürgers für die wichtigste Staatsangelegenheit hielt, davon sprechen würden, daß deswegen nur „ältere erlauchte Krieger, gebeugt unter der Last ihrer Lorbeeren, und unantastbare Richter, ergraut im Purpur der Gerichte, die Gerechtigkeit lehren“, als „erziehende Beamte“ tätig sein dürften (Rousseau 1758), so würden wir vom Fachplaner doch erwarten, daß er auch diese Seite seiner Mitarbeit in der Laienplanung reflektiert hat. Das alles setzt neben den planerischen auch pädagogische Kenntnisse und Fertigkeiten voraus.

Diese Fähigkeiten können in den Fachressorts, idealtypisch gesehen, auf zwei Weisen vorgehalten werden: Entweder sind bis zu einem gewissen Grade alle Planer in der Lage, Planungszellen fachlich zu begleiten, oder die entsprechenden Fähigkeiten sind in eigenen hauptamtlichen Rollen institutionalisiert. Die erste Angebotsweise rechnet damit, daß jeder Mitarbeiter in den Fachressorts irgendwann einmal zur Begleitung einer Planungszelle herangezogen wird. Es ist eine Folgerung aus dieser Situation, daß jeder Fachplaner Zusatzkurse absolvieren müßte, in denen die notwendigen pädagogischen Einsichten vermittelt werden. Bei dem zweiten Verfahren gäbe es dann in jedem einschlägigen Fachressort mindestens einen Spezialisten für Laienplanung.

Woher wird dieser Fachmann kommen, der Fähigkeiten und Erfahrungen in sich vereinen muß, wie sie mancherorts heute bereits als eine Kombination von Public-Relations-Arbeit, Erwachsenenbildung und Fachplanung ansatzweise erbracht werden? Diese Positionen können entweder dadurch besetzt werden, daß sie als eine feste Tätigkeitsanforderung auf Zeit in den Ausbildungsgang des Planers integriert werden; Planer würden dann ein Referendariat in der Laienplanung abzuleisten haben. Solche Stellen könnten aber auch in Form von Volontär-, Praktikums- oder Übergangspositionen zusätzlich geschaffen werden. Je nach Fachressort sind angehende Architekten, Lehrer, Volkswirte oder Ingenieure auf Zeit in den Ämtern tätig, um die Laienplanung fachlich zu betreuen. Auf diese Weise könnte gleichzeitig ein spezielles Reservoir ausgeschöpft werden. Schon heute nämlich arbeiten in Bürgerinitiativen und Gemeinwesenprojekten auffallend viele junge Hochschulabsolventen oder engagierte Studenten höherer Semester mit ihren Fachkenntnissen mit[5]. Erfahrungen in den USA zeigen, daß diese quasi vorprofessionelle vollzeitliche Mitwirkung in bürgerschaftlichen Planungsvorhaben als Phase der Selbstklärung unbewußt erstrebt wird und auch in anderer Hinsicht für die Karriere des jungen Akademikers funktional ist[6].

Zu Beginn der schrittweisen Einführung der Laienplanung werden die betreffenden Fachressorts die Begleitung und Beratung von Planungszellen mit ihrem vorhandenen Mitarbeiterstab leisten. Für die neuen Aufgaben sind lediglich Überstundenvergütung, Aufwandsentschädigung oder Zulagen nötig. Wenn der Umfang der Laienplanung zunimmt, werden die Ämter die Anforderungen mit dem derzeitigen Bestand an Stellen nicht mehr bewältigen können. Ein Mehrbedarf wird zunächst bei den Stadtentwicklungs- und Planungsreferaten entstehen. Im Fortgang der Entwicklung werden dann, davon ist noch gesondert zu sprechen, zusätzliche Stellen auf allen Verwaltungsebenen erforderlich.

Neben den Fachplanern sind in der Planungszelle *Prozeßbegleiter* tätig. Auch hier lassen sich von den Funktionen her, die wahrgenommen werden müssen (s. Fachliche Begleitung: Der Prozeßbegleiter), die erforderlichen Fähigkeiten und Kenntnisse benennen.

Die Laienplanergruppe muß als Gruppe in die Lage versetzt werden, die gestellten Planungsaufgaben zu bewältigen. Gleichzeitig müssen, wenn der intendierte Sozialisationseffekt erreicht werden soll, die Teilnehmer befähigt werden, sich mit ihrer Tätigkeit zu identifizieren. Schließlich muß dem Teilnehmer ermöglicht werden, heterogene Gruppensituationen positiv zu verarbeiten. (Erst der damit verbundene Einstellungswandel wird sich in der Gesamtgesellschaft, wie noch zu zeigen sein wird, konfliktprophylaktisch auswirken.)

Diese Ziele lassen sich ohne gruppendynamische Begleitung nicht erreichen. Der Prozeßbegleiter muß zum einen Situationen so strukturieren, daß sich die gewünschten Effekte ergeben. Bei Aufgliederung in Teilgruppen wird sich z.B. die erforderliche soziale Mischung nicht von selbst einstellen. Sie muß organisiert und begründet werden. Dabei ist hier weniger belangvoll, ob das Strukturieren der Situation als Anleitung, als Vorsitz oder als Beratung firmiert.

Der Prozeßbegleiter muß zum anderen als Befähiger für den einzelnen Teilnehmer zur Verfügung stehen. Die Teilnehmer sind mit verschiedenartigen Erwartungen und Möglichkeiten der Selbstdarstellung ausgerüstet. Diese Funktion des Prozeßbegleiters wird daher von den Mitwirkenden in unterschiedlichem Umfang und in unterschiedlicher Weise in Anspruch genommen. Wer sie ausüben soll, muß über ein geschultes Beobachtungsvermögen und ein differenziertes Repertoir entsprechender sozialer Strategien verfügen. Darüber hinaus muß der Prozeßbegleiter – und das unterscheidet ihn vom klassischen Gruppendynamiker – auch etwas von dem Arbeitsfeld verstehen, in dem die Planungszelle ihren sachlichen Beitrag leisten soll. Das setzt ein generelles Wissen von Planungsproblemen und -methoden sowie Erfahrungen mit den Techniken voraus, die von der Laienplanergruppe verwendet werden können. Der Prozeßbegleiter hat z.B. über die Anwendungsmöglichkeiten der geeigneten Bewertungs- und Entscheidungstechniken (Bewertungsprozesse) informiert zu sein.

Der Bedarf an Fähigkeiten und an speziellen Sachkenntnissen ist in Ausbildungsanforderungen zu übersetzen. Der Vergleich mit anderen Tätigkeitsfeldern zeigt, daß die erforderlichen Qualifikationen an anderer Stelle bereits erbracht werden müssen (dazu Schultze 1977). Damit sind auch die entsprechenden Elemente solcher Ausbildungsgänge, etwa zum Gruppendynamiker oder Erwachsenenpädagogen, hier brauchbar. Anforderungen, wie die Vertrautheit mit dem Planungswesen, lassen sich durch zusätzliche Praktika sicherstellen. Der Prozeßbegleiter sollte über Erfahrungen verfügen, wie sie etwa nach einjähriger Mitwirkung in einem Fachplanungsressort nachgewiesen werden können.

Ergebnisse aus der Kleingruppenforschung, etwa von Lewin, Lippett oder White, machen deutlich, in welch hohem Maße das Verhältnis zwischen Teilnehmern und Leiter darüber entscheidet, ob eine Gruppe ihre Aufgabe optimal bewältigt. Die gruppendynamische Begleitung einer Planungszelle ist demnach für ihren Ertrag von erheblichem Belang. Das gilt bis zu einem gewissen Grade auch für die politischen Sozialisationseffekte, die von der Planungszelle erwartet werden dürfen. Allerdings wird dieser Effekt in geringerem Maße von der sozialpädagogischen Qualität des Personals abhängen, als das bei anderen bildnerischen Einrichtungen, wie Schule oder Kirche der Fall ist. Dort sind Kinder eindeutig überlegenen Lehrern bzw. Predigthörer der Beeinflussung durch einen Verkünder ausgeliefert, dem zu widersprechen wenig Möglichkeit besteht. Im Falle der Planungszelle wirken dagegen sozial heterogene Gruppen Erwachsener in diskursiven Gesprächsprozessen weitgehend an der Herstellung des Sozialisationsklimas mit.

Dennoch entspricht es der Bedeutung dieses Sozialisationsprozesses, daß nur qualifizierte Personen als Prozeßbegleiter zum Einsatz kommen. Sie in ausreichender Zahl zu finden, mag sich schon bald nach der Anlaufphase als ein Engpaß herausstellen. Im übrigen ist es ausreichend, wenn Qualifikationen, die eine längere Ausbildung voraussetzen, lediglich von einem der beiden Prozeßbegleiter in die Planungszelle eingebracht werden.

Auch *außerhalb* der Planungszelle erfordert die Laienplanung zusätzliches Personal. Die hier notwendigen Fähigkeitskombinationen sind in geringerem Maße laienplanungsspezifisch als bei den eben erwähnten Berufsbildern des Fachplaners und des Prozeßbegleiters. Sie kommen auch in anderen Tätigkeitsfeldern vor. Die organisatorischen, kommunikationstechnischen und didaktischen Fähigkeiten, die für das Übersetzen von Planungsproblemen in bewältigbare Abläufe erforderlich sind („Planungsprogrammierer"), werden z.B. in Positionen der Curriculumsforschung oder der Tagungsindustrie auch eingeübt. Die lerntheoretischen und pädagogischen Qualifikationen, die bei der Vorbereitung von Informationseingaben gebraucht werden, sind im publizistischen Bereich und in der Werbung breit vorhanden. Ansonsten haben die Angehörigen von Partizipationsämtern vielfach Aufgaben zu erfüllen, wie sie in anderen Verwaltungsstellen ebenfalls geleistet werden müssen.

Arbeitsmaterial

Laienplanung kommt nicht ohne Material aus. Manches, was von der Planungszelle benötigt wird, ist bereits im konventionellen Planungsprozeß als Material gängig: Karten, Arbeitsabläufe, Tabellen. Von diesen vorhandenen Materialien werden im einzelnen Planungsfall für die Planungszelle lediglich mehr Exemplare gebraucht. Die Verwaltung ist auch gewohnt, Planungsunterlagen für extern Beteiligte aufzubereiten, etwa in der Form von Ausschreibungsunterlagen, von Ratsvorlagen oder von Kurzinformationen für die Öffentlichkeitsarbeit. Für eine erfolgreiche Durchführung der Laienplanung ist aber auch Material nötig, das bisher so weder in der Planung noch in der politischen Bildung verwendet wird. Es muß erst noch entwickelt werden.

Dieses Material ist gekennzeichnet durch die besonderen Bedingungen, unter denen es Verwendung findet. Es muß den Anforderungen einer heterogen zusammengesetzten, problemspezialisiert arbeitenden Gruppe gerecht werden. Diejenigen Aspekte einer heterogen zusammengesetzten Teilnehmerschaft, die den von der Laienplanung erwarteten Ertrag vermindern, dürfen durch das Arbeitsmaterial nicht betont, sondern sollen, wenn möglich, eingeebnet werden. Das Material sollte z.B. keine großen Ansprüche an die verbale Artikulationsfähigkeit des Mitarbeitenden stellen, weil diese bei den einzelnen Teilnehmern erfahrungsgemäß sehr unterschiedlich ausgeprägt ist.

Im einzelnen wird die Art des Materials natürlich weitgehend von der *Funktion* bestimmt, in der es in der Laienplanergruppe gebraucht wird. Arbeitsmaterial kann z. B.

– Sachdaten zur Kenntnis bringen,
– der Problemstrukturierung dienen,
– Arbeitsabläufe vorzeichnen oder
– spezielle Bewertungsprozesse ermöglichen.

Ohne hier schon Lerntheorie und pädagogische Wissenschaft bemühen zu müssen, wird man sagen können, daß es bei den Vorhaben der Planungszelle ohne den lernenden Umgang mit *Sachinformationen*, die gewußt werden müssen, wenn Probleme sachgemäß beurteilt werden sollen, nicht abgehen wird. Dabei werden bei den einzelnen Teilnehmern das Vorwissen und der Lernzeitaufwand unterschiedlich bemessen sein.

Es ist daher die Frage, ob es ratsam ist, derartige Informationsprozesse immer von der ganzen Gruppe gemeinsam absolvieren zu lassen. Bei bestimmten Informationen wird es naheliegen, Gruppen gleichen Vorwissens und gleichen Lernzeitaufwandes gesondert anzusprechen oder gar den Lernvorgang dem jeweils einzelnen Teilnehmer zu überlassen. Im Prinzip können die gleichen Informationen mithilfe von Arbeitsmaterial, das auf den isolierbaren einzelnen zielt, also etwa ein Situationsmodell oder ein Faltblatt zum Mitnehmen, oder mithilfe von Material, das auf die Gruppe zielt, also etwa einen Film, präsentiert werden. Die zur Informationsaufnahme notwendige Lernmotivation wird in jedem dieser Fälle auf andere Weise gesichert werden müssen. Ohne ausreichende Motivation wird keiner der Lernprozesse auskommen.

Für die Lösung einer Planungsaufgabe wird eine Vielzahl von Teil-, Unter- und Nebenproblemen relevant. Ihre Verarbeitung erfordert, wenn sie nicht sogar durch eine zu unübersichtliche Diskussionslage den Fortgang der Planungsaufgabe ganz blockiert, viel Zeit. Gruppen, die komplexe Probleme in begrenzter Zeit zu lösen haben, sind daher darauf angewiesen, daß die Diskussion so oft wie möglich an der richtigen Stelle ansetzen kann. Dafür müssen die *Probleme vorstrukturiert* sein, z. B. als Darstellung der bestehenden Abhängigkeiten, als Übersicht über vergleichbare Fälle, als Auflistung relevanter Aspekte oder als Checkliste, mit deren Hilfe deutlich wird, welche Gesichtspunkte weggelassen werden können und welche bearbeitet werden müssen. Solche Strukturierungen eines Problems müssen Teilnehmern zugänglich gemacht werden. Ob die Präsentation der Problemstrukturierung auf akustischem oder optischem Wege erfolgt, in der Regel wird es sich hier um vorbereitetes Arbeitsmaterial handeln, also etwa Tafelbilder, Diapositive, Tonbandkassetten, Poster, Posterserien oder Filme.

Mithilfe von Materialvorgabe ist es weiterhin möglich, *Arbeitsabläufe* für die Planungszelle zu schaffen. Ihre Problemlösungsprozesse lassen sich, streckenweise mehr oder weniger dicht, vorprogrammieren durch Gebrauchsanweisungen, Lösungs-Baukästen oder 'Scheckhefte', die die Anlaufpunkte (Ämter, Verbände, Personen) nennen, die für die Erarbeitung eines Problems mit Informationen zur Verfügung stehen. Einzelne Arbeitseinheiten für Gruppengespräche werden durch Listen von Statements programmiert, die vom einzelnen Teilnehmer bejaht oder verneint, zu quantifizierbaren Ergebnissen und damit zur Selektion der Probleme führen, die dann die Ausgangslage für die Arbeitsgruppen bilden. Auf diese Weise erübrigen sich zeit- und motivationenverbrauchende Verfahrensdiskussionen.

Schließlich lassen sich auch die *Bewertungen*, die die Laienplanergruppe vornehmen wird, leichter durchführen, wenn standardisierte Strukturen vorgegeben sind. Hier verwendbare Materialien sind von den empirischen Sozialwissenschaften bereits in anderen Zusammenhängen, bei denen auch mit unterschiedlichen Artikulationsniveaus gearbeitet wurde, entwickelt worden: Kärtchen-Sätze, die man sortieren kann, ergänzbare Skizzenvorlagen, Einstufungsleitern, Klebemarken, die auf bestimmte Felder verteilt werden können, oder Bewertungsbögen. Wenn man den Bewertungsprozessen Soll-Vorstellungen vorgeben will, so sind auch hierfür Unterlagen notwendig, für die Stadtentwicklungsplanung z.B. standortspezifische Ausstattungskataloge[7].

Für das Arbeitsmaterial der Planungszelle, insbesondere für das Informationsmaterial wird mit Zunahme der Laienplanung ein wachsender Bedarf bestehen. Es wird sich schon bald lohnen, immer wieder benötigte Grundinformationen unabhängig vom einzelnen Planungsfall bei den Partizipationsämtern oder an anderen Stellen zu bevorraten. Solche „Info-Blöcke" werden im einzelnen Fall etwa innerhalb des Bereiches Wohnen, Verkehr, Arbeit, Bildung oder Freizeit nachgefragt werden. Sie werden insgesamt Einführungen und Informationen zu Einzelfragen in einer die gesamte Planungswirklichkeit abdeckenden Breite offerieren. Die Vielfalt der hier verwendbaren Ansätze vom Textbuch bis zu 'Environmental Studies' und Vorlagen für Stadtteilerkundungen wird in dem Maße rascher zunehmen, wie freie Anbieter die hier liegende Entwicklungschance erkennen. Wer heute die ideenreich aufgemachten Angebotskataloge der Schulbuchverlage durchsieht, mag ermessen, welche Entfaltungsmöglichkeiten der Informationsindustrie auf dem Gebiet der Laienplanung noch offenstehen.

Einrichtungen

Das für eine erfolgreiche Durchführung von Planungszellen notwendige Bündel an Kompetenzen, Personal, Räumen oder Materialien ist in bestimmten Einrichtungen zusammengefaßt. Diese können vorhandene autonome Träger mit einbeziehen oder völlig als Teil der öffentlichen Verwaltung strukturiert sein. Manche Durchführungsfunktionen mögen sich – gerade in der Phase der Einführung – für eine Hereinnahme freier Träger eignen; andere Funktionen müssen aber von vornherein dem öffentlichen Dienst vorbehalten bleiben. Dieser wird sich mit fortschreitender Einführung von Laienplanergruppen vermutlich sowieso tendenziell stärker zu Gehör bringen.

Die für die Durchführung von Planungszellen wichtigste Einrichtung wird hier „Partizipationsamt" genannt, wobei es unerheblich ist, ob sie später unter dieser oder einer anderen Bezeichnung firmieren wird.

Das Partizipationsamt: Dieses Amt übt mehrere *Funktionen* aus. Es wirkt einerseits an der Themenauswahl mit. Erst die laufend hier anfallenden Erfahrungen werden in den Themen-Selektionsausschüssen genauere Aussagen darüber zulassen, ob eine bestimmte Aufgabenstellung als planungszellengeeignet betrachtet werden kann.

Vor allem aber ist das Partizipationsamt Träger für das Zustandekommen und für die Durchführung der Planungszelle. Damit ist es verantwortlich für deren

- Vorbereitung,
- Einberufung,
- arbeitstägliche Durchführung und
- fachliche Begleitung sowie für die
- sachentsprechende Auswertung und die
- Ablieferung ihrer Arbeitsergebnisse.

Die Funktionen, die in Ausführung dieser Aufgaben vom Partizipationsamt wahrgenommen werden müssen, stellen für die Verwaltung keine ungewöhnlichen Neuheiten dar. Auch das Wahlamt nimmt zu gewissen Zeiten schriftlich Kontakt mit über 18jährigen Einwohnern eines Kreises auf, die nach bestimmten Kriterien selektiert werden. Das Wehrersatzamt führt Musterungen durch, das Sozialamt stellt in Hausbesuchen Unterlagen für die Gewährung von Unterstützungen zusammen und die Volkshochschule moderiert mehrtägige themenorientierte Veranstaltungen für erwachsene Teilnehmer der unterschiedlichsten sozialen Schichten.

Die Aufgaben, die das Partizipationsamt zu bewältigen hat, setzen aber eine gewisse *Unabhängigkeit*, z.B. gegenüber anderen Fachämtern, voraus. Das gilt etwa bei der Definition von Aufgabenstellungen (Themenauswahl), bei der Ablaufvorbereitung durch den Planungsprogrammierer, der Mitwirkung am Erstellen der Info-Eingaben, dem Einsatz von Mitarbeitern oder der Ablieferung von Ergebnissen an die planungszuständige Instanz.

Die erforderliche Autonomie läßt sich mit Hilfe bereits entwickelter rechtlicher Konstruktionen sicherstellen. Es sei beispielhaft auf die Stellung des Rechnungsprüfungsamtes verwiesen, das in der kreiskommunalen Organisation mit Rücksicht auf die besondere Art seiner Aufgabenstellung ebenfalls durch eine gewisse Unabhängigkeit gegenüber den Fachämtern gekennzeichnet ist, welche die Unbeeinflußbarkeit seiner Tätigkeit gewährleisten soll (Vgl. z.B. Landkreisordnung für das Land Nordrhein-Westfalen vom 21.7.1953, § 98 ff.; Gemeindeordnung Nordrhein-Westfalen, § 100 ff.).

Statt die Möglichkeiten von entsprechenden Regelungen für jede der genannten Funktionen hier im einzelnen zu erörtern, sei der Kürze halber auf nur eine, nämlich „Ablieferung von Ergebnissen", eingegangen: Hier kann es nicht die Aufgabe des Partizipationsamts sein, dafür zu sorgen, daß die planende Instanz die Ergebnisse der Planungszelle inhaltlich übernimmt. Das Amt hat in der Regel lediglich die Zurkenntnisnahme der Ergebnisse sicherzustellen. Das aber läßt sich mit einer Überprüfung der Einhaltung formaler Kriterien, wie Vorgabe von Adressatenkatalog und Bearbeitungsfristen, Forderung schriftlicher Begründung im Falle der Nichtberücksichtigung sowie Vorlage von Ablehnungsgründen bei der nächsthöheren Instanz gewährleisten.

Für eine Konzeptionsskizze des Partizipationsamtes ist des weiteren die Frage nach dessen *Einzugsbereich* von Bedeutung. Dieses Amt hat es im wesentlichen mit einzelnen Planungszellen zu tun. Die dabei erforderlichen Bürgerkontakte setzen räumliche Nähe voraus. Andererseits ist für eine rationelle Wahrnehmung der oben genannten Funktionen eine gewisse Zentralisierung wünschenswert. Überprüft man die bestehenden Verwaltungsebenen daraufhin, auf welcher von ihnen das Partizipationsamt installiert werden sollte, so zeigt sich, daß die Bundesländer für die meisten Funktionen des Partizipationsamtes zu große Einzugsbereiche bilden; die Gemeindeebene bietet dagegen in vielen Fällen zu klein geschnittene Einheiten. Außerdem hat hier das Netzwerk familiärer oder nachbarschaftlicher Abhängigkeiten eine Dichte, die bei manchen Fragen die Herstellung der relativen Interessenneutralität der aus diesem Einzugsbereich einberufenen Teilnehmerschaft erschweren mag. Damit bieten sich für das Partizipationsamt Einzugsbereiche an, die zwischen der Gemeinde- und der Landesebene rangieren. Man könnte hier an den Regierungsbezirk, an spezielle Zweckverbände oder – im Falle des Landes NRW – an die Landschaftsverbände denken. Einer von ihnen hat sich vor kurzem als möglicher Träger einer „Partizipationsadministration" bezeichnen lassen[8].

In absehbarer Zukunft werden derartige Einzugsbereiche durchaus der Laienplanung zugrundeliegen. Für ihre hier anvisierte Ausbaustufe dürfte allerdings die Ebene der Kreise und kreisfreien Städte vor allem in Frage kommen. Nach Abschluß der Kreisreform werden wir auf dieser Ebene[9] mit etwa 300 Einheiten zu rechnen haben. Im Durchschnitt würden dann auf jede dieser Einheiten 200.000 Einwohner entfallen. Ein solcher Einzugsbereich wäre für die wesentlichen, an der Planungszelle orientierten Funktionen des Partizipationsamtes eine brauchbare, bundesweit vorfindliche Größenordnung.

Anzahl der planungszellenberechtigten Personen	
	in Mio
Einwohner der BRD im Alter von 18–68 Jahren	39.6
abzüglich:	
Personen im Kompatibilitätskonflikt; Personen ohne Wahlberechtigung; Ausländer, die noch nicht 3 Jahre lang in der BRD ansässig sind; Untersuchungs- u. Strafgefangene; Wehrdienstleistende; sich als krank definierende Personen	≈ 3.6
Anzahl der Personen, unter denen zur PZ-Teilnahme ausgewählt wird (PZ-berechtigte Personen)	36.0

Ausrüstung des Kreispartizipationsamtes: Die Ausrüstung des Partizipationsamtes ergibt sich aus den *Funktionen*, die sich auf dieser Ebene verorten lassen, und aus der *Anzahl* der Planungszellen, die für diesen Einzugsbereich erwartet werden müssen.

Wenn ein Partizipationsamt anfangs auch mit einer ganz geringen Zahl von Planungszellen voll beschäftigt sein mag, die hier dargestellte Ausrüstung sollte auf einen weiter voraus liegenden Zeitpunkt bezogen werden, und zwar auf einen Zeitpunkt, zu dem die Belastungen und die Möglichkeiten der Laienplanung in vollem Umfang sichtbar werden, nämlich den schon mehrfach angesprochenen vorläufigen Endausbau der Laienplanung. Für diese Ausbaustufe wird davon ausgegangen, daß jeder „planungszellen-berechtigte" Einwohner der Bundesrepublik (s. Kasten) im Durchschnitt alle zehn Jahre einmal die Gelegenheit erhält, an einer Planungszelle teilzunehmen. Damit hat jeder Einwohner im Laufe seines 18. bis 68. Lebensjahres insgesamt fünfmal die Chance, auf diese Weise an der Produktion von Entscheidungen mitzuarbeiten.

Einer solchen Forderung kann genügt werden, wenn pro Kalenderjahr 3,6 Millionen Laienplaner an dafür vorgesehene Bewertungs-, Kontroll- und Planungsprozessen teilnehmen. Hierfür werden dann mehr als hunderttausend Planungszellen benötigt (s. Kasten).

Modell eines vorläufigen Endausbaus einer Laienplanung für die BRD	
Planungszellen	
Anzahl der Planungszellen pro Jahr	144 000
Teilnehmer	
Anzahl der beteiligten Bürger pro Jahr	3,6 Mio.
Kosten	
insgesamt, nach heutigen Preisen, geschätzt	5,86 Mrd. DM

In der Bewältigung dieses umfangreichen Arbeitsvorhabens wird ein Kreispartizipationsamt – mit Ausnahme der Wochen am Jahresende – ständig 28 laufende Laienplanergruppen betreuen. Nicht alle diese Gruppen behandeln Aufgabenstellungen aus dem Einzugsbereich des eigenen Kreises. Die Themen kommen aus den unterschiedlichsten Zuständigkeitsbereichen (s. Fallprojektion Abb. 17).

Abbildung 17: Herkunft der Aufgabenstellungen für Planungszellen beim Kreispartizipationsamt X-hausen

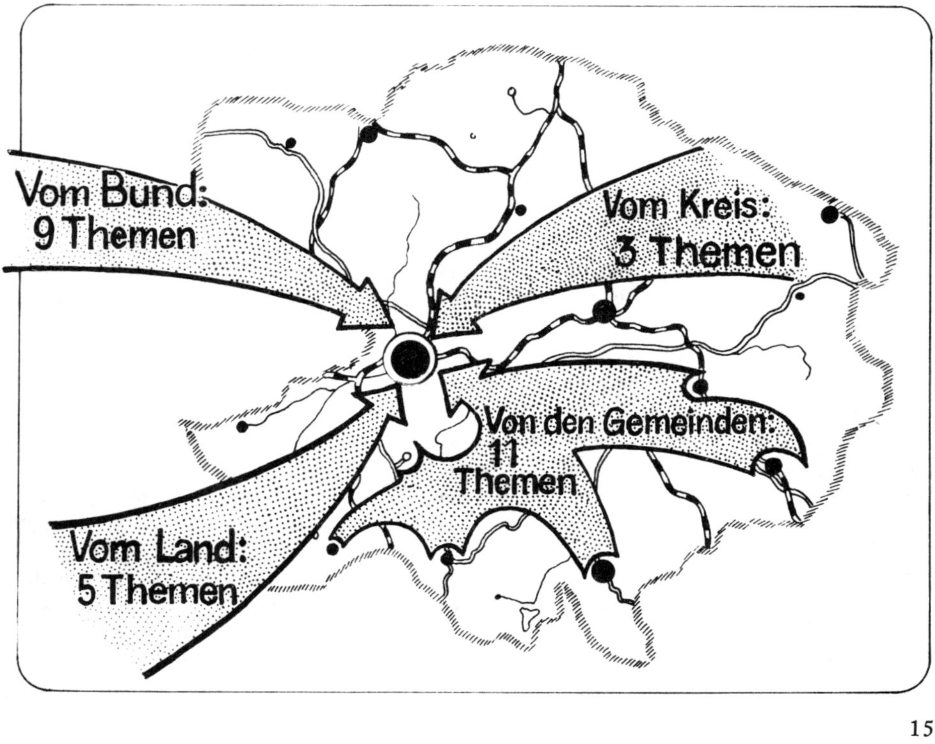

Die Mitwirkung bei der themenspezifischen Materialvorbereitung, die Einladung der Teilnehmer, die Begleitung der jeweils 700 Laienteilnehmer und die Ablieferung der erarbeiteten Ergebnisse werden in dem betreffenden Kreis oder der betreffenden kreisfreien Stadt eine Apparatur erfordern, die an Gewicht einem größeren Gymnasium entspricht. Dieses Amt wird für den Dauerbetrieb Stellen für 121 Prozeßbegleiter ausweisen müssen. Es wird unter anderem eine eigene Bildstelle haben, Fachkräfte für Kindergärten bereithalten und über Busse verfügen.

Schiedsgerichtsbarkeit: Im Zusammenhang mit dem Verfahren Planungszelle werden auch Probleme auftauchen, die das Partizipationsamt, wenn die Möglichkeit der verwaltungsseitigen Manipulation wirksam reduziert werden soll, nicht von sich aus lösen kann, die aber auch nicht – wenn beispielsweise die parteipolitische Neutralität des Entscheides gewahrt werden soll – in jedem Fall der Entscheidung eines Parlaments überlassen bleiben können. In solchen und ähnlichen Fällen bedarf es einer externen Berufungsinstanz. Möglicherweise empfiehlt sich hier die Einrichtung einer eigenen rechtsprechenden Stelle. Eine solche Partizipationsgerichtsbarkeit kann z.B. bei Differenzen im Themenauswahlprozeß angerufen werden, oder sie wird den Einspruch gegen einseitig zusammengesetzte Planungszellen entgegennehmen (Sie könnte dann zum Beispiel Kontrolläufe parallelgeschalteter Planungszellen anordnen).

Anmerkungen zu Kapitel IV

1 Die Verwendbarkeit der Planungszelle hängt häufig weniger vom Planungsbereich als vielmehr von der Eingrenzungsmöglichkeit geeigneter Themen ab. Die dabei relevanten Gesichtspunkte sind später im Zusammenhang mit den Fragen der Themenauswahl zu diskutieren.

2 Typisch für viele Äußerungen: „Die klassischen Datenerhebungstechniken der Sozialwissenschaften stoßen hier an ihre Grenzen." Dierkes 1975, S. 753.

3 So im Hinblick auf die Raumordnung der Raumordnungsbericht 1972 der Bundesregierung (Bundestagsdrucksache VI/3793), S. 56.

4 Diese Schwierigkeiten sind nicht grundsätzlicher Art. Von den beteiligten Verwaltungen werden sie heute bereits überwunden. Auch für das Modell Planungszelle ließen sich diese Schwierigkeiten als zusätzlicher Zeit- und Finanzierungsaufwand (z.B. für Simultanübersetzung) in die Rechnung mit einbeziehen.

5 Das gilt für München, Frankfurt, Berlin (Märkisches Viertel) oder Osnabrück wie für zahllose andere Fälle. Zur Mitarbeit von Architekturstudenten z.B. in Wiesbaden-Mühltal. Vgl. Bauwelt 28/1972.

6 Das Überwechseln junger Akademiker aus der Anwaltsplanung zu den Bauträgern oder in die Forschung beschreiben Smith/Williams, in: Stadtbauwelt, Sept. 1970, S. 201.

7 Zu Ausstattungskatalogen für Siedlungstypen vergl. Gerhard Curdes in: Praxisprobleme der Stadtteil- und Standortprogrammplanung. Schriftenreihe Politik und Planung, Bd. 1, Köln 1973, S. 200 ff.

8 Siedlungsverband Ruhrkohlenbezirk (Hrg.), Bürger ante portas, Essen 1975, S. 97 ff. sieht hier mit Recht neue Funktionen auf den Siedlungsverband zukommen.

9 Heute gibt es hier 320 Einheiten: rund 230 Landkreise und 90 kreisfreie Städte. Am 1. Januar 1973 gliederte sich das Bundesgebiet noch in 285 Kreise und 112 Städte. Noch 1968 wurden auf dieser Ebene sogar 551 Einheiten gezählt.

Kapitel V

Die Auswahl von Aufgabenstellungen

Überblickt man die heute üblichen Beteiligungsverfahren mit der Frage, ob und wie die entscheidungsgeeigneten Teilnehmer ausgewählt werden, zeigt sich, daß für dieses gewichtige Problem mit dem Modell Planungszelle eine neuartige Lösung angeboten wird: Die Teilnehmerselektion per Zufall löst – oder umgeht – eine Reihe von schwierigen Fragen, die erfahrungsgemäß bei anderen Verfahren immer wieder gestellt werden. Dieser Vorzug wird unter anderem dadurch bezahlt, daß die sonst als unproblematisch empfundene Frage der Themenauswahl hier höhere Bedeutung gewinnt.

In der Regel bringen die Einrichtungen der politischen Apparatur aus der Vielzahl der für die Allgemeinheit als bedeutsam geltenden Probleme diejenigen zur Entscheidung, deren Lösung sich mit den Eigeninteressen der betreffenden Apparatur kombinieren läßt. Bei wieder anderen Verfahren ergeben sich die Aufgabenstellungen auf eine ebenso unproblematische Weise aus den mitgebrachten Interessen der im Verfahren – z.B. einer Bürgerinitiative – kooperierenden Interessenten. Der Planungszelle aber ist die Thematik vorzugeben. Sie muß aus der Fülle der vorhandenen Möglichkeiten ausgewählt werden.

Die Vorgabe eines Themas wirft ihrerseits neue Probleme auf. Mit der Vorgabe ist z.B. der Verdacht einer Manipulation verbunden. In der Einführungsphase des Verfahrens wird man es zwar hinnehmen, daß von den Planungszellen das an Thematik verarbeitet wird, was der jeweilige finanzierungsbereite Auftraggeber für bedeutsam hält. Langfristig aber wird die Notwendigkeit einer gezielten, von Einzel- oder Gruppeninteressen unabhängigen Auswahl von Aufgabenstellungen für die Planungszellen mehr in den Vordergrund treten. Das Zustandekommen der Planungszellenthemen muß deutlich gegen unkontrollierte Einflußnahmen gesichert werden. Die Frage ist, ob sich das durch entsprechende Verfahrensregelungen erreichen läßt.

Das Problem der Themenauswahl ist auch noch aus anderer Sicht von Bedeutung. So sind z.B. nicht alle Themen für die Bearbeitung durch Laienplanergruppen in gleicher Weise geeignet. Die Auswahl muß darauf Rücksicht nehmen.

Die Fülle der mit der Themenauswahl verknüpften Fragen wird im folgenden, auf zwei Aspekte verkürzt, abgehandelt. Zunächst wird erörtert, welche Art von Problemen überhaupt in einer Planungszelle gelöst werden kann. Dafür sind Kriterien bereitzustellen, nach denen Aufgaben für Planungszellen ausgewählt werden können. Dann geht es um die Darstellung eines Verfahrens, mit Hilfe dessen Aufgabenstellungen definiert und einer Planungszelle zugewiesen werden können.

A. Auswahlkriterien für Aufgaben

Die Beteiligung von Bürgern an Planungsprozessen hängt im allgemeinen von der Art der Probleme ab, zu deren Lösung Planungsprozesse stattfinden. Planungsfälle können von sehr unterschiedlicher *Problemqualität* sein. Derartige Aspekte von Aufgabenstellungen können in bestimmten Dimensionen erfaßt werden (siehe Kasten 'Problemqualitäten').

Bei einer Auswahl von Aufgabenstellungen für das Beteiligungsverfahren Planungszelle sind einige der hier genannten Problemqualitäten von nicht so entscheidender Bedeutung. Die Planungszelle ist beispielsweise in der Lage, manche Probleme zu verarbeiten, deren Lösung eine hohe Informiertheit voraussetzt oder die bestimmten Vertraulichkeitsgraden unterliegen oder die Millionen von Bürgern betreffen.

Dafür stehen hier andere Kriterien im Vordergrund. Sie lassen sich grob gesehen unter fünf Gesichtspunkten ordnen:

Das ausgewählte Problem muß unter den spezifischen Bedingungen der Planungszelle bewältigt werden können (im folgenden: „Bearbeitbarkeit"); die Beschäftigung mit der Problematik sollte die intendierten politisch-bildnerischen Wirkungen auslösen („Sozialisierungseffekt"); das Problem muß sich der Verwaltungsebene zuordnen lassen, auf der die betreffende Planungszelle arbeiten soll („Zuständigkeit"); das Thema muß gewichtig genug sein, um den Aufwand zu lohnen, („Bearbeitungswürdigkeit") und es sollte soweit als möglich die spezifischen Vorteile nutzen, die das neue Verfahren Planungszelle bietet („Spezielle Eignung").

Die Bearbeitbarkeit

Aufgabenstellungen, die einer Planungszelle zugewiesen werden, müssen so zugeschnitten sein, daß sie in der zur Verfügung stehenden Zeit bewältigt werden können. Voraussetzung für diese Art der Themenvergabe ist die Eingrenzbarkeit einer Problematik. Großprobleme lassen sich in eine Hierarchie von bewältigbaren Teilproblemen auflösen. Die Koordination der anfallenden Teillösungen läßt sich dann als ein eigenes Problem auffassen, das gegebenenfalls ebenso von einer Planungszelle bearbeitet werden kann. Ist absehbar, daß die Lösung einer Aufgabenstellung weniger Zeit erfordert, als zur Verfügung steht, so werden einer Gruppe mehrere Planungsaufgaben zugewiesen. Diese sollten dann so geartet sein, daß möglichst für mehrere von ihnen die gleichen Informationseingaben von Belang sind. 'Zeit' ist damit die entscheidende Maßeinheit, in der über die Bearbeitbarkeit eines Themas entschieden werden kann.

Die Vorgabe von Problemen an die Planungszelle mag unbefriedigend erscheinen. Hinter dem Wunsch nach bürgerschaftlicher Mitwirkung steht heute vielfach die Meinung, dem Bürger müßten die Möglichkeiten und der Freiraum eröffnet werden, die gesellschaftlichen Gegebenheiten, etwas emphatisch ausgedrückt, grundsätzlich in Frage zu stellen. So wichtig kritische Neuansätze sind – wenn wir es zum Prinzip erheben würden, daß jede Laienplanergruppe ihre eigenen Fragen aufspüren sollte und ex ovo einen eigenen Gesellschaftsentwurf zu entwickeln hätte, so wäre das ein

Problemqualitäten

— *Dringlichkeit*

Die Fristen, die für die Lösung eines Problems zur Verfügung stehen, variieren. Entscheidungen kommen in einer vertikalen Kommunikationsstruktur schneller zustande als bei Gleichgestellten. Überzeugen ist zeitaufwendiger als Anordnen. Der Katastrophenfall schließt die Anwendung demokratischer Willensbildungsverfahren nahezu aus.

— *Rechtlicher Rahmen*

Probleme präsentieren sich in Situationen, für die unterschiedliche rechtliche Rahmenbedingungen relevant sind. So ist die Beteiligung an der Lösung bestimmter Probleme im privatwirtschaftlichen Bereich schwieriger erstellbar als im öffentlichen Bereich: Bei gleichem Kräfteeinsatz lassen sich bei dem gegebenen rechtlichen Rahmen im öffentlichen Bereich mehr Beteiligungsmöglichkeiten schaffen als im Bereich privatwirtschaftlich organisierter Produktion.

— *Bedarf an Informiertheit*

Probleme sind von unterschiedlicher Komplexität. Der Entscheid über die Plazierung eines Schulgebäudes oder die Entwicklung des Modells einer Gesamtschule setzt die Verarbeitung unterschiedlicher Mengen lösungsrelevanter Daten voraus. Die Anzahl der erforderlichen Informationen ist größer oder kleiner.

— *Erkennbarkeit*

Probleme sind anschaulicher oder unanschaulicher. Das Fischsterben im Rhein hat für viele das latente Problem der Flußverschmutzung erkennbarer gemacht. Unanschauliche Probleme machen im Beteiligungsfall vermehrte methodische Aufbereitung notwendig.

— *Politisierung*

Probleme werden von einer Gesellschaft in unterschiedlichem Grad als zur Lösung anstehend deklariert. Politisierte Probleme bieten einen höheren Anreiz, an ihrer Lösung mitzuwirken.

— *Transparenzverträglichkeit* (Geheimhaltungszwang)

Für die Lösung mancher Probleme ist Nichtöffentlichkeit eine Bedingung. Bestimmte Maßnahmen der militärischen Abwehr oder der Außenpolitik, die Aufwertung einer Währung oder Kaufentscheide in Konkurrenzsituationen vertragen die öffentliche Diskussion weniger gut als andere Sachverhalte.

— *Zahl der Betroffenen*

Die Verlegung einer Straßenlaterne ist für 30, die Auflösung eines Regierungsbezirks für 3 Millionen Menschen von Belang.

— *Intensität der Betroffenheit*

Von der Sanierung einer Altstadt sind Grundstückseigner, Wohnungsmieter, Gewerbetreibende, Kunden oder Besucher in unterschiedlicher Weise betroffen.

— *Innovationsbedarf der Lösung*

Der Grad des Eingreifens gegen fixierte Erwartungen ist bei Lösungen von Problemen unterschiedlich hoch. Lösungen sind auch von daher mehr oder weniger populär.

— *Reversibilität der Lösung*

Die Anbringung eines Parkverbotsschildes oder der Bau einer Brücke über die Unterelbe sind Problemlösungen, die sich unterschiedlich schwer korrigieren lassen. Härteste Stufe wäre hier die irreversible Lösung, etwa der Abriß eines historischen Bauwerks.

sicherer Weg, verwertbare Beiträge zur Weiterentwicklung unserer Gesellschaft von dieser Seite zu verhindern. Die Zuteilung von Aufgabenstellungen ist so gesehen nichts weiter, als die Anwendung des Prinzips der Arbeitsteilung auf die partizipatorische Planung. Anders wird übrigens auch innerhalb der Verwaltung nicht gearbeitet. Selbst auf der Ebene allzuständiger Parlamente müssen die Probleme so umformuliert werden, daß sie von dieser Institution bewältigt werden können. Es werden Teilprobleme herausdefiniert, die, in die Ressorts der Verwaltung, in Hearings, Gutachten, Kabinettssitzungen und Ausschüsse ausgelagert, schließlich ein im Parlamentsplenum bearbeitbares Problem ergeben.

Mit der Eingrenzung einer Thematik lassen sich die Informationsmengen abschätzen, die zur Bewältigung des gegebenen Problems benötigt werden. Die für die gegebenen Zeiträume als verarbeitbar erachtete Informationsmenge ist konstitutiv für die Dimensionierung der Aufgabenstellung. Diese Begrenzung gestattet gleichzeitig das Erstellen von vorbereitetem Informationseingabematerial.

Sozialisierungseffekt

Es lassen sich Planungsthemen denken, die im eben besprochenen Sinne bearbeitbar und interessant sind, die aber dennoch als Aufgabenstellung für eine Planungszelle nicht zugelassen werden sollten, weil sie den intendierten politisch-bildnerischen Effekt nicht ermöglichen.

Von der Planungszelle kann neben ihrem output an Planung die Einübung bestimmter knapper *Fähigkeiten* erwartet werden, die sich aus den Identifikationsmöglichkeiten ergeben, die die Planerrolle vermittelt.

Solche Fähigkeiten bestehen unter anderem darin:

– Einblick in die Begrenzungen gewonnen haben, denen der in unserem System Planende und Entscheidende ausgesetzt ist.

– Am konkreten Fall mehr Unterscheidungsvermögen dafür entwickelt haben, was wann politisch realisierbar ist und was nicht.

– Die Gesellschaft begreifen können als eine Hierarchie von Normensystemen mit jeweils relativer Bedeutung.

– Vor allem aber: Langfristige Gedanken im Interesse der Gesellschaft denken können.

– Vertrauen auf die Rationalität von Planungsentscheidungen besitzen, die auf diese Weise zustandegekommen sind.

– Von daher ein Solidaritätsbewußtsein entwickeln können, das die intentionale Kooperation im Gesamtinteresse ermöglicht.

Es gibt *Gründe* dafür, daß die Einübung solcher Fähigkeiten vom Mitwirken des Einzelnen in bestimmten sozialen Situationen erwartet werden kann. In der Gesellschaft laufen ständig Lernprozesse ab. Sie werden durch das Erfahrungsrepertoire strukturiert, das bestimmte gesellschaftliche Umwelten dem Mitagierenden bieten. Diese Lernprozesse beziehen sich auch auf die Identifikation mit Gruppen und Organisationen. Das Verlangen des Einzelnen, sich dabei mit positiv besetzten sozialen Konstellationen zu identifizieren, ist deutlich vorhanden, aber nicht immer gesehen worden. Daß z.B. Personen, die mit anderer Leute Geld wirtschaften, Unternehmen mit der Inbrunst eines Eigentümers leiten, das hatte noch Adam Smith und ihm folgend Karl Marx nicht recht geglaubt. Ihre Zeit hat den Manager nicht vorausgesehen.

Ändern sich für den einzelnen gesellschaftliche Umwelten, so kann er auch neue prägende Erfahrungen machen. Wir wissen heute, daß selbst ein so durabler Sachverhalt wie die Geschlechtsidentität des Einzelnen, von der Sigmund Freud noch meinte, sie werde unabänderlich in der Frühkindheit geprägt, Änderungen im Lebensablauf unterliegen kann, wenn gesellschaftliche Umwelten verändert werden (vgl. z.B. Brown 1971, S. 229 ff.). Die prägenden Erfahrungen, die nun die Planungszelle für den Einzelnen zu bieten hat, sind in der Regel für diesen völlig neu. Die Teilnahme dort vermittelt ihm Werte, die er bisher auf andere Weise nicht gewinnen konnte, eben weil sie auf Erfahrungen basieren, die zu machen er bisher überhaupt keine Gelegenheit hatte. Jetzt plant und denkt er für die Gesellschaft. Damit hat er auf eine qualitativ neue Weise Gelegenheit, sich mit dieser zu identifizieren, so wie die diskutierenden Zirkel des jungen französischen Bürgertums sich erstmalig als *die* Gesellschaft begriffen haben[1]. Die Beobachtung, daß entsprechende Handlungsumwelten zur Identifikation mit den Zielen der Allgemeinheit führen, ist übrigens auch von unserer Verwaltung gemacht worden. Laien, die in Gremien der Staatsverwaltung mitarbeiten, haben „sehr schnell einen Blick für die notwendigen Belange des Staates erhalten", ohne ihre eigene Interessenlage besonders zu berücksichtigen (Schröder 1963, S. 175).

Diese neuartigen Erfahrungen werden zudem nicht vom isolierten Einzelnen allein gewonnen, sie werden in Gruppen gemacht. D.h. sie werden durch Kleingruppenprozesse verstärkt. Diese Verstärkung ist für die neuartigen Erfahrungen des Einzelnen von entscheidender Bedeutung. Je stärker die Gruppenkohäsion ist, um so größer werden, wie wir wissen, die Veränderungen sein, die von Gruppenmitgliedern im Verhalten anderer Mitglieder bewirkt werden können. Die nachdrückliche Prägung, die klassischerweise die Militärdienstzeit dem Mann vermittelt hat, ist nicht zuletzt durch „Kameradschaft" und d.h. Kleingruppenumwelt ermöglicht worden.

Die angestrebten politisch-bildnerischen Effekte der Planungszelle werden sich nur dann ergeben, wenn die angebotenen Rollen die Ausübung der genannten Fähigkeiten gestatten, d.h. hier, wenn gemeinsam an Themen gearbeitet wird, die die entsprechenden Sichtweisen erzwingen. Damit fallen bestimmte Themen für diese Art der Laienplanung aus. Das gilt einmal für alle Probleme, die ausschließlich technischer Natur sind. Das Mitwirken an der Weiterentwicklung des Fahrwerks eines Großbaggers mag eine faszinierende Aufgabe sein, sie bietet aber kaum Gelegenheit, langfristig im Interesse der Gesellschaft denken zu können. Auch bei Problemen, die einen zu hohen Anteil deutlicher Eigeninteressen aufweisen, sind die intendierten politisch-bildnerischen Wirkungen nicht gewährleistet. Es ist z.B. die Frage, ob das betonte Vertreten von Eigeninteressen, das in der betrieblichen Mitbestimmung erwartet wird, eine Einübung in die Fähigkeiten und Verhaltensweisen darstellt, wie sie für den Fortbestand der Demokratie vorhanden sein müssen.

Zuständigkeit

Die Entwicklung neuer Beteiligungsformen muß berücksichtigen, daß eine politische Apparatur zur Lösung gesellschaftlicher Probleme bereits vorhanden ist. Diese Apparatur organisiert ihre Arbeit nach einem Raster von Zuständigkeiten. Relevantestes Strukturelement dieses Rasters ist seine Gliederung in Ebenen[2].

Der Einsatz des Verfahrens Planungszelle ist im Prinzip für alle diese Ebenen denkbar. Wichtig ist allerdings, daß die Probleme, die auf diese Weise bearbeitet werden sollen, sich einer dieser Ebenen zuordnen lassen, und zwar aus mehreren Gründen:

– Die Bereitstellung von Informationen sowie die ständige Zugriffsmöglichkeit, wie sie für die Arbeit der Laienplanergruppe notwendig ist, läßt sich am ehesten so gewährleisten.

– Die Verwertung der in der Planungszelle erarbeiteten Ergebnisse läßt sich nur sicherstellen, wenn dieses Verfahren an einen der genannten Zuständigkeitsbereiche gebunden ist. Warum sollte für etwas geplant werden, für das keine Zuständigkeiten und damit Realisierungsmöglichkeiten bestehen?

– Für die Motivation der Laienplaner ist es von entscheidender Bedeutung, daß die Ernsthaftigkeit der Planungssituation gegeben ist. Die aber ist von der Realisierungschance der Ergebnisse abhängig.

– Schließlich hängt auch die Stabilisierung der in der Planungszelle neu eingeübten Einstellungen und Verhaltensweisen nicht zuletzt davon ab, daß die Verwertung der Ergebnisse vom einzelnen Teilnehmer verfolgt werden kann (follow-up-Phase).

Mit der Bedeutung, die hier dem Kriterium der Zuständigkeit zugemessen wird, ist gleichzeitig noch einmal unterstrichen, daß die Planungszelle Themen auf allen Verwaltungsebenen bearbeiten kann. Bisher findet sich in populären wie fachwissenschaftlichen Äußerungen durchgängig die Meinung, daß lediglich der *kommunale* Bereich für eine breitere Beteiligung von Bürgern an Planungsprozessen in Frage kommt. Informiertheit und Motivation sind hier für den teilnehmenden Bürger in der Tat am ehesten gegeben. Die Informiertheit ist höher, weil viele Probleme, die hier zur Diskussion stehen, der eigenen Erfahrung unmittelbarer zugänglich sind. Jeder verfügt über Erfahrungen im Hinblick auf Wohnen, Schule oder Freizeit. Höhere Informiertheit besteht auch in Verfahrensfragen. Die für die Entscheidungen Verantwortlichen sind leichter identifizierbar, Rat und Verwaltung sind z.T. persönlich bekannt. Die Motivation zur Teilnahme ist höher, weil die Einsicht in die Veränderbarkeit der Situation größer ist. Vor allem aber ist im kommunalen Bereich die Solidarität der Betroffenen leichter herzustellen. Die Personen, die von bestimmten Mißständen, wie Fabrikqualm, fehlendem Kindergarten oder schlechtem Verkehrsanschluß betroffen sind, kennen sich und begegnen sich immer wieder. Gleichförmige Erfahrungen fördern Sensibilisierung und Meinungsbildung. Soziale Kontrolle stabilisiert die Teilnahmebereitschaft. So kommt es denn, daß auf der kommunalen Ebene die Demokratisierungsforderungen am lautesten vorgetragen werden. Immer wieder haben sich hier ansehnliche Zahlen von Betroffenen für gemeinsame Forderungen aktivieren lassen. Für Praktiker wie Theoretiker ist die Gemeinde „der Bereich unmittelbar erlebbarer Demokratie" (Scheuner 2/1973, S. 138). Der Gemeinde kommt „eine besondere Bedeutung" zu, weil sich Partizipation für die Bevölkerung „nur auf Gemeindeebene realisieren kann" (Zoll 1972, S. 9). Die Mitwirkung im Nahbereich wird als Kern und hohe Schule der Demokratie bezeichnet. Damit wird die Gemeinde in einem klaren Gegensatz zu allen anderen Verwaltungsebenen gesehen. „Für die Regional- und Landesplanung wird man kaum jemals soweit kommen, dem einzelnen Bürger eine Beteiligungsmöglichkeit zu eröffnen." (Stich 1972, S. 373) Diese Bereiche sind „ ... für den einzelnen nicht entfernt in dem Maße über- und durchschaubar wie das Gemeindegebiet."

Die Konsequenzen, die im allgemeinen aus solchen Feststellungen gezogen werden, sind falsch. Es wird außer acht gelassen, daß die Komplexität von Problemen, die auf höherer Ebene ressortieren, oft gar nicht höher ist als die von Problemen auf kommunaler Ebene. Es gibt auf allen Ebenen sowohl einfache wie auch komplexe Fragestellungen. Das gilt für die Schule, die Familie und die Außenpolitik. Außerdem läßt sich auch für Probleme auf höheren Ebenen die notwendige Motivation herstellen und sichern. Die entscheidende Frage besteht darin, wie im einzelnen Fall die zur Lösung eines bestimmten Problems notwendige Informiertheit und Motivation bei bestimmten Personen, in diesem Fall den Bürgern, hergestellt wird. Diese Frage ist mit den heute gegebenen Verfahren für die kommunale Ebene leichter lösbar. Die Planungszelle, die ohne das Moment der Betroffenheit auskommt, löst diese Frage prinzipiell auch für die anderen Verwaltungsebenen. Sie produziert sowohl die Motivation wie auch die Informiertheit, die zur Bewältigung von Planungsproblemen auch höherer Ebenen erforderlich sind.

Die Bearbeitungswürdigkeit

Themen sind in der Regel nur dann planungszellengeeignet, wenn ihnen eine relativ hohe Bedeutung zukommt.

Die hohe Bewertung wird einmal darin zum Ausdruck kommen, daß die Gesellschaft bereit ist, zur Lösung des betreffenden Problems die für dieses Verfahren notwendigen finanziellen Mittel bereitzustellen. Ein so aufwendiges Verfahren wird nicht auf Kleinprobleme angesetzt werden dürfen. Auch hier gilt der Satz von der Verhältnismäßigkeit der Mittel.

Die Aufgabenstellung muß zum anderen für den normalen Mitbürger als lösungsbedürftiges Problem einsehbar sein. Eine Arbeitsthematik kann die Motivation der Teilnehmer unterstützen oder lähmen. Die Planungszelle ist darauf angewiesen, daß für ihre Arbeit Themen ausgewählt werden, von denen ein gewisses Maß an Faszination ausgeht. Angesichts dessen, was vom einzelnen Teilnehmer ständig z.B. an Lernleistung erbracht werden muß, kann auf die zusätzliche Motivation, die sich aus der Bearbeitungswürdigkeit des Themas ergibt, nicht verzichtet werden.

Spezielle Eignung

Mit am wichtigsten für die Auswahl von Aufgabenstellungen dürfte ein fünftes Kriterium sein, nämlich das der speziellen Eignung der Planungszelle für die Lösung von Problemen bestimmter Qualität. Es gibt Probleme, die werden unter den bestehenden Entscheidungsverhältnissen minder gut entschieden, sind aber durch ein Verfahren wie die Planungszelle auf eine gesamtgesellschaftlich befriedigende Weise lösbar. Beispiele für Probleme dieser Art sind bereits, z.B. bei der Darstellung von Anwendungsmöglichkeiten (s. S. 139 ff.), erwähnt worden.

Wie auch immer die Auswahlprozesse für die Aufgabenstellung der Laienplanergruppe organisiert sein mögen – die genannten fünf Kriterien sollten in jedem Fall bedacht werden. Es ist natürlich denkbar, daß auch andere Kategorien bei der Auswahl eine Rolle spielen werden. In den Planungs- und Organisationswissenschaften werden z.B. eine Mehrzahl von Planungsarten, -phasen oder -bereichen unterschieden. Die dort entwickelten Differenzierungen sind aber für die Zuweisung von Aufgaben an die Planungszelle weniger relevant. Diese ist im Prinzip in allen dort abgegrenzten Bereichen, also z.B. sowohl in allokativen als auch in innovativen Planungsvollzügen, einsetzbar.

B. Auswahlverfahren für Aufgaben

Aufgaben für Planungszellen werden normalerweise von denjenigen kommunalen und staatlichen Instanzen gestellt werden, die die betreffenden Planungszellen in Auftrag geben.

Bei Bedarf sollte es langfristig möglich gemacht werden, bürgerschaftliche Anregungen direkter für PZ-Aufgabenstellungen zu verwerten. Vom Bürger würden dann zwei Funktionen wahrgenommen werden: er schlägt, immer wenn er das will, der Verwaltung Probleme zur Bearbeitung vor, und er wirkt unabhängig davon, sobald er im Zufallsverfahren dazu ausgewählt wird, vollzeitlich an der Lösung von Planungsproblemen mit. Die Verbindung zwischen diesen beiden bürgerschaftlichen Einwirkungsmöglichkeiten muß durch einen Auswahlprozeß geordnet werden, für den u.a. folgende Sätze gelten:
– er muß planungszellengeeignete Aufgabenstellungen produzieren;
– er muß eine breite bürgergerechte Eingabemöglichkeit sicherstellen;
– die Entscheidung über den Einsatz der Planungszelle auf eine bestimmte Aufgabe kann nur beim zuständigen Parlament liegen. Das Parlament darf aus seiner Letztverantwortlichkeit für den betreffenden Planungsbereich nicht entlassen werden;
– gegen die Entscheidungen der am Auswahlprozeß mitwirkenden Fachbeiräte und Verwaltungsstellen sollten geordnete Berufungsmöglichkeiten bestehen.

Im folgenden wird der Entwurf eines Themenauswahlablaufes dargestellt, der den genannten Forderungen gerecht zu werden versucht. Dieses Verfahren der Themenauswahl und -zuweisung (vgl. Abbildung 18) stellt lediglich eine Möglichkeit dar, die genannten Forderungen in einen auf der Kreisebene durchführbaren Ablauf umzudenken. Ein Handicap dieser Darstellung ist es, daß der Ablauf nicht auf einen konkreten, häufig auftretenden Planungsfall zugeschnitten ist. Die Ablaufskizze sollte die verschiedensten Anwendungsmöglichkeiten auf der betreffenden Ebene im Auge behalten. Sie ist daher zwangsläufig in einer allgemein gehaltenen Begrifflichkeit abgefaßt.

Die Themenauswahl vollzieht sich in den Schritten „Eingabe", „Filterung", „Strukturierung" und „Zuweisung".

Eingabe

Bei der Eingabe werden die eingehenden Vorschläge unter formalen Gesichtspunkten vorgeprüft und in einen „Themenpool" aufgenommen.

Das Verfahren sollte unkompliziert gestaltet werden, damit vermeidbare Barrieren mögliche Vorschläge nicht verhindern. Allerdings müssen bestimmte formale Kriterien des Vorschlags bereits hier abgeprüft werden. Um den Arbeitsgang nicht mit völlig abwegigen Eingaben zu belasten, könnte z.B. der bürgerschaftliche Themenvorschlag an die Unterzeichnung durch 10 wahlberechtigte Bürger gebunden werden. Im übrigen hat die vorschlägeentgegennehmende Stelle noch keine Filter- sondern lediglich Briefkastenfunktionen wahrzunehmen. Dabei kann dieser Briefkasten, was den Überblick und Bündelungsmöglichkeiten erleichtert, entsprechend etwa der Verwaltungsgliederung durchaus schon gerastert sein.

Abbildung 18: Entwurf eines ergänzenden Verfahrens zur Auswahl von Aufgaben für Planungszellen (Bearbeitung „apparatur-externer" Anregungen zu PZ-geeigneten Aufgabenstellungen)

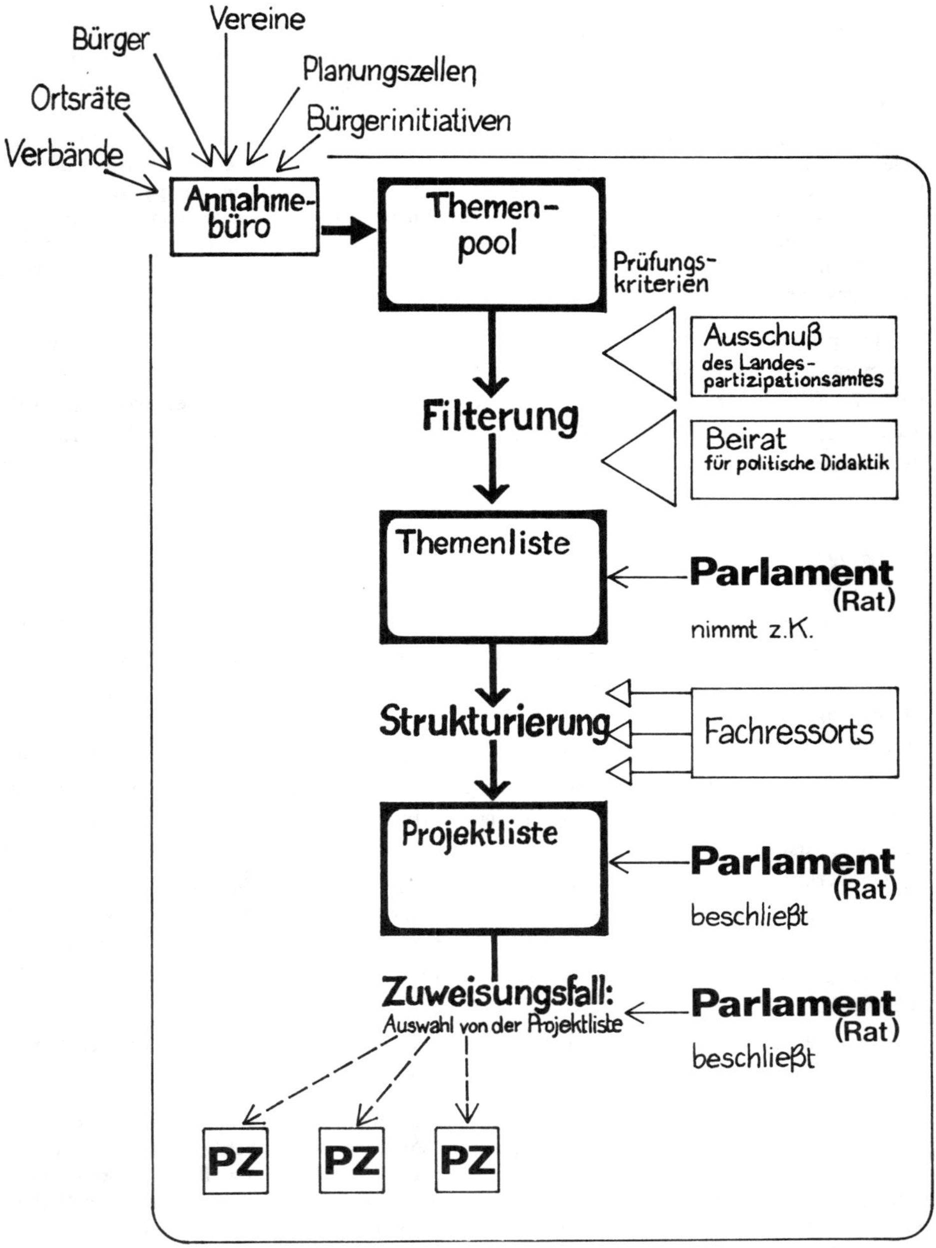

Diese Briefkastenfunktion wäre am besten durch ein *Büro* abzuwickeln. Für ein solches Büro sind unterschiedliche Träger denkbar. So könnte das Parlament seinen entsprechenden Ausschuß (Partizipationsausschuß) mit der Wahrnahme dieser Funktion beauftragen. Das Parlament wäre dann sehr frühzeitig über die eingehenden Vorschläge informiert. Auch ein entsprechend verfaßtes Bürgerforum, wie es in den letzten Jahren in mehreren Großstädten entstanden ist, wäre hierfür geeignet. Vielleicht bieten die Briefkastenfunktion und die dabei notwendigen Gespräche gleichzeitig die Gelegenheit, daß das Beteiligungsverfahren „Bürgerforum" einen langfristig sinnvollen Arbeitsbereich in seinen Aufgabenkatalog einbezieht. Später wird auch das Partizipationsamt diese Aufgabe übernehmen können. Es steht für Rückfragen und notfalls mit seinen speziellen Erfahrungen in Sachen Planungszelle auch zur Formulierungshilfe zur Verfügung.

Eine Eingabemöglichkeit ist noch gesondert zu erwähnen: Es wird vorkommen, daß Planungszellen die Bearbeitung von Themen anregen, die sie selber nicht bearbeiten können. Auf diese Weise würde der Sachverstand und das Wertepotential einer Laienplanergruppe zur Definition neuer Aufgabenstellungen genutzt werden. Die Möglichkeit, das Gruppengespräch von einem als wichtig empfundenen aber nicht zum eigenen Auftrag gehörenden Problem durch Weitergabe eines Themas zu entlasten, dürfte sich im übrigen auch für den Arbeitsablauf der betreffenden Planungszelle als förderlich erweisen.

In der Eingabephase werden grundsätzlich Themenvorschläge aller Art entgegengenommen. Es könnte sich allerdings auch als zweckdienlich erweisen, Themenvorschläge lediglich für begrenzte Bereiche, wie etwa die Verkehrs- oder Freizeitplanung, zu erbitten. Eine derartige Begrenzung dürfte gerade bei der Erprobung und Einführung des Themenauswahlprozesses sinnvoll sein.

Filterung

Hier wird überprüft, ob die im Themenpool vorhandenen Aufgabenstellungen den Anforderungen, die an Planungszellen-Themen gestellt werden müssen, im erforderlichen Umfang gerecht werden. Ist das der Fall, so werden die Aufgabenstellungen auf die Themenliste übernommen.

Diese Überprüfung erfolgt mit Hilfe der Kriterien, die im vorigen Kapitel angesprochen worden sind. Sie werden allerdings nicht in der dort aufgeführten Reihenfolge angewendet. Zunächst wird die Zuständigkeit fixiert. Ist die Kreisebene für die Thematik nicht zuständig, so wird diese einem anderen Themenpool zugewiesen. Möglicherweise werden die Bearbeitbarkeit oder die Bearbeitungswürdigkeit einer Aufgabenstellung dort anders beurteilt als auf der Eingangsebene des Themas. Derartige Beurteilungen werden immer auch eine politische Komponente enthalten, nämlich die Entscheidung: 'dieses Thema wollen wir jetzt für diese Ebene als planungszellenwürdig zulassen'.

Die Überprüfung einer Aufgabenstellung anhand der verschiedenen Kriterien muß nicht von ein und demselben Personenkreis vorgenommen werden.

Die Fähigkeit zur fachmännischen Beurteilung einer der notwendigen Bedingungen wird stark mit Erfahrungen zusammenhängen, wie sie in speziellen Funktionen erworben werden. Über die „Bearbeitbarkeit" einer Thematik werden z.B. genaue, an Erfolgen und Mißerfolgen bewährte Vorstellungen bei den Partizipationsämtern vorliegen. Zur Beurteilung, ob und in welchem Umfang die Mitarbeit an einer bestimmten Aufgabenstellung dem einzelnen verhaltensprägende Chancen langfristigen Denkens für die Allgemeinheit eröffnen, wird man eher Theoretiker und Praktiker der politischen Didaktik oder der Erwachsenenbildung hinzuziehen. Von daher empfiehlt es sich, innerhalb des Filterprozesses verschiedene Gremien mit der geordneten Anwendung je eines der Kriterien zu beauftragen.

Im übrigen sollte die Anwendung der Kriterien auf möglichst überörtlicher Ebene erfolgen. Nur so kann sichergestellt werden, daß spezielle Erfahrungen in notwendigem Umfang darüber angereichert werden, welche Themen angesichts eines bestimmten Kriteriums mehr oder weniger geeignet sind. So wäre vielleicht auf der Kreisebene für die Festlegung der „Bearbeitbarkeit" an einen Ausschuß des Landespartizipationsamtes oder für die Festlegung des „Sozialisierungseffektes" an einen Landesbeirat für politische Didaktik zu denken. Gegen die Entscheidungen derartiger Ausschüsse und Beiräte sind Einsprüche möglich (siehe: Schiedsgerichtsbarkeit).

Die bearbeiteten Vorschläge werden dann auf eine Themenliste gesetzt, die dem zuständigen Parlament zur Kenntnis zu bringen ist.

Strukturierung

In der Strukturierungsphase werden die auf der Themenliste befindlichen Themen so zu Aufgabenstellungen durchformuliert, daß sie auf die Projektliste gesetzt und vom Parlament beschlossen werden können.

Bei der Strukturierung werden die relevanten Randdaten und Restriktionen für eine Aufgabenstellung benannt. Solche Restriktionen bestehen beispielsweise in Umweltgegebenheiten, in Rechten Dritter, in übergeordneten Planungen oder in der Begrenzung von Zeit oder finanziellen Mitteln, über die bei der Ausführung der Planung verfügt werden kann. Außerdem werden gegebenenfalls bestimmte Bearbeitungsschritte sichtbar gemacht, um so die spätere Lösung von Planungsaufgaben zu erleichtern. Mit der Kenntlichmachung von Randdaten und Restriktionen können Laienplanergruppen auch in die Lage versetzt werden, Felder auszumachen, in denen eigene Beiträge zu erarbeiten sind. Restriktionen dieser Art liegen nicht in jedem Fall für längere Zeiten fest. Sie müssen also unter Umständen, wenn eine Aufgabenstellung zu lange auf der Projektliste wartet, fortgeschrieben werden.

Eine derartige harte Eingrenzung von Themenstellungen ermöglicht dann auch die Koordination und Integration mehrerer Aufgaben zu Fächern oder zeitlichen Abfolgen von Planungsaufgaben sowie gegebenenfalls eine Meinungsbildung darüber, ob eine gewichtige Thematik von mehreren Planungszellen gleichzeitig parallel bearbeitet werden soll.

Das Strukturieren einer Thematik setzt bestimmte Qualifikationen bei den strukturierenden Instanzen voraus. Zum einen müssen umfassende Kenntnisse darüber greifbar sein, welche hier relevanten Daten auf vorgeordneten Planungsstufen bereits fixiert worden und welche Nachbar- und Anschlußprogramme vorhanden sind. Zum anderen muß eine gewisse Nähe zum Projekt gegeben sein. Man muß die örtlichen Verhältnisse und Umweltvorgegebenheiten kennen und die zeitlichen und finanziellen Begrenzungen abschätzen können. Komplexes Wissen dieser Art ist am ehesten von den Ressorts der beteiligten Verwaltungen zu erwarten. Die sinnvolle Strukturierung einer Thematik wäre ohne sie nur schwer oder gar nicht zu leisten. Daß das Abgrenzen von Themen und das Beifügen der entsprechenden Restriktionen immer auch Koordinationsleistungen einschließt, die innerhalb der Ressorts und zwischen ihnen erbracht werden müssen, ist hier nicht Gegenstand der Erörterung und soll nur erwähnt werden.

Abbildung 19: – Fallprojektion – Anfall von Aufgabenstellungen in unterschiedlichen Problembereichen.

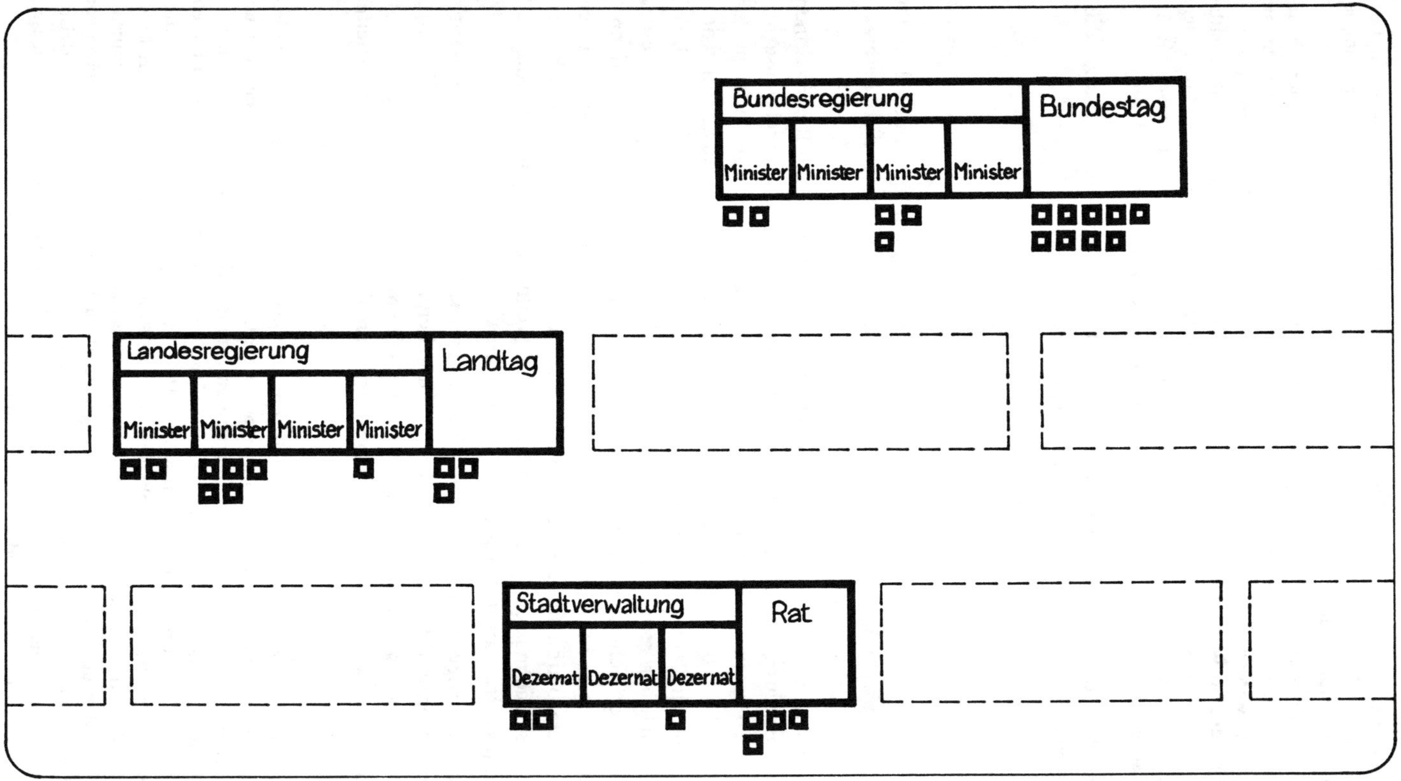

Die Strukturierungsphase einer Thematik endet damit, daß diese auf die Projektliste gesetzt wird. Dazu bedarf es eines Beschlusses des Parlamentes, in unserem Falle des Kreistages.

Für Themen, die auf der Projektliste stehen, werden das Partizipationsamt und die betreffende Verwaltung die Vorbereitung von Informationsmaterial einleiten, wenn dieses zur Bearbeitung der Aufgabenstellung notwendig sein sollte.

Zuweisung

Mit der Zuweisung wird eine bestimmte Anzahl als dringend erklärter Themen zur Durchführung freigegeben.

Für die Zuweisung stehen ausschließlich die auf der Projektliste befindlichen Themen zur Verfügung. Es wäre denkbar, daß die Verwaltung die Zuweisung von Themen verfügt. Das Gewicht der Maßnahme spricht aber dafür, daß gerade diese Auswahl vom Parlament zu treffen ist.

Bearbeitungswürdige Themen fallen nicht nur im Zuständigkeitsbereich des Kreises, sondern auch auf anderen Ebenen an, bei Gebietskörperschaften, Parlamenten, Ministerien oder anderen öffentlichen Planungsträgern, die befugt sind, Planungszellen zu betreiben. In diesen Bereichen – beispielhaft sind hier die Bundesregierung, eine Landesregierung und eine Stadtverwaltung aufgeführt (s. Abb. 19) – stehen Themen in unterschiedlicher Anzahl und mit unterschiedlicher Dringlichkeit an. Wie viele Aufgabenstellungen in einem gegebenen Zeitraum, bzw. im örtlichen Einzugsbereich eines Partizipationsamtes gleichzeitig durch Planungszellen behandelt werden, das wird von einem bestimmten Zeitpunkt ab nicht mehr von jeder Instanz unabhängig für sich festgelegt werden können. Die zeitliche und sachliche Koordination muß gewährleistet bleiben. So wird es Stellen geben, die die zugelassenen Quoten an Planungszellen festlegen und die der durchführenden Ebene Themen aus den übergeordneten Bereichen in der entsprechenden Anzahl zuweisen.

Die vom Kreistag ausgewählten sowie die von den anderen auswahlberechtigten Instanzen diesem Kreis zugewiesenen Aufgabenstellungen werden dem Partizipationsamt und den im einzelnen Fall laut Themenbeschreibung beteiligten Fachressorts oder Fachreferaten mitgeteilt. Diese treten damit in die Vorbereitungsphase der betreffenden Planungszelle ein.

Anmerkungen zu Kapitel V

1 N. Luhmann weist darauf hin, daß „... gerade die Ausdifferenzierung aus der schon funktional differenzierten Gesellschaft ... es den Diskutierenden ermöglichte, sich als 'die Gesellschaft' zu begreifen ...". Politische Planung, S. 11.

2 Unabhängig von den laufenden Bemühungen um Gebiets- und Verwaltungsreformen wird die Aufgliederung in Verwaltungsebenen, wie Gemeinde, Kreis, Land und Bund, für die Bewältigung von Planungsproblemen auf absehbare Zeit ihre entscheidende Bedeutung behalten.

Kapitel VI

Die Effekte des Verfahrens

Das hier vorgestellte Verfahren muß sich vor allem in zwei Richtungen auf seinen Effekt hin befragen lassen: Wie ist es um seinen output an Planungsleistungen bestellt? Und inwiefern erweitert es die Partizipationsmöglichkeiten des Einzelnen?

Für ein Verfahren, das sich Planungszelle nennt, ist die erste der beiden Fragen von besonderer Bedeutung. Mit dieser Frage sind die Leistungen erfaßt, die das Verfahren für das politisch-administrative Teilsystem der Gesellschaft insgesamt erbringt. Sie werden im folgenden als „apparaturerhebliche Effekte" abgehandelt.

Die Möglichkeiten, die die Planungszelle dem einzelnen Teilnehmer bietet, sind nach allem, was bisher über die Funktion und die Notwendigkeit von Beteiligungsverfahren gesagt worden ist, nicht weniger wichtig. Sie werden in einem eigenen Unterkapitel „Individualerhebliche Effekte" analysiert.

Über seine Haupterträge hinaus hat jedes neue Verfahren eine Vielzahl weiterer Auswirkungen. Einige derartiger Möglichkeiten werden als „gesellschaftserhebliche Effekte" in einem dritten Unterkapitel skizziert.

Die im folgenden aufgezählten Effekte werden nicht alle von Anfang an sichtbar sein. Einige hängen stark von der Situation ab, in der gearbeitet wird. Diese kann nicht unabhängig von dem Entwicklungsstand beschrieben werden, den die Laienplanung selber erreicht hat, also davon,

– ob die Planungszelle einen geringen Bekanntheitsgrad hat, lediglich von der Verwaltung produzierte Themen bearbeitet und geringen Erwartungen begegnet, oder

– ob sie, wie im Fortgang der Entwicklung, in hohem Maße stabilisierten Massenerwartungen begegnet, mehrheitlich in der Laienplanung produzierte Themen bearbeitet und partiell bereits in Entscheidungsfunktionen eingesetzt wird[1].

Die interessanteren Effekte werden vermutlich erst in einer fortgeschrittenen Entwicklung sichtbar werden, die das Akkumulieren von Rückwirkungen gestattet. Nur auf die jetzigen Verhältnisse bezogen, dürften manche der Feststellungen zunächst utopisch anmuten. Aber jede Tüte voll Grassamen muß sich den Vorwurf gefallen lassen, sie sei noch keine Wiese.

Um die Abhängigkeit bestimmter Effekte von Langfristeinwirkungen deutlich herauszustellen, werden einige von ihnen in einem weiteren Kapitel als „Langfristeffekte" besonders behandelt.

A. Apparaturrelevante Effekte

Bessere Planung

Das Beteiligungsverfahren Planungszelle erbringt bei vielen Planungsproblemen Ergebnisse, die besser sind als die, wie sie mit heute gängigen Planungsverfahren erzielt werden. Diese Aussage läßt sich durch einen Vergleich in zwei Richtungen belegen: durch die Gegenüberstellung mit der konventionellen, ihrer Genese im einzelnen Fall nach als technokratisch zu bezeichnenden Planung und durch die Gegenüberstellung mit den heute üblichen Formen der bürgerschaftlichen Planung.

Obgleich unser Verfahren primär an den Planungsleistungen anderer bürgerschaftlicher Beteiligungsmöglichkeiten gemessen werden muß, („Planungszellen, die dritte Generation der Bürgerinitiative"), wird hier mit der vergleichenden Betrachtung der konventionellen Planung begonnen, und damit zunächst der Frage standgehalten, ob dieses bürgerschaftliche Verfahren denn überhaupt in der Lage sei, Planung zu leisten.

Vergleich mit der technokratischen Planung: Die Zunahme der Effizienz gegenüber der technokratischen Planung läßt sich im wesentlichen auf die Zufallsauswahl der Teilnehmer und auf die konsequente Befristung der Planungszelle zurückführen.

– Die heterogene Zusammensetzung der Planungszelle *verbreitert die Datenbasis,* auf der die Planungsentscheidungen erarbeitet werden. Die soziale Position des Planers wird durch andere Positionen ergänzt. Von besonderer Bedeutung in diesem Zusammenhang und von den Verfahren der technokratischen Planung bisher nicht sichergestellt ist, daß hier Unterschichtenerwartungen und -urteile in die Entscheidungen mit eingehen. Diese Meinungen sind in vieler Hinsicht nachweisbar anders als die Meinungen, die sonst von Planern berücksichtigt werden. Gruppendiskussionen mit ungelernten Jungarbeitern ergeben Wohnvorstellungen, die sich von denen der Mittelschicht stark absetzen (vgl. Projektgruppe „Kommunitäre Wohnformen ..." April 1972). Die Vielfalt der einbezogenen Positionen erhöht die Chance für gesamtgesellschaftlich rationale Planungsentscheidungen.

– Die *Früherkennung sozialer Nebenfolgen* von Planungen, politischen Entscheidungen und technischen Neuerungen gilt heute als ein vordringliches Problem. Techniker und Planer alleingelassen, übersehen im Verlauf ihrer Planungen derartige Nebenfolgen mit höherer Wahrscheinlichkeit als heterogen zusammengesetzte Gruppen. Mehr unterschiedliche Positionen lassen mehr soziale Nebenwirkungen vorab sichtbar werden.

– Als eine Verbesserung gegenüber der technokratischen Planung müssen auch die neuen *Bewertungsmöglichkeiten* bezeichnet werden, die sich mit der Laienplanergruppe eröffnen. Angesichts der allgemeinen Verunsicherung über die Qualitätsdefizite, die in den Ergebnissen mancher Planungsprozesse feststellbar sind, wird der Mangel an geeigneten Bewertungsmethoden immer spürbarer. In Planungswissenschaft und Systemforschung werden qualitative Gesamtrechnungen vorgeschlagen, die unter Verzicht auf Objektivität im wissenschaftlichen Sinne persönliche, an Hand von Kriterienlisten gewonnene Beurteilungen verwenden (vgl. Paschen 1972, S. 16 ff.; Curdes 1973, S. 18–20). Die mit der Hereinnahme des personalen Elements in Bewertungsprozesse verbundenen Zufälligkeiten und Einseitigkeiten lassen sich hier durch die im Zufallsverfahren gewonnene Heterogenität ausgleichen.

Diese Operationalisierung von bisher nur schwer erfaßbaren Phänomenen hat weitreichende Folgen. Als standardisiertes Verfahren ist die Planungszelle für die systematische Überprüfung von Zuständen und Plänen einsetzbar. Es erlaubt damit auch Vergleiche zwischen Situationen, Stadtteilen, Städten und Regionen und schafft so neue Grundlagen für die Ermöglichung der Gleichwertigkeit von Lebenssituationen. In einer Zeit, in der jedes Industrieprodukt Funktionsprüfungen und Kontrollen unterzogen wird, ist absehbar, daß auch die qualitativen Aspekte von planungswürdigen Sachverhalten oder Plänen systematischen Bewertungsprozessen ausgesetzt werden. Der Vorteil der Planungszelle gegenüber den konventionellen Verfahren besteht jedenfalls darin, daß das Eingehen des subjektiven Werthorizontes der Mitwirkenden in die Planungsentscheidung hier auf eine kontrollierbare Weise offenliegt.

Welche Möglichkeiten sich damit für die Gewinnung 'subjektiver Sozialindikatoren' sowie für das sogenannte 'Technology Assessment' eröffnen, ist bereits erörtert worden.

– Die heterogene Zusammensetzung erhöht die politische Rationalität von Entscheidungen und damit in entsprechenden Fällen die *Innovationsleistung* der Planung.

Bestimmte soziale Mechanismen, die bisher das Vorhandensein rationaler politischer Entwürfe und Vorentscheidungen gewährleistet haben, arbeiten unter den komplexer werdenden Verhältnissen immer weniger effektiv: Time-Budget-Untersuchungen für Professoren zeigen, wie wenig Zeit im Hochschulbereich noch für das Nachdenken zur Verfügung steht. In der Weiterentwicklung des Rechts werden die notwendigen Änderungen weder von den etablierten hermeneutischen noch den kollegialen Kontrollprozessen hinreichend wirksam eingeleitet. Der Jurist „sucht eine Entscheidung im Rahmen des Möglichen mit Rücksicht auf Folgen auszuarbeiten, nicht aber, Änderungen der Gesetze anzuregen." (Luhmann 1972, S. 292) Die Presse ist in ihrer Unabhängigkeit auf vielfache Weise sichtlich eingeschränkt. Das räsonierende Gespräch im Salon erbringt schon längst nicht mehr die einst geleisteten Innovationsanstöße. Das Gewicht der Verbände führt – Landwirtschaft und Bergbau sind hier durchaus typisch – per Saldo nicht zu strukturellen Neuerungen. Selbst die kundenabhängigsten, sensibelsten Teile der technokratischen Planungsapparatur, die Politiker, versagen bei der Lösung von innovationsaufwendigen Problemen. Ernsthafte Änderungen werden von dort erst eingeleitet, wenn sie „im Trend liegen" und die Veto-Kräfte der Gesellschaft grünes Licht geben oder zu schwach geworden sind.

Das Defizit an gezielter Innovationsleistung hat zu verschiedenen Therapievorschlägen geführt. Die notwendigen Innovationen werden von „Zukunftswerkstätten" (Robert Jungk), Royal Commissions oder „Klöstern kreativen Denkens" (Karl Steinbuch) erwartet. In der Planungszelle erhält die planende Verwaltung ein zahlenmäßig begrenztes Gegenüber, mit dem das Gespräch über eine notwendige Änderung aufgenommen werden kann. Zum anderen äußern sich hier bisher nicht politisierte Bedarfe und Mängel, die nach Abstellung verlangen. Selbst bei Fragen, die gegen harte Interessen oder gar gegen scheinbare Interessenmehrheiten geordnet werden müssen, nähert sich die Meinungsbildung in der Laienplanergruppe den rationaleren Lösungen und den entsprechenden Strategien an. Ein technisch-planerisch exzellentes Bundesfernstraßenprogramm kann das Ergebnis der ungebrochenen, fachlich unreflektierten, durch Kenntnis der Folgekosten und Konsequenzen nicht behinderten Wünsche der Privatautofahrer sein. Die Diskussion und Überprüfung der Programmgrundlagen ließe sich aber in präzis informierte Einheiten verlegen. Die informierten Ergebnisse solcher Planungszellen dürften einen innovierenden Effekt haben.

– Die Planungszelle kann zur Bewältigung *prognostischer* Aufgaben eingesetzt werden. Sie ist nicht nur in der Lage, gesellschaftliche Wertvorstellungen von heute in den Planungsprozeß einzubringen, sondern gegebenenfalls auch die Vorstellungen, mit denen wir es in fünf Jahren zu tun haben werden. Die im Zufallsverfahren gegriffenen Bürger können – Zeit und Mittel stehen zur Verfügung – so hoch informiert werden, daß sie auf bestimmte Bedingungen von morgen bereits heute reagieren. Die Einschränkungen, die gegenüber den gängigen Prognoseverfahren im Hinblick auf ihre Abhängigkeit von den heute als gültig empfundenen Werten vorgebracht werden[2], gelten nicht im gleichen Umfang für die Planungszelle. Sie ist ein Verfahren, mit dessen Hilfe die Reaktion von im Gruppenprozeß modifizierten Wertvorstellungen gesellschaftlicher Durchschnitte auf Zustände von morgen bereits jetzt ermittelt und in die Planung eingegeben werden können.

– Verglichen mit der technokratischen Planung besteht ein weiterer Vorteil der Laienplanung darin, daß sie bestimmte *disfunktionale Trends ausgleicht,* die, wie z.B. die Ressorttrennung, die Zentralisierung oder die Oligarchisierung, innerhalb der Apparatur des politischen Teilsystems beobachtet werden können. Die einzelnen Ämter einer Stadt planen vor allem je „ihre" Einrichtungen. Zentralisierungstendenzen sind vielerorts massiv zu belegen. Das Entstehen von Oligarchien erweist sich, sogar in Organisationen mit basisdemokratischen Leitvorstellungen, als unausweichlich. Derartige Erscheinungen haben, angesichts der Anforderungen, die heute an die Planung gestellt werden, keineswegs nur positive Auswirkungen. Sie verursachen Nachteile für die Gesamtheit. Die Institutionalisierung einer zufallsgestreuten, hochinformierten und befristeten Mitwirkung an politischen Entscheidungen führt demgegenüber zur Bildung von Gegengewichten. Das gilt um so mehr, je stärker die Planungszelle in Gebrauch kommen wird. Das ist deswegen bemerkenswert, weil Beteiligungsverfahren ansonsten – gleichgültig ob Verwaltung, Parlament oder Partei – je länger je mehr den Zwangsläufigkeiten einer Zentralisierung oder Oligarchisierung ausgesetzt zu sein scheinen.

– Die Laienplanung ist der technokratischen auch in sofern überlegen, als sie in manchen Hinsichten höhere *Legitimierungseffekte* erbringt. Damit ist eine der als gravierend empfundenen Defizitstellen der politischen Wirklichkeit angesprochen. Von den Ergebnissen der Planungszelle wird erwartet, daß hier die Interessen der Bevölkerung und nicht die Interessen der Apparate zum Zuge kommen.

Legitimierungsleistungen können sich als „spezifische Unterstützung" (Easton 1965) auf bestimmte Maßnahmen, bestimmte Personen oder bestimmte Einrichtungen beziehen oder als „diffuse Unterstützung" auf das Regierungssystem als solches. Die von einer Planungszelle erarbeiteten Bewertungen und die von daher begründeten Maßnahmen haben große Chancen, akzeptiert zu werden. Für diese Annahme sprechen zunächst die psycho-politischen Wirkungen, die vom parlamentarischen System ausgehen. Das Vorhandensein eines solchen Systems und das Gefühl, politisch repräsentiert zu sein, lösen beim Bürger Unterstützungshaltungen aus[3]. Die Planungszelle weist zudem Eigenschaften auf, die darüber hinausführen. Sie ist „interessenneutral" besetzt. In ihr sind alle Schichten vertreten. Sie besteht aus im Zufallsverfahren einberufenen Bürgern, aus Laien. Andererseits ist der Planungszelle wegen ihres Zusammenwirkens mit Planern und Spezialisten sowie wegen des Zugangs zu allen relevanten Informationen die Reputation des Fachwissens sicher. Insgesamt wird man ihren Sachentscheidungen schwerer widersprechen können als den Entscheidungen, die in der bisher üblichen Weise zustande kommen.

Diese auf bestimmte Maßnahmen gerichteten Legitimationseffekte zahlen sich möglicherweise relativ bald aus. Anders verhält es sich mit der „diffusen Unterstützung". Die Fähigkeit eines Systems, „den Glauben anzuregen und aufrechtzuerhalten, daß es die zur Zeit existierenden politischen Institutionen sind, die der betreffenden Gesellschaft am ehesten entsprechen" (Lipset 1960, S. 64), erwächst aus einer größeren Anzahl von Einzelentscheidungen. Die entsprechenden positiven oder negativen Einstellungen sind massenhaft vorhanden. Sie sind nicht nur für örtliche Einzelfälle von Bedeutung. Weil damit zu rechnen ist, daß Ergebnisse der Laienplanung erst durch wiederholten Einsatz von Planungszellen zu Wirkungen dieser Art akkumulieren, werden diese Legitimationsleistungen hier als „Langfristeffekte" verstanden (vgl. S. 203 ff.). Eine solche generelle Unterstützung wirkt aber auch auf den Einzelfall zurück. Sie verhilft dem Gesellschaftsmitglied dazu, „Planungsoutput zu tolerieren, den es eigentlich als schädlich für die Befriedigung seiner eigenen Bedürfnisse ansieht" (Easton 1965, S. 273).

— Sowohl für die Qualität bestimmter Planungsergebnisse wie auch für deren Legitimierbarkeit ist es bedeutsam, daß die Laienplanergruppe *keine* verfahrensspezifischen *Eigeninteressen* entwickelt. Im allgemeinen muß erwartet werden, daß die Überlebens- und Expansionsinteressen der an den Entscheidungen beteiligten Organisationen, also z.B. der Parteien und Verwaltungen, mehr oder weniger direkt in die Entscheidungen mit eingehen. Für den Laiengutachter gibt es weder verfahrensintern noch -extern Karrieremöglichkeiten wie Beförderung oder Wiederwahl. Auch die Planungszelle als ganze hat als befristeter Entscheider keine projektrelevanten harten Eigeninteressen. Es wird Fälle geben, in denen dieser Faktor als vermehrte Rationalität einer Entscheidung zu Buche schlägt.

— Mit alledem weist die Planungszelle einen höheren *Kriseneinsparungseffekt* auf als die konventionelle Planung. Diese kann nämlich bei einer Anzahl von Problemen wenig daran ändern, daß — in Abweichung von den Voraussetzungen des demokratischen Modells (vgl. Figur A) — die notwendige Umorganisation gesellschaftlicher Selbstverständlichkeiten erst über handfeste Krisenzustände möglich wird (vgl. Figur B). Das Anpassungsvermögen einer demokratisch verfaßten Gesellschaft kann als abhängig von der Lernfähigkeit aller einzelnen gedacht werden. Zwar erweckt eine Fülle politisch oder pädagogisch engagierter Literatur den Eindruck, daß wir drauf und dran seien, diesen zukunftsfähigen Bürger zu bekommen. Faktisch haben wir ihn

Abbildung 20: Demokratisches Modell und politische Wirklichkeit

Demokratisches Modell (A)

Häufig beobachtbarer tatsächlicher Ablauf (B)

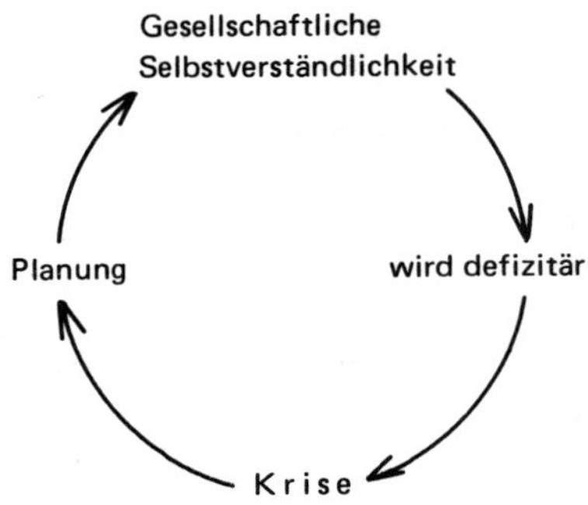

Abbildung 21: Kriseneinsparungseffekt der Laienplanung (C)

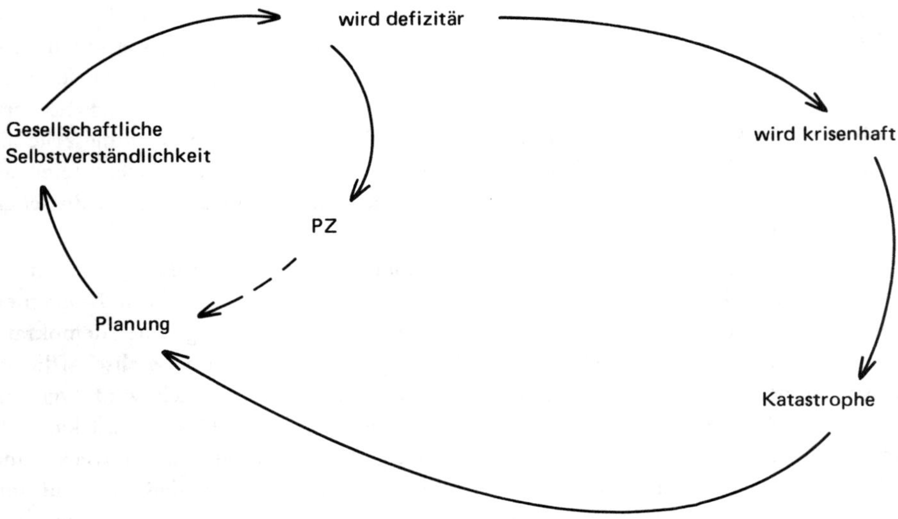

aber nicht. Die gesellschaftliche Entwicklung kann daher nur mit der Zulassung kleiner oder großer Katastrophen gelenkt werden. Manchmal aber ist wichtig, „daß die Umsteuerung nicht erst unter dem Druck der Ereignisse in Gang kommen, sondern möglichst bald einsetzen muß" (Jochimsen 1973, S. 47). So kommt es, daß man z.B. im Bundeskanzleramt es für die entscheidende Frage halten kann, „wie wir denzentral überall dort, wo entsprechende Entscheidungen anstehen, die Motivation stärken können, damit in der richtigen Richtung umgesteuert wird" (Jochimsen 1973, S. 46). Demgegenüber stellt die Planungszelle eine rationale, legitimierbare Vorwegnahme des Signalcharakters von Krisen (siehe Figur C) dar. Innerhalb des Rahmens, der hier geboten wird, kann der einzelne wie ein rationaler Bürger reagieren. Bei einigen Problemen mögen auch weiterhin spektakuläre Fälle nützlich sein, etwa um die öffentliche Meinung von der Notwendigkeit bestimmter unbequemer Maßnahmen zu überzeugen. Bei den meisten Problemen aber wird es sich als ausreichend erweisen, daß Laienplanergruppen sich mehrheitlich für eine Lösung entscheiden. In all diesen Fällen wird der Weg der demokratischen Gesellschaft unaufwendiger gestaltet: sie „lernt" noch vor Eintreffen der Krise, und zwar mit Hilfe speziell sensibilisierter, Legitimation produzierender Subsysteme.

Vergleich mit der bürgerschaftlichen Planung: Auch im Vergleich mit den bekannten Verfahren bürgerschaftlicher Planung erbringt das Modell Planungszelle in einigen Punkten bessere planerische Leistungen: Die Entscheidungen sind in der Regel nicht so emotionalisiert, sie sind informierter, erfolgen rechtzeitiger, sie sind interessenneutraler und auch auf höheren Verwaltungsebenen verwertbar, und sie sind eher einbaubar in die vorhandenen Planungsprozesse.

– Eines der Hauptbedenken, das gegen die verschiedenen Formen bürgerschaftlicher Mitwirkung an Planungsentscheiden erhoben wird, ist die naheliegende *Emotionalisierung* der hier ablaufenden Meinungsbildungsprozesse. Helmut Schelsky (1973) verweist auf die Verknüpfung dieser Emotionalisierung mit anderen für die Qualität des Planungsergebnisses relevanten Vorgängen wie Primitivisierung der Argumentation oder ideologische Polarisierung. Einiges an Emotionen sollten wir uns ruhig gestatten. Sie bereichern und beleben die politische Szene. Anlaß und Ablauf spontaner bürgerschaftlicher Mitwirkung geben genügend Gründe für gesteigerte Emotionalität. Je komplizierter und undurchsichtiger die gesellschaftlichen Verhältnisse insgesamt werden, und je schwieriger das anstehende Problem ist, umso naheliegender wird aber für viele das Ausweichen in emotionelle Argumente und Positionen sein. Emotionen geraten – das liegt in der Natur der Sache – leicht außer Kontrolle, und über derartige Auswirkungen sollte man besser vorab nachdenken.

Die bürgerschaftliche Mitwirkung in der Planungszelle ist durch weitgehende Versachlichung des Planungsproblems, durch Freistellung des Teilnehmers zur eingehenden Auseinandersetzung mit den relevanten Aspekten und durch fachliche Beratung gekennzeichnet. Die negativen Auswirkungen der Emotionalität werden außerdem durch den aufgabenorientierten gruppendynamischen Prozeß eingeschränkt. Insgesamt entgeht das Verfahren damit Gefährdungen, denen die bürgerschaftliche Mitwirkung ansonsten spürbar ausgesetzt ist[4].

– Für die Planungszelle ist weiter bezeichnend, daß sie *informiertere Entscheidungen* als andere bürgerschaftliche Beteiligungsverfahren erbringt. Der angemessene Zeitvorrat und die Eingrenzung auf ein bewältigbares Problem geben der Gruppe die Möglichkeit, die notwendigen Detailkenntnisse, z.B. über soziale und technische Gegebenheiten, relevante Interessenpositionen, Folgekosten oder Alternativvorschläge, zu erwerben. Bei Abschluß der Arbeit sind die Teilnehmer über den aufgegebenen Fall vermutlich höher informiert als viele Parlamentarier. Die Informiertheit über relevante Interessenpositionen bezieht sich auch auf die wirksame Zurkenntnisnahme von Sachverhalten, die der eigenen Interessenlage widersprechen, also etwa bei Problemen mit einem hohen Bedarf an Einstellungswandel, beispielsweise im Nahverkehrs-, Eigenheim-, Gastarbeiter- oder Entwicklungsländerbereich oder wie bei bestimmten Umverteilungsproblemen[5]. Fakten, die den eigenen Interessen widersprechen, werden bei den meisten bürgerschaftlichen Mitwirkungsverfahren ausgeblendet und verdrängt.

– Bürgerinitiativen reagieren auf Schadensstellen der Gesellschaft. Motivationen zur Teilnahme an derartigen Verfahren bürgerschaftlicher Beteiligung werden erst dann freigesetzt, wenn ein Schaden den potentiellen Teilnehmern hinreichend deutlich bewußt geworden ist. Verfahren, die auf Krisen und Skandale angewiesen sind, können Probleme immer nur in ihrem Spätzustand angehen. Mit dem Verfahren Planungszelle können Probleme früher aufgegriffen und *rechtzeitiger* gelöst werden.

– Verfahren bürgerschaftlicher Mitwirkung lassen sich in der Regel nicht gegen den Interessendurchgriff sichern. Sie sind auf die „Interessiertheit" der Teilnehmer als Teilnahmemotivation angewiesen. Die *Interessentenstandpunkte* schlagen sich daher vielfach in den Arbeitsergebnissen der Bürgerinitiative nieder. Das Modell Planungszelle schließt durch Mechanismen wie Themenvorgabe, Auswahl der Teilnehmer im Zufallsverfahren, Neutralisierungsmöglichkeit zufälliger Einseitigkeiten durch Parallelschaltung weiterer Zellen oder durch das Recht der Laienplanergruppe zur Informationsanforderung den einseitigen Interessendurchgriff weitgehend aus.

– Planungszellen liefern Ergebnisse auch für *höhere Verwaltungsebenen.* Bürgerinitiativen setzen in der Regel an konkreten örtlichen Problemen an. Zwar werden auf der Ebene der Gemeinde kaum noch die eigentlichen Entscheidungen getroffen, aber hier ist der Einzelne genauer und umfassender informiert und eher zur Teilnahme motiviert. Es vergeht aber, und zwar – wie die Ereignisse in Wyhl zeigen – selbst im Falle eines Erfolges sehr viel Zeit, bis ein örtlich auftretendes Problem auf diese Weise wirksam als überregionales Problem umdefiniert worden ist. Die Planungszelle ist demgegenüber für alle Ebenen des Verwaltungsaufbaues in gleicher Weise geeignet und kann, wenn sie eingesetzt wird, dort jeweils unmittelbar einwirken.

– Zwar arbeitet auch manche Bürgerinitiative erfolgreich, aber die Ergebnisse dieses autonomen und spontanen Beteiligungsverfahrens sind nur schwer in die bei der Verwaltung laufende Planung *einbaubar* (siehe Abbildung 22). Mitunter können selbst gute Anregungen nicht realisiert werden. Außerdem ist nicht auszuschließen, daß Bürgeraktivitäten „sich verselbständigen und sich zu organisierten ... 'Störfaktoren' für die staatlichen Regulierungsprozesse entwickeln, die sich auf einem bestimmten Schwellenwert der Politisierung zu Gegenmachtbildungen ausweiten ..." (Naschold

Abbildung 22: „Planung und Bewohner-Mitbestimmung", Zeichnung von R. Hadman.

Träume zum Thema »Partizipation«

1972, S. 46). Für die Planungszelle ist die weitgehende Integration in den offiziellen Planungsprozeß konstitutiv. Sie erarbeitet einen erteilten Auftrag, der laufende Kontakt ist durch Verwaltungsangehörige garantiert, ihr Ergebnis wird erwartet. Sie zielt mit diesem Ergebnis auf die Verwaltungsebene, auf der das Problem ressortiert, d.h. auf der die erforderlichen Änderungen tatsächlich eingeleitet werden können.

Die Planungsleistungen des Modells Planungszelle sind insgesamt von einer bemerkenswerten Qualität. Dies ist, wie hier gezeigt werden sollte, eine Folge davon, daß dieses Verfahren einerseits in das planerische Verwaltungshandeln integriert ist, andererseits aber der Komplexität der vorhandenen Bedarfsstrukturen eher gerecht wird als der technokratische Planungsprozeß[6]. Diese Qualität ergibt sich weiterhin aus den Reaktions- und Verhaltensweisen des im Verfahren Planungszelle beteiligten Einzelnen. Für ihn sind mit seiner Auswahl und Einladung, mit Freistellung und Vergütung, mit der „bürgerrepräsentativen" Gruppe von Kollegen, mit dem gemeinsamen Wissen um die Zielvorstellungen unserer staatlichen Ordnung, mit dem Appellcharakter der Aufgabenstellung und mit der Verpflichtung und Gelegenheit, im Interesse des Allgemeinwohls zu handeln, *situative Faktoren* gesetzt, die sein Verhalten und damit das Ergebnis der gemeinsamen Arbeit entscheidend bestimmen.

Wenn es sich auch bei dem (in unsere parlamentarischen und administrativen Entscheidungsprozesse integrierten) ‚Laienplanungssystem' um einen utopisch vorausgedachten Entwurf handelt – die dargestellten Vorteile, die sich hier in besserer Planungsleistung niederschlagen, sind bereits heute – wie die Testvorhaben belegen – in Versuchs- und Einzelläufen des Modells Planungszelle verwertbar, etwa bei solchen Problemen, an die die Verwaltung oder die Politiker nur ungern herangehen, die aber einzeln auf diese Weise bearbeitet werden können.

Verbesserung der Apparatur

Neben den Effekten, die sich in der erhöhten Qualität von Planungsleistungen manifestieren, dürfte das Beteiligungsverfahren Planungszelle auf Einrichtungen im politischen Teilsystem der Gesellschaft Rückwirkungen haben, die als eine Verbesserung der bestehenden Apparatur bewertet werden können. Es muß hier genügen, solche Rückwirkungen an einigen Beispielen (Verwaltung, Parlament, Wahl, Parteien, Gesetze, Staat) zu verdeutlichen.

Verwaltung: Die Laienplanung steigert die Effizienz der Verwaltungsapparatur u.a. in folgender Hinsicht:

– Sie erhöht die Informiertheit der planenden Verwaltung. Ihr werden Wertvorstellungen zur Kenntnis gebracht, die in der Bevölkerung vorhanden sind, und nicht hinreichend bekannte Detailprobleme offeriert.

– Sie rückt übergreifende Gesichtspunkte ins Blickfeld der Verwaltung. Die Zusammenarbeit mit dem um verwaltungsinterne Abgrenzungen unbekümmerten Bürger eröffnet neue Gesprächsmöglichkeiten im Umkreis des 'Auftragsgebers' und wirkt sich so als Gegengewicht gegen Nachteile aus, die sich aus der verwaltungsinternen Arbeitsteilung (Ressortdenken, organisationsspezifische Betriebsblindheit – so z.B. Aleshire 1970, S. 379) ergeben.

– Sie vergrößert die Planungskapazität. Das gilt sowohl qualitativ – die Sensibilität der Verwaltung für bestimmte Probleme und damit ihre Reaktionsfähigkeit nehmen zu – als auch quantitativ: der Einsatz von Laienplanergruppen bewirkt, trotz der internen Mehrarbeit, die hier entsteht, daß mehr Planungsprobleme als bisher aufgegriffen werden können.

– Sie erhöht die Durchsetzbarkeit rationaler Lösungen. Bei der Realisierung sach- und fristgerechter Lösungen ist die Verwaltung mitunter in einer schwierigen Situation: Der Politiker zögert, der Bürger zeigt Desinteresse. Mit der Planungszelle bietet sich ein informiertes, für das betreffende Problem zuständiges Gegenüber auf Zeit, das rationalen Erwägungen zugänglich ist und das so eine Argumentations- und Legitimationshilfe leistet.

– Sie steigert den Wirkungsgrad von Planungsträgern, deren Effizienz durch ein Legitimationsdefizit begrenzt ist. Der in der verwaltungswissenschaftlichen Literatur der letzten Jahre vielfach diskriminierte „Zweckverband" (ohne eigenes parlamentarisches Gremium) oder ähnliche aufgabenorientierte Verwaltungskonstruktionen können in ihre Arbeit Planungszellen einbeziehen. Den betreffenden Problemlösungen werden so zusätzliche Legitimationsmöglichkeiten beschafft.

– Sie baut vorhandene Frontstellungen gegenüber der Verwaltung ab. Das Image der „Bürokratie" ist nicht in allen Bevölkerungskreisen gleich günstig[7]. Im Unterschied zu manchen anderen Beteiligungsformen bietet die Planungszelle mit ihrer unmittelbaren Zusammenarbeit von Laie und Planer und mit den psychischen Folgen, die die befristete Professionalisierung für das Selbstverständnis des so Tätigen hat, genügend Anlässe zur Identifikation mit der betreffenden Verwaltung, um unbegründete Vorurteile abzubauen. Die Laienplanung zeigt damit Wirkungen, wie sie sonst von eigens veranstalteten Public Relations-Maßnahmen erwartet und – wenn überhaupt – zumeist nur oberflächlich geleistet werden.

Parlament: Ähnliche Rückwirkungen der Laienplanung dürften sich beim Parlament feststellen lassen. Die Planungszelle

– bietet die bisher oft zu knappen interessenneutralen Informationen an. Die vorhandene politische Maschinerie, mit ihren Verbänden, Ministerien und Gutachten, ist mehr oder weniger stark von Interessen her konzipiert. Für den Abgeordneten ergibt sich in vielen Fällen die Frage, worauf er sich stützen kann. In welchen Informationen wird das 'Gesamtinteresse' vertreten? Aus der Bearbeitung eines Falles durch eine interessenneutrale Beteiligungsform können sich für den Abgeordneten und das Parlament neue Perspektiven abzeichnen;

– erleichtert dem Abgeordneten und dem Parlament den Umgang mit machtvollen Sonderinteressen. Die Informationen, die die Laienplanergruppe produziert, kompensieren den notorischen Informationsvorsprung einflußreicher Interessengruppen an einer im einzelnen Fall – etwa bei der Plazierung eines Großvorhabens – sehr bedeutungsvollen Stelle;

– erweitert den Entscheidungsspielraum des Parlamentes. Die von der Planungszelle erarbeiteten und in verständlicher Form vorgelegten Lösungen bilden Entscheidungsgrundlagen, wie sie von der Verwaltung allein so nicht erstellt worden wären. Das Parlament kann sich darüber hinaus unter gleichartigen Bedingungen entwickelte Alternativplanungen beschaffen: Die gleiche Aufgabe kann mehreren Gruppen gestellt werden. Die Abhängigkeit des Parlaments von den Plänen der Verwaltung wird auf diese Weise gemildert;

– diszipliniert das Selbstverständnis der Abgeordneten und des Parlaments. Die Arbeitsergebnisse der Planungszelle wie auch schon das schlichte Vorhandensein dieses Verfahrens üben einen auf Rationalität und Neutralität der Maßnahmen drängenden sozialen Kontrolleffekt auf das Parlament aus, der sogar noch in den Wahlkampfzeiten spürbar werden dürfte;

– hilft eine latent vorhandene Bedrohung des parlamentarischen Systems zu mildern. Dem von Zeit zu Zeit ins Zwielicht geratenden System gegenüber häufen sich Resignation und Skepsis. Neben anderen Maßnahmen bildet hier die Planungszelle eine denkbare Ergänzung des Parlaments. Sie kanalisiert bürgerschaftlichen Mitsprachewillen auf ein interessantes und geordnetes Verfahren, absorbiert berechtigtes Unbehagen und potentielle Aggressivität und stabilisiert so langfristig die Chancen des parlamentarischen Systems.

Wahl: Die Wahl bedarf, was die Teilnahmemotivation anbetrifft, keiner neuen Förderungen. In der Bundesrepublik ist die Teilnahme, verglichen mit anderen westlichen Demokratien, hoch. Dennoch lassen sich einzelne unterschiedlich stark wirkende Motive feststellen, z.B. im Stadt-Land-Gefälle oder in der Altersaufgliederung. So wäre höchstens zu fragen, ob nicht im Laufe der Zeit Wahlteilnahme dem Bürger auch deswegen sinnvoll erscheinen könnte, weil er hier über die Besetzung der Gremien entscheidet, die letztlich über die Themenstellungen befinden, die von Planungszellen bearbeitet werden. Wichtiger ist in diesem Zusammenhang ein anderer Punkt: Das Verfahren Wahl macht, wie in den Vorwahlzeiten sichtbar wird, das politische Teilsystem für gesamtgesellschaftlich irrationale Entscheide anfällig. Die Koinzidenz von Haushaltsexpansion und Wahl ist bekannt. Viele Wahlgeschenke werden aber gar nicht im Haushalt sichtbar. Sie belasten z.B. erst kommende Generationen[8]. Die Laienplanung dürfte langfristig dazu beitragen, diese Situation zu korrigieren:

- Der kontroverse Fall kann als solcher dem Beurteilungs- und Entscheidungsverfahren „Planungszelle“ ausgesetzt werden. Dieses ist von seiner Konstruktion her in der Lage, gesamtgesellschaftliche Interessen zu denken. In der allgemeinen politischen Diskussion könnte daher eine in diesem Sinne rationale Stimme zu Gehör gebracht werden.
- Künftige oder ehemalige Teilnehmer des Verfahrens „Planungszelle“ sind generell bereiter, auf Planungszellen-Äußerungen zu hören und sie in ihre Meinungsbildung einzubeziehen.
- Absolventen der Planungszelle sind bereiter und fähiger als der vergleichbare heutige Wahlbürger, bei Maßnahmen, die im Zusammenhang mit Wahlen vorgeschlagen werden, nach deren Interessenhintergründen zu fragen.

Insgesamt entschärft eine breite Laienplanung bestimmte negative Nebeneffekte des Beteiligungsverfahrens „Wahl“. Sie schafft ein bedächtigeres, vernünftigeres Klima.

Partei: Daß der rational abgreifbare politische Bewegungsraum durch die Laienplanung erweitert wird, ist auch für die Parteien von Belang. Der innerparteiliche Willensbildungsprozeß hat sich bisher im wesentlichen an Interessentenmeinungen und an den Ergebnissen von Meinungsbefragungen orientiert. Ihm steht mit der Planungszelle ein neuartiger Datenproduzent zur Verfügung. Dieser erhöht gleichzeitig für bestimmte Zielsetzungen die Chance ihrer Legitimierung.

Manche Teilnehmer werden sich bei der Mitarbeit in der Planungszelle in einem Umfang qualifizieren, der nach Fortsetzung verlangt. Eine Weiterführung dieses Engagements ist innerhalb des Verfahrens Planungszelle nicht vorgesehen. Die so motivierten und eingeübten Sozialaktiven stehen damit für andere Funktionen zur Verfügung, die sich für sie im politischen Teilsystem der Gesellschaft eröffnen. Unsere Parteien verzeichnen einen Bedarf nach engagierten und fähigen Bürgern. Mit der Laienplanung wird ihnen ein großer Kreis ansprechbarer Personen zugeführt, die zudem in einzelnen Bereichen Interessiertheit und Kenntnisse besitzen. Die Entwicklung und Förderung breiter sozialaktiver Eliten könnte einer der Hauptbeiträge der Planungszelle zur Verbesserung der bestehenden Parteienapparatur sein.

Neben diesen Rückwirkungen der Planungszelle auf die politischen Parteien ist hier zu erwähnen, daß auch an eine Anwendung dieses Modells im parteiinternen Bereich zu denken ist. Die Mitgliederparteien werden sich die Möglichkeiten vermutlich nicht entgehen lassen, die hier für ihre eigene Integration und für eine themenzentrierte Meinungsbildung an ihrer Basis liegen. Erste Hinweise in dieser Richtung sind bereits sichtbar (vgl. Bank, 1976, S. 326 ff.).

Erlasse und Gesetze: Die kritische Überwachung der Auswirkung von Verwaltungsmaßnahmen und Gesetzen ist ein z. Zt. unterentwickelter Bereich. Die professionalisierten Kontrollen, etwa die der Justizkollegen unter sich, erweisen sich hier als nur begrenzt erfolgreich. Luhmann zählt Disfunktionen im Gesetzgebungsbereich auf (Luhmann 1972, S. 288 ff.), die ihm politische Kontrollmechanismen notwendig erscheinen lassen. Die Chancen einer sachentsprechenden Weiterentwicklung des Rechts, die sich mit der Positivierung unseres Rechts bieten, bleiben weithin ungenutzt, weil unsere Gesellschaft nicht über die erforderlichen funktionsfähigen politischen Kontrollen verfügt (Luhmann 1972, S. 292). Diese werden auch nicht einfach zu erstellen sein. Sie haben Voraussetzungen, die nicht gegeben sind, nämlich neue Formen politischer Rationalität, von denen noch nicht deutlich ist, wie sie in unserer Gesellschaft ausdifferenziert werden können. Ob Tötung auf Verlangen, ob Schwangerschaftsunterbrechung oder ob Festlegung der Kostengrenzen, die in der Krankenhausversorgung für die Lebensverlängerung von Patienten gelten sollen – an vielen Problemfronten bedarf es der Artikulation von Wertvorstellungen, die der sogenannte Laie in die Lösungen einbringen müßte. Erst dessen gezielte und informierte Mitwirkung ermöglicht die notwendige Sensibilisierung der kontrollierenden Apparatur. Das aber wird sich „ohne grundlegende Veränderung der Bedingungen politischer Rationalität" kaum erstellen lassen.

Was sich von einer kritischen Begleitung der Verwaltungsmaßnahmen und der Gesetzgebung sagen läßt, trifft für die Diskussion von Werten und Zielen auf allen Ebenen öffentlichen Handelns zu, letztlich sogar auf die Verfassung. Zwar setzt, wenn eine Gesetzes- oder Verfassungsnorm aus der Gesellschaft heraus in ausreichendem Maße problematisiert wird, auch in der rechtswissenschaftlichen Diskussion eine Eigendynamik ein, die auf eine interpretatorische Veränderung dieser Norm drängt (Backhaus 1976, S. 547). Solche 'Außeneinwirkungen' sind aber in der Regel nur dort stark, wo sie von konfliktfähigen Interessen induziert werden.

Auch eine Verfassung kann – muß man annehmen – ohne ein geordnetes Einwirken möglichst vieler informiert und rational Urteilender nicht mehr optimal fortgeschrieben werden. Bereits Thomas Jefferson träumte davon, daß eine Verfassung alle zwanzig Jahre einmal einer Generalrevision unterzogen werden müßte. Das gesamte amerikanische Volk sollte in seinen Räten über sie beraten und seine Meinungen in eine Versammlung gewählter Volksvertreter einbringen (Lipscomb 1903, Bd. XV, S. 43).

Die Funktion, die von Jefferson hier als notwendig erachtet wurde, ließ sich damals so nicht erstellen. Sie dürfte auch als kontinuierlicher Begleitprozeß sinnvoller organisiert sein. Heute wäre es theoretisch möglich, die entsprechenden Anregungen in aller Breite beizubringen. Warum sollten nicht eines Tages in Planungszellen organisierte Laien sich über die betreffenden Fragen informieren, ihre Werte einbringen und langfristig im Interesse der Gesellschaft denken müssen?

Die Konsequenzen, die sich in der genannten Richtung möglicherweise aus dem Verfahren Planungszelle ergeben, können hier allerdings vernachlässigt werden. Diese Möglichkeiten ergeben sich nämlich überhaupt erst, wenn ein solches Verfahren in einer gewissen Breite entwickelt worden ist. Die Chancen hierfür sind im begrenzten Feld der Planung am relativ höchsten.

Staat: Schließlich lassen sich auch für den Teil oder besser: den Aspekt der politisch-administrativen Apparatur, den man als 'Staat' zu bezeichnen pflegt, Wirkungen der Planungszelle voraussehen, die als 'Verbesserung' registriert werden können.

Auch wenn das Verhältnis des Einzelnen zum Staat sehr ambivalent gesehen werden muß, entstanden ist er, historisch gesehen, weil bestimmte Funktionen wahrzunehmen waren, die – wie z.B. die interne und externe Friedenssicherung – nur so wahrgenommen werden konnten. Insofern ist er ein Stück der Apparatur. Und doch ist gerade er, wenn er diese Funktionen erfüllen soll, darauf angewiesen, im Bewußtsein seiner Bürger mehr zu sein als nur Apparatur. So hat der Staat immer einen hohen Bedarf nach anschaulicher Darstellung seiner selbst gehabt.

Dieser Bedarf nach Anschaulichkeit ist im Verlauf seiner Geschichte über unterschiedliche Symbole abgedeckt worden. Heute ist das, was sich zu Zeiten Macchiavellis in der Person des Fürsten darstellte, schwieriger zu erbringen. Es wird – wenn überhaupt – von einer Mehrzahl sehr unterschiedlicher Personen und Einrichtungen geleistet. Die Probleme, die hier schlummern, werden heute viel diskutiert.

In Zukunft wird – neben dem Oberbürgermeister in der Lokalzeitung, der Fahrt der Schulklasse zum Bundestag, der imposanten Eingangshalle des Gerichtsgebäudes oder der Wahlkampfveranstaltung – auch die Planungszelle für den Bürger zum für ihn sichtbaren Bestand an Staatlichkeit gehören.

Der Bürger will die Werte, die in seinem Staate gelten, sehen können. Diesem Bedürfnis kommen Symbolfiguren wie Kanzler, Richter, Minister oder Abgeordneter entgegen. Die Planungszelle wird ebenfalls als eine Manifestation der demokratischen Grundwerte unseres Staates erlebt. Was sie den soeben aufgezählten Positionen gegenüber auszeichnet, ist die Berechtigung zur Inanspruchnahme, die jedem im Zufall zuteil wird. Die Planungszelle wird zwar von unseren Zeitgenossen dem 'Staat' zugerechnet. Aber sie hat das Kennzeichen des – im Glücksfall – mühelos Erreichbaren. Sie ist eine symbolische Manifestation des Staates, aus der ich mich gegebenenfalls nicht ausschließen kann, ja, in die mich hineinzudenken, ich verführt bin.

Dieses neue Requisit 'Planungszelle' stellt damit eine der Identifikationshilfen für jedermann dar, nach denen heute gefragt wird (Hattenhauer 1976, S. 13). Sie ist geeignet, den Bedarf des Staates an emotionaler Legitimation auf eine neue Weise institutionell abzusichern.

B. Individualrelevante Effekte

Die Planungszelle hat Rückwirkungen auf den einzelnen Teilnehmer. Sie stellt eine Erweiterung seiner bürgerlichen Tätigkeitsmöglichkeiten dar. Sie bietet eine Lernsituation, die politisch-bildnerisch hoch relevant ist, und sie vermittelt dem Einzelnen Einstellungen, Kenntnisse und Fähigkeiten, die er mit Gewinn in seinen eigenen – etwa beruflichen oder familiären – Zusammenhängen einsetzen kann.

Die vergleichweise bedeutsamste dieser Rückwirkungen dürfte die erstgenannte sein.

Erweiterung des bürgerlichen 'status activus'

Es gibt heute eine Reihe eingespielter Mechanismen, die sicherstellen, daß der Bürger in unserer politischen Wirklichkeit einen vorrangigen Gegenstand der Betreuung, des Schutzes und der Fürsorge seitens der staatlichen Gemeinschaft darstellt. Den entsprechenden Elementen seiner Bürgerrolle soll hier der 'status activus' gegenübergestellt werden, nämlich diejenigen Möglichkeiten des Bürgers, mit gesicherter Aussicht auf Wirkung gestaltend in das öffentliche Geschehen eingreifen zu können.

Die Planungszelle stellt für den Einzelnen einen Ausbau dieser Möglichkeiten dar. Mit der Gutachterrolle ist für den durch Zufall Ausgewählten eine Verbreiterung von Verhaltensmöglichkeiten eröffnet, die erheblich über das hinausgeht, was vom Durchschnittsbürger sonst an politisch relevantem Verhalten realisiert wird.

Eine solche Aussage kann sich in ihrer spezifischen Bedeutsamkeit erst zeigen, wenn wir uns die Zeit nehmen, zwei Fragen nachzugehen: Welche Sollvorstellungen vom bürgerlichen Verhalten liegen unserem demokratischen Ordnungsentwurf zugrunde? Was wird vom Bürger unter den gegebenen Bedingungen tatsächlich an politisch relevantem Verhalten realisiert?

Unser demokratischer Ordnungsversuch mutet dem Bürger eine Reihe von Funktionen zu, die nur durch die aktive Übernahme bestimmter Einstellungs- und Verhaltensweisen ausgefüllt werden können:

– Der Bürger *legitimiert* alle Ausübung öffentlicher Herrschaft. Unter den offiziellen Einrichtungen des in sich sehr differenzierten politischen Teilsystems ist keine, die sich nicht auf das Plazet des Bürgers beruft. Alle Gewalt geht, wie das Grundgesetz sagt, vom Volke aus. Sie wird vom Volke in Wahlen und Abstimmungen und durch besondere Organe der Gesetzgebung, der vollziehenden Gewalt und der Rechtssprechung ausgeübt (Art. 20 GG). Daß selbst jedes Gerichtsurteil mit der Formel „Im Namen des Volkes" beginnt, ruft diesen Legitimationszusammenhang nicht nur dem Richter und dem Rechtssuchenden ins Bewußtsein[9].

– Der Bürger *steuert* die Vorhaben öffentlichen Handelns. Er setzt Ziele. Die Erwartungen, die er äußert, liefern mehr oder weniger ausschließlich die Vorgaben für das, was in Staat und Stadt geschieht. In manchen unserer Bundesländer ist sogar die Möglichkeit des Volksentscheides gegeben: „Die Gesetzgebung steht dem Volk *und* der Volksvertretung zu" (Verf. NRW, Art. 3, Ziff. 1). Besonders deutlich reagieren die Kräfte der parlamentarischen Opposition – aber nicht nur sie – auf mehrheitliche Bürgererwartungen.

– Der Bürger *kontrolliert* letztlich die gesamte staatliche Apparatur. Das gilt z.B. direkt durch Teilnahme an der Wahl oder schließlich sogar durch Inanspruchnahme des Rechts zum Widerstand, das, wenn andere Abhilfe nicht möglich ist, jeder einzelne Bürger gegenüber dem Versuch hat, die verfassungsmäßige Ordnung zu beseitigen (Art. 20 GG). Indirekt übt er Kontrolle aus durch seine Repräsentanten in den Vertretungskörperschaften aller Ebenen.

Versucht man die Wahrnahme solcher Funktionen empirisch zu verifizieren, so fällt auf, daß diese in der Regel nicht von der Gesamtheit der Bürger, sondern von kleinen Minderheiten sozialaktiver Eliten ausgeübt werden. Es sind einzelne die stellvertretend für den Bürger diese seine Rolle wahrnehmen. Das gilt sogar für emotional überhöhte Situationen, z.B. Kontrollsituationen, wie sie bestimmte Krisen oder sogenannte Affären darstellen (Rücktritt Strauß 1962, Gerstenmaier 1969, Brandt 1973, Osswald 1977), in denen die Bürgermeinung „zum Ausbruch" kommt. Faktisch ist es lediglich der Wahlakt, bei dem Mehrheiten von Bürgern sich aktiv äußern. Und dieser nimmt alle paar Jahre einmal nur wenige Minuten in Anspruch[10]. Im übrigen verharrt der Bürger in Publikumsrollen.

Es ist aber weniger diese zeitliche Einengung als insbesondere die genannte soziale Begrenzung, die sich als handfeste Limitierung des bürgerschaftlichen Status auswirkt und offenbar auch so empfunden wird. So kommt es, daß als ein wesentlicher Beitrag des Bürgers zum politischen Leben seine politische *Apathie* sichtbar wird. Zwar empfindet er und äußert auch Unmut oder Wohlwollen in dieser oder jener politischen Angelegenheit, aber in der Regel bildet erst massenhaftes Verhalten dieser Art den Eisberg, dessen Spitze die sozialaktiven Minderheiten darstellen, die diesen Unmut oder dieses Wohlwollen politisch wirksam artikulieren. Daß dabei auch die Interessen dieser Minderheiten in den Vordergrund treten, wird hier nicht weiter thematisiert.

Die Diskrepanz zwischen den Sollvorstellungen und dem tatsächlichen Verhalten ist offenkundig. Die scheinbare Ausweglosigkeit dieser Situation hat uns gelehrt, „mit dieser Sünde zu leben" oder unseren Blick anderen Sachverhalten zuzuwenden. Es gibt jedenfalls verdächtig wenige empirische Untersuchungen, die sich mit der Bürgerrolle beschäftigen.

Eine Faktorenkombination, wie sie die Planungszelle darstellt, bietet demgegenüber dem Einzelnen neue Möglichkeiten, mit gesicherter Aussicht auf Wirkung in das öffentliche Geschehen eingreifen zu können. Die Erweiterung des status activus, die sich aus der Möglichkeit der Problembenennung für Planungszellen ergibt, kann dabei vernachlässigt werden. Im Prinzip bestehen entsprechende Möglichkeiten bereits heute. Sie werden vermutlich nur seltener wahrgenommen, weil sie unbekannt sind oder im Bewußtsein des Einzelnen als irrelevant, zu aufwendig oder ineffektiv deklariert werden.

Erwähnt werden muß hier vielmehr die andere durch ein Laienplanungssystem geschaffene Möglichkeit bürgerlichen Verhaltens: die Mitarbeit in einer Laienplanergruppe.

Eine solche Laienplanergruppe macht für den Einzelnen Tätigkeiten mitvollziehbar, die bisher eher allein von Fachleuten, und zwar vorwiegend des öffentlichen Dienstes, ausgeübt worden sind. Diese Tätigkeiten können jetzt auf eine geregelte Weise mit in Anspruch genommen werden. Zwar steht es dem Bürger hier, wie ja auch dem Planer, nur bedingt frei, den Gegenstand, auf den sich seine Entscheidungsmitwirkung bezieht, von sich aus zu bestimmen. Mit der seiner Gruppe zugewiesenen Problematik ist er aber voll gefordert, seine eigenen Erfahrungen, Bedenken und Möglichkeiten in die anstehenden Entscheidungen einzubringen. Das Bemerkenswerteste an dem Entscheidungsverfahren Planungszelle ist aber – verglichen mit der Wahrnahme der üblicherweise angebotenen Bürgerfunktionen –, daß sie den status activus nicht der sozial-aktiven Eliten erweitert, sondern tatsächlich den aller Bürger.

Der Ausübung dieser Bürgertätigkeit entspricht das Selbstverständnis des Teilnehmenden. Er faßt den Vollzug seiner Gutachtertätigkeit als eine spezifische Verwirklichung der Bürgerrolle auf.

Politische Sozialisation

Die Planungszelle stellt für den Einzelnen eine politisch relevante Lernsituation dar. Eine Würdigung der entsprechenden Wirkungen setzt einen Einblick in den „politischen Sozialisationshaushalt" voraus, wie er sich für die derzeitige bundesrepublikanische Gesellschaft grob skizzieren läßt.

Die Lernsituation, in der der Laienplaner sich vorfindet, ist durch die gleichen situativen Faktoren gekennzeichnet, die den Bedingungsrahmen für das Zustandekommen sachgerechter Planungsentscheidungen ausmachen.

Formen und Ertrag politischer Sozialisation: Noch einmal muß an die Funktionen erinnert werden, die heute dem Bürger angesonnen werden. Diese Funktionen sind grundlegender Art. Der Bürger erweist sich damit – und zwar gerade auch in unserer repräsentativen Demokratie – als die zentrale Rolle des demokratischen Systems.

Das Wahrnehmen der Funktionen dieser Rolle setzt bestimmte *Fähigkeiten* voraus. Sie werden in Situationen, für die diese Funktionen relevant sind, als bei Mehrheiten von Bürgern gegeben unterstellt. Der Bürger muß unter anderem:

- in der Lage sein, seine eigenen Interessen zu artikulieren,
- vor allem die langfristigen Interessen der Allgemeinheit denken können,
- die Arbeitsteilung im politischen Teilsystem der Gesellschaft als für ihn funktional begreifen, also ein gewisses Maß an Systemvertrauen aufbringen, und
- über ein Minimum an Verfahrenswissen verfügen.

Wo und wie gewinnt der Bürger eigentlich die in diesem System vorausgesetzten Fähigkeiten und Kenntnisse? Sie sind, wenn sie vorhanden sind – und das ist bei uns in nicht ausreichendem Maße der Fall –, über Sozialisationsprozesse eingeübt worden, die man unter dem Begriff politische Sozialisation zusammenfassen kann.

Dabei lassen sich institutionell ausdifferenzierte (hier: organisierte) und nicht ausdifferenzierte (hier: nicht organisierte) Lernprozesse unterscheiden. Die Wirkung der institutionell ausdifferenzierten Lernprozesse wird häufig überschätzt. Die relevanten Fähigkeiten werden zumeist gar nicht über sie sondern über „nicht organisierte" Lernvorgänge erworben, d.h. in Zusammenhängen, die ihrer Intention nach ganz anderen Zwecken dienen als der politischen Sozialisation.

Diese *nicht organisierten* politischen *Lernprozesse* ergeben sich in der ganzen Breite einer Gesellschaft, z.B. in der Familie, beim Schulbesuch, im Betrieb oder im Freizeitbereich. Überall werden Verhaltensweisen und Einstellungen eingeübt, die für die Aufrechterhaltung und den Ertrag des politischen Teilsystems der Gesellschaft entweder funktional oder disfunktional sind. Als gewichtige Lerneffekte letzterer Art werden heute von kritischen Stimmen etwa genannt: Privatisierung der Existenz des einzelnen, Abnahme der Identifikation mit der Großgruppe oder Orientierung auf Konsum. Auf der positiven Seite der Sozialisationsbilanz schlägt – so wird angenommen – unter anderem die Vermehrung von Mitwirkungsmöglichkeiten in autonomisierbaren Teilbereichen zu Buche.

Über die Sozialisationseffekte in den nicht-politischen Teilbereichen der Gesellschaft hinaus ergeben sich politisch sozialisierende Wirkungen auch in den Interaktionen des einzelnen mit dem staatlichen Bereich. Auch hier werden manche Erfahrungen eher beiläufig gewonnen. Man hört etwas über die Hintergründe einer Entscheidung im Gemeinderat, oder man nimmt an einer Wahlkampfversammlung teil. Andere Rollenelemente, die in diesem Bereich wahrgenommen werden können, sind, wie die Steuerpflicht, die Impf- oder die Wehrpflicht, relativ hart formuliert.

Spezifische Begegnungen mit dem Staat sind im Verlaufe des Lebens eines einzelnen gar nicht so zahlreich. Sie lassen sich benennen und auf ihre sozialisierende Wirkung hin einschätzen. Was wird auf dem Finanzamt bei der Abgabe der Einkommenssteuererklärung oder bei der Beantragung des Lohnsteuerjahresausgleiches eigentlich vom einzelnen eingeübt, wenn nicht Unterwürfigkeit, Überspielen von eigener Unsicherheit, Mißtrauen und Warten-können? Welche Bürgerfähigkeiten werden etwa beim Vorführen eines Personenwagens beim TÜV gelernt? Eindrücke, wie sie hier gewonnen werden, wirken über das Gespräch beim Abendessen bereits auf das Kind weiter. Es ist eben nicht ratsam, einem Polizisten, der den Wagen anhält, zu widersprechen. Hier wird, wie Claessens (1969, S. 271) das nennt, Staatsunterwerfung trainiert. Es sind insbesondere einige der oben genannten Bürgerqualifikationen, für die im politischen Bereich für die Masse der Bürger so gut wie keine Lernchance besteht, z.B. für die Fähigkeit, im langfristigen Interesse der Allgemeinheit denken zu können. „Wo bleibt ... die Chance der ausführenden Klasse, mit den allgemeinen Zielen und Zwecken der Gesellschaft in Berührung zu kommen?" (Kirchheimer 1967, S. 109) „Die langfristigen Interessen der Gesellschaft liegen so ausschließlich in den Händen der oberen Schichten ..., daß es völlig natürlich ist, wenn das Volk in ihnen ausschließlich die Interessen jener Klasse sieht." (Schumpeter 1972, S. 234) Die genannten Begegnungen mit dem Staat dürften es dem Bürger auch kaum erleichtern, so etwas wie Vertrauen in die Rationalität und Neutralität der Entscheidungen des politischen Teilsystems der Gesellschaft zu entwickeln. Das vom Bürger tatsächlich eingeübte Verhalten weist gegenüber dem Verhalten, das das System theoretisch voraussetzt, deutliche Defizite auf.

Wo die Ergebnisse nicht organisierter Lernprozesse den Anforderungen der Gesellschaft nicht mehr entsprechen, werden zur Ergänzung *organisierte Lernprozesse* entwickelt. Das gilt auch für das Verhalten, das im institutionalisierten politischen Teilsystem erforderlich ist. Diesen Verhaltensdefiziten versuchen die Public-Relations-Arbeit der öffentlichen Einrichtungen und die Politische Bildung zu begegnen. Die Öffentlichkeitsarbeit der Verwaltungen und Verbände bietet über die verschiedensten Medien Informationen an, die beim Bürger die Einsicht in und das Verständnis für ihre Arbeit vermitteln sollen. Als Politische Bildung gilt der organisierte Versuch, über die Schule, die Verbände, insbesondere auch die Jugendverbände, die Parteien, die Medien und durch spezielle Bildungseinrichtungen die erforderlichen Einsichten und Verhaltensweisen zu produzieren. In der Schule hat dieses Bemühen inzwischen zur Ausdifferenzierung eines eigenen Unterrichtsfaches geführt.

Heute werden diese Ansätze intensiviert. Die Politische Bildung präzisiert ihre Zielsetzungen[11]. Die Mittel, die für diesen Bereich aufgewendet werden, erhöhen sich. Schwerpunkte, z.B. die Förderung der Artikulationsfähigkeit eigener Interessen, werden erkennbar.

Daneben gibt es Bemühungen, im politischen Leben Bedingungen zu schaffen, die eine vermehrte Betätigung der bereits heute vorhandenen Fähigkeiten zulassen und damit diesen Fähigkeiten Weiterentwicklungsmöglichkeiten verschaffen wollen. Man spricht von „Nachbarschaften“, von „überschaubaren örtlichen Einheiten“, von Bezirks- und Ortschaftsverfassung: Die *Gemeinde* gilt als der Bereich, in dem der Bürger seine Repräsentationspotenz noch am stärksten verwirklichen kann. Hier werden „die wichtigsten Entscheidungen über Tatbestände der primären Lebenserhaltung und Lebensgestaltung getroffen“ (Göb 1977, S. 99). Das sollte der Bürger aus eigener Anschauung miterleben. Die Gemeinde ist „eine der besten Schulen der Erziehung zur Demokratie“[12]. Man nimmt an – übrigens auch aufgrund von Befragungsergebnissen[13] –, daß der Bürger bereit sei, bei der Verwaltung seiner Angelegenheiten in der Gemeinde aktiv mitzuwirken, und man verspricht sich von dieser seiner Teilnahme eine breite Realisierung der Demokratie[14].

Beide Vorhaben, die ‘Gemeindedemokratie’ und die ‘Politische Bildung’, erweisen sich als nur bedingt wirksam. Die Politische Bildung, weithin in den Händen bestimmter Organisationen, ist zum einen in den Lernprozessen, die sie offeriert, latent an den Teilinteressen dieser Träger orientiert. Damit geht es z.B. um das ‘Herstellen’ parteigeeigneter oder -verwertbarer Funktionäre und Wähler. Zum anderen macht sich bemerkbar, daß hier – und zwar vielfach auch in der Erwachsenenbildung – die Informationen nicht über als Ernstfall interpretierbare Rollenangebote sondern in „Schulsituationen“ präsentiert werden. So bleibt die Entwicklung der erforderlichen Einstellungen aus.

Andererseits steht der Schaffung von Bedingungen, die die Anwendung und Weiterentwicklung bereits vorhandener Fähigkeiten ermöglichen, die Gemeindewirklichkeit entgegen. Die zugesagte Überschaubarkeit und Gestaltbarkeit der Verhältnisse für alle ist so gar nicht gegeben. Mobilität stört die nachbarschaftliche soziale Homogenität.

Von örtlicher „Gemeinschaft“ zu reden, wird zur Romantik. Immer mehr infrastrukturelle Vorentscheidungen fallen auf höheren Ebenen. Dem Problementzug entspricht das Abwandern von Motivationsmöglichkeiten. Es wird unterstützt durch die Struktur der an Gewicht gewinnenden Medien: Das Fernsehen liefert die große Politik in die Wohnzimmer der Bürger, nicht aber die Gemeinderatsitzung. Schließlich verhindert auch die massive finanzielle Abhängigkeit der Gemeinden die Verwirklichung entsprechender Bedingungen. „Die Gemeinde scheint als Handlungseinheit tatsächlich kaum noch Realität zu besitzen“ (Zoll 1972, S. 46).

Dem diagnostizierten Defizit an bürgerschaftlichem Verhalten, das trotz der beiden gut gemeinten Vorhaben Politische Bildung und Gemeinde andauert und zunimmt, kann von einem neuen Ansatz her begegnet werden: mit dem Sozialisationseffekt der Planungszelle.

Lernprozeß Planungszelle: Die dreiwöchige, tätige Mitarbeit in einem aufgabenorientierten überschaubaren Gruppenprozeß hat verhaltens- und einstellungsbildende Auswirkungen. Die Teilnehmer sind einer für sie neuartigen Situation von hoher Eindrücklichkeit ausgesetzt. Die Intensität der Lerneffekte steht unter derartigen Bedingungen außer Frage. Für die Qualität der Lerneffekte ist bedeutsam, daß die Änderungsprozesse in einer spezifischen Situation ablaufen. Es ist für diese Situation kennzeichnend,

- daß gesamtgesellschaftlich akzeptierte Werte Präferenz genießen,
- daß Einsicht in die Lösbarkeit komplexer Probleme vermittelt wird,
- daß sie eine umfassende Informationsaufnahme für ein gesellschaftliches Teilproblem erzwingt und
- daß sie dem einzelnen die Identifikation mit der Großgruppe erlaubt.

Die in dieser Situation anfallenden Lerneffekte haben sich bisher allerdings nicht messen lassen. Das hätte mehr Probeläufe erfordert, als bis jetzt durchgeführt worden sind, vor allem Probeläufe von der vollen vorgesehenen Dauer, und es würde die Entwicklung von Versuchsanordnungen voraussetzen, mit deren Hilfe der kurz- sowie der langfristige Einstellungswandel eindeutig geprüft werden kann. Es liegt aber eine Anzahl von Ergebnissen aus sozialwissenschaftlichen und anderen wissenschaftlichen Untersuchungen vor, die als einschlägig herangezogen werden können. Außerdem stehen jedem von uns systematisierbare und intersubjektiv kontrollierbare Primärerfahrungen zur Verfügung, die in teilweise vergleichbaren Situationen gewonnen worden sind.

Diese beiden Erfahrungsbereiche werden herangezogen werden müssen, wenn begründete Erwartungen darüber formuliert werden sollen, welche Einstellungen und Verhaltensweisen in der Planungszelle eingeübt werden.

a) Präferenz gesamtgesellschaftlicher Wertvorstellungen: Daß die Planungszelle Situationen bietet, in denen gesamtgesellschaftliche Werte ‘Vorfahrt haben’, hängt u.a. mit folgenden Sachverhalten zusammen:

– Die Aufgabenstellung der Planungszelle provoziert den Einsatz gesamtgesellschaftlich akzeptierter Wertvorstellungen. Das vorgegebene Planungsproblem läßt sich sachgerecht gar nicht lösen, ohne daß die entsprechenden Werte in der Gruppe von einzelnen ausdrücklich vertreten werden.

Der Zwang zum Einsatz gesamtgesellschaftlicher Werte ist durchaus nicht bei allen Aufgabenstellungen gegeben, die heute als dringend empfunden werden. In „Selbstverwaltungssituationen" sieht man sich z.B. häufig veranlaßt, Eigeninteressen zu vertreten. Manche Theoretiker versprechen sich zwar Entscheidendes davon, dem Bürger „überschaubare Transformationsaufgaben" im eigenen Gestaltungsbereich zu eröffnen[15]. So begrüßenswert das aus anderen Gründen sein mag – genau hier wird aber auch das vorrangige Wahrnehmen ungemilderter Interessen eingeübt. Die Teilnahme an der Lösung derartiger Aufgaben als Kassenarzt, als Fluglotse oder als Mutter eines Schulkindes befähigt noch nicht automatisch dazu, an „umfassenderen Umgestaltungsprogrammen" gesamtgesellschaftlich rational mitzuwirken (Vilmar 1973, I S. 33).

– Der kontrollierende Gruppendruck stellt die Berücksichtigung dieser gesamtgesellschaftlich akzeptierten Werte sicher. Soziale Wertvorstellungen, die zwar generell befürwortet und als gültig akzeptiert werden, aber im Alltag des einzelnen durchaus nicht immer zur Geltung kommen, haben im überschaubaren Rahmen der Kleingruppe größere Realisierungschancen. Bei der Lösung vieler gesellschaftlicher Probleme sieht der Normalfall so aus, wie ihn bereits Thukydides in seiner „Geschichte des Peleponnesischen Krieges" (I, 141) für das antike Athen beschreibt: „Jeder meint, seine eigene Sorglosigkeit schade nichts, es werde schon ein anderer sorgen an seiner Statt, daß etwas geschehe, so daß durch die gleiche allgemeine Auffassung jedes einzelnen unvermerkt die gemeinsame Sache ganz und gar verdirbt." Eine Untersuchung wie die von Olson kommt prinzipiell zu dem gleichen Ergebnis, wenn sie feststellt, daß der rational handelnde einzelne in den großen und latenten Gruppen unserer Gesellschaft auf soziopolitischem Gebiet nicht bereit sei, irgendwelche Opfer für Ziele zu bringen, die er mit anderen teilt. In solchen Fällen besteht keine Tendenz, sich freiwillig für gemeinsame Interessen einzusetzen. Nur wenn die Gruppen klein oder in der glücklichen Lage sind, über unabhängige Quellen selektiver Anreize zu verfügen, werden sich ihre Teilnehmer für diese Ziele einsetzen (vgl. Olson 1968, S. 163 f.).

Die Ergebnisse entsprechend konditionierter Sozialisationsprozesse sind bekannt. Sie lassen sich nachlesen, z. B. in den Untersuchungen über den israelischen Kibbuz, in dem gegenüber der Bereitschaft zur Wahrnahme von Individualinteressen vermehrt Solidarität und Kooperationsfähigkeit eingeübt werden, oder in den vergleichenden Untersuchungen über Erziehungsergebnisse in den USA und in der UdSSR, wo die entsprechenden Normen über Kleingruppenprozesse verstärkt werden (Bettelheim 1969; Bronfenbrenner 1972; Liegle 1970 u. 1972).

– Vertreter massiver Sonderinteressen sind in die Situation „Planungszelle" nicht auf Dauer eingeschlossen: Hier werden Fälle behandelt, bei denen die Betroffenen zwar eingehend gehört werden. Diese nehmen aber an der Arbeit der Gruppe nicht dauernd teil und sie sind auch nicht befugt, die erforderlichen Bewertungen mitzuvollziehen. Die volle Präsenz der dem Gemeininteresse im einzelnen Fall entgegenstehenden Individualinteressen könnte für den Meinungsbildungsprozeß nicht ohne Folgen bleiben[16]. Das dürfte vermehrt von der Repräsentanz problemrelevanter organisierter

Sonderinteressen gelten. Sie sind denn auch innerhalb der Planungszelle nur befristet, z. B. in der Form des Hearings, zugelassen.

b) Einsicht in Problemlösbarkeit: Die Planungszelle vermittelt dem einzelnen Teilnehmer an mindestens einem Fall, nämlich der Gruppenaufgabe, die Einsicht in die Lösbarkeit komplexer Probleme.

Diese Erfahrung wird das Selbstvertrauen des einzelnen in bestimmten Hinsichten fördern, z. B. die Angst vor derartigen Problemen reduzieren und damit auch die Auswirkungen dieser Ängste, die sich im politischen Alltag als Resignation, Apathie oder Anfälligkeit für radikale Lösungen niederschlagen. Dieser aufklärerische Effekt baut die personale Autonomie in der angegebenen Richtung aus und verstärkt damit die Bereitschaft, sich auch komplexen Problemen zu stellen.

Die Einsicht in die Lösbarkeit komplexer Probleme ist vor allem aber geeignet, beim Einzelnen ein „Systemvertrauen" aufzubauen. Die Selbstblockierung eines politischen Systems, seine Unfähigkeit, Diskriminierungen oder Defizite anders als auf revolutionärem Wege abzuändern, oder seine verfahrensmäßige Überlastung, die sich zu einer potentiellen Bedrohung für jedermann auswächst – das sind Zustände, deren Sozialisationseffekte überwiegend disfunktional sind. In der Planungszelle setzen sich demgegenüber – angesichts eingegrenzter Teilprobleme – Meinung und Gegenmeinung der überprüfenden Argumentation und dem rationalen Entscheid aus. Die Teilnahme an diesem Lösungsprozeß und die Einsicht in die Lösbarkeit der bearbeiteten Probleme dürfte damit so etwas wie ein generelles Zutrauen in die Vernünftigkeit und Angemessenheit der durch das miterlebte Verfahren zustandekommenden Beschlüsse erbringen. Mit der Teilnahme an der Planungszelle bietet sich so eine „Primärsituation" zur Entwicklung von Systemvertrauen, die in gewisser Hinsicht der Versorgungssituation vergleichbar ist, aus der sich in der Frühkindheit – wie die Sozialpsychologen uns sagen – unser aller „sozialer Optimismus"[17] gebildet hat.

Es ist durchaus eine Frage, ob nicht auf diese Weise auch ein Zuviel an „Systemvertrauen" produziert werden kann. Die politische Apparatur einer Gesellschaft nimmt so etwas gern und vielleicht nicht nur zum Besten des Bürgers in Anspruch. Die Arbeiter sowjetischer Betriebe lehnen – wenn man der Presse glauben will – den Streik ab, weil der Betrieb ihnen gehört. In einem politischen System, das – wie z. Z. bei uns – durch eine Mehrzahl komplementräer Kontrollmechanismen und Konfliktaustragungsmöglichkeiten gekennzeichnet ist, dürfte allerdings die Gefahr einer Überproduktion von Systemvertrauen zunächst nicht gegeben sein.

c) Rollenzwang zur Informationsaufnahme: Die Planungszelle veranlaßt den einzelnen zu einer umfassenden Informationsaufnahme über mindestens ein bestimmtes gesellschaftliches Teilproblem.

Dieses Element der Situation scheint durchaus geeignet, die vom Fachmann mit Recht wenig geschätzte halbgebildete Besserwisserei oder ein lästiges Insistieren auf Banalitäten oder schlechteren Lösungsmöglichkeiten, das sich bis zum Messianismus steigern kann, zu fördern. Solche „Querulanteneffekte" dürften aber nur bei Personen auftreten, die dafür disponiert sind. Derartig Frustrierte haben aber auch ohne Laienplanung schon die Möglichkeit, ihr sozial unglückliches Bedürfnis in der angedeuteten Weise zu äußern. Wichtiger und quantitativ erheblicher sind demgegenüber die positiven Folgen, die dem einzelnen oder dem System als Auswirkungen dieser Situation zuwachsen: Die gewonnenen Kenntnisse sind wiederverwendbar. Der einzelne kann jederzeit darauf zurückgreifen. Ein Gebiet, in dem man „sich auskennt", macht sicherer in der Interaktion mit dem politischen Alltag und geeigneter für die Mitwirkung in anderen Beteiligungsformen wie Partei oder Verband. Dem einzelnen werden also „Hobbymöglichkeiten" erschlossen, die eine höhere Affinität zum politischen Teilsystem haben als vieles, was sonst die Freizeit der meisten ausfüllt. Für die Gesellschaft stellt der speziell Informierte ein zusätzliches Kontrollpotential dar.

d) Motivation zur Identifizierung mit dem Staat: Planungszellen bieten sinnvolle Identifikationsmöglichkeiten mit Großgruppen.

Menschen nehmen zu Großgruppen, zu geographischen Räumen oder zu Institutionen innere Beziehungen auf[18]. Die Großgruppen und Räume sind für ihre optimale Entwicklung auf solche Beziehungen angewiesen. Sie sind für sie letztlich überlebenswichtig. Anzahl und Intensität der für jedermann zugänglichen Identifikationsmöglichkeiten nehmen aber im Hinblick auf manche Einheiten ab. So haben in der Bundesrepublik z. B. die Möglichkeiten sowohl der Symbolidentifikation wie auch der Identifizierung durch das Ausüben entsprechend orientierter Tätigkeiten in Bereichen, die für die Beziehung des einzelnen zum Staat relativ grundlegend sind, (etwa im Bereich der Landesverteidigung) aus was für Gründen auch immer nachgelassen. Im Bereich des Sports haben sie zugenommen. Identifikation mit einem Bundesland an einer für diese Institution sinnvollen Stelle zu eröffnen, ist gar nicht einfach. Die knappen Chancen stehen hier den Regierern und Machern zu. Das Identifikationspotential, das Trachtengruppen oder freiwillige Feuerwehren für die agrarischen Regionen dargestellt haben, ist auch nicht mehr hinreichend.

Daß für den Durchschnittsbürger auf all diesen Ebenen die Gelegenheit und der Zwang zur Identifikation abnimmt, hat Folgen für die Zielverwirklichungsprozesse der betreffenden Organisationen. So kommt es z. B. beim Bürger zu einer Verlagerung der Perspektiven, die, um ein Bild zu gebrauchen, der Interessenverschiebung vom Mehrheitsaktionär zum kleinaktienhaltenden Spekulanten oder Sparer entspricht. Für den Fortbestand einer Organisation macht es einen entscheidenden Unterschied aus, ob ihre Träger sich mit ihr langfristig auf Gedeih und Verderb verbunden wissen oder ob deren Verhalten ihr gegenüber nur von „kurzfristigen" Verbraucherinteressen diktiert ist. Die negativen Auswirkungen mangelhafter Identifikation treffen in den Bereichen, die hier zur Diskussion stehen, den einzelnen letzlich härter als im zitierten Bereich der Börse. Im Zweifelsfalle kann man sich von Aktien schneller lösen als von Wohnort, Region oder Staatsbürgerschaft.

Die neuen Identifikationsmöglichkeiten der Planungszelle beziehen sich sowohl auf die Verfahren, nach denen in der Laienplanergruppe gearbeitet wird, also letztlich auf den demokratischen Prozeß und damit auf die von ihm geforderten Verhaltensweisen und die von ihm produzierten Ergebnisse, wie auch auf die planungstragenden Großgruppen, z. B. Land oder Kommune.

Zusammenfassend kann festgehalten werden, daß die so gekennzeichnete „Lernsituation Planungszelle" die in unserer Gesellschaft ablaufenden organisierten und nicht organisierten politischen Sozialisationsprozesse in entscheidender Weise ergänzt. Was von der Gemeinde erwartet, aber immer mangelhafter geleistet wird, nämlich die Funktionen einer „Schule der Demokratie" zu erfüllen, trifft auf Beteiligungsverfahren wie das der Planungszelle in vollem Umfang zu. Hier wird – gestützt und motiviert von einer Kleingruppensituation, die eine weit höhere soziale Kohäsion[19] bietet als die heutige kommunale Gebietskörperschaft – in einem ausgegrenzten Bereich an einer als Ernstfall interpretierbaren Aufgabe gearbeitet. Unter diesen sozialen Bedingungen wird das Mit-planen für die Mehrheit der heute zur politischen Apathie bestimmten Bürger ein Schlüsselerlebnis bilden, das, wenn massenhaft erfolgreich absolviert, zur Anhebung der erforderlichen Bürgerqualitäten führen und damit eine dem Leitbild der Demokratie näherkommende Transformation der herrschenden politischen Kultur ermöglichen wird.

Noch einmal muß als ein weiterer entscheidender Vorteil ins Gedächtnis gerufen werden, daß diese Lernsituation *für alle Positionen der Gesellschaft* in gleicher Weise angeboten wird. Sozialisationsverfahren sind in der Regel schichtenselektiv. Sie stehen faktisch immer nur bestimmten Gruppen zur Verfügung. Mit Recht weisen amerikanische Untersuchungen z. B. darauf hin, daß dort die üblichen Verbraucher-Organisationen, „die der gebildeten Mittelklasse so wirkungsvoll geholfen haben, überhaupt nicht geeignet sind, die gleiche Rolle für die Kleineinkommens-Verbraucher zu spielen" (Mitchell 1973, S. 365). Dabei kaufen Unterschichten per se „teurer" ein als Mittelschichtenangehörige (Sturdivant 1968, S. 130 ff.; Caplowitz 1963), aber sie entwickeln eben auch andere nicht organisierte Lernprozesse. Die Planungszelle weist demgegenüber den denkbar breitesten personellen Einzugsbereich auf.

Mit alledem ist die Planungszelle eine der – von Widmaier für erforderlich gehaltenen, aber auch als noch nicht vorhanden bezeichneten – Einrichtungen, mit denen „systematisch und für breite Schichten der Bevölkerung verbindlich ... Verhaltensweisen wie Solidarität, Kooperation, soziale Initiative u.a.m. eingeübt werden" (Widmaier 1972, S. 16). Diese günstige Lernsituation läßt sich herstellen, wenn zwei Ansätze miteinander kombiniert werden können:

– Die Teilnahme an politischen Entscheidungen muß als Instrument der politischen Sozialisation genutzt werden. Das setzt voraus, daß die entsprechenden nicht schulartigen, nicht teilinteressenverhafteten und ins politische Teilsystem integrierten Positionen massenhaft zur Verfügung stehen.
– Es müssen Bedingungen geschaffen werden, unter denen der heutige Mensch in der Lage ist, die Funktionen, die unser politischer Ordnungsentwurf dem Bürger zumutet, effizient wahrzunehmen. Entsprechende Entscheidungssituationen zeichnen sich dadurch aus, daß sie für den Bürger bewältigbar sind. Zum Beispiel muß die „Überschaubarkeit" hergestellt sein. Das läßt sich durch Ermöglichung einer kundenfreundlichen Kleingruppensituation, durch vergütete Freistellung des betreffen-

den Teilnehmers und durch die Vorgabe ausgegrenzter, geeigneter Probleme erreichen.

Wenn diese Lernsituation entwickelt worden ist und angeboten werden kann, dann kann auch der immense Nachholbedarf, den unsere Demokratie an leitbildentsprechender politischer Sozialisation aufweist, angegangen werden.

Individuell verwertbare Effekte

Die vom einzelnen Teilnehmer für sich verwertbaren Effekte der Mitarbeit in der Planungszelle spielen im ganzen der hier vorgetragenen Konzeption sicher eine untergeordnete Rolle. Sie sollen dennoch nicht unerwähnt bleiben. Erträge gleich welcher Art, die die Planungszellenteilnahme für den einzelnen erbringt, werden auf längere Sicht, gerade wenn sie sinnfällig sind, wenn man z. B. von ihnen berichten kann, für die Teilnahmemotivation von Bedeutung sein. Vor allem dürfte es auch in der Einführungsphase der Planungszelle nicht unwichtig sein, ob dem einzelnen Teilnehmer Vorteile benannt werden können, die ihm persönlich aus der Mitarbeit erwachsen werden.

Die Arbeit in der Laienplanergruppe eröffnet dem einzelnen Einblick in einen ganz bestimmten gesellschaftlichen Teilbereich, bietet eine sinnvolle Aufgabe und vermittelt ihm die entsprechenden Kenntnisse. Damit werden dem einzelnen neue Selbstverwirklichungsmöglichkeiten für die Zeit der Laienplanergruppe und darüber hinaus erschlossen. Das erweitert seinen persönlichen Gestaltungsraum und ermöglicht eine weitere Fundierung individueller Unabhängigkeit. In vielen Fällen wird er bis in die eigene berufliche Tätigkeit hinein davon profitieren, daß ihm hier neue Kenntnisse und Fähigkeiten zugänglich gemacht worden sind.

Ein im einzelnen Fall aufweisbarer Gewinn besteht weiterhin darin, daß der Teilnehmer mit einer begrenzten Anzahl von Personen zusammengearbeitet und sie dabei kennengelernt hat. Das ist zunächst für diejenigen Teilnehmer von nicht zu unterschätzender Bedeutung, die ihren normalen Alltag in relativ isolierten Positionen verbringen, wie etwa Rentner, Hausfrauen, aber auch Berufstätige in den isolierenden Zwängen bestimmter Werkhallen oder Büros. In der Planungszelle etablieren sich für alle Teilnehmer neue Netzwerke sozialer Bindungen, auf die man später auch in anderen Zusammenhängen zurückgreifen kann und innerhalb derer gemeinsam definierte Gesprächsthemen zur Verfügung stehen wie sonst Fußball, Kriegserlebnisse, Kinder oder Wetter.

Daneben werden dem einzelnen generelle Einsichten und Fertigkeiten vermittelt. Das Gruppenerlebnis, die an einer sinnvollen Sache orientierte gemeinsame Arbeit, die erfolgreiche Bewältigung einer Aufgabe – all das bildet den Hintergrund für vielfältige Eindrücke.

– So wird vom einzelnen die Umwelt als veränderbar erfahren. Man erlebt sich als „Planer". In der Regel werden die Großstrukturen der Gesellschaft als schicksalhaft vorgegebene Fakten bewertet. In der Laienplanergruppe ist die Konditionierbarkeit solcher Fakten an einer Stelle miterlebt worden.

– Die Laienplanergruppe verschafft vielen Teilnehmern erstmalig Eigenerfahrungen in der Teamarbeit. Dabei werden soziale Fertigkeiten („Teamverhalten") eingeübt, die in der modernen Industriegesellschaft zunehmend benötigt werden. Derartige Lerneffekte werden sonst u. a. dem Wehrdienst zugesprochen[20]. In der Laienplanung kommen sie weit höheren Anteilen der Bevölkerung zugute.

– Dem einzelnen werden die Grenzen fehlerhafter positionsbedingter Selbsteinschätzung sichtbar. Monopolstellungen sozialer Minoritäten produzieren mitunter Selbstdefinitionen, die gesellschaftlich nicht funktional sind. Korrekturmöglichkeiten bietet erst die, in der funktionsdifferenzierten Gesellschaft gar nicht so häufige Konfrontation in psychisch bewältigbaren Situationen. Was dem Rennfahrer, Physiker oder Börsenmakler in der Planungszelle als akzeptable Fremdmeinung widerfährt, ist ihm sonst so nicht zugänglich.

Schließlich führt die Mitarbeit in der Planungszelle zur Übernahme von Fertigkeiten und Einstellungen, die weitere, für den einzelnen möglicherweise neue Aktivitäten auslösen. Man hat sich in einem Umfang informiert und qualifiziert, daß sich eine Fortsetzung dieses Engagements nahelegt. Die Teilnahme in einer Planungszelle kann so etwas wie einen ersten Schritt auf dem Wege in die sozialaktiven Eliten darstellen.

C. Gesellschaftsrelevante Effekte

Auswirkungen, die das vorgestellte Verfahren in anderen gesellschaftlichen Teilbereichen auslöst, werden hier nur beispielhaft angedeutet, und zwar in den Bereichen Wissenschaft, Wirtschaft und Regionalförderung.

Planungszelle als Untersuchungsobjekt

Mit der Planungszelle bietet sich ein neuartiges Untersuchungsobjekt für die empirisch-sozialwissenschaftliche Forschung an. Es verspricht bemerkenswerte Erträge.

Für die empirische Überprüfung vieler Sätze, die in den Sozialwissenschaften entwickelt werden, stellt die Planungszelle unter anderem deswegen eine günstige Versuchsanordnung dar, weil es sich bei ihr um eine begrenzte, präzis definierte soziale Gruppe handelt, die auf bestimmte Zeit zusammen und konstant besetzt ist, weil sie von einer sozialen Heterogenität ist, wie sie bisher von keinen vergleichbaren Gruppierungen erreicht wird, und weil sie unter standardisierten Bedingungen an anderen Orten und zu anderen Zeiten ebenfalls angetroffen werden kann.

In dieser Versuchsanordnung lassen sich Gruppenprozesse unter Bedingungen untersuchen, die sonst noch nicht gegeben sind. Damit eröffnen sich zusätzliche Vergleichsmöglichkeiten zu Abläufen in vorhandenen Sozialfiguren, Vergleichsmöglichkeiten, die relativ preiswert zu neuen Einsichten führen dürften.

Gleichzeitig ist mit der Planungszelle ein Untersuchungsinstrument gegeben, mit dem Querschnittprobleme auf eine neue Weise angefaßt werden können. Im Verlauf einer Planungszelle fallen über das Verhalten und die Einstellung der Teilnehmer Datenmengen an, die mit denen anderer Planungszellen vergleichbar sind. Das erleichtert es, Panel-Analysen und andere Untersuchungen im Zeitablauf anzustellen. Man hat ein neues Instrument, um Entwicklungen über einen größeren Zeitraum zu verfolgen. In ähnlicher Weise können Versuche an mehreren verschiedenen Orten unternommen werden. So kann die räumliche Verteilung von Verhalten und Einstellungen sichtbar gemacht werden.

Diese günstige Versuchsanordnung, die sonst nur unter hohen Kosten erstellt werden könnte, bietet sich mit der Planungszelle, sozusagen als echtes „Abfallprodukt" der Planung, billig für die Zwecke der wissenschaftlichen Forschung an. Man ist versucht, an die Anregungen zu denken, die von der Reaktor- oder Weltraumtechnik in andere Erkenntnisgebiete ausgegangen sind.

Planungszelle als Produktionsauslöser

Eine in ihren Anforderungen wie in ihren Effekten neuartige Einrichtung setzt Materialien voraus, die in diesen Einrichtungen verwendet werden können, und auch Personal, das über entsprechende Qualifikationen verfügt. All das muß entwickelt, produziert und ausgebildet werden.

Zwar sind in den Anfängen und Zwischenstufen Planungszellen schon mit geringem Aufwand realisierbar. Aber in seiner geordneten massenhaften Durchführung wird das Modell dann doch einen neuen Nachfrager darstellen. Differenziert an unterschiedlichen Aufgaben orientiert werden die entwickelteren Formen des Modells insgesamt erhebliche Produktionen in Gang halten.

Die Informationseingaben setzen eigene Zweige der Medien- und der Schulbuchindustrie voraus. Die Bewertungsverfahren erfordern Abläufe, Vordrucke, Modellmaterial. Das Berichtswesen braucht Formen und Verfahren der Ergebnispräsentation, die kurzfristig erstellbar und – bis hin zum Modellbau – anschaulich sind. In wie hohem Maße gegebenenfalls die elektronische Datenverarbeitung geeignet ist, in einer ausgebauten Laienplanung – insbesondere etwa in der Informationsbereitstellung und in der Bewertung – eingesetzt zu werden, braucht dem Fachmann gegenüber nicht betont zu werden. Insgesamt müssen jedenfalls zahllose Dinge hergestellt und erdacht werden.

Wirtschaftswissenschaftler sagen voraus, daß die Wirtschaft der westlichen Industriegesellschaften nur dann katastrophenfrei weiterarbeiten wird, wenn Bedarfslücken für neue Basisinnovationen gefunden werden. Die gesättigte Nachfrage nach Standardgütern produziert das „technologische Patt" (Mensch 1976). Ein Ausweg aus der Situation würde sich nur zeigen, wenn zukunftsträchtige Projekte aufgegriffen werden könnten. Erst mit Großvorhaben neuer Art werden neue „Produktionen" ausgelöst.

Vielleicht ist es nicht verkehrt, das Laienplanungssystem „Planungszelle" als ein solches mögliches Großvorhaben zu sehen. Es stellt eine Innovation dar, die – wenn sie erst in Fahrt kommt – einiges an Forschungs- und Produktionskapazität erfordert.

Schon bald wird sich errechnen lassen, welche Entwicklungs- und Umsatzpotentiale erschlossen werden, wenn jährlich 1 Mio Bundesbürger für längere oder kürzere Zeit an Planungsprozessen auf diese Weise beteiligt werden.

Planungszelle als Förderungsinstrument

Die Planungszelle kann als Instrument zur Förderung unterbewerteter räumlicher oder sachlicher Bereiche eingesetzt werden.

Die Teilnahme an einer Laienplanungsmaßnahme ist für den Einzelnen mit dem Erwerb örtlicher und sachlicher Kenntnisse sowie mit dem Angebot neuer, z. B. auch örtlicher, Identifikationsmöglichkeiten verbunden. Diese Erwerbungen, die in jedem Fall entstehen, stellen für den bearbeiteten Sachbereich oder die bearbeitete Region ein Kapital an Prestige und personaler Bindung dar.

Die Laienplanergruppe ist, wie schon gesagt, in ihrem Einsatz ortsunabhängig. Teilnehmer aus bestimmten Einzugsbereichen können mit Hilfe dieses Verfahrens in eine ganz andere Region plaziert werden und dort deren Themen bearbeiten. Damit wird es möglich, das genannte Kapital gezielt zugunsten bestimmter Sachbereiche oder Räume einzusetzen: Planungszellen lassen sich auf diese Räume (z. B. Förderungsgebiete, Grenzgebiete, Zonenrand) oder Bereiche konzentrieren.

Anmerkungen zu Kapitel VI

1 Die beiden Situationen entsprechen den Phasen I und III des im Kapitel IX, B vorgelegten Phasen-Scenarios.

2 So Paschen mit dem Beispiel einer (rückblickend für 1960 angenommenen) Technology Assessment-Studie zu den Folgen des Pkw-Verkehrs (Abgas, Verkehrstod, Wirtschaftswachstum). Vgl. Studiengruppe für Systemforschung, Mitteilungen Nov. 1973, S. 22.

3 „Forschungen auf dem Gebiet politischer Repräsentation lassen vermuten, daß eines der möglichen Motive zur Unterstützung eines demokratischen Systems im Gefühl seiner Bürger liegt, am Regierungsgeschehen repräsentativ beteiligt zu sein." G. R. Boyton u. G. Loewenberg. Der Bundestag im Bewußtsein der Öffentlichkeit 1951–1959, in: Politische Vierteljahresschrift 1/1973, S. 15.

4 Es gibt andere Verfahren der Bildung von Meinungsdurchschnitten, die die negativen Auswirkungen einer Emotionalisierung noch stärker eingrenzen. Solche Verfahren, z. B. die Delphi-Methode, verzichten allerdings im Gegensatz zur Planungszelle auf Gruppenpräsenz. Einzelmeinungen werden der Kritik des anderen ausgesetzt, ohne daß es zur personalen Begegnung kommt. Ein derartiges Verfahren kann auch im Zusammenhang mit der Planungszelle verwendet werden.

5 Ein Tabuproblem ist z. B. die unbefriedigende Verteilung von Wohnraum zwischen den Generationen der Mittelklasse. Die junge Familie (nur Anfangsgehälter, nur ein Verdiener, zusätzliche Ausgaben für Haushaltsgründung und Kinderaufzucht) hat zu wenig Raum. Ältere Leute (Gehaltsprogression auf dem Höhepunkt, 2 Verdiener) wohnen allein mit reichlich Raum. Der hier fällige „weiße Plan" (Subventionierung der Kinderaufzucht) ist nicht leicht durchsetzbar.

6 Bei einer Sanierung z. B., so meint Curdes, „ist jeder Planer von der Komplexität der vorhandenen Erfahrungs- und Bedürfnisstrukturen überfordert ...". Umweltzerstörung durch Planung, Vortrag vom 30.3.1973, S. 20.

7 Wenn die Feststellung, bürgerschaftliche Partizipation diene der Identifikation mit der Verwaltung, auf einem verwaltungswissenschaftlichen Kongreß (XV. Internationaler Kongreß für Verwaltungswissenschaften, Rom, September 1971, bei der Diskussion des Themas 3 „Die Beteiligung der Benutzer oder der unmittelbar interessierten Personen an der öffentlichen Verwaltung, einschl. der Schulverwaltung") Zustimmung findet, dann signalisiert das, welchen Effekt man sich hier von der Partizipation erhofft. Es kennzeichnet aber gleichzeitig die erkannte Schadensstelle.

8 Solche Einsichten werden, obgleich sie auch in der Presse erscheinen (vgl. z. B.: Heddy Neumeister, Bestechung durch die Enkel, in: Frankfurter Allgemeine Zeitung, 11.2.1969) heute kaum für das Massenverhalten wirksam.

9 Zur Funktion und zur Geschichte dieser Eingangsformel vgl. H. Hattenhauer, Die Kritik des Zivilurteils, Frankfurt/Berlin 1970, S. 54. Dort wird auch die andersartige englische Praxis erörtert; ebend., S. 35 f.

10 Hieran hat bisher zumeist die ‚Repräsentativitäts'-Diskussion angesetzt. Den Ton gab Rousseau an: „Das englische Volk glaubt frei zu sein, es irrt sich sehr. Es ist nur frei während der Wahl der Parlamentsmitglieder; sobald diese gewählt sind, ist es Sklave." (Der Gesellschaftsvertrag III, Kap. XV).

11 Vgl. für den Schulbereich den Katalog der Qualifikationen und Lernziele, in: Der Kultusminister der Landes NRW (Hrsg.), Richtlinien für den Politischen Unterricht, Düsseldorf/Stuttgart 1973.

12 So schon beim Wiederaufbau unserer politischen Ordnung, vgl. z. B. Entwurf einer deutschen Gemeindeordnung, Schriften des Deutschen Städtetages, Braunschweig 1947, oder etwa die Rede des Baden-Württembergischen Innenministers Ulrich 1954 anläßlich der Einbringung der Gemeindeordnung im Landtag.

13 Nach den Untersuchungen von Michael Young würden Bürger in „Nachbarschaften" an der Kommunalverwaltung mitwirken. Vgl. M. Young, The Hornsey Plan: A Role for Neighbourhood Councils in the New Local Government. National Suggestions Centre, 1970. Hierzu auch G. Gallup, (1965), S. 141 ff.

14 Von dieser Annahme ausgehende Entwürfe hat in den zwanziger und dreißiger Jahren A. Mahraun vorgelegt. Vgl. W. Lohmüller (Hrsg.), Ein neues Ordnungsbild. Überschaubare Willensbildung im modernen Staat, Gießen 1960. Damit werden Intentionen des Freiherrn v. Stein (Nassauische Denkschrift) umgesetzt. „Diese Erziehung bewirken Einrichtungen, die der Tätigkeit des einzelnen einen freien Spielraum anweisen und ihm Gelegenheit geben zur Sammlung von Erfahrungen, indem er die Angelegenheit seiner Gemeinde verwaltet und so den Grund legt zur Empfänglichkeit für die Liebe zum Allgemeinen."

15 Z. B. Vilmar (1973), Bd. I, S. 33 („Die Strategie der Gesamtdemokratisierung: eine überschaubare, permanent auszuweitende Transformationsaufgabe für jeden Schüler, jede Hausfrau, jeden Arbeiter und Beamten, jeden Wissenschaftler und Pfarrer, jeden Arzt und Lehrer und Lehrling und Mieter.")

16 Möglicherweise nach einem Muster, das ebenfalls Thukydides beschreibt: „Sind sie endlich versammelt, so erwägen sie kurze Zeit die gemeinsamen Anliegen, in der Hauptsache betreiben sie ihre Sondergeschäfte." Geschichte des Peleponnesischen Krieges, ebd.

17 Diesen Begriff verwendet z. B. Dieter Claessens, Familie und Wertsystem, Berlin 1972 (3. Aufl.), S. 94 ff. Andere Begriffe für vergleichbare Sachverhalte benutzen H. Vaihinger, Die Philosophie des Als Ob, Leipzig 1924, S. 161 („logischer Optimismus") oder E. H. Erikson, Kindheit und Gesellschaft, Zürich/Stuttgart 1957, S. 228 („Ur-Vertrauen").

18 In einzelnen Untersuchungen werden unterschiedliche Komponenten dieser komplexen Relation herausgestellt. Man spricht z. B. von der „symbolischen Ortsbezogenheit" (Heiner Treinen, Symbolische Ortsbezogenheit, Köln und Opladen, 1966) oder vom „Gefühl der räumlichen Identität", das „fundamental für das menschliche Verhalten ist" (Marc Fried, Grieving for a Lost Home, in: Leonhard J. Duhl (Hrsg.), The Urban Condition, New York 1963, S. 365.

19 Je stärker die soziale Kohäsion einer Gruppe ist, um so größer sind die Veränderungen, die von den Gruppenmitgliedern im Verhalten der anderen Mitglieder ausgelöst werden können. Vgl. L. Festinger, S. Schachter, K. Back, Social Pressures in Informal Groups, New York 1950, S. 72–100.

20 Hans Jürgen Eberle, schlägt vor, daß solche qualifizierenden Aktivitäten im „Bildungspaß" des einzelnen mit aufgeführt werden sollten. Vgl. Eberle, Abkömmlichkeit und Arbeitsplatzsicherung als Probleme der Planpflicht – dargestellt am Beispiel der Wehrübung, Diplomarbeit, Wuppertal 1972 (maschinengeschrieben), S. 143.

Kapitel VII

Langfristeffekte

Bestimmte Auswirkungen der Planungszelle können als „Langfristeffekte" bezeichnet werden, weil sie größere gesellschaftliche Zusammenhänge betreffen, denen gegenüber die spezifischen Wirkungen dieses Modells sich erst nach und nach und aus einzelnen je für sich zeitkonsumierenden Einzelwirkungen aufbauen. Langfristeffekte setzen damit einen relativ häufigen, mitunter sogar schon massenhaften Einsatz von Laienplanergruppen voraus.

An dieser Stelle ist daran zu erinnern, daß eine wichtige Vorbedingung einer derartigen Einsatzweise mit dem Modell Planungszelle bereits vorhanden ist: das Verfahren ist *vermehrfachbar*. Diese Eigenschaft des Verfahrens ist als gegeben anzunehmen, weil und insofern bestimmte Eigenheiten, die sich bei einer Vermehrfachung anderer Verfahren negativ im politischen Teilsystem auswirken, bei dem Modell Planungszelle nicht auftreten.

Über Langfristeffekte kann nur sehr vorsichtig gesprochen werden. Die Zustände, über die hier Aussagen gemacht werden sollen, sind noch nicht gegeben und daher als solche auch noch nicht untersuchbar. Manche der vorgetragenen Sätze sind z. Z. empirisch nur schwer abzusichern und haben eher thetischen Charakter. Andere betreffen Sachverhalte, die in Ansätzen bereits evident sind.

Unter etwas anspruchsvollen Bezeichnungen wie Weiterentwicklung, Neuverteilung, Umschichtung, Entlastung oder Konfliktprophylaxe werden einige dieser Effekte im folgenden exemplarisch dargestellt.

A. Weiterentwicklung des politisch-administrativen Instrumentariums

Mit der Planungszelle eröffnen sich Möglichkeiten, *Einrichtungen* im politischen Teilsystem weiterzuentwickeln. Die gedankliche Vorwegnahme solcher Weiterentwicklungen ist natürlich spekulativ. An zwei Beispielen sollen dennoch derartige Möglichkeiten verdeutlicht werden, und zwar an der Organisation problemadäquater Problemeinzugsbereiche und an der Entwicklung neuer Verfahren der Entscheidungsfindung.

Problemadäquate Einzugsbereiche

Für immer mehr der Probleme, die der einzelne Bürger nicht allein bewältigen kann, müssen in unserer arbeitsteiligen Gesellschaft von der öffentlichen Hand Lösungen bereitgestellt werden (‚Leistungsverwaltung'). Solche Problemlösungen – z. B. in Form von Schwimmbädern, Berufsberatungen, Flughäfen oder Stadttheatern – setzen, wenn sie wirtschaftlich vertretbar sein sollen, entsprechende bevölkerungs- und gebietsmäßige Einzugsbereiche voraus. Die Einzugsbereiche sind unterschiedlich groß. In der verwaltungswissenschaftlichen Diskussion wird seit längerem dafür plädiert, möglichst viele solcher Einzugsbereiche auf die bestehenden oder auch neu abzugrenzenden Verwaltungsräume zu vereinen (Wagener 1969).

In der Praxis ergeben sich mit dieser Forderung große Schwierigkeiten. Die optimalen Einzugsgebiete ändern sich nämlich eigenwilliger, schneller und voneinander unabhängiger als früher. Hieran sind der beschleunigte technische Wandel sowie der schnellere Wechsel in der Problemprominenz nicht unschuldig. Neue Einzugsbereiche werden möglich und sinnvoll. Der Verwaltungsaufbau kann dem aber nicht folgen.

Es ist die Frage, ob sich dieses Dilemma mit dem Satz von der „Einräumigkeit der Verwaltung" (Wagener 1969) oder der Forderung nach „angemessener Dezentralisierung" (Kisker 1976) bewältigen läßt. Es müßte möglich sein, spezielle Maßnahmenkompetenzen zu organisieren, die je nach Erfordernis mit unterschiedlichen und möglichst unmittelbaren Legitimations- und Kontrollpotentialen versehen werden können.

So etwas ist aber mit den heute üblichen Verfahren nicht oder nur schwierig zu erstellen. Ur-Wahlen, wie sie zur Errichtung entsprechender Repräsentativgremien erforderlich wären, sind viel zu aufwendig. Sie sind im Grundgesetz auch gar nicht vorgesehen. Dort, wo Einzugsbereiche von Problemlösungen nicht zur Deckung zu bringen sind mit fest etablierten, parlamentarisch unmittelbar kontrollierten Gebietskörperschaften wie Gemeinde, Kreis oder Land, kommt es daher

– entweder zu keinen institutionalisierten Formen der Problemlösung, die diesen speziellen Einzugsbereichen entsprechen,

– oder zu Gebietszusammenschlüssen, die wieder anderen Anforderungen nicht gerecht werden[1],

– oder zu einem Wildwuchs von Hilfskonstruktionen, die in der Gefahr stehen, der unmittelbaren Kontrolle zu entwachsen (vgl. Zweckverband-Problem). Hierher gehört auch das, was sich dem Verwaltungsforscher als „kaum noch zu überblickender Regionenwirrwarr" darstellt (Wagener 1977, S. 71).

Mit der Laienplanergruppe steht ein Verfahren zur Verfügung, das legitimatorische und basisunmittelbare Kontrollwirkungen auslöst, ohne daß die gesamte Einwohnerschaft eines Gebietes bemüht werden muß. Dieses Verfahren kann zu einem Zeitpunkt eingesetzt werden, an dem die genaue Abgrenzung des Problemeinzugsbereiches noch gar nicht festliegt. Es kann außerdem diesem Bereich in unterschiedlicher Dosierung beigegeben werden. Der Bedeutung der anstehenden Fragen entsprechend können geringere oder höhere Zahlen von Planungszellen eingehängt werden. Mit all dem ergeben sich vom Modell Planungszelle aus Denkmöglichkeiten, die als Anregung in die laufende verwaltungswissenschaftliche Diskussion einbezogen werden können.

Was das genannte Verfahren für den Einsatz in diesen Zwischenebenen so geeignet erscheinen läßt, ist unter anderem seine Unabhängigkeit von der allgemeinen Teilnahmemotivation, von der allgemeinen Informiertheit und von dem ansonsten daraus resultierenden Zeitbedarf. Es ist nicht auszuschließen, daß diese Organisationsmöglichkeit problemadäquater Einzugsbereiche institutionalisierbarer Problemlösungen in der politisch-administrativen Wirklichkeit zunehmend genutzt werden wird.

Gruppenabstimmung

Die massenhafte Beteiligung an Grundsatzentscheidungen ist, wie sich gezeigt hat, weder über vermehrte Plebiszite noch über eine Realisierung der Räte-Konzeption wünschbar. Sie ließe sich aber durch den vermehrten Einsatz von Planungszellen bewerkstelligen.

Dazu müßten Verfahren vorhanden sein, durch die der Planungszelle auf eine geordnete Weise neue Funktionen erschlossen werden. Derartige Verfahren würden einen stark vermehrten Einsatz von Planungszellen im Rahmen der politischen Apparatur sinnvoll machen. Für ein solches Verfahren sind verschiedene Konzeptionen denkbar. Eine von ihnen soll hier beispielhaft erwähnt werden: die Gruppenabstimmung.

Wenn mehrere Laienplanergruppen innerhalb fester Fristen auf die gleiche Fragestellung geantwortet haben, so lassen sich diese Ergebnisse als Grundeinheiten für einen neuartigen Abstimmungsprozeß verwerten: jede Planungszelle verfügt über eine Stimme. Im fiktiven Beispielsfall verdeutlicht heißt das: die Stellungnahme zur Fixierung des Anspruchsniveaus in einem bestimmten Teilbereich des Gesundheitswesens würde delegiert an 100 Planungszellen, von denen sich vielleicht 94 gegen und 6 für die vorgeschlagene Lösung aussprechen.

Dieses Verfahren der Gruppenabstimmung bedarf einiger Regelungen, z. B.: Für welche Probleme wird es zugelassen? Welche Wirkung ist wann einer einfachen, welche wann einer qualifizierten Mehrheit zuzusprechen? usw. Ein solches Regelwerk läßt sich erstellen. Es ist gegebenenfalls Sache des Gesetzgebers.

Die Entwicklung und die Anwendung derartiger Abstimmungsverfahren dürfte als eine Weiterentwicklung des derzeitigen Ausbauzustandes unseres demokratischen Ordnungsversuches Probleme eigener Art aufwerfen. Sie und die möglichen Funktionen sowie bestimmte Vor- und Nachteile solcher Verfahren müssen hier nicht weiter diskutiert werden. Ihre Einführung würde jedenfalls – das sei hier festgehalten – die Einsatzmöglichkeiten von Planungszellen sprunghaft erhöhen.

B. Umverteilungsfunktion

Das Aufkommen neuer Einrichtungen und ihre massenhafte Ingebrauchnahme läßt sich als Umverteilungsprozeß begreifen. Einige der Umverteilungsprozesse, die mit der Planungszelle eingeleitet werden, müssen erwähnt werden.

Mit dem Begriff „Umverteilung" nähert sich die Darstellung einer Sprechweise, die zur Zeit in der politischen Programmatik gängig ist. Der Begriff gehört zum Sprachschatz derer, die über die konservierenden Tendenzen beunruhigt sind, die sich in unserer Gesellschaft abzeichnen. Trotz seiner Affinität zur weltanschaulichen Dimension eignet sich der Begriff zur Verdeutlichung der Situation, die sich mit der Einführung der Planungszelle ergibt. Im übrigen dürfte sich gerade dabei zeigen, daß die Umverteilungseffekte dieses Verfahrens im Vergleich mit den Umverteilungen, von denen in den politisch-programmatischen Entwürfen geredet wird, relativ gut abschneiden. Viele, die von der Umverteilung und der revolutionären Änderung reden, stabilisieren durch ihr Gerede lediglich massenhaft vorhandene Ängste und verhindern durch ihren Utopismus faktisch das Einsetzen von Umverteilungsprozessen überhaupt. Demgegenüber hat die Planungszelle, wie sich herausstellen wird, tatsächlich langfristig umverteilende Wirkungen.

Mit dem Aufnehmen dieser Begrifflichkeit wird das Modell Planungszelle in Systemzusammenhänge gestellt: „Umverteilung" wird gedacht als eine Verlagerung von Gewichten innerhalb konsistenter, begrenzter, angebbarer Zusammenhänge. Bei der Globalität der angesprochenen Systemzusammenhänge aber wird der Bereich des Quantifizierbaren und empirisch Überprüfbaren leicht verlassen. Selbst grundlegende Definitionen werden beliebiger. Außerdem ist eine Voraussetzung dieser Betrachtungsweise die Annahme, es ginge um feste Größen, an denen in unterschiedlichem Umfang partizipiert würde. Eine solche Voraussetzung ist aber oft gar nicht gegeben. Die als konstant unterstellten Größen schrumpfen oder expandieren, so daß schon hierdurch Änderungen im Verhältnis von Teilen zueinander zustandekommen. Diese Änderungen werden hier ebenfalls als Umverteilung begriffen.

Durch die Mitwirkung von Laienplanergruppen leiten sich Umverteilungen ein unter den Elementen des politischen Teilsystems, zwischen den einzelnen Schichten und Positionen der Gesellschaft, innerhalb der öffentlichen Haushalte und zwischen den verschiedenen Teilsystemen der Gesellschaft.

Neuverteilung politischer Mitwirkungsmöglichkeiten

Je komplexer sich eine Gesellschaft entwickelt, umso deutlicher und differenzierter tritt ihr politisches Teilsystem hervor. Dieses autonome, mit seinen relevanten Umwelten in Beziehung stehende System läßt sich am ehesten auf der Ebene der Rollen erfassen. Dabei kann man mit Luhmann drei Funktionsbereiche unterscheiden, für die sich diese Rollen differenzieren, nämlich die bürokratische Verwaltung, die parteimäßige Politik und das Publikum (Luhmann 1970, S. 163). In den ersten beiden Funktionsbereichen stehen in unserer Gesellschaft lediglich eine begrenzte Anzahl von Positionen zur Verfügung (s. Abb. 23). Der Kreis der an der Herstellung bindender Entscheide beteiligten Personen ist zahlenmäßig klein. Der größte Teil der Bevölkerung bildet das (zeitweilig zur akklamativen Rolle des Wählers, des Antragstellers oder des Leserbriefschreibers zugelassene) Publikum. Diese Verteilung wird weithin als zwangsläufige Gegebenheit akzeptiert. Die „politische Klasse" kann eben nur „einen

Abbildung 23: Verteilung des Rollenangebots im politischen Teilsystem

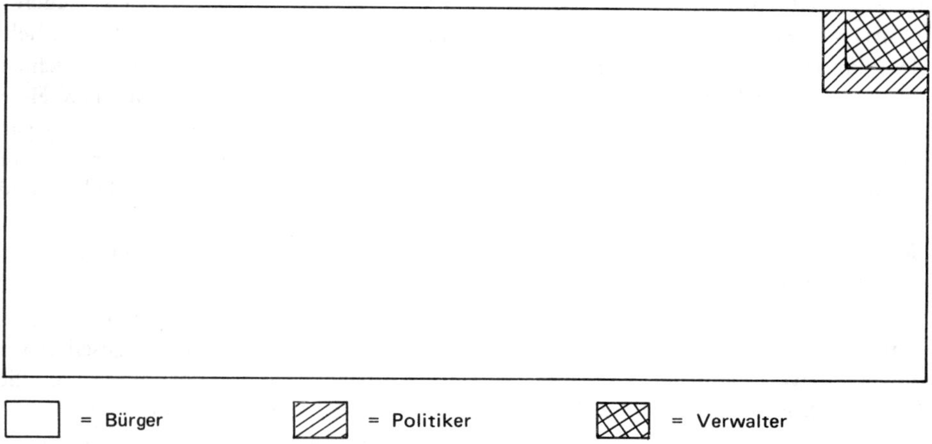

Bruchteil der Gesellschaft umfassen"[2]. Andererseits stößt diese Verteilung auf Kritik. Die latente Unzufriedenheit findet ihre Begründung und gleichzeitig ihren überhöhten Ausdruck in den Leitvorstellungen der Demokratie. Der Bürger besteht auf Beteiligungsmöglichkeiten. So werden denn, wie eingangs dargestellt, auf allen Etagen des politischen Teilsystems Versuche unternommen, die die bürgerschaftliche Beteiligung erweitern sollen. Dennoch wächst die bei steigender Differenzierung und steigender Produktivität der Gesellschaft zunehmende Zahl der ,,Macht-, Verfügungs- und Geltungsrollen"[3] einseitig dem bürokratischen Teilbereich zu.

In dieser Bedarfssituation eröffnet die Einführung der Planungszelle neue Rollen, die im politischen Teilsystem von jedermann wahrgenommen werden können. Diese Rollen können in großer Zahl angeboten werden. Sie sind einerseits dadurch gekennzeichnet, daß in ihnen Aufgaben wahrgenommen werden, die in die Funktionsbereiche der Verwaltung oder der Politik gehören, und andererseits dadurch, daß die Inhaber dieser neuen Rollen aus dem großen Bereich derer rekrutiert werden, für die bisher lediglich Publikumsrollen zur Verfügung standen (s. Abb. 23). Damit leistet die Planungszelle gleich zwei Umverteilungsfunktionen: Zum einen gewinnt das politische Teilsystem in der Gesellschaft an sozialer Breite, zum anderen leitet die Planungszelle eine Umverteilung unter den drei Bereichen innerhalb des politischen Systems ein.

Umverteilung sozialer Macht

Der erwähnten gebräuchlichen Verwendung des Begriffes ,,Umverteilung" entsprechen am ehesten diejenigen Effekte der Planungszelle, die die Umverteilung

– zwischen den sozialen Schichten und
– zwischen den organisierten und nichtorganisierten Gruppen betreffen.

In jeder Gesellschaft muß, soweit wir wissen notwendigerweise, Macht ausgeübt werden. Dafür haben sich bestimmte Machtverhältnisse entwickelt. Diese korrelieren positiv mit der *sozialen Schichtung* in einem Ausmaß, das von unseren freiheitlich-demokratischen Zielvorstellungen her gesehen als nicht legitimierbar bezeichnet werden muß. Oberschichtenangehörigen stehen an sich schon mehr Möglichkeiten der Selbstverwirklichung zur Verfügung, bei Angehörigen der Unterschicht dagegen ist der ‚Frustrationsindex' (Kätsch 1965, S. 128) höher, sie konsumieren mehr kulturelles ‚Flucht-Material' (Kreutz 1971, S. 235) und sind im persönlichen und politischen Bereich apathischer. Die unterschiedliche Machtverteilung kommt auch in den unterschiedlichen Einflußmöglichkeiten zum Ausdruck, die die einzelnen gegenüber Planungsprozessen haben.

Damit stabilisieren die heutigen Planungsverfahren die bestehenden, sich tendenziell entwurfswidrig verfestigenden Machtverhältnisse. Die in einer bestimmten gesellschaftlichen Umwelt agierende planende Verwaltung kann zumeist nicht anders, als die Machtstrukturen dieser Umwelt „im Planungsprozeß selbst zu reproduzieren und sogar zu verschärfen" (Offe 1972, S. 137). Die ungünstigen Startbedingungen sozial Diskriminierter, die sich gegen auferlegte Planungsübel zu wehren versuchen, sind mittlerweile auch außerhalb ihrer Dokumentation in der engagierten Literatur bemerkt worden.

Die Stabilisierung bestehender Machtverhältnisse durch Planung, bzw. sogar die Umverteilung gegen den Strich, nämlich zugunsten der Mächtigen, gilt auch für die Planung auf höheren Ebenen. Es gehört zu den deklarierten Zielen der Bundespolitik, gleiche Lebenschancen in den einzelnen Regionen herzustellen. Entgegen dieser Zielsetzung wirkt sich z.B. die „Gemeinschaftsaufgabe Hochschulbau" als eine Umverteilung zugunsten der wohlhabenden Regionen aus. Die weniger wohlhabenden werden diskriminiert[4].

Diese die Machtverteilung generell stabilisierende Wirkung der bestehenden Planungsprozesse wird über eine „Demokratisierung der Verwaltung" nicht ausgeglichen. So bleibt die Realisierung an sich begrüßenswerter Vorschläge neuer Strukturprinzipien für die Verwaltung (Teamarbeit, informeller Austausch in Vorbereitungsgremien, innerbürokratischer Ausgleich des Herrschaftsgefälles) ganz „im Herrschaftszirkel elitärer Expertengruppen" und wirkt sich gesamtgesellschaftlich „als Verstärkung der Herrschaft je schon etablierter Eliten aus" (Grauhan 1973, S. 236).

Es ist das erklärte Ziel der modernen Partizipationstheoretiker von Anbeginn ihrer Bemühungen an gewesen, diese der Planung innewohnende Tendenz im einzelnen Fall abzustellen. Eine erfolgreiche Umverteilung der Machtverhältnisse gilt z. B. für Sherry Arnstein als Kennzeichen wirklicher Partizipation[5].

Inzwischen gibt es in der theoretischen Diskussion Stimmen, die das Kriterium der Umverteilung als wichtigstes Kennzeichen zur Beurteilung politischer Entscheidungen überhaupt bezeichnen. Staatliche wie auch internationale Entscheidungen sind letztlich danach zu bewerten, ob sie den Abstand zwischen den Reichen und denen, die nichts haben, verringern oder vergrößern (Davidoff 1975, S. 317).

Umso nachdenklicher muß die Feststellung stimmen, daß die bisher verwendeten Beteiligungsverfahren eigentlich keine wirksame Neuverteilung der Machtverhältnisse erkennen lassen. Ob Schul- oder Wohnprobleme, ob München, Frankfurt oder Düsseldorf – weder der Bürgerinitiative noch dem Bürgerforum ist es bisher gelungen, Unterschichtenangehörige in nennenswertem Umfang wirksam an Planungsprozessen zu beteiligen. So ist die Resignation verständlich, die sich heute in den Überblicken über neue Beteiligungsformen in dieser Sache findet. Selbst dem engagierten Forscher erscheint die Fortdauer der bestehenden Machtverteilung zwangsläufig: auch die neuen Partizipationskanäle, die eröffnet werden könnten, stärken überproportional die Ober- und Mittelschicht (Hübner 1976, S. 87 f.).

Auch eine verstärkte Einbeziehung von Gewerkschaftsorganisationen in die Planung[6] dürfte – nach allem was wir über die Aus- und Nebenwirkungen von Verbandsbeteiligung wissen – nicht zu den von manchen erhofften Ergebnissen führen.

Verglichen damit bietet die Planungszelle neuartige Möglichkeiten der Umverteilung von Macht. Hier werden nämlich Angehörige der ‚Unterschicht', der ‚Lohnarbeiterschaft', der schweigenden Mehrheiten, die wie Minderheiten behandelt werden, in einem nie gekannten Ausmaß in geordneter Form an Bewertungsvorgängen und an der Willensbildung in Planungsprozessen beteiligt. Dabei sind in der Planungszelle bestimmte Gegebenheiten, die sonst in der Planung vorhanden sind und die das bestehende Machtgefälle, „das asymmetrische Verhältnis von ‚Interessenten' und ‚Betroffenen' widerspiegeln" (Offe 1972, S. 135) und immer wieder neu erzeugen, vermindert oder überhaupt nicht wirksam. Handlungsvorteile, wie die Wahrnehmung von Problemrelevanzen, der Organisationsgrad oder die Verfügung über Ressourcen, die für die Betroffenen bei den gängigen Beteiligungsverfahren von Offe mit Recht als „niedrig oder nicht vorhanden" veranschlagt werden (vgl. die Übersicht bei Offe 1972, S. 136), sind beim Verfahren Planungszelle nicht so sehr im Besitz der Interessenten, sondern im Besitz der an der Arbeit vereinten Laienplaner. Diese sind schließlich, und zwar von der Konstruktion des Verfahrens her, nicht dazu verurteilt, sich mit Fällen zu beschäftigen, bei denen es so gut wie nichts zu entscheiden gibt[7]. Die hier eröffneten Beteiligungsmöglichkeiten sind nämlich auch für Problemlösungen einsetzbar, die auf den Verwaltungsebenen des Kreises, des Bezirks oder des Landes ressortieren.

Damit finden die im Literaturbetrieb häufig zitierten „Impulse von der Basis" Zugang in Entscheidungsprozesse in einem Umfang, wie er bisher nicht erreicht worden ist. Durch den zeitweisen, projektorientierten, aber sehr wirksamen Abbau struktureller Gewalt stellt die Planungszelle ein „praxeologisches Modell für Emanzipationsprozesse" (K. Deutsch) dar, das sich nicht nur für die Arbeitsergebnisse der Gruppe, sondern auch für den einzelnen Teilnehmer und seine späteren Selbstdefinitionsbemühungen als ertragreich erweist. Hier sind Eingriffs- und Veränderungsmöglichkeiten eingeleitet, wie sie sonst nur von der Etablierung von „Gegenmacht-Positionen der Planungsbetroffenen" (Offe 1972, S. 139) erwartet werden.

Zweitens läßt sich eine Umverteilung sozialer Macht bei der Neugewichtung konstatieren, die die Planungszelle für das Verhältnis der schwerorganisierbaren zu den organisierten Interessen bedeutet. In unser Gesellschaft sind die *organisierten* Interessen in der Formulierung und Durchsetzung ihrer Forderungen den weniger organisierten Interessen immer voraus. Es gibt daher so etwa wie eine Ausbeutung der Nichtorganisierten durch die Organisierten. Dabei geht es zunächst gar nicht um klar begrenzte Personengruppen. Wir alle sind in mehrfacher Hinsicht sowohl auf der einen wie auch auf der anderen Seite beteiligt. Es sind vielmehr eine Vielzahl von Lebensbereichen sowie gesellschaftlichen und persönlichen Sachverhalten, die hier strukturell benachteiligt werden, ohne daß das immer gleich sichtbar ist.

Die Frage, was angesichts dieser in hohem Maße entwicklungsrelevanten Ungleichgewichte zu tun sei, wird immer häufiger diskutiert[8]. Für derartige Erörterungen ist es nicht ohne Belang, daß sich mit der Planungszelle ein Verfahren anbietet, das als ein Gegenfaktor gegen die genannte Ausbeutungstendenz verstanden werden kann. Hier sind Verbände keine Teilnehmer. Die Laien treten sich in Abwesenheit ihrer Funktionäre gegenüber. Verglichen mit der Situation auf anderen Meinungsmärkten unserer Gesellschaft finden die organisierten Interessen in der Planungszelle ein ungünstigeres Terrain vor.

Die mit all dem zwischen den sozialen Schichten wie auch zwischen den Bereichen unterschiedlicher Konfliktfähigkeit eingeleitete Umverteilung von sozialer Macht wird auch im Zeitverlauf an Bedeutung zunehmen. Je mehr sich die Planungszelle als ein hinreichend qualifiziertes Planungsverfahren erweist – das wird seine Zeit dauern –, umso öfter werden Parlament und Verwaltung bereit sein, von einer Delegierung begrenzter Kompetenzen an Planungszellen Gebrauch zu machen. Je mehr andererseits allgemeine Erwartungen sich (auf Grund entsprechender Eigenerfahrungen von Teilnehmern und Erfahrungen anderer) massenhaft auf die Planungszelle konzentrieren, umso eher wird die politische Apparatur diese ihre Absicht realisieren können. Damit dürfte die Verwendung der Planungszelle in Aufgaben zunehmen, die über die reine Entscheidungsvorbereitung hinausführen. Die Entwicklung, die mit der Planungszelle eingeleitet ist, führt in der Bearbeitung von immer mehr Einzelsachverhalten zu einer neuen, die Selbstverwirklichungsansprüche des einzelnen gleichmäßiger berücksichtigenden Neuverteilung von Macht.

Umschichtung aufgewendeter Mittel

Von vielen Fachleuten wird – spätestens seit Kenneth Galbraith – den Ländern der westlichen Welt empfohlen, ihren privaten Konsum zugunsten der gemeinsamen öffentlichen Aufgaben einzuschränken. Die Planungszelle stellt eine derartige Umschichtungsmaßnahme dar.

Das Beteiligungsangebot, das dem einzelnen hier gemacht wird, läßt sich – subjektiv gesehen – als eine Aufforderung zur individuellen ‚Bereicherung' verstehen. Die Teilnahme ist erstrebenswert, so wie zusätzliche soziale Leistungen oder etwa ein Bildungsurlaub erstrebt werden. Für viele wird sie eine Abwechslung im Einerlei des Berufslebens bieten, die nicht ohne touristische Qualität ist. Der Sache nach aber ist die Planungszelle eine öffentliche Angelegenheit. Ihr Ertrag kommt der Öffentlichkeit zugute: Es werden z. B. legitimierbare Planungsergebnisse sach- und fristgerecht erbracht. Die Aufwendungen für die Planungszelle sind deshalb sinnvolle Ausgaben der öffentlichen Hand für öffentliche Aufgaben. Diese Aufwendungen haben insgesamt einen umverteilenden Effekt. Dabei sind folgende Sachverhalte von Belang:

– Die Laienplanung erfordert einen umfangreichen eigenen Apparat. Hier werden, wie einst in anderen Bereichen des Bildungssektors, auf Kosten der öffentlichen Hand neue Einrichtungen entstehen.

– Lebenshaltungskosten, die bisher in privaten Haushalten anfielen, werden während der gemeinsamen dreiwöchigen Arbeit der Planungszelle als Ausgaben der öffentlichen Hand entstehen.

– Der Trend zur zeitlichen Ausdehnung des privaten Urlaubs wird mit der Einführung des Planungsurlaubs vermutlich zunächst eingeschränkt werden. Gleichzeitig schließen hier weiterhin expansive Bereiche wie die Touristik, z. B. durch den überörtlichen Einsatz von Planungszellen, zunehmend öffentliche Ausgaben ein, (die bisher als privater Verbrauch getätigt wurden).

– Laienplanung bewirkt, daß im Bereich öffentlichen Handelns mehr Ziele definiert und als realisierbar deklariert werden als bisher.

– Auch die bewußtseinsbildende Wirkung der Planungszelle ist umverteilungswirksam. Es werden nicht nur Schadenstellen erkannt und Abhilfen entwickelt, sondern auch Mittel zur Durchführung der Maßnahmen gefordert und einziehbar gemacht.

Eine relative Minderung des privaten Konsums zugunsten von Ausgaben der öffentlichen Hand ist offenbar nicht leicht zu erreichen. Derartige Verschiebungen setzen entweder Zwangslagen voraus, (im Kriege sind drastische Einschränkungen individuellen Konsums gang und gäbe), oder sie setzen breite Umdenkprozesse voraus, die solche Neuverteilungen zulassen. Mit der Einführung der Planungszelle ist der steuernde Effekt auf die Mittelverteilung des Gesamtsystems automatisch verbunden.

Entlastungen im politischen Teilsystem

Von der Planungszelle kann im Hinblick auf bestimmte Probleme einer Art ‚Befriedungseffekt' erwartet werden, der zu Entlastungen im politischen Teilsystem führt. Um diesen Effekt schildern zu können, wird im folgenden ein Ausschnitt der Wirklichkeit idealtypisch auf ein Gegensatzpaar vergröbert.

In jeder Gesellschaft entstehen Konflikte, die einer bindenden Lösung zugeführt werden müssen. Die Verfahren, mit denen diese Konflikte abgearbeitet werden, sind verschieden. Neben anderen denkbaren Einteilungsmöglichkeiten lassen sich solche Konflikte vor allem danach unterscheiden, ob sie von den konfligierenden Interessen *selber* oder ob sie über interessen*neutrale* Instanzen gelöst werden.

Ob Wahlkampf, Streik, ‚Markt' oder Duell – es gibt Verfahren, bei denen strittige Probleme nach dem Durchsetzungsvermögen der beteiligten Interessen von diesen selber entschieden werden. Die dabei zustandekommenden Entscheidungen spiegeln die bestehende Machtlage wieder: Sie sind vom Überlebensinteresse des Stärkeren bestimmt. Im zwischenstaatlichen Bereich wird heute noch, für jeden sichtbar, eine Vielzahl von Problemen auf diese Weise, d. h. unter unmittelbarer Einbeziehung der beteiligten Machtpotentiale gelöst.

In einem anders konstruierten Problemlösungsmodell werden die Entscheidungen nicht den beteiligten Interessen selber überlassen, sondern von interessenneutralen Instanzen gefällt. Das klassische Beispiel ist der forensische Bereich. Die Lösungen werden hier nicht von den Beteiligten, z. B. Dieb und Bestohlener ermittelt, sondern von spezifisch Nicht-Interessierten, von Neutralen, nämlich von Richtern oder Schöffen. Die hier erzielten Lösungen ergehen unter Einbeziehung von Gesichtspunkten des Gesamtinteresses und des Interessenausgleichs.

Diese beiden Lösungsmodelle gelten für unterschiedliche Problemqualitäten. Probleme, die nicht nach allgemein akzeptierten, übergeordneten Regelsystemen (,Wissenschaft', ,Gesetz') gelöst werden können, aber einer kollektiv bindenden Lösung bedürftig sind, werden als ,politische Probleme' definiert und durch Aushandeln im freien Interesseneinsatz entschieden. Der Begriff ,politische Probleme' bezeichnet insofern eine Restgröße der auf andere Weise nicht mehr oder noch nicht lösbaren Fragen.

Eine solche Definition der Probleme gilt nicht unverändert. Dementsprechend ist der Anteil der beiden Lösungsmodelle am Abarbeiten von Konflikten Änderungen unterworfen. Manche heute als naturwissenschaftliches Problem definierte Frage wie die, ob die Sonne um die Erde oder die Erde um die Sonne läuft, ist einst als ,politisch' angesehen und entsprechend ,gelöst' worden. Probleme, die im Mittelalter von Fuhrknechten auf engem Wege (und zwar über den unmittelbaren Einsatz der interessierten Machtpotentiale) zu klären waren, notfalls brachial, liegen heute durch die Vorfahrtsregelung verbindlich gelöst vor.

In hochentwickelten, komplexen Gesellschaften nimmt die Anzahl der Probleme zu, die zur bindenden Lösung anstehen. Aber auch darüberhinaus läßt sich eine Zunahme der Politisierung von Problemen beobachten. So werden z. B. immer häufiger Entscheidungen von Verwaltungsstellen, die früher als neutrale Instanz akzeptiert wurden, zu ,politischen Entscheidungen', die über das Durchsetzungspotential der beteiligten Interessen ermittelt werden. Die Folge ist: Immer mehr Interessen organisieren sich. An den Verwaltungs- und Regierungssitzen haben sich z. B. eine wachsende Anzahl von Verbandsvertretungen niedergelassen.

Die Frage bleibt allerdings zu stellen, welches Ausmaß an politisierter Konfliktaustragung eine Gesellschaft eigentlich vertragen kann. Die Politisierung eines Problems hat nämlich Folgen für den von der Lösung potentiell Betroffenen. Wenn bei einem Problem, und sei es noch so gering, die Lösung über die Interessen selber erfolgt, ist jeder ,Interessent' zum unmittelbaren Eingriff aufgerufen. Sicher gibt es Probleme, die zum jeweiligen Zeitpunkt nicht sachrational, sondern nur politisch entschieden werden können. Die Politisierung von Konflikten bringt aber auch bestimmte Nachteile mit sich. Sie fördert z. B. die Emotionalisierung, und sie kann zu tiefgreifenden Polarisierungen führen (so auch Schelsky 1973). Vor allem aber schließt eine Politisierung von Konflikten die Gefahr von gesamtgesellschaftlich irrationalen Lösungen ein. Aus all dem ergeben sich für den einzelnen erhebliche Belastungen, und zwar selbst dann, wenn die mit schlechteren Lösungen einhergehenden Belastungen in Grenzen gehalten werden können. In der auf Konflikt gestellten Gesellschaft wird nämlich vom einzelnen ein Aufwand an Wachheit, Mißtrauen und Alertheit gefordert, den dieser auf Dauer gar nicht leisten kann. Man müßte zur gleichen Zeit überall dabei sein. Die Vielzahl der sichtbaren oder latenten Beanspruchungen summiert sich für den einzelnen zu einem Klima der Unrast und Verunsicherung. Selbst bei arbeitsteiliger Ausdifferenzierung von Interessenwahrnahme ist er den entsprechenden Instanzen gegenüber, die ihn auf seine Interessen (oder was der Verband dafür ausgibt) festschreiben und ihm keine übergeordneten Gesichtspunkte gestatten, in praktisch jedem Fall als Überprüfender gefordert.

Diese Überforderung verleitet zu resignativem Verhalten, nährt aber auch den Verdacht, die politische Apparatur sei an diesem Zustand nicht unschuldig. Die in den politischen Einrichtungen Sitzenden können in der Tat an einer Änderung des zur Zeit bestehenden Zustandes nicht interessiert sein. So ist die Vermutung erlaubt, daß manche Frage, die schon längst auf andere Weise gelöst werden könnte, immer noch als ‚politisch' definiert und von der Apparatur in der dafür vorgesehenen Weise entschieden wird. Die Aufrechterhaltung dieses status quo läßt sich mit Sätzen legitimieren, die ‚den Konflikt' hochstilisieren und es für generell unerläßlich halten, daß möglichst viele Probleme durch direkten Interesseneinsatz gelöst werden. Seit Karl Marx sehen wir deutlich, daß es das Vorrecht der Mächtigen ist, die für das Austragen von Konflikten für sie jeweils günstigeren Verfahren zu wählen. Es gibt keine neutralen Verfahren. Die community power-Forschung legt offen, wie intensiv die Entscheidungen der öffentlichen Hand von Einzelinteressen durchsetzt sind. So wird denn auch aus dieser Einsicht heraus gefordert, daß eine allgemeine „konfliktreiche Politisierung" überall dort vor sich gehen müsse, wo gesellschaftliche Strukturreformen anstehen (vgl. z.B. Naschold 1972). Wie immer beim Ideologieverdacht, so muß auch hier die Frage gestellt werden, in wessen Interesse die konfliktreiche Politisierung betrieben wird. Letztlich sind es die berufsmäßigen Vertreter von Interessen, die Funktionäre, deren Funktionen mit dem ‚Konfliktmodell der Gesellschaft' gestärkt werden.

Angesichts der gesellschaftlich disfunktionalen Nebenwirkungen bei der Zunahme von Problemlösungen, die über den direkten Interessenaustrag ermittelt werden, erscheint es wünschenswert, die Vorteile des zweiten Problemlösungsmodells häufiger als bisher zu nutzen. Es ist aber gar nicht so einfach, Verfahren zu beschaffen, die Probleme verarbeiten, die bisher über den direkten Interesseneinsatz gelöst wurden, und zwar Verfahren, die von allen Seiten als neutrale Instanz akzeptiert werden können. Das Modell Planungszelle stellt ein solches Verfahren dar. Es ist immunisierbar gegen den Durchgriff der beteiligten Interessen. Seine Teilnehmer entwickeln außerdem keine verfahrensspezifischen Eigeninteressen, wie das z.B. bei Parlament und Verwaltung der Fall ist. Bestimmte Probleme, die bisher ‚politisch' behandelt wurden, lassen sich mit Hilfe dieses Verfahrens in rational abarbeitbare Probleme umdefinieren. Damit trägt es zur Neutralisierung der entsprechenden Konfliktfälle bei. Sie müssen und dürfen nicht mehr nur unter Einbeziehung der beteiligten Machtpotentiale gelöst werden. Von den hierbei anfallenden Nebenwirkungen wird der Bürger, und zwar durch seine stärkere Einbeziehung, für ihn spürbar entlastet. Der mit der Planungszelle einsetzende Umverteilungsprozeß zwischen den beiden genannten Problemlösungsmodellen bewirkt dann eine Entlastung des politischen Teilsystems unserer Gesellschaft.

C. Entlastung des Beschäftigungssystems

Die massenhafte Inanspruchnahme von Laienplanungsverfahren hat auf den Zeitverbrauch der erwachsenen Bevölkerung Rückwirkungen, die interessante Perspektiven eröffnen.

Soziale Absicherung ist für den Erwachsenen in der Regel daran gebunden, daß er oder sein Ernährer arbeitstäglich eine Position im Beschäftigungssystem der Gesellschaft ausfüllt. Die Anzahl der hier verfügbaren Positionen geht mit der Weiterentwicklung der Industriegesellschaft relativ zurück. Die sich dabei ergebende ‚strukturelle Arbeitslosigkeit' ist im Laufe der Entwicklung immer wieder durch Umverteilung der zunehmenden Nicht-Arbeit vermieden worden. Begrenzung der täglichen Arbeitsdauer, Einführung von Pensionsgrenzen, Wochenende und Urlaub haben, so gesehen, eine systematische Quotierung und Limitierung von Arbeitschancen dargestellt. Die relative Schrumpfung des Beschäftigungssystems ist außerdem durch einen ständigen Ausbau des Bildungssystems kompensiert worden (Schulpflicht, Verbot der Kinderarbeit, Zunahme der Abiturienten- und Studentenquote, Fort- und Weiterbildung).

Andererseits verliert ein anderes – bisher vorwiegend geschlechtsspezifisch genutztes – Reservoir arbeitstäglicher Zeitverbringung zunehmend seine gesellschaftliche Funktion und damit seine Attraktivität, nämlich die Hausfrauentätigkeit. Immer mehr Frauen erstreben berufliche Positionen. Auch diese Zunahme der Nachfrage unterstreicht den relativen Rückgang der Anzahl von Positionen im Beschäftigungssystem. Sein Abklingen ist nicht absehbar. Vielmehr wird der Trend durch andere Entwicklungen noch verstärkt[9].

Zur Herstellung gleichgewichtsähnlicher Zustände lassen sich mehrere Wege denken:

– Ausbau des Bildungssystems (einschl. Umschulung)

– Stabilisierung von Nichtbeschäftigung innerhalb des Beschäftigungssystem (Arbeitslosigkeit, Kurzarbeit)

– Eröffnung und Erweiterung von Komplementärräumen (Urlaub, Kuraufenthalt, Tourismus, Wehrdienst und -übung, Wehrersatzdienst, Krankheit, Frühverrentung u. dgl.).

Das Bildungssystem ist in den letzten Jahrhunderten und Jahrzehnten stark erweitert worden. Aus einer Reihe von Gründen muß aber gefragt werden, ob es möglich und opportun ist, mit der quantitativen Ausdehnung dieses Systems fortzufahren. (Wie groß darf eigentlich der Bevölkerungsanteil sein, der ohne negative Rückwirkungen für das Gesamtsystem in einer modernen Gesellschaft als ‚Bildung' deklariert werden kann?) Das Zulassen einer hohen oder einer wachsenden Arbeitslosenquote gilt von vornherein als nicht erstrebenswert. Und wie steht es mit einer stärkeren Heranziehung der genannten Komplementärräume als Park- und Ausgleichsmöglichkeiten? In den USA wird bereits das „Urlaubsjahr für jeden" diskutiert (SPIEGEL 25/1974, S. 118 f.). Eine Analyse dieser und der anderen genannten Möglichkeiten ergibt aber, daß ihre Aufnahmefähigkeit begrenzt ist oder daß ihre Expansion neue Probleme schafft.

Bei derartigen Erwägungen wird übersehen, daß es einen Funktionsbereich gibt, dessen Bedeutung für die Gesellschaft – langfristig gesehen – in auffälliger Weise zugenommen hat, dem, ebenso langfristig, ein wachsender Anteil allgemeinen Interesses zuteil wird und der potentiell an personaler Aufnahmekapazität gewinnt: das *Steuerungssystem* der Gesellschaft.

Diesem Bedarf entsprechend wäre es einerseits möglich, die Anzahl der vollberuflich Tätigen in diesem System ständig zu erhöhen. Die Zahl der Funktionäre und der Angehörigen der Bürokratie nimmt zu. Es wäre andererseits möglich, wachsende Teile des Bedarfs in diesem System auf befristet wahrnehmbare arbeitstägliche Beschäftigungsmöglichkeiten umzulenken. Eine Voraussetzung dafür wäre, daß Teilnahmemöglichkeiten entwickelt würden, die sich als ‚sinnvoll' ausweisen und die für die massenhafte Inanspruchnahme erreichbar sind.

Genau das aber kann, wie gezeigt wurde, mit der Planungszelle bewirkt werden. Sie eröffnet innerhalb des Steuerungssystems der Gesellschaft Mitwirkungs- und das heißt auch Zeitverbringungsmöglichkeiten, die für viele erstrebenswert sind. Diese Möglichkeiten erscheinen ihnen – der Leser wird für die Konkretheit der Belege Verständnis haben – sinnvoller als Lotto-Spielen, interessanter als ihr eigener Beruf, reizvoller als eine BfA-Kur, voller Bewährungs- und Gratifikationsmöglichkeiten, wie sie die normale Familiensituation nicht zu bieten hat, angesehener als Arbeitslosigkeit und informativer als manche Tagesschau.

Weil die Dinge so liegen, ist es nicht auszuschließen, daß die befristete Teilhabe an den Funktionen des Steuerungssystems mit Hilfe eines Verfahrens nach Art der Planungszelle einer der großen Zeitverbraucher der Zukunft sein wird: An Stelle der Beschäftigungsalternativen „Urlaubsindustrie" und „Arbeitslosigkeit" (deren Positionen ja ebenfalls von der Gesellschaft finanziert werden müßten) expandiert die Mitwirkung im politischen Teilsystem der Gesellschaft.

Eine solche Entwicklung ist nicht nur möglich, sie ist unter gewissen Aspekten sogar wünschenswert. Je stärker in den Bereichen Produktion und Verwaltung die Zahl der Arbeitsgänge zunimmt, die von Maschinen und Computern übernommen werden können, um so wichtiger wird es, die wirklich interessanten Tätigkeiten für den Menschen zu reservieren. Für die langfristige Sicherung der heute viel diskutierten Humanisierung der Arbeitswelt dürfte es nicht unerheblich sein, ob es gelingt, menschlich reizvolle und Befriedigung vermittelnde Funktionsmöglichkeiten zu erschließen und zu erhalten und sie so zu verteilen, daß möglichst viele in den Genuß dieser Positionen kommen. So wie der Mensch einst damit begonnen hat, bestimmte Zeiten für das Lernen, die Berufstätigkeit, die Militärpflicht oder den Urlaub auszugrenzen, so wird er beginnen, auf Zeit in den gesellschaftlichen Steuerungsprozessen tätig zu sein.

Der Entlastungseffekt, den die befristete arbeitstägliche Mitwirkung in Planungs-, Bewertungs- und Kontrollfunktionen für das Beschäftigungssystem unserer Gesellschaft hat, kann – wie das auch für andere Maßnahmen geschieht (siehe Tabelle 7) – in seinen Größenordnungen vorab ermittelt werden.

Im Gegensatz zu vielen anderen Kompensationsmaßnahmen kann die Planungszelle aber nicht nur kontinuierlich zur Ergänzung des Beschäftigungssystems herangezogen werden. Sie ist darüber hinaus auch *frei plazierbar*, und das heißt, als Steuerungselement

Tabelle 7: Beispiele für die quantitative Auswirkung politischer Maßnahmen auf das Arbeitsvolumen in der BRD

Maßnahme		Veränderung im Arbeitsvolumen (AV)
1 Jahr mehr Erstausbildung	=	2 % weniger AV
1 % höherer Gymnasiastenanteil	=	0,15 % weniger AV
1 % mehr Hochschüler	=	0,18 % weniger AV
1 % höhere Frauenerwerbsquote	=	max. 1,2 % mehr AV
5 Jahre frühere Pensionierung	=	max. 1,6 % weniger AV
10 % höhere Erwerbsquote der Rentner	=	
(65–70)	=	1,3 % mehr AV
1 weiterer arbeitsfreier Tag je Jahr	=	0,4 % weniger AV
1 Wochenarbeitsstunde	=	2,8 % des AVs

Nach: Dieter Mertens, Langfristige Arbeitsmarktprognose bei alternativer Arbeitsmarkt- und Gesellschaftspolitik. Zitiert in: Vilmar (1976)

einsetzbar. Konjunkturelle Abwärtsbewegungen können nämlich durch vermehrten Laienpleneraufwand gegengesteuert werden. Das mag quantitativ nicht viel hergeben, aber auch geringe Dosierungen haben Effekte. Und außerdem ist diese Art des Arbeitskräfte-Entzuges, wegen der prinzipiellen Vermehrfachbarkeit des Verfahrens Planungszelle, extrem ausbaubar. Relativ umfangreiche Mengen von Bürgern können so – wenn es sein muß schlagartig – für Laienplanungsverfahren herangezogen werden (Mobilmachungseffekt).

Vermutlich müssen die hier diskutierten Entlastungsmöglichkeiten des Beschäftigungssystems auch unter weltweiten Aspekten gesehen werden. Wenn unser Globus heute angesichts der begrenzten Erdöl- und Uranvorkommen als eine Einheit aufgefaßt wird, so gilt das vielleicht um so mehr bei der Verteilung der knappen, als sinnvoll interpretierbaren Zeitverbringungsmöglichkeiten. Die Internationale Arbeitsorganisation in Genf (ILO) rechnet damit, daß – „wenn nichts Entscheidendes geschieht", so ihr Generaldirektor Francis Blanchard – im nicht mehr fernen Jahr 2000 schätzungsweise 1 Milliarde Beschäftigungsberechtigte arbeitslos sein werden.

D. Konfliktprophylaxe

Es gibt in unserer Gesellschaft positionsspezifische Interessen und Wertsetzungen. Einwohner von Warzenried im Bayrischen Wald sind anders gestellt als die von München. Angehörige der Kriegsgeneration haben andere Wertvorstellungen als Personen, die nach dem Krieg aufgewachsen sind (Inglehart 1971, S. 991 ff.). Aus unterschiedlichen Wertsetzungen und Interessen ergeben sich Widersprüche und *Konflikte*. Was sich so präsentiert, kann systemwissenschaftlich für ein Resultat mangelhaft entwickelter Regelungsmechanismen gehalten werden, oder man kann von der „Atmosphäre allgemeiner Feindseligkeit" sprechen, die der kapitalistische Prozeß gegen seine eigene soziale Ordnung zustandebringt (Schumpeter 1972, S. 231 ff.): Der jeweilige Konflikt ist gesellschaftlich wirksam, unabhängig von der Definition oder Begründung, die man ihm gibt.

Soziale Konflikte werden in unserer immer komplizierteren und störanfälligeren Welt immer gefährlicher. Zwar ist eine Gesellschaft ohne Konflikte nur als Utopie denkbar. Es muß aber erstrebt werden, Konfliktaustragungen auf das rational erforderliche Maß zu begrenzen, und zwar umso mehr, als sich das sichtbare Spannungspotential ständig anreichert. Zudem werden bereits artikulierte Konflikte durch bestimmte Mechanismen verstärkt. Es bilden sich z. B. verstärkende Vorurteile, und die Interessen der beteiligten Apparate kommen ins Spiel.

Vorurteile und soziale Apparate

Der Bedeutung von *Vorurteilen* kommt neben vielem anderen entgegen, daß heute die Vielfalt des Zusammenlebens zurückgeht, die den Aufbau von Vorurteilen hemmt. Die Arbeitswelt beschränkt die zwischenmenschlichen Kontakte immer rigider auf schichten- oder altershomogene Situationen. Immer mehr Transportvorgänge finden im sozial isolierenden Auto statt. Das Fernsehen hat die Bedeutung der sozialspezifischen „Wohnumwelt" erhöht, in der es vom einzelnen konsumiert wird. Die Jugendkultur wurde als Markt entdeckt. Kinder werden von der Straße, deren Buntheit Jane Jacobs noch rühmt (Jacobs 1963), auf altershomogene „Kinderspielplätze" verwiesen. Mit Wohnanlagen kombinierte Schwimmbäder lassen bestimmte soziale Schichten in den öffentlichen Bädern seltener werden (Scheuch 1973, S. 15). Wir alle kommen *immer häufiger* nur noch *mit „Gleichgesinnten"* zusammen.

Diese Entwicklung zur Segregation der Bevölkerung in gleichartige Segmente scheint noch nicht abgeschlossen. Selbst eine Erweiterung der politischen Partizipationsmöglichkeiten wird — wie Kenner voraussagen — zu einer Verstärkung der Unterschiede, etwa zwischen den sozialen Schichten führen (Hübner 1976, S. 87).

Die überhöhte Artikulation positionsspezifischer Wertsetzungen wird in unserem Gesellschaftssystem dadurch gefördert, daß es hier, häufiger als anderswo, soziale Rollen gibt — z.B. die des „Intellektuellen"[10], die die Konflikte anderer frei aufgreifen und öffentlich vertreten. Schumpeter spricht hier von Gruppen, „in deren Interesse es liegt, den Groll zu steigern und zu organisieren". Spannungserhöhend tritt aber vor allem hinzu, daß die positionsspezifischen Wertungen im Zeitverlauf soziale *Apparate* aus sich heraus setzen. Interessen organisieren sich, Funktionen werden professionalisiert. Diese Organisierung verändert etwas an den vertretenen Interessen. Der Apparat lebt nämlich weithin vom Vorhandensein der genannten Konflikte; er hält sie deswegen am ‚Kochen'. Legitimierende Formeln entstehen, Ideologien und Vorurteile werden verbreitet. Damit verengt sich die Wahrnehmungsfähigkeit der durch den Apparat ‚Betreuten' selektiv. Der Kontakt zur sozialen Wirklichkeit geht partiell verloren. Die möglichen Folgen solcher Prozesse sind nicht nur aus unserer deutschen Geschichte hinlänglich bekannt.

Therapieversuche

Moderne Gesellschaften können das konfliktfördernde Potential an einseitigen Wertungen und Vorurteilen – Wandparolen in der New Yorker U-Bahn oder die Meinung eines Wattenscheider Rentners über ‚Studenten' signalisieren ja nur den Eisberg – nicht einfach wuchern lassen. Sie versuchen ihm einerseits durch effektive Veränderung von Interessenlagen entgegenzuwirken und zum andern durch den Abbau von Vorurteilen. Die Voruteilsforschung und spezielle Vorhaben der Friedensforschung versuchen die Ansatzpunkte freizulegen, und Schulung, Werbung oder Planung bemühen sich, praktisch tätig zu werden.

Eine wirksame Therapie scheint es zu sein, den in ihren konträren Vorstellungen Befangenen ein personales Gegenüber zu ermöglichen, bei dem sich die Vorurteile als gegenstandslos erweisen können. Bestimmte Situationen, die aus ganz anderen Gründen bereits veranstaltet werden wie die Grundschule, die Wanderzeit des Handwerksgesellen, das Welschlandjahr, das von vielen Deutschschweizern absolviert wird (Steiner 1970, S. 288), oder der Grundwehrdienst können wegen ihrer heterogen zusammengesetzten Teilnehmerschaft in dieser Hinsicht für funktional gehalten werden. Hier kommt es noch zum personalen Gegenüber mit anderen Positionen. Angesichts der Massivität der Probleme werden diese Situationen zunehmend durch Versuche ergänzt, bestimmte Vorurteile gezielt abzubauen. Aber auch solche Versuche sind oft nur bedingt effektiv:

– sie rechnen nicht mit den tatsächlich gegebenen Motivationen. Sie offerieren z. B. Situationen, die – wie etwa die Laboratoriumsmethode der Trainingsgruppenbewegung[11] – nur für einen begrenzten Personenkreis akzeptabel sind, oder versprechen sich den Abbau sozialer Barrieren von „kommunitären Wohnformen", die, wie wir wissen, lediglich dem Bedarf einer bestimmten sozialen Schicht entsprechen (Rohr/Hoffmann/Weismann 1973, S. 749 f.);

– sie setzen an unzureichend geeigneten Aufgabenstellungen an, etwa die Konzeption der Nachbarschaft, deren „klassenlose Gemeinschaft ... über die Unterschiede der Herkunft, des ökonomischen Interesses und des politischen oder religiösen Bekenntnisses hinweggreifen" (Lohmüller 1960, S. 6). Derartige Erwartungen sind eine Überforderung dessen, was Nachbarschaft heute leisten kann;

– sie setzen eine Änderung der Gesellschaft, wie sie erst erreicht werden soll, bereits voraus. Das ist z. B. bei den Entwürfen der Fall, die die intendierten Wirkungen pauschal der Institution der Schule zumuten[12];

– sie erfordern einen zu großen Aufwand, so z. B. der amerikanische Versuch, das Problem der Rassenintegration über ein Schülertransport-Programm („busing") zu lösen. Allein in einer Stadt wie Richmond/Va. sollten 78 000 der vorhandenen 101 000 Schüler mit Bussen in rassisch gemischte Schulen geschickt werden. Für den Schüler entstanden tägliche Fahrzeiten bis zu 55 Minuten für einen Weg (TIME, 24. Jan. 1972, S. 33). Abgesehen von den Widerständen der Eltern („Die Leute wollen nicht, daß ihre

Kinder quer durch die ganze Stadt zu einer mittelmäßigen Schule gekarrt werden, nur damit die Vorstellungen von irgendwelchen Sozialplanern über ‚rassisches Gleichgewicht' Beachtung finden" (TIME, 27. März 1972, S. 17) und den sich daraus ergebenden politischen Widerständen entstehen durch solche Programme Kosten, die mehrere hundert Millionen Dollar jährlich betragen;

– sie können lediglich auf Fernwirkung hoffen. So sollen aus dem amerikanischen Rassendilemma Maßnahmen der Siedlungspolitik herausführen, die, wenn alles entsprechend läuft, die Vorurteile der späteren Bewohner auf dem Wege der „Integration durch Nachbarschaft" abbauen werden.

Bestimmte begrenzte Ansätze scheinen demgegenüber relativ erfolgreich zu verlaufen, so – um ein Beispiel zu zitieren – angesichts der Rassenkonflikte der Versuch, in der „Usareur Race Relation-School" ausgebildete Zweierteams von je einem weißen und einem farbigen amerikanischen Armeeangehörigen in die in Europa stationierten Truppenteile zu entsenden (SPIEGEL 38/1972, S. 16). Hier wird von einer Zelle aus gearbeitet, die die relevanten Positionen einschließt und die den in den betreffenden Vorurteilen befangenen Personen die entsprechend strukturierte Gelegenheit vermittelt, diese Vorurteile als gefährlich und unbegründet zu erleben.

Therapiemodell Planungszelle

Nach dem gleichen Therapieansatz arbeitet das Modell *Planungszelle*[13]. Auch hier geht es um eine soziale Konstellation, die einerseits ein personales Gegenüber ermöglicht und die andererseits gleiche Rollen für die Agierenden anbietet.

In der Planungszelle sind Sprach- und Blickkontakte, z. B. zwischen Alt und Jung, unausweichlich. Der Arbeiter muß im unmittelbaren Gegenüber mit dem selbständigen Unternehmer weiterleben, der Mieter mit dem Hauseigentümer. Die personale Konfrontation ergibt sich in den formal geordneten wie auch in den informellen Phasen des Ablaufs.

In einer Anzahl von Situationen, die für die Gruppe wie für den einzelnen Teilnehmer von entscheidender Bedeutung sind, ist diese Begegnung durch eine in mehreren Hinsichten symmetrische Machtverteilung, durch gleiche Rechte und gleiche Pflichten gekennzeichnet. Es macht für die Selbst- wie die Fremddefinition der unterschiedlichen Positionen und für die Sozialisierung der entsprechenden Einstellungen bekanntlich einen Unterschied, ob für die Inhaber konträrer Positionen verschiedenartige oder gleichartige Rollen angeboten werden. In der Laienplanergruppe steht ein und dieselbe Rolle z. B. für beide Geschlechter und für alle Altersgruppen zur Verfügung.

Dabei stellen sich in der Planungszelle immer wieder Aufgaben, die nur gemeinsam gelöst werden können. Bestimmte Meinungsbildungs- und Abstimmungsprozesse sind, wenn sie zu sachgerechten Ergebnissen führen sollen, typische „log rolling"-Situationen. Der Baumstamm kann weder von dem einen allein, noch von dem anderen allein bewegt werden. Derartige Situationen konstituieren gleichartige Abhängigkeiten der beteiligten Personen voneinander, Abhängigkeiten, die ihre Rückwirkungen im affektiven Bereich haben. Die vorurteilsdestruierenden Auswirkungen dieser Situation zeigen sich auch bei sehr disparater Ausgangslage der Beteiligten, – ein Sachverhalt, wie er z. B. in dem amerikanischen Film „Flucht in Ketten" festgehalten worden ist. In einer solchen Gruppe hat man – meiner Generation ist dieses Bild gestattet – die Zugangschance zu seinem Juden.

Das Modell Planungszelle impliziert demnach die gleichen Konstruktionsprinzipien, die bereits in vielen anderen Zusammenhängen mit der Absicht angewendet werden, jene Vorurteile abzubauen, die soziale Konflikte verschärfen. Die Auswirkungen dieses Modells gehen aber deutlich über das hinaus, was von den oben skizzierten konfliktprophylaktischen Verfahren geleistet wird: Die vorurteilsabbauenden Wirkungen der Planungszelle sind

– sozial umfassender,
– intensiver,
– weitreichender und
– preiswerter zu erzielen.

Ein Laienplanungssystem, das seine Teilnehmer im Zufallsverfahren auswählt, umfaßt – von wenigen Ausnahmebereichen wie Kindheit, Krankheit, Strafvollzug abgesehen – die Gesellschaft in ihrer ganzen *Heterogenität*. Zwar gibt es auch andere heterogene Situationen, in denen durch Beteiligung beim einzelnen „übergreifende Prämissen sinnhaften Verhaltens stabilisiert" werden (Luhmann 1969, S. 86). So treffen z. B. in der schweizer Rekrutenschule, die auch den Offiziersnachwuchs einschließt, „Männer aus allen Kreisen, aller Bildungsklassen und Berufsstände, reich und arm, zu einer harten gemeinsamen Schulung zusammen, in der es keine Privilegierten gibt." („Damit wird diese Ausbildung über das Militärische hinaus zu einer Pflegestätte staatsbürgerlichen, sozialen und menschlichen Denkens. Ihre Folgen wirken sich tief in das familiäre, berufliche, gesellschaftliche und politische Leben aus." Brunner 1966, S. 287 f.) Aber diese Situation erfaßt nur Angehörige junger Jahrgänge und nicht den weiblichen Teil der Bevölkerung. Dafür zementiert sie denn auch männliche Vorurteile. Im Verfahren Planungszelle wird dagegen die Frau in einem bei uns bisher nicht gekannten Umfang an der Entscheidung politischer Planungsprobleme beteiligt, und es wirken Angehörige aller Jahrgänge zusammen.

Selbst Konflikte, die durch die Teilnehmerschaft der Planungszelle, wie sie heute vorgesehen ist, nicht erfaßt werden, könnten bei Auswahl entsprechender Teilnehmer-Einzugsbereiche von dem Verfahren profitieren. Das gilt z. B. für zwischenstaatliche Konflikte. Die gemeinsame Arbeit an gemeinsamen Zukunftsproblemen hat solidarisierende Effekte. Staatsintern dürfte in manchen Regionen der aktuellste Fall dieser Art das Gastarbeiterproblem sein. Sollen die hier dargestellten konfliktprophylaktischen Wirkungen für dieses Problem aktiviert werden, so setzt das die Hereinnahme der entsprechenden sozialen Heterogenität, in diesem Fall also die Hereinnahme von Gastarbeitern in die Planungszelle voraus. Die hierfür erforderliche Definition von Zugangskriterien (Aufenthaltsdauer? Mindestsprachschatz? Verbleibewilligkeit?) ließe sich themenspezifisch differenzieren sowie nach Bedarf regional unterschiedlich regeln.

Die Wirkung der Planungszelle ist, im Vergleich mit den oben genannten Verfahren, *intensiver*. Das personale Gegenüber geht hier in einer eindeutig aufgabenorientierten Situation vor sich. Zusammen in der gleichen Siedlung oder Straße zu wohnen, ergibt in der Regel keinen sehr umfassenden Katalog gemeinsam zu lösender Aufgaben.

Anders in der Planungszelle. Der Außendruck, dem sie sich durch die Aufgabenstellung und durch die Erwartungen der für sie relevanten sozialen Umwelten ausgesetzt sieht, schafft in-group-Situationen, die die prägenden Möglichkeiten affektiv betonter Rollenbindungen voll erschließen.

Die Intensität der vorurteilnivellierenden Wirkung wird durch die Abwesenheit von Rollen erhöht, die an der Aufrechterhaltung der entsprechenden Einstellungen ein zusätzliches vitales Interesse haben. Die Interessen der Menschen treten sich in der Planungszelle ohne die „Rüstung" z. B. ihrer Organisiertheit als Verband gegenüber. Das Organisieren von Interessen verändert immer auch etwas an diesen Interessen. Bekanntlich kann das so weit gehen, daß diese organisierten Interessen nur noch als Legitimation ganz anderer Interessen dienen, – eine Einsicht, die durchaus zu dem Schluß führen kann, daß „es nicht die privaten Interessen sind, die die Menschen trennen, sondern deren Organisation" (The Public Life, Bd. I, Nr. 6, S. 4). Mit der Nicht-Anwesenheit der ideologischen Apparatur entfällt für den Teilnehmer sowohl die disziplinierende Wirkung, die von der Anwesenheit des „Funktionärs" einer Interessenartikulation auf den einzelnen Positionsinhaber ausgeht, wie auch das Argumentationsreservoir, das sonst in der Diskussion präsent zu sein pflegt. So agiert der Teilnehmer hier frei von den Verpflichtungen und den Möglichkeiten, die ihm diese Präsenz auferlegen würde.

Weitreichender ist die Wirkung der Planungszelle, weil diese nicht, wie andere Therapievorschläge, auf bestimmte Konflikte spezialisiert ist. Sie erfaßt mit ihrer Heterogenität eine Vielzahl der vorhandenen Konfliktmöglichkeiten. Die Feststellung, daß hier mehr Konflikte auf beeinflußbare Kleingruppenprozesse kanalisiert werden, als bei jedem der anderen Therapieversuche, bezieht sich auch auf Interessengegensätze, die bisher noch keine Gelegenheit hatten, sich ideologisch zu sichern oder die überhaupt erst in Ansätzen sichtbar sind. Für die Rationalität von Konfliktverarbeitung kann es nicht ohne Auswirkungen bleiben, daß Konflikte hier erfaßt werden können, bevor sie sich organisiert haben.

Schließlich sind die vorurteilsabbauenden Auswirkungen der Planungszelle für die Gesellschaft *preiswerter* erzielbar als die mancher anderen Einrichtungen. Rechnet man zusammen, was die Vereinigten Staaten für den Abbau von Rassenvorurteilen und die rassische Integration ihrer Gesellschaft an Mitteln für Schulausbau, Schultransport, Wohnungspolitik und anderes aufzubringen bereit sind, so ergeben sich Milliardenbeträge. Allein deren Verwaltung und Verwendung erfordert umfangreiche Apparaturen[14]. Die damit erstrebten Zwecke werden von dem hier dargestellten Planungsbeteiligungsverfahren als Nebeneffekt mitgeleistet. Möglicherweise werden die Ziele der vorurteilsabbauenden Maßnahmen hier, wo sie nicht ausdrücklich intendiert sind, sogar noch wirksamer erreicht. Geringere Kosten verursachen sie auf jeden Fall.

Die vorurteilsabbauende Wirkung mehrwöchiger Zusammenarbeit an einer gemeinsamen Aufgabe läßt schließlich auch den Einsatz *binational* oder sogar multinational zusammengesetzter Gruppen wünschenswert erscheinen. Seine mögliche Bedeutung – etwa für die Integration Europas oder der einer Weltgesellschaft – ist vermutlich nicht gering. Es ist wichtig für uns, die wir auf eine Kultur begrenzt sind, Angehörige einer anderen Kultur kennenzulernen. Aber vielleicht sind wir eines Tages auch darauf angewiesen, daß ‚andere' einen personalen Eindruck von ‚unseren' Beweggründen und Interessen so unmittelbar wie möglich gewinnen können. Laienplanergruppen sind geeignet, entsprechende Situationen bereitzustellen.

E. Erschließung ergänzender Möglichkeiten personaler Identität

Der Mensch als soziales Wesen gewinnt sich selber nur im Miteinander mit anderen. Er ist zur Konstituierung einer personalen Autonomie und zur Individualisierung seiner ‚Persönlichkeit' auf dieses Gegenüber angewiesen.

Dieser dem Einzelnen seine Identität vermittelnde soziale Horizont ist im Wandel begriffen. Das beherrschende Fundament dieses Rahmens, die ‚Großfamilie', hat die wesentlichen Funktionen, die sie einst gehabt hat, eingebüßt. Der Bildungs- und der betriebliche Bereich haben ausschnittweise an Bedeutung gewonnen. Das Institut der ‚Ehe' verliert an Gewicht. Die ‚Stadt' – eine Maschine zur Bevorratung von Kontaktalternativen –, die anonymen ‚Sicherheitsnetze' und ‚Großorganisationen' sowie der zeitverbrauchende Umgang mit den ‚Medien' treten in den Vordergrund. Jungkommunen und Yogaszene kommen mit Alternativen.

In dieser Situation ist nicht deutlich, wo der Einzelne die personalen Solidarverhältnisse finden wird, von denen her sich die Sinnbezüge aufbauen werden, die ihm – und damit letztlich den Völkern unserer Welt – eine lebenswerte Zukunft sichern.

Das sichtbare Vorhandensein und die massenhafte Inanspruchnahme der Laienplanerposition könnte auch in diesem Bereich Auswirkungen haben. Mehrfach im Laufe eines Lebens in eine auf Gemeinschaftsaufgaben ausgerichtete, als überschaubar erlebte, befristete Gruppensituation ‚heimzukehren', stellt Einflußgrößen eigener Art bereit. Die positive Grunderfahrung mit dem Staat, die der Einzelne auch im nichtrationalen Bereich reflektiert, ist ja nicht nur für seine Beziehung zu dieser Großgruppe oder – über Parteiloyalität, Beamtenethos, Untertanengesinnung oder klassischen Nationalismus hinaus – für diese selber bedeutsam. Die sich mit den Planungszellen zufällig aber regelmäßig einstellenden Kleingruppensituationen sind möglicherweise auch ein neuer Ansatzpunkt in der Ausbildung einer personalen Identität des Individuums. Mitvollzug und Speicherung dieser Situationen erlaubt das Konstituieren von ‚symbolischen Sinnwelten', die dem Einzelnen ein Selbst ermöglichen, das sich den Belastungen der kommenden Jahrzehnte eher gewachsen erweisen könnte.

Eine Erörterung derartiger Effekte der Planungszelle führt in theoretische Bereiche, die hier nicht angemessen behandelt werden können. Sie müssen dennoch, und sei's in Form einer Frage, angesprochen werden. Hier nämlich warten Probleme, die in den kommenden Jahren größere Aufmerksamkeit auf sich ziehen werden.

Anmerkungen zu Kapitel VII

1 Vgl. den Spiegel-Report „Gebietsreform: Alle Macht den Bürokraten", in: Der Spiegel 31 (1977), Nr. 23, S. 74–91. – Der Zusammenschluß der neuen Stadt Lahn verletzte sowohl bestimmte Erwartungen der Bürger der Industriestadt Wetzlar wie der Universitätsstadt Gießen. „Die Frage, warum mit einem Zweckverband nicht das gleiche erreicht worden wäre, wenn man doch die Städte mit ihren Verwaltungen nahezu erhalten wolle, ist ohne zufriedenstellende Antwort geblieben." Le Blanc, Viel Acker zwischen den beiden Stadtzentren, FAZ, 24.8.1976.

2 „Die Mehrheit kann der politischen Klasse nicht entraten. Diese aber kann nur einen Bruchteil der Gesellschaft umfassen." Robert Michels, Soziologie des Parteiwesens, Stuttgart 1925, S. 20.

3 „In der an Mitteln und Energie knappen Gesellschaft waren Macht-, Verfügungs- und Geltungsrollen ebenfalls knapp. Die steigende Produktivität ... erweitert ... auch die Anzahl von Macht-, Verfügungs- und Geltungsrollen." Dieter Claessens 1969, S. 276.

4 Der Bund stockte hier vor wenigen Jahren die Investitionen eines Landes mit einer Zugabe von 100% auf. Niedersachsen, das über wenig Mittel verfügte, konnte sein Projekt Oldenburg/Osnabrück nicht vorantreiben. Statt dessen gingen damals die Gelder in die Länder, die Gründungsmaßnahmen einleiten konnten.

5 "... participation without redistribution of power is an empty and frustrating process for the powerless. It allows the power holders to claim that all sides were considered, but makes it possible for only some of these to benefit. It maintains the status quo." Sherry Arnstein, A Ladder of Citizen Participation, in: Journal of the American Institute of Planners, July 1969, S. 216 ff.

6 Ansätze in dieser Richtung sind z.B. in den Leitungsgremien des „Siedlungsverband Ruhrkohlenbezirk" (SVR) institutionalisiert. Für ihre Erweiterung plädiert das Dortmunder Gutachten „Partizipation an der Gebietsentwicklungsplanung". Eine Untersuchung im Auftrag des SVR durchgeführt von der AG. KOP an der Univ. Dortmund, 1973.

7 Auf die Möglichkeit einer Verwendung der Partizipation als „systemerhaltende Beschäftigungstherapie" wird immer wieder hingewiesen. – „Strategien zur Umverteilung gesellschaftlicher Macht, die sich auf die Gemeindeebene beschränken, sind im Ansatz verfehlt, da es wenig Macht gibt, die auf dieser Ebene noch umverteilt werden könnte." Körber/Siebel, Versuche mit parteilicher Planung, in: Müller/Nimmermann, Stadtplanung und Gemeinwesenarbeit, S. 152.

8 Einen wichtigen Schritt in der Beschreibung der Situation bildeten die Arbeiten von Mancur Olson und Anthony Downs.

9 Dieser Rückgang trifft in der Bundesrepublik zusammen mit einer absoluten Abnahme der Gesamtbevölkerung sowie gleichzeitig mit einer absoluten Zunahme der erwerbstätigen Bevölkerung:

	Erwerbstätige (in Mio)	*Gesamtbevölkerung* (in Mio)
1975	36.5	57.8
1985	38.9	56

Die oben dargelegte Entwicklung wird durch diese beiden Trends verschärft.

10 „Die Intellektuellen sind nicht eine soziale Klasse, in dem Sinne, wie die Bauern oder Industriearbeiter soziale Klassen bilden; sie kommen aus allen Ecken ... der sozialen Welt, und ein großer Teil ihrer Tätigkeit besteht darin, sich gegenseitig zu bekämpfen und Lanzen zu brechen für Klasseninteressen, die nicht ihre eigenen sind." Eines ihrer Kennzeichen ist „das Fehlen einer direkten Verantwortlichkeit für praktische Dinge". Schumpeter, Kapitalismus, Sozialismus und Demokratie, S. 236 f.

11 Benne, Bradfort und Lippitt raten „interkulturelle Klienten" als Zielpopulation für die Laboratoriumsmethode an.

12 Heterogene soziale Zusammensetzung erträumt Richard Sennett (The Uses of Disorder. Personal Identity and City Life, London 1971, S. 190 f.) für die Stadtbezirksschulen seiner neuen Gesellschaft. Glaser erwartet ähnliche Effekte („Gesellschaft in die Lage versetzen, ihren Pluralismus zu leben ...") von seiner „Schule für alle". Hermann Glaser 1970, S. 104 f.

13 Die Planungszelle wird auch auf andere Weise vorurteilsbegrenzend wirksam werden können, z. B. durch die Thematisierung entsprechender Aufgabenstellungen. Diese Möglichkeit der Konfliktprophylaxe wird hier nicht weiter verfolgt.

14 Sollte sich die Planungszelle tatsächlich auch als brauchbar für eine Beeinflussung von *Rassen*vorurteilen erweisen – was hier behauptet wird –, so dürfte diesem Instrument schon wegen dieser seiner konfliktprophylaktischen Eigenschaft, etwa in den USA, eine nicht uninteressante Entwicklung vorausgesagt werden können.

Kapitel VIII

Varianten zum Modell Planungszelle

Das Modell Planungszelle ist auf vielfältige Weise abwandelbar. Einige Gestaltungsmöglichkeiten, die vom Ansatz der Konzeption her naheliegen, sollen hier erwähnt werden. Erst so nämlich wird es möglich, bestimmte Vor- und Nachteile der hier vorgetragenen Faktorenkombination „Planungszelle" abgewogen zu beurteilen.

Eine ganze Reihe der in diesem Konstrukt verwendeten Größen kann anders dimensioniert verwendet werden. Man könnte Laienplanungsmodelle entwickeln, die mit mehr oder mit weniger gruppendynamischer Begleitung arbeiten oder die mehr als zwei Fachleute oder nur einen Experten einschließen. Es ist möglich, dem Modell eine andere Anzahl von Laienteilnehmern zugrunde zu legen. Derartigen Variationsmöglichkeiten sind aber, wenn man das Ziel verfolgt, eine arbeitsfähige Gruppe zu bilden, relativ enge Grenzen gesteckt. Außerdem sind die Änderungen, die damit für Ablauf und Ertrag der Laienplanergruppe erreicht werden, nicht so erheblich, daß sich daraus völlig neue Bedingungen und damit neue Überlegungen ergeben müßten. Beide Gründe sprechen dafür, diese Variationsmöglichkeiten hier nicht ausführlich zu erörtern.

Die Änderung anderer im Modell verwendeter Größen ergibt interessantere Variationen, z. B. die Änderung des Kontinuitätsgrades oder die des Teilnehmer-Einzugsbereiches.

Änderung des Kontinuitätsgrades

Neben in sich kontinuierlich arbeitenden Beteiligungsverfahren lassen sich Verfahren denken, bei denen die gemeinsame Tätigkeit einer bestimmten Personengruppe auf mehrere voneinander getrennte Zeiteinheiten verteilt ist. Eine Laienplanergruppe arbeitet z. B. an mehreren Wochenenden zusammen oder an mehreren einzelnen „Planungstagen" oder etwa nur auf Abendveranstaltungen.

Die Vorteile dieser diskontinuierlich arbeitenden Beteiligungsverfahren liegen auf der Hand. Hier werden vom Teilnehmer geringere Vergütungserwartungen entwickelt als bei den berufstätigkeitsähnlichen, kontinuierlich arbeitenden Verfahren. Sie laufen also billiger. Außerdem verursachen sie weniger Aufwand für die Freistellung der Teilnehmer, insbesondere wenn die Zusammenkünfte auf arbeitsfreiere Zeiten wie Wochenenden oder Abende gelegt werden. Schließlich gibt es für solche „Veranstaltungsreihen" bereits Vorlagen, an die man sich anlehnen kann. Derartige Veranstaltungen sind z. B. Volkshochschul-konform. So haben denn auch, etwa im Bereich der Stadtplanung, manche Akademien und Volkshochschulen – allerdings ohne die Merkmalskombination der Planungszelle zu verwenden – Kurse, Stammtische, Foren oder Diskussionsrunden über längere Zeiten an begrenzten Fragestellungen arbeiten lassen[1]. Keiner dieser Versuche ist aber von der Teilnehmer-Heterogenität gewesen, wie sie für die Planungszelle kennzeichnend ist.

Die Nachteile, die den Vorteilen eines solchen Modells gegenüberstehen würden, sind gravierend. Die Kurzatmigkeit der Zusammenarbeit erschwert den Selbstfindungsprozeß der Gruppe. Diese zeigt, je offener sie arbeitet, weniger Eigengestalt und, verglichen mit der Planungszelle, mehr Publikumscharakter. Die Gruppen-Arbeitssituation wird durch immer weitere Neuanfänge zerhackt, personelle Veränderungen sind weniger leicht zu vermeiden und werden außerdem eher spürbar. Eine andere Gefährdung besteht darin, daß die Gruppe – trotz der Zufallsauswahl – sich im Fortgang der Abende fachlich oder interessenmäßig verengt. In jedem Fall dürfte diese Arbeitsform mehr Einwirkungen von außen und zeitraubende Rückfragen zulassen, als sie ohne Frustration der Teilnehmer verarbeiten kann. Schließlich wird die Aufgabenstellung, die ja die Eigenart der Zusammenarbeit berücksichtigen muß, kleinkarätiger gewählt werden müssen. Damit dürfte die Arbeitssituation als solche weniger motivierend sein. Das ganze nimmt sich dann eher wie eine ‚Bildungsveranstaltung' aus als wie ein Arbeitsverhältnis. In vielen Fällen dürfte es beim Teilnehmer gar nicht zu der befristeten Professionalisierung kommen, die hier, und zwar nicht nur wegen des politischen Sozialisationseffektes, erstrebt werden muß.

Es ist dennoch damit zu rechnen, daß der diskontinuierliche Einsatz von Laienplanergruppen in der Praxis bald realisiert werden und auch eine gewisse Förderung erfahren wird. Versuche in dieser Richtung bieten sich einfach als unaufwendiger an. Dabei dürfte vor allem aber auch ein – vom Modell her wenig relevanter, in der Praxis aber wichtiger – Sachverhalt eine Rolle spielen: Versuche dieser Art finden in der kommunalen Wirklichkeit einen institutionellen Rückhalt, und zwar in Form der Volkshochschulen. Die diskontinuierliche Arbeitsweise entspricht nämlich dem beruflichen Einsatzmuster der VHS-Mitarbeiter und sie fügt sich in den spezifischen Programmbedarf dieser Einrichtung (Kurse, Reihen, Zyklen, Trimester, Quartale) reibungslos ein.

Beide ‚Verkleinerungs'-Möglichkeiten des Modells Planungszelle, nämlich die Diskontinuierung und die schon früher erwähnte Veranstaltung von kürzerer Dauer, werden in den kommenden Jahren vermutlich genutzt werden. Sie erscheinen billiger. Für bestimmte Entscheidungsvorbereitungen reichen eben auch zwei oder acht Tage aus. Außerdem sind Problemlösungsprozesse denkbar, die den Einschluß von Personen erfordern, denen angesichts der mehrheitlichen Einstellung der Bevölkerung zunächst nur kurze Teilnahmezeiten eingeräumt werden können. (Möglicherweise können Planungsprobleme, an deren Lösung beispielsweise Gastarbeiter oder Parlamentarier zu beteiligen sind, nur in solchen Kurzveranstaltungen behandelt werden.) Die entsprechenden Modelle sollten aber nicht als das Endkonstrukt erstrebt werden. Damit würde zuviel an gesamtgesellschaftlich positiven Wirkungen aus der Hand gegeben, wie sich aus dem Vergleich derartiger ‚Westentaschen-Modelle' mit der unverkürzten Planungszelle leicht nachweisen ließe.

Anders stellt sich die Lage dar, wenn solche Entwürfe im Rahmen eines Programms von „Zwischenlösungen" Verwendung finden. Vermutlich können z. B. am Kurz- oder am Wochenendmodell Erfahrungen über die Arbeitsweise heterogen zusammengesetzter Gruppen gemacht werden, die für die Weiterentwicklung des Modells Planungszelle sehr hilfreich sein können. Bei der Suggestion, die von „preiswerten" Lösungen auszugehen pflegt, muß hier dennoch nachdrücklich vor den negativen Nebeneffekten gewarnt werden, die die Verwendung dieser Modelle für die Verwirklichung der Planungszelle haben dürfte.

Änderung des Teilnehmer-Einzugsbereiches

Interessante Anwendungs- wie auch Weiterentwicklungsmöglichkeiten für das vorgetragene Modell eröffnet die Auswahl spezieller Teilnehmer-Einzugsbereiche. Dabei kann zunächst an *projekt-* oder *organisations*spezifische Einzugsbereiche gedacht werden, etwa an Verbände, Hörer- oder Benutzerkreise, politische Parteien oder projektspezifische Klientele.

Eine derartige Begrenzung der Teilnehmerauswahl dürfte die Arbeitsergebnisse sowie bestimmte Nebeneffekte der Laienteilnahme für das betreffende Projekt bzw. für die betreffende Organisation ergiebiger machen. Die Bereitschaft der hier in Frage kommenden Träger, Testläufe zu veranstalten, wird davon nicht unbeeinflußt bleiben[2]. Ein solcher Ansatz setzt bestimmte Gegebenheiten voraus, z. B.:

– abgrenzbare Personendatenmengen, die einer Zufallsauswahl zugrunde gelegt werden können (etwa Mitglieder- oder Kundenkartei),

– ausdrückliche oder implizit mit einer Organisation selbst gegebene Kriterien und Regeln für die Auswahl der Themen,

– Absprachen über die Teilnehmerauswahl sowie über die Verwendung der anfallenden Ergebnisse.

Diese Variante des Modells Planungszelle, obgleich auch in Einrichtungen des politischen Systems so einsetzbar, hat eine deutliche Affinität zu den „autonomisierbaren Teilstrukturen". Damit gilt hier das, was im Eingangskapitel zur Bedeutung und zur Dringlichkeit von Verfahrensentwicklungen für diesen Bereich gesagt worden ist. Der Schwerpunkt der Entwicklung sollte auf Verfahren liegen, die – in hohem Maße vermehrfachbar – Teilnahmechancen an Entscheidungen eröffnen, die im politischen System allen zugänglich gemacht werden können.

Eine andere sinnvolle Variationsmöglichkeit der Laienplanergruppe bietet deren *alters*spezifische Zusammensetzung. Anders als bei der Planungszelle, bei der alle Personen ab 18 Jahren zugelassen sind, könnte man sich bei der Auswahl auf bestimmte Jahrgänge konzentrieren oder, wie bei der Einberufung der Wehrpflichtigen, jährlich auf einen neuen Jahrgang.

Dieses Modell *Planungsdienst*, ein jahrgangsweises Einberufen aller berechtigten und zugelassenen Bürger zur Laienplanung, erfüllt in gewisser Hinsicht die gleichen Funktionen wie das Modell Planungszelle: Es erlaubt massenhafte geordnete Teilnahme an Planungsprozessen. Es weist der Planungszelle gegenüber eine Reihe von Vorteilen auf:

– Das Modell ‚Planungsdienst' bietet didaktisch einfachere Situationen. Bestimmte Dimensionen sozialer Heterogenität sind in der Gruppe nicht vorhanden. Dieser Vorteil hat Auswirkungen auf die Wahl der Aufgabenstellung, die Gestaltung des Informationsmaterials, die Organisation des Tagesablaufes und vieles andere.

– Daß die Zielgruppe enger definiert ist, schafft auch im Hinblick auf die Motivationen eine eindeutigere und leichtere Lage. Es ist vorab entschieden, wer hier wie zu motivieren ist.

Weitere Vorteile lassen sich nennen, wenn der Planungsdienst auf eine *jüngere* Altersgruppe, etwa die 18–20jährigen, beschränkt wird:

– Angehörige dieser Altersgruppe sind mobiler, eher abkömmlich und, was die Vergütung betrifft, billiger als ältere Gruppen.

– Das Zusammensein in derartigen Gruppen hat mehr Erlebnisqualität zu bieten. Manche Formen der Jugendarbeit, die israelischen Kibbuzim oder die sibirischen Neusiedlungen leben davon. Diese Altershomogenität ist vermutlich für die Motivierung wie für den Sozialisationseffekt von Belang.

– Der innovatorische Effekt dieser Form der Planungsbeteiligung dürfte höher sein als der der Planungszelle. Die in bestimmten Entwicklungsphasen diktatorischer Systeme institutionalisierte Bevorrechtigung von „Jugend" gibt zu erkennen, daß man sich dort des Innovationsvermögens dieser in peer-groups organisierten Jahrgänge bewußt ist[3]. Heute wird in der planungstheoretischen Diskussion das Innovationspotential von Planungsabläufen problematisiert: Wenn man den zeitlichen Abstand zu überbrücken versucht, der sich zwischen dem Bedarf der Gesellschaft einerseits und ihrer Aufgeklärtheit und Handlungsbereitschaft andererseits auftut, und wenn man daran alle Schichten der Bevölkerung teilnehmen lassen möchte, dann wäre mit dem altershomogenen Modell Planungsdienst ein geeignetes Hilfsmittel dafür gegeben.

– Schließlich wäre dieses Modell, weil entsprechende Erwartungsschemata vorhanden sind, leichter einbaubar in die bestehenden gesellschaftlichen Strukturen. Hinzu kommt, daß ein solches Konzept in eine politische Marktlücke stoßen würde. Bei der Diskussion um den Wehrdienst wird immer sichtbarer, wie sehr hier nach weiteren, gesellschaftlich sinnvollen Alternativen gesucht wird.

Die Nachteile dieses Modells können allerdings auch nicht übersehen werden. Sie sind so erheblich, daß hier schließlich für das Gegenmodell Planungszelle optiert wird.

– Der altershomogene Planungsdienst vermittelt keine gesellschafts-repräsentative Beteiligungschance. Beteiligt werden exklusiv z. B. die jungen Menschen eines bestimmten Jahrgangs.

– Der Planungsdienst kann damit keine konflikt-prophylaktischen Effekte für die Generationskonflikte erbringen.

– Für die Planungsbeteiligungsverfahren liegt der entscheidende Fehler hier aber vor allem darin, daß die Planungsergebnisse vom Übergewicht der Wertvorstellungen einer Altersgruppe konditioniert sind. Die planende Verwaltung braucht sich intensiv nur mit den Vertretern dieser einen Altersgruppe zu einigen. Geplant wird zu Lasten aller anderen.

Planpflicht

Ein anderes, das Modell Planungszelle ergänzendes Verfahren, nämlich die „Planpflicht" hat zu Beginn der Entwicklungsarbeiten viel Aufmerksamkeit auf sich gezogen. Es schien so, als ob ohne ein derartiges Konstrukt ein ausgebautes Laienplanungssystem nicht konsequent gedacht werden könnte.

Inzwischen (nach Probeläufen) stellt sich die Sachlage anders dar. Es erscheint nicht notwendig, bestimmte Voraussetzungen so rigide sicherzustellen, wie das zunächst angenommen wurde. Die Konstruktionsbemühungen gingen damals von etwa folgenden Gedanken aus:

Personen, die im Zufallverfahren als Laienplaner ausgewählt worden sind, müssen Anspruch auf Freistellung haben, ihnen dürfen keine beruflichen Nachteile erwachsen und die Mitwirkung an der Planungszelle muß ihnen vergütet werden. Die zur Sicherstellung dieser Rechte erforderlichen gesetzlichen Grundlagen bilden einen Aspekt der Planpflicht. Im Zuge des Ausbaus eines Laienplanungssystems wird ein zweiter Aspekt in den Vordergrund treten. Der im Zufallsverfahren Ausgewählte muß zwingend zur Teilnahme an der Planungszelle veranlaßt werden können.

Gegen die Konzeption einer Planpflicht stellen sich zunächst Einwände ein. Der Begriff ‚Pflicht' ist negativ besetzt. Mit ihm verbindet sich die Vorstellung einer Einschränkung des individuellen Freiheitsraumes. Diese Verwendung des Begriffs im Sinne eines Kontrastes von Pflicht und Freiheit arbeitet mit einem Scheingegensatz. Freiheit wird erst durch Pflichten ermöglicht. Der Prozeß, dem sich der einzelne Schulpflichtige unterziehen muß, erweitert seinen individuellen Bewegungsraum. Eltern- und Kindespflichten haben über Jahrtausende hinweg als Erwartungen auf Gegenseitigkeit, vermittelt durch die Institution der Familie, Überlebensmöglichkeiten des Einzelnen sichergestellt. In der Gesamtgesellschaft werden, vermittelt über die unterschiedlichsten Einrichtungen, bis hin zur Hilfeleistungspflicht, Haftpflicht, Impfpflicht oder Röntgenpflicht[4], dem Einzelnen arbeitsteilig neue Freiheiten und Bewegungsräume eröffnet. Die Frage ist vielmehr: Welche Verhaltensweisen sind in einer Gesellschaft in welchem Umfang notwendig und ergeben sich diese Verhaltensweisen im familiaren, nachbarschaftlichen oder gesellschaftlichen Spiel der Kräfte von allein, oder müssen sie ausdrücklich als Pflicht deklariert werden, um in den entsprechenden Situationen von jedem geleistet zu werden?

Die Frage, ob Pflicht oder Freiheit stärker zu fördern sind, läßt sich nicht generell beantworten. In bestimmten Bereichen wird es immer wichtiger, daß wir die Freiheit des Einzelnen stärken, als Recht definieren und sichern. Das gilt z. B., wie Jungk (1973, S. 131) feststellt, für die Teilnahme an Experimenten. In anderen Bereichen wird der Pflichtcharakter bestimmter Verhaltensweisen hervorgehoben werden müssen, auch auf die Gefahr hin, daß von Interessenten das Gespenst des verplanten Menschen oder gar der Diktatur beschworen wird.

Eine solche Hervorhebung ist zunächst kein formaljuristischer Vorgang, sie erfolgt durch die Gesellschaft. Diese deklariert bestimmte Verhaltensweisen als für alle notwendig. Das galt beispielsweise für ein Phänomen wie die Übernahme des ‚wissenschaftlichen Denkens'. Einst, als die soziale Organisation noch sehr einfach und gleichbleibend war, genügte die blinde Tradition. Denken und freies Forschen konnten nur die Tradition bedrohen. Deswegen waren sie geächtet. Der Mensch hat den Durst nach wissenschaftlicher Erklärung erst kennengelernt, „nachdem die Gesellschaft diesen in ihm geweckt hat ... Dieser Moment kam, als das soziale Leben ... zu komplex wurde, um auf andere Weise existieren zu können, als durch die Kooperation reflexiven Denkens ... Von da an wurde eine wissenschaftliche Kultur unerläßlich, und deswegen verlangt die Gesellschaft diese Kultur von ihren Mitgliedern, ja sie legt sie ihnen als eine Pflicht auf" (Durkheim 1972, S. 33 f.).

Die Bewertung, daß Verhaltensweisen von allen zu vollziehen sind, erfolgt auch im Hinblick auf Tätigkeiten, die für das Funktionieren einer staatlichen Gemeinschaft erforderlich sind. Aus den äußeren Anforderungen, denen ein Staat ausgesetzt ist, und aus der politischen Kultur[5] der betreffenden Gesellschaft bestimmt sich, welches Verhalten als wichtig bewertet und was als von jedem zu vollziehende Pflicht definiert wird. An der Küste war man sich z. B. darüber einig: „Wer nich will dieken, mut wieken." Gesetze sind die formalste Ausdrucksform solcher Bewertung. Sie ruhen auf einem vorgesetzlichen Konsensus auf. In der Schweiz verweigerten von 1946–1966 nur 30 (!) Personen den Wehrdienst[6]. So hart kann das allgemeine Bewußtsein eine heute ja nicht unproblematische Pflicht sanktionieren.

Ein Bereich, in dem der Pflichtcharakter bestimmter Verhaltensweisen heute an Bedeutung gewinnt, ist die bürgerschaftliche Beteiligung an politischen Entscheidungsprozessen in der Form von Mitplanen. Konnte man bisher die Meinung vertreten, daß „eine analphabetische Gesellschaft unfähig für eine demokratische Ordnung" (Laufer 1971, S. 48) sei und daß eine „entscheidende Voraussetzung für eine demokratisch geordnete Gesellschaft" die Beseitigung des Analphabetentums und die Einführung einer allgemeinen Schulpflicht sei, so ist das für eine Gesellschaft wie die bundesrepublikanische keine ausreichende Beschreibung mehr. Die Anforderungen, die unser System an die *politische Sozialisation* stellt, liegen höher. Welche Fähigkeiten und Einstellungen beim demokratiegeeigneten Bürger heute vorausgesetzt werden müssen, ist bereits beschrieben worden. Die entsprechenden Sozialisationschancen lassen sich massenhaft über eine Planpflicht schaffen.

Es gibt weitere Gründe, die dafür sprechen, daß im Zusammenhang mit der Konzeption der Planungszelle sich der Gedanke an eine Planpflicht einstellte:

– Die Realisierung einer richterlicher Überprüfung standhaltenden *Chancengleichheit* in der Teilnahme an Planungszellen läßt sich am ehesten über eine Planpflicht erreichen. Zugang über „Freiwilligkeit" bedeutet immer eine Selektion zu Lasten bestimmter sozialer Positionen.

– Bürgerschaftliche Beteiligung an Planungsprozessen darf nicht dazu führen, daß in der Planung berechtigte Interessen verletzt werden. Erst die durch eine Planpflicht gesicherte Auswahl im Zufallsverfahren gewährleistet die notwendige *Interessenneutralisierung* der Planungszelle.

Das *Ausmaß* der Verpflichtung, die hier neu entsteht, ist vergleichsweise unbedeutend. Umfang wie Dauer der geforderten Leistung sind, gemessen etwa an Schul- oder Wehrpflicht, relativ gering. In einer so auf Freiheit bedachten Demokratie wie der Schweiz werden z. B. dem Bürger, selbst nach Ableistung seiner vollen Militärdienstzeit, erhebliche Leistungen noch weiterhin zugemutet. Er muß u. a.:

– an den vorgesehenen Reserveübungen teilnehmen (8 Jahre lang Wiederholungskurse von jährlich drei Wochen Dauer; danach bis zum Alter von 42 Jahren insgesamt vier Wiederholungskurse von je 14 Tagen Dauer);

– erreichbar bleiben. Jeder längere Aufenthalt im Ausland muß als militärischer Auslandsurlaub beantragt werden. Schon einen Monat vor Dienstbeginn darf dieser nur ausnahmsweise erteilt werden;

– durch außerdienstliche Schießübungen im Schießverein und durch Fahrübungen einsatzbereit bleiben. Wer die obligatorischen Übungen nicht schießt, wird – ohne Soldzahlung – zu einem dreitägigen besonderen Schießkurs einberufen;

– Waffen und Ausrüstung daheim aufbewahren und pflegen. Das betrifft nicht nur Karabiner und MG, sondern auch Jeep, Unimog und Pferd. Vor dem Auslandsurlaub muß die Ausrüstung im zuständigen Zeughaus abgegeben werden;

– Bewaffnung und Ausrüstung alljährlich (vom 43. Lebensjahr an: alle 2 Jahre) zur Inspektion vorführen, und zwar ohne Anspruch auf Sold und Verpflegung. Wer Waffen und Ausrüstung zu der Zeit im Zeughaus hat, muß ebenfalls erscheinen und den Depotschein vorweisen.

Die Einführung einer Planpflicht würde *Regelungen* erfordern, von denen einige schon jetzt erörtert werden können. Sie bezieht sich z.B. auf eine bestimmte Dauer der Mitwirkung. Der Entwurf eines Laienplanungssystems rechnet beispielsweise mit fünf Planungszellen pro Einwohner. Im Phasenscenario, Phase V, wird von einer möglichen Verdoppelung dieser Frist gesprochen werden. Theoretisch wäre mit einer solchen Verpflichtung ein Instrument vorhanden, mit dem die (im Verlauf der nächsten hundert Jahre notwendige) Vermehrfachung der Entscheidungsbeteiligung mit Hilfe der Planungszelle bewältigt werden kann. – Die Kriterien der Teilnehmerauswahl könnten weithin denen entsprechen, die der Durchführung von Planungszellen zu grunde gelegt werden. Die Abwicklung und Dokumentation der mit der Planpflicht erforderlichen Maßnahmen könnten von den Kreispartizipationsämtern wahrgenommen werden. Eine Planpflichtabgabe, die wie die schweizer ‚Militärersatzpflichtabgabe' dem Einkommen entsprechend erhoben wird, ordnet die Ersatzpflichtigkeit sowie die Rückstellungsverhältnisse und motiviert zur Teilnahme.

Die funktionale Notwendigkeit, mehr Personen als bisher am Zustandekommen von Planungen zu beteiligen, wird sich dem einzelnen schon bald als ein *Recht* auf Planungsteilnahme darstellen. Das wird heute noch nicht allgemein so empfunden, was kein Gegenargument zu sein braucht. Im Mittelalter war dem Abhängigen oder Leibeigenen sein Recht auf selbständige Lebensführung auch nicht unmittelbar einsichtig. Heute stellt der Besitz entsprechender Freiheiten ein selbstverständliches Recht dar.

Anmerkungen zu Kapitel VIII

1 Statt vieler anderen sei hier auf die Frankfurter Versuche verwiesen, die plebiszitäre Elemente, offene Planung, Gemeinwesenarbeit und Beirats-Elemente in Volkshochschulkursen kombinieren. Vgl. Hanns Adrian (1972); Frankfurter Bund für Volksbildung (1973); Volkshochschule Frankfurt (April 1976).

2 Entsprechende Versuchsanordnungen sind bereits erörtert worden. Vgl. z.B. Dienel (1973a), S. 155 f. – Vorschläge zur Nutzung des Modells Planungszelle für die innerparteiliche Diskussion hat inzwischen H. P. Bank (1976), S. 327 f. vorgelegt.

3 Dieses Potential kann auch im Rahmen anderer Systeme eingesetzt werden. So wird angeregt, daß „... junge, noch nicht durch Karriere- oder Familieninteressen gehandicapte Bürger den politischen Parteien beitreten und ... Reformvorstellungen aktiv in ihnen zur Geltung bringen." Fritz Vilmar I/1973, S. 93.

4 Röntgenpflicht besteht beispielsweise in den Bundesländern Bayern, Baden-Wttbg., Niedersachsen und Schleswig-Holstein. Vgl. von Koerber, in: DIE ZEIT, Nr. 46/1976, S. 63.

5 Wie in unterschiedlichen politischen Kulturen gleichartiger Bedarf zu verschiedenen institutionellen Formen der Bedarfdeckung führt, läßt sich auch an der bürgerschaftlichen Mitwirkung verdeutlichen: In den USA dominiert der „citizen volunteer"; die Veröffentlichungsliste des Department of Housing and Urban Development führt allein für die 60er Jahre hierzu 605 Titel auf. Unter den politisch-kulturellen Bedingungen der Bundesrepublik werden dagegen – wie hier zu lesen – pflichtmäßig wahrzunehmende Beteiligungsformen erwogen.

6 Von den Verurteilten gehörten 22 den ‚Zeugen Jehovas' an. Insgesamt verweigerten in diesen 20 Jahren von den 320 000 Einberufenen nur 0,09 Promille den Wehrdienst (Brunner 1966, S. 99). – Die Zahl der Wehrdienstverweigerer ist jetzt im Wachsen begriffen. 1973 wurden von den Militärgerichten bereits 450 Personen verurteilt.

Kapitel IX

Die Realisierung des Modells Planungszelle

Zu einer ausreichenden Darstellung eines so ungewöhnlichen Beteiligungsverfahrens gehört auch eine Behandlung der Frage, ob – und wenn ja welche – Verwirklichungschancen der vorgetragenen Konzeption zugesprochen werden können. Dabei muß eine schlüssige Darlegung der Verwirklichungsmöglichkeiten auch Gedanken über die Möglichkeit von Maßnahmen enthalten, die zur Verwirklichung führen können. Diese beiden Gesichtspunkte werden daher im folgenden als „Realisierungschancen" und „Realisierungsschritte" der Planungszelle erörtert.

Spätestens hier muß allerdings auch darauf hingewiesen werden, daß diese Überprüfung der Verwirklichung der Planungszelle von einem begrenzten Verständnis des Modells ausgeht. Um die denkbaren Entwicklungen kalkulierbar zu halten, stellen wir den – in der Bezeichnung des Verfahrens plakatierten – Hauptzweck, nämlich den output an „Planung" einseitig in den Vordergrund unserer Überlegungen.

Es ist aber nicht auszuschließen, daß für eine Einführung des Verfahrens in bestimmten politischen Umwelten ganz andere Zwecke im Vordergrund stehen werden, Zwecke wie sie hier eher als ‚Nebeneffekt' angedeutet worden sind. Warum sollte es nicht Umwelten geben, die Gruppen dieser Art aus Gründen der Konfliktprophylaxe finanzieren oder um ihrer politisch-bildnerischen Wirkungen willen oder weil sie vorhersehbare Effekte auf das Beschäftigungssystem der Gesellschaft haben?

Manches, was jetzt Nebeneffekt zu sein scheint, könnte dann Hauptzweck der Einführung des Verfahrens und vielleicht auch sein hauptsächlicher output werden. Der Realisierungsentwurf, der hier vorgetragen wird, geht demgegenüber lediglich vom Planungseffekt des Verfahrens aus.

A. Realisierungschancen

Die Realisierungschancen eines derartigen Verfahrens lassen sich grob ableiten einmal aus seiner sachlichen Notwendigkeit und zum anderen aus den gesellschaftlichen Widerständen, die der vorgeschlagenen Lösung entgegenstehen.

Industrie, Verkehrswesen oder Städtebau der letzten hundert Jahre zeigen, welche unwiderstehliche Faszination vom technologisch Möglichen auf den Menschen ausgeht. Auch hier gilt der Satz Hegels, daß die Wirklichkeit nicht mehr standhält, wenn erst das Reich der Vorstellung revolutioniert ist[1].

Zwar werden heute – Stichwort: „Grenzen des Wachstums" – die grundsätzlichen Gefährdungen gesehen, die von diesen Verwirklichungszwängen ausgelöst werden, und es wird nach Umsteuerungsmöglichkeiten unserer gesellschaftlichen Entwicklung gesucht. Gerade das aber bedeutet, daß heute das sozial-technologisch Mögliche an die Stelle des technisch Möglichen zu treten beginnt. Es werden Steuerungstechniken gesucht, mit denen diese Gesellschaft ihre spezifischen Probleme besser zu lösen in der Lage wäre. Auch hier ergeben sich die Verwirklichungschancen neuer Entwürfe zunehmend auch aus der Einsehbarkeit ihrer funktionalen Notwendigkeit für eine sinnvolle gesellschaftliche Weiterentwicklung.

Der Bedarf, dem das Modell Planungszelle entspricht, wird in unserer Gesellschaft immer spürbarer. Neue Lösungen sind hier langfristig so notwendig, daß die Verwirklichung realisierbarer Entwürfe, wenn sie einmal vorliegen, beinahe nicht zu verhindern sein wird. Man kann aus den Grundwerten unserer Verfassung – in diesem Fall dem Sozialstaatsprinzip – sogar eine „Verpflichtung des Staates"[1a] ableiten, „die verfahrensmäßig-institutionellen Voraussetzungen" selber zu schaffen, die in der „gemeinschaftserheblichen Willensbildung" zu einer vermehrten Wahrung der allgemeinen Interessen führen. Es geht demnach an dieser Stelle weniger darum, nochmals die Notwendigkeit eines entsprechenden Verfahrens darzutun, als vielmehr darum, die relevanten Widerstände auszumachen.

Artikulationsebenen von Widerständen

Widerstände gegen die Einführung werden sich auf unterschiedlichen Argumentationsebenen manifestieren. Sie werden sich, aller Erfahrung nach, unter anderem als Rechtsproblem und als Kostenproblem darstellen.

Das Rechtsproblem: Dem Außenstehenden stellt sich zunächst die Frage, ob ein derartiges Verfahren rechtlich überhaupt zulässig ist. Es macht einen etwas ungewöhnlichen Eindruck. Tatsächlich stehen aber der Durchführung von Probeläufen keinerlei verfassungsmäßige Bedenken entgegen. Eine verfassungswidrige Verkürzung der politischen Entscheidungsfreiheit von Parlament oder Verwaltung wird – so wie die Dinge liegen – von dem Verfahren nicht bewirkt; und so gilt auch hier, daß es „keinen verfassungsrechtlichen Grundsatz gibt, wonach jedes Gebilde in der Rechtsordnung des Gemeinwesens positiv-rechtlich in der Verfassung verankert sein muß" (Wentzel 1970, S. 109).

Bei einer häufigeren und besonders bei einer rechtlich qualifizierteren Inanspruchnahme der Planungszelle wird man prüfen, ob entsprechende rechtliche Regelungen (und gegebenenfalls: welche) geschaffen werden müssen. Das würde die Abklärung im politischen Bereich voraussetzen, ob bestimmte weitergehende Einsatzweisen der Planungszelle möglich sein sollen. Der positiven Beantwortung einer solchen Frage steht – soweit erkennbar – im Prinzip nichts im Wege.

Auch im privatrechtlichen Bereich sind Widerstände gegen die Einführung des Verfahrens zur Zeit schwer vorstellbar. Die durch die Planungszelle in Gang gesetzten

Wandlungsprozesse in der Ausrüstung des politischen Teilsystems setzen keine für den Einzelnen ‚revolutionären' Eingriffe in seine Rechte oder in seinen Besitz voraus. Gegen die Arbeitsergebnisse der Planungsgruppen bestehen, wenn sie in der Planung verwendet werden, die Einspruchsmöglichkeiten, die heute bereits in den einzelnen Planungsprozessen üblich sind.

Mit derartigen Feststellungen über seine Zulässigkeit ist über die Realisierungschancen eines neuen Verfahrens allerdings noch recht wenig ausgesagt.

Das Kostenproblem: Die Durchführung einer Planungszelle ist nicht billig. Die Teilnahme wird hier, anders als etwa bei der Bürgerversammlung oder der Bürgerinitiative, voll vergütet. So liegt die Frage nahe, wieviel Mittel sie erfordert und woher diese kommen sollen.

Die Frage, was die Planungszelle *kostet*, taucht noch nicht so sehr bei der Durchführung einzelner Probeläufe auf. Für sie gibt es Möglichkeiten, sie als Forschungsprojekte oder durch Einbeziehung in laufende Bildungs-, Freizeit- oder Planungsmaßnahmen zu finanzieren[2]. Das Kostenproblem wird sich aber bei der massenhaften Inanspruchnahme von Laienplanergruppen stellen.

Das Laienplanungssystem, das als vorläufiger Endausbau dieser Form bürgerschaftlicher Entscheidungsbeteiligung bereits in Umrissen skizziert wurde, arbeitet mit der Annahme, daß jeder Einwohner der Bundesrepublik im Alter von 18–68 alle zehn Lebensjahre einmal die Möglichkeit haben sollte, an einer Planungszelle teilzunehmen. Mit einer solchen Annahme ergeben sich Randdaten, die es erlauben, ungefähre Kostenvorstellungen zu entwickeln. 144 000 Planungszellen im Jahr sind notwendig. Dafür werden 36 300 Prozeßbegleiter gebraucht. Von jedem der 300 Partizipationsämter werden im Schnitt ständig 7 Kindergartengruppen mit je 2 hauptamtlichen Kräften vorgehalten. Etwa jede zweite Planungszelle findet ihre Aufgabe außerhalb des Teilnehmerwohnortes und braucht daher Transportmöglichkeiten (Bus). Die für diese Leistungen insgesamt errechenbaren Milliarden (s. Kasten) haben zwar lediglich hypothetischen Charakter; sie vermitteln aber sehr wohl einen Begriff von den Größenordnungen, in denen eines Tages gedacht werden müßte, wenn die gesellschaftliche Nachfrage nach Laienplanung sich entsprechend institutionalisiert. Die regelmäßige Durchführung von Laienplanergruppen wird – das sollen die Zahlen andeuten – erhebliche finanzielle Mittel erfordern[3]. So nimmt es nicht wunder, daß Widerstände, die sich gegen die Einführung des neuen Verfahrens deutlicher artikulieren wollen, die Kostenfrage thematisieren.

Laienplanungssystem, Kosten pro Jahr (Mrd. DM)	
Prozeßbegleiter	1.14
Ämter, lfd. Betrieb	0.18
Kinderbetreuung	0.09
Transport von Laienplanergruppen	0.13
Teilnehmer-Vergütung (einschl. Verpflegung)	4.32
	5.86

Noch gängiger wird das Finanzargument deswegen werden, weil es heute – mit Recht – so etwas wie eine zunehmende Sensibilisierung für die Kosten gibt, die durch Erweiterungsversuche politischer Beteiligung verursacht werden können. Amerikanische Erfahrungen mit der Anwaltsplanung zeigen, daß bei relativ hohen Organisationskosten nur wenige kleine Planungsvorhaben tatsächlich zuende geführt werden konnten (Blecher 1971, S. 122). Auch die bei uns gebräuchlichen Planungsverfahren werden immer zeit- und kostenaufwendiger. In München hat allein die „Offene Planung Lehel" 1,2 Millionen Mark erfordert (Müller-Heydenreich 1973, S. 16). Die weitere Demokratisierung autonomisierbarer Teilstrukturen ist vielfach nicht weniger aufwendig. An der Technischen Universität Berlin erfordert die neue Selbstverwaltung das 3- bis 4fache an Sitzungsstunden. Der Mehraufwand pro Jahr wird auf 4,2 Millionen DM geschätzt (Krahe 1971). In Hamburg kommt man zu noch höheren Zahlen. Der Personalplan des Universitäts-Krankenhauses Eppendorf durchläuft nicht mehr 7 sondern 15 Bearbeitungsstufen. Wegen der Vermehrung mitwirkender Stellen muß die Bearbeitung der Vorschläge ein Vierteljahr früher beginnen als bisher. Dadurch entfernt man sich noch mehr von einer wirklichkeitsnahen Veranschlagung. Zudem erhöht sich der Zeitaufwand für die Sitzungen kraß von 256 auf 12 724 Stunden, also auf nahezu das Fünfzigfache. Derartige Relationen würde man nicht leicht für möglich halten, wenn nicht der Hamburger Rechnungshof sie in einem Prüfungsbericht zitiert hätte[4].

> „Früher konnte die Zahl der Anträge noch innerhalb der Fakultät und des Krankenhauses auf einen Wert zurückgeführt werden, der einigermaßen den finanziellen Möglichkeiten entsprach. ... Das Mißverhältnis zwischen Vorschlägen und möglichen Bewilligungen nimmt zu, so daß ein großer Teil der in Gremien, Ausschüssen u. Verwaltung erbrachten Leistungen erfolglos aufgewandt wird. Überdies zeigt sich die Tendenz, daß die Gremien der Akademischen Selbstverwaltung Anträge mehr und mehr mit höchster Priorität versehen. Dieser Weg ist nicht geeignet, dem Mißverhältnis zwischen Vorschlägen ... und möglichen Bewilligungen abzuhelfen. Er führt außerdem zu einem zusätzlichen Arbeitsaufwand, so bald aus einem zu großen Kreis dringendster Anträge wieder ein ... Teil zur Bewilligung ausgewählt werden muß."[4]

Trotz des erhöhten Aufwandes ist die Effizienz der erweiterten Selbstverwaltung gesunken (s. Kasten). Die eigentlichen Entscheidungen werden gar nicht mehr in dieser Selbstverwaltung geleistet, sondern auf die Verwaltung abgelastet. Abgesehen davon verursacht der Betrieb in der Tat stolze Kosten.

So wird beispielsweise der überwiegende Teil der genannten Sitzungsstunden von wissenschaftlichem Personal erbracht (9012 von den 12 724 Stunden).

Derartige Rückfragen an die Demokratisierung, wie sie sehr wach, aber auch sehr verallgemeinernd gestellt werden, übersehen in der Regel in diesem Zusammenhang zweierlei: Bei der bestehenden Planungspraxis entstehen Kosten auch durch Nicht-Beteiligung. Zum anderen wird zuwenig berücksichtigt, daß Kosten und auch Ertrag der Planungsbeteiligung von dem jeweiligen Verfahren abhängig sind.

Wie kostenwirksam die Fehlreaktionen der politischen Apparatur ausfallen, die durch einen Mangel von Beteiligung zustandekommen, ist im Verlauf unserer Untersuchung mehrfach angedeutet worden. Versucht man noch einmal, die Ursachenbündel abzugrenzen, die sich hinter den Fehlplanungen, und damit deren volkswirtschaftlichen, ökologischen oder sozialen Kosten, ausmachen lassen, so trifft man auf die Privilegierung technokratischer Lösungen, das Gewicht mangelhaft informierter Meinungen von Mehrheiten, das ungehinderte Durchsetzen von Gruppenansprüchen und Sonderinteressen und immer wieder auf die Eigeninteressen der mit der Durchführung beauftragten Apparatur.

Die eingeschränkte gesamtgesellschaftliche Rationalität von Entscheidungs*apparaturen* kann teuer sein. Um beim Abschätzen der Größenordnungen von Kosten keinem zu nahe zu treten, andererseits aber auch die Dimensionen zu verdeutlichen, um die es hier geht, sei ein Beispiel aus vergangenen Zeiten angeführt: Im alten Rom ist lange Zeit verbilligt, d.h. praktisch kostenlos Getreide an die Einwohner verteilt worden[5]. Diese Verteilungen sicherten der politischen Führung eine positive Resonanz. Der Umfang nahm enorme Formen an. Gegen Ende des 1. Jahrhunderts sind jährlich etwa 380 Millionen kg Getreide zur Verteilung gelangt. Dem römischen Staat entstanden für diese ‚Frumentationen' die mit Abstand größten laufenden Ausgaben. Die Gesamtkosten, die die Allgemeinheit zu tragen hatte, lagen aber weit höher: Dieser Aufwand zur Beschaffung öffentlicher Akklamation im Interesse der politischen Apparatur hat nämlich deutlich zum Untergang des römischen Staatswesens beigetragen. Bei der Gestaltung der Politik waren keine Kräfte beteiligt, die rechtzeitig korrigierend auf die entsprechenden Entscheidungen einwirken konnten (oder wollten).

Um einen Kostenvergleich unter den heute gebräuchlichen, bzw. möglichen Beteiligungsverfahren vornehmen zu können, ist es sinnvoll, Kosten, die innerhalb der demokratischen Entscheidungsorganisation anfallen, von denen zu unterscheiden, die durch das betreffende Verfahren in anderen Bereichen ausgelöst werden. Das hier vertretene Verfahren Planungszelle stellt, wie sich zeigen läßt, in beiden Kostendimensionen einen interessanten Fall dar. Seine organisationsinternen Kosten liegen niedriger; vor allem aber erbringt es, im Sinne einer organisationsüberschreitenden Kosten-Nutzen-Bilanz, erheblich mehr Leistungen für den Einzelnen wie auch für die Gesamtgesellschaft als die heute vorherrschenden Formen der ‚Demokratisierung'.

Der *organisationsinterne* Aufwand läßt sich relativ genau ermitteln. Durch ein Verfahren werden Gebäude, Material und Personal in Anspruch genommen. Diese Inanspruchnahme kann man erfassen und für die verschiedenen Fälle eines Verfahrens vergleichen. So lassen sich z.B. Aussagen über die Kosten machen, die nach der Novellierung des Bundesbaugesetzes unseren Kommunen durch Bürgerbeteiligung und Sozialplanung entstehen werden (vgl. Reidenbach et al. 1976). Inzwischen liegen auch die ersten Versuche eines Kostenvergleiches unterschiedlicher Beteiligungsverfahren vor, der das Modell Planungszelle einschließt. Ein solcher Versuch ging nicht von der Frage aus, welcher Aufwand den Gebietskörperschaften durch bestimmte Gesetzesänderungen entsteht, sondern von der Frage, wieviel es kostet, den Bürger zu beteiligen (Hennebach/Schmitz 1976). Dieser Frage wurde in zwei nordrhein-westfälischen Städten an drei Vorhaben der Beteiligung von Bürgern an der Stadtplanung nachgegangen. Die Vorhaben unterschieden sich in vieler Hinsicht, z.B. in der Planungsstufe, in der Dauer, in der räumlichen Ausdehnung des Planungsgebietes, im Finanzvolumen, das zur Diskussion stand, und in der Beteiligungskapazität. Außerdem waren die Verfahren unterschiedlich konstruiert, nämlich als Planungszelle, als Offene Planung und als Bürgerinitiative. Die Kosten dieser Vorhaben wurden nach Vorbereitung, Durchführung und Auswertung getrennt erfaßt. Um den Vergleich zu ermöglichen, wurden alle Informationen über diese drei Abläufe auf eine einheitliche Recheneinheit verdichtet, nämlich den Aufwand für eine Beteiligungsstunden pro Kopf.

Der Vergleich auf dieser Basis fiel für das Verfahren Planungszelle nicht schlecht aus. Bei ihr kostete die Beteiligungsstunde 19 Mark. Bei der Bürgerinitiative kostete sie fast das Doppelte, bei der Offenen Planung sogar rund das Zwanzigfache dieses Betrages.

Ein solcher Vergleich hat an sich nicht viel Aussagekraft. Die ausgewählten Vorhaben können untypisch sein. Es wurden Fälle untersucht, deren Daten sich als zugänglich anboten. Die Relationen, die sich ergaben, kamen aber doch unerwartet. Vorstellungen, die bei den Untersuchern über die Höhe von Beteiligungskosten bereits bestanden hatte, mußten korrigiert werden. Die Abstände zwischen den verfahrensspezifischen Aufwendungen für die Beteiligungsstunde waren zu groß, als daß sich nicht eine Umkehr in der erwarteten Reihenfolge nahelegen würde.

Der Vergleich zwischen unterschiedlichen Verfahren fällt für das vorgetragene Modell noch günstiger aus, wenn die Kosten und Erträge berücksichtigt werden, die durch ein Beteiligungsverfahren in Bereichen *außerhalb* der politisch-administrativen Apparatur ausgelöst werden. Sicher ist es schwierig, Einigkeit darüber herzustellen, welche Sachverhalte in einen solchen Vergleich einzubeziehen sind. Unstrittig ist lediglich, daß Vergleiche dieser Art unternommen werden müssen, wenn die weitere Entwicklung von Beteiligungsverfahren vermehrt rationaler Steuerung zugänglich gemacht werden soll.

Im Verlauf unserer Darstellung sind für einige Verfahren bereits Aussagen über Kosten gemacht worden, die bei ihnen verfahrensextern anfallen. Unter den Überschriften „Effekte“ und „Langfristeffekte“ sind außerdem Auswirkungen erörtert worden, die die Planungszelle in anderen Bereichen vermutlich haben wird. Ein weiterer Versuch, externe Wirkungen und Kosten von Beteiligungsverfahren zu benennen, ist vor einiger Zeit im Gespräch mit Technikern vorgelegt worden (Dienel 1976a). So können wir uns hier mit dem zusammenfassenden Hinweis begnügen, daß die Planungszelle neben ihrer hauptsächlichen externen Leistung, nämlich der Produktion sach- und fristgerechter Bewertungs-, Planungs- und Kontrollergebnisse, eine Vielzahl weiterer gesellschaftlich notwendiger Funktionen mitabdeckt (s. Kasten). Nach den einschränkenden Bemerkungen in den betreffenden Kapiteln kann hier bei ihrer Aufzählung eine holzschnittartige Vergröberung in Kauf genommen werden.

Manche der von der Laienplanergruppe bewirkten Nebeneffekte, z. B. die prophylaktische Integration potentiell konträrer Positionen, der Aufbau notwendigen Systemvertrauens oder bestimmte andere politisch-bildnerische Ergebnisse, lassen sich auf andere Weise nur mit unverhältnismäßig hohen Aufwendungen erreichen. An der Höhe solcher Aufwendungen läßt sich indirekt der Ertrag „messen“, den das Verfahren Planungszelle im fraglichen Bereich mitleistet. Der Versuch, die Rassenintegration über gemischte Schulklassen, und das heißt über Schulbustransport zu fördern, kostet den

Organisationsexterne Erträge des Verfahrens Planungszelle

Punktuell treten u.a. folgende externe Effekte auf:

Qualität des Planungs-output

- informiertere Bewertungsergebnisse
- zukunftsgeeignetere Entscheidungen
- Neutralisierung von Apparaturinteressen (Verwaltung, Parteien)
- legitimierbarere Ergebnisse

Sonstige Auswirkungen (‚Nebeneffekte')

- Ausbau der Bürgerrolle
- Konfliktprophylaxe
- Staatsidentifikation
- Entlastung des politischen Systems
- Umverteilung sozialer Macht
- Ergänzung des Beschäftigungssystems

amerikanischen Steuerzahler z. B. viele hundert Millionen. Außerdem fallen dabei noch soziale Kosten an, die der Einzelne zu tragen hat, etwa zusätzlicher Zeitaufwand für den Transport[6]. Die konventionelle Planung, die vielen als billiger gilt, ist faktisch teurer, und zwar unter anderem auch deswegen, weil sie die hier möglichen Integrations- und Wertübermittlungseffekte ungenutzt läßt. Diese müssen dann eben von der Gesellschaft auf andere Weise, in der Regel kostenaufwendiger, erbracht werden.

Kosten und Erträge einer Planungsbeteiligung sind in hohem Maße von dem hierfür verwendeten Verfahren abhängig. Das Modell Planungszelle hat die Vermutung für sich, eine unter Kosten/Nutzen-Gesichtspunkten besonders günstige Weise der Ermöglichung von Beteiligung zu sein.

Abbildung 24: Eigenfinanzierung kommunaler Dienstleistungen

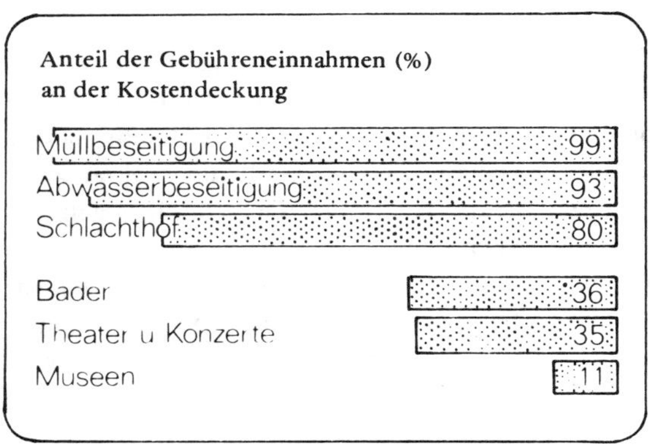

Die Widerstandsmöglichkeiten auf dem Felde der Kostenproblematik sind mit einer solchen Feststellung aber noch nicht erschöpft. Es bleibt z. B. die Frage, *woher* eigentlich die Mittel für derartige Zwecke in diesem Umfang kommen sollen.

Bei ihrer Beantwortung muß davon ausgegangen werden, daß ein Staat in der Regel bereit ist, notwendige Ausgaben zu übernehmen. Die Einsicht in die Notwendigkeit von Maßnahmen kann dabei in der Entscheidungsapparatur durchaus anders verteilt sein als z. B. in der Bevölkerung. Die Eigenfinanzierungsrate kommunaler Dienstleistungen weist das aus (s. Abbildung 24). Nicht alle Aufwendungen müssen, z. B. über Gebühren oder Eintrittspreise, wieder eingespielt werden. Sie werden mit Steuermitteln gefördert.

Welche Aufgaben im einzelnen wie stark gefördert werden, das wird letztlich von der Entscheidungsapparatur her bestimmt. Selbst allgemein als unabweisbar geltende Ausgaben werden in ihrer tatsächlichen Höhe von politischen Prämissen her entschieden. Das trifft, wie an einem Zahlenbeispiel aus dem vergangenen Jahrzehnt belegt werden soll, auch für die Verteidigungsausgaben zu (s. Tab. 8). Entscheidend für eine Aufwendung ist nicht die Beantwortung der Frage nach ihrer Höhe sondern nach ihrer ‚Notwendigkeit'. Die Notwendigkeit aber wird im politischen System einer Gesellschaft definiert. Ein Blick in die Geschichte zeigt, was alles als ‚finanzierbar' galt. Die ägyptischen Pyramiden, die Chinesische Mauer und die mittelalterlichen Dome sind zustande gekommen, weil die damals vorhandene Apparatur zur Produktion kollektiv bindender Entscheide sie als notwendig erklärt hat.

Tabelle 8: Verteidigungsausgaben ausgewählter Staaten in % des Bruttosozialproduktes

Israel	10,7	Belgien	3,2
USA	8,9	Schweiz	2,5
Portugal	6,2	Bulgarien	2,4
Jugoslawien	6	Luxemburg	1,3
Südkorea	5,9	Japan	1,1

Angaben nach: Fritz Wille, Die schweizerischen Rüstungsanstrengungen verglichen mit denjenigen anderer Länder, in: Schweizer Monatshefte, Juni 1966, S. 208 ff.

Aus alledem muß man den Eindruck gewinnen, daß auch die Frage nach der Einführung oder Nichteinführung eines Beteiligungsverfahrens, wie der Planungszelle, als Kostenproblem nicht ganz situationsgerecht formuliert ist. Es ist vielmehr danach zu fragen, welchen politischen Stellenwert die Sicherung des freiheitlich-demokratischen Zustandes unserer Willensbildungsprozesse heute einnimmt. Die einschlägigen Gesetzestexte lassen vermuten, daß er hoch ist. Auch konkrete Finanzierungsmaßnahmen sprechen dafür. So werden sogar Nebenfunktionen wirtschaftender Unternehmen, die zur Aufrechterhaltung des demokratischen Ordnungsversuches beitragen, von Regierung und Gesetzgeber als Kostenfaktor zur Kenntnis genommen[7]. Werden sich auch die sozialen Kräfte finden, die massenhaft in einem Laienplanungssystem ihnen gemäße Verwirklichungsmöglichkeiten sehen?

In diesem Sinne geht es bei der Planungszelle nicht um ein Kosten-, sondern um ein sozio-politisches Problem. Wird die bei uns vorhandene politische Entscheidungsapparatur in den nächsten Jahren eine entsprechende Lösung des Beteiligungsproblems als für unsere Gesellschaft notwendig deklarieren können oder nicht? Wer versuchen will, eine solche Frage zu beantworten, muß zunächst die im politischen Kräftefeld relevanten Faktoren orten und diese auf ihre vermutliche Einstellung zu diesem Vorhaben und auf ihre Veto-Kraft hin analysieren.

Tangierte Positionen als Quellort von Widerstand

Ein so neuartiges Verfahren wie die Planungszelle wird Widerständen begegnen, die sich aus dem *Beharrungsvermögen* des Bestehenden ergeben. Es gibt viele Gründe, warum Einzelne oder ganze gesellschaftliche Gruppen bestimmte neue Möglichkeiten aus ihrem Gesichtsfeld ausblenden. Der zusätzliche Aufwand, wenn nicht gar die Bedrohung, die diese mit sich bringen, werden abgewehrt, etwa durch ‚selektives Sehen' (defensive Ignoranz). Einem solchen Beharrungsvermögen kommt heute ein relativ größeres Gewicht zu. In Systemen mit hoher Spezialisierung und hoher Interdependenz ergeben sich „wie von selbst Widerstände gegen strukturelle Änderungen, weil deren Folgen nicht isoliert und nicht überblickt werden können" (Luhmann 1971, S. 52). Wir müssen mit einem „neuartigen Konservativismus" rechnen. Solche Abwehrhaltungen sind gesellschaftliche Fakten, die beachtet werden müssen. Andererseits muß man sehen, daß nahezu alles, womit wir heute umgehen, sich einst als Neuerung gegen derartige Widerstände erfolgreich durchgesetzt hat. Es liegt also kein Anlaß vor, die Widerstände zu überschätzen.

Darüber hinaus hat das Verfahren Planungszelle mit den *speziellen Voreingenommenheiten* zu rechnen, die gegenüber der „Partizipation" bestehen. Undifferenzierte Forderungen und utopische Ambitionen haben dieses Vorhaben diskreditiert. Gegen vieles, was unter dieser Bezeichnung läuft, lassen sich in der Tat ernsthafte Einwände vorbringen. Gerade bei der Planungszelle treffen sie allerdings nicht zu.

Widerstände der beiden genannten Arten werden üblicherweise in ein politisches „links-rechts"-Spektrum eingeordnet. Die allgemeine Präferenz für einen der damit bezeichneten politischen Standpunkte verlagert sich – wie der Blick zurück belegt – im Zeitablauf phasenartig. Eine Vermehrung von Teilnahmechancen wird damit u.a. davon abhängen, ob das betreffende Verfahren für die mehr „rechten" bzw. die mehr „linken" Kräfte als „Fortschritt" in der von ihnen bevorzugten Richtung verstanden werden kann.

Mit der Planungszelle liegt ein Verfahren vor, das sowohl für die einen wie auch die anderen in diesem Sinne interpretierbar ist. Damit scheint dieses Modell bei jeder politischen Großwetterlage einführbar. Das ist bei anderen Verfahren nicht so. Einer Verstärkung der Bürgerinitiativen sind die Rechten, einer Verstärkung des Parlaments die Linken eher abgeneigt. Die Planungszelle ist demgegenüber so in der Mitte angesiedelt, daß sie von beiden Seiten her als positiver Schritt voraus angesehen werden kann.

Aus dieser Mittelposition ergibt sich naturgemäß auch für jede der Seiten die Möglichkeit, gegen die Einführung dieses Verfahrens zu votieren. Das ist nicht strittig, hier aber auch nicht erheblich, wo es lediglich um die Handlungsmöglichkeiten der jeweils herrschenden Tendenz geht.

Eine Verminderung der zu erwartenden Widerstände dürfte auch in der *Vielstufigkeit* des voraussehbaren Durchsetzungsprozesses liegen. Probeläufe und größere Modellvorhaben werden einer breiteren Einführung vorausgehen. Bestimmte Bedenken werden nicht bei der Einleitung eines solchen Verfahrens, sondern erst bei der Auswahl von Aufgabengebieten oder der Formulierung einer konkreten Aufgabe entstehen.

Die eigentlichen Widerstände werden erst dann sichtbar, wenn man danach fragt, welche *spezifischen* sozialen *Positionen* den Eindruck haben werden, sie würden durch das Unternehmen Planungszelle beeinträchtigt.

Diese Positionen müssen hier im einzelnen abgeprüft werden. Dabei handelt es sich zunächst um Positionen, die Teil der politischen Apparatur sind, etwa in der Verwaltung, in Planung, Parlament und Partei. Dann muß auch nach den Einstellungen des schlafenden Riesen, der Bevölkerung, gefragt werden.

Verwaltung: Das faktisch gewichtigste Entscheidungszentrum unserer Gesellschaft ist die Verwaltung. Diese Verwaltung wird, so viel läßt sich jetzt schon sagen, durch das Modell Planungszelle in ihrem Bestand nicht gefährdet. Vielmehr wird ihre Effizienz durch das neue Verfahren erhöht (vgl. S. 182). Außerdem wird die Verwaltung durch die Einführung der Laienplanung mit neuen Funktionen angereichert. Beteiligung wird vermehrt zu einer Leistung, die von Verwaltungen erbracht werden wird. Ihnen werden neue Rollen, Haushaltstitel, Referate und Ämter zuwachsen (vgl. Dienel 1971a). Die Wahrnahme dieser Funktionen durch neue Einrichtungen wird anderen Instanzen in der Verwaltung die Arbeit, verglichen mit heute, erleichtern. Es ist jedenfalls nicht erkennbar, warum Verwaltungen und ihre Chefs sich der neuen Entwicklung verschliessen sollten. Es gibt im Gegenteil Indizien dafür, daß die Verwaltungsangehörigen die Einführung eines geordneten, halbwegs integrierbaren Verfahrens der Beteiligung sehr gern sehen würden.

— Seine Einführung entspricht dem Leitbild des Beamten, der sich als Diener des Allgemeinwohls sieht. Den Bürger nur als „Störgröße" im Verwaltungshandeln aufzufassen, das wird selbst von einem, der so denkt, nicht leicht ausgesprochen. Vom reinen Technokratiemodell rückt man gerne ab.

— Zum anderen knüpft sich an ein derartiges Verfahren die Hoffnung, daß es Bürgern eine positivere Einstellung zur Verwaltung ermöglicht. Man fühlt sich zu Unrecht diffamiert dadurch, daß gerade manche der aktiven Bürger „die Verwaltung als Gegner empfinden, dessen Schwächen man ausfindig machen und ... in Schlagzeilen ... bekämpfen muß" (Müller-Heydenreich 1973).

— Belegt wird diese in der Verwaltung — wenn auch auf ihre Ränge unterschiedlich verteilt — vorhandene Einstellung durch eine Vielzahl von, zwar nicht immer erfolgreichen aber ernsthaften Versuchen, dem Bürger neue Beteiligungsmöglichkeiten zu eröffnen[8].

Die Einführung eines derartigen Verfahrens und die Übernahme der entsprechenden Funktionen durch die Verwaltung wird an einem behördeninternen Bewußtseinswandel mitwirken, der in gewisser Hinsicht mit dem Wandel des Selbstverständnisses vergleichbar ist, der von einem ‚Kolonialamt' auf dem Wege zu einem ‚Amt für Entwicklungshilfe' – gleichfalls in relativ kurzen Zeiträumen – bewältigt werden mußte. Eine solche Einschätzung der Sachlage mag manchem zu positiv erscheinen. Man kann den Standpunkt vertreten, daß die herrschende Verwaltung keinen Zentimeter ihrer Kompetenzen kampflos herzugeben bereit ist. Es ist unbestritten, daß ein Behördenapparat auch von Selbstbehauptungsinteressen gesteuert wird. Aber es darf nicht übersehen werden, daß die Ziele dessen, der eine politische Karriere anstrebt, mit einer solchen Interessenlage nicht übereinstimmen müssen und daß die Spitzenpositionen in der Verwaltung mit eben diesen politisch Orientierten besetzt werden.

Das hier gewonnene Ergebnis, daß nämlich die Verwaltung durch die Planungszelle nicht gefährdet wird, sondern neue Funktionen gewinnt, ist als solches in der heutigen Verwaltungswirklichkeit nicht unmittelbar ablesbar. Hier dominieren z.T. andere Tendenzen, nämlich die Abschrimversuche gegenüber Partizipationsanforderungen und gegenüber den resignierten oder aggressiven bürgerschaftlichen Reaktionen[9]. Diese werden solange noch zunehmen, wie geeignete Beteiligungsverfahren nicht verfügbar sind.

Planer: Besonderer Erwähnung innerhalb der Leistungsverwaltung bedürfen die Rollen, die es mit der Entwicklung und Programmierung der für unsere Gesellschaft notwendigen Infrastruktur zu tun haben, die Planer. Auch für sie gilt – und zwar im Reflexionsgrad möglicherweise sogar vermehrt[10], daß sie sich als Diener des Allgemeinwohls sehen. Dennoch dürfte gerade bei ihnen der Außenstehende den Eindruck haben, daß hier eine Berufsgruppe durch die Planungszelle Vorrechte verliert: Die Planer sind, wie schon der Name des Verfahrens sagt, die eigentlich Betroffenen.

Faktisch jedoch wertet dieses Verfahren die Planerrolle auf. Es bietet ihr neue Funktionen und mehr Durchsetzungsmöglichkeit für ihre Planungen und vermindert die Gefahr der Resignation, die sich aus der Isolation des Planers ergibt. Diese Isolation wird für den Planer einmal dann spürbar, wenn es um die Verwirklichung der von ihm konzipierten Lösungen geht. Der Kontakt zu den „Mächtigen" ist nicht immer so, wie er ihn sich wünscht. Die politisch relevanten Kräfte teilen ihm Zeit und Interesse nach Gesichtspunkten zu, die für ihn oft außerhalb der Sache liegen, so der Verwaltungschef (behördeninterne Dringlichkeiten), der Parlamentsausschuß (politische Bedenken, politische Wünsche), die Presse (Sensationsgesichtspunkte) und sporadisch auch der Bürger (als Interessent, Beschwerdeführer oder Apathischer). Vor allem auf der kommunalen Verwaltungsebene hat der Planer in den letzten Jahren vermehrt Zeit darauf verwandt, sich dem Bürger verständlich zu machen. Das ist auf den eingeschlagenen Wegen nicht immer gelungen. Selbst ein so kundengerecht und informativ aufgemachter Entwicklungsplan wie derjenige der Stadt Bremen, der über Zahnärzte, Friseure usw. breit gestreut wurde, hat so gut wie überhaupt kein Echo gefunden[11]. Die psychischen Rückwirkungen auf den verantwortlichen Planer sind hier ähnlich wie nach einer ergebnislosen Verhandlung mit harten örtlichen Interessenvertretern.

Mit der Planungszelle aber hat der Planer endlich ein personales Gegenüber, das von seiner Aufgabenstellung her an den zu bearbeitenden Sachgesichtspunkten interessiert ist. Die erforderlichen Bewertungen und Vorentscheidungen sind hier mehr als bisher in einen präzis informierten, breit legitimierbaren Kreis angebbarer Personen verlegt. Der Planer gewinnt damit Gesprächspartner, mit denen er zum einen seine Einsichten, die Möglichkeiten und Gefahren, die er sieht, in der erforderlichen Ausführlichkeit erörtern kann, und die zum anderen an der entscheidenden Meinungsbildung mit beteiligt sind.

Eine gewisse Isolation, vermutlich nicht in gleichem Umfang bewußt, besteht auch bei der Informationssammlung. Befragungen, Bürgerversammlungen und vorhandenes Material reichen als Datenbasis nicht aus. Demgegenüber bietet die Planungszelle einen projektorientierten direkten Informationskontakt von bemerkenswerter Vielfalt. Insgesamt leistet die Planungszelle für den Planer Entscheidendes: Sie ist ihm eine Hilfe bei der Durchsetzung sowie der sachlichen, verbrauchernahen Korrektur seiner Pläne. Der Planer, der sich seiner Aufgabe verpflichtet weiß, wird dem neuen Planbeteiligungsverfahren gegenüber kaum Widerstand leisten wollen.

Der Abgeordnete: Ein häufig erhobener Einwand gegen die Erweiterung bürgerschaftlicher Beteiligung argumentiert mit der Gefährdung der parlamentarischen Demokratie. „Jede Vergrößerung der Rechte der Bürger birgt die Gefahr in sich, daß die Befugnisse unserer Entscheidungsträger, der gewählten Vertreter der Bürger, eingeengt oder beschränkt werden“ (Riedel 1973, S. 210). Derartige Befürchtungen gehen von der vereinfachenden Vorstellung aus, daß die Menge der zu fällenden Entscheidungen ein Nullsummenspiel darstellt. Was eine Einrichtung im politischen Teilsystem tut, wird sozusagen einer anderen vorenthalten. Eine solche Vorstellung bildet die hier diskutierte Wirklichkeit nicht hinreichend ab. Sie erfaßt z.B. nicht die Vielzahl funktionaler Äquivalente für das, was gemeinhin Entscheidung genannt wird. In unserem Fall werden zwar dem Bürger neue Befugnisse eröffnet, gleichzeitig aber erschließt die Planungszelle dem Parlament neue Möglichkeiten.

Parlamente werden auf allen Verwaltungsebenen über die Themen befinden, die von Planungszellen bearbeitet werden sollen. Die Ausübung dieser Funktion wird das Parlament in den bestehenden Ausschüssen, den Fraktionen und dem Plenum beschäftigen, möglicherweise aber auch neue Einrichtungen erforderlich machen. Die Ergebnisse, die von Planungszellen erarbeitet werden, werden die Parlamentarier in die Lage versetzen, manche Angelegenheiten informierter entscheiden zu können. Außerdem eröffnet dieses Verfahren dem Parlament neuen politischen Bewegungsraum[12]. Es sind Fälle denkbar, in denen der Sachverstand der Planungszelle ein Gegengewicht zu Verwaltungskonzeptionen bildet. Alternative Lösungen, die ein Parlament von mehreren Planungszellen anfordert, vergrößern seine Wahlmöglichkeiten.

Neben diesem Zugewinn an Funktionen und Möglichkeiten für das Parlament besteht der entscheidende Beitrag, den die Planungszelle hier leistet, in ihrer Mitwirkung an der langfristigen Stabilisierung des parlamentarischen Systems. Sie fördert das Vertrauen in dieses System. Zum einen wird die spürbare Entfremdung zwischen Bürger und Parlament durch die organisatorische Vermaschung von Parlament und Planungszelle wie auch durch deren thematische Kooperation wesentlich verringert. Zum anderen entlastet die Arbeit der Planungszelle das Parlament von falschen Beanspruchungen und Erwartungen. Delegierbare Vorentscheidungen kommen auf eine kontrolliertere Weise als bisher zustande. Außerdem gibt es eine Reihe von Problemqualitäten, die sich zur Lösung durch Laienplanergruppen besonders eignen. Bei der Analyse der Anwendungsmöglichkeiten von Planungszellen haben sich sogar Themen gezeigt, die hier rationaler bearbeitet werden können als in parlamentarischen Gremien. Von daher dürfte es möglich sein, in einzelnen Fällen besser als bisher die Entscheidungsschritte, die von der Volksvertretung erwartet werden müssen, von solchen zu trennen, die auf andere Weise abgearbeitet werden können. – Der Abgeordnete sieht, daß mit der PZ ein ergänzendes Verfahren bereitsteht, das geeignet ist, die Angriffsflächen zu verkleinern, die das Verfahren ‚Parlament‘ in der heutigen politischen Wirklichkeit zunehmend bietet.

Natürlich wird es Unterschiede etwa zwischen Gemeinderat und Landtag geben. Gründe dafür, daß der Abgeordnete für die Verwirklichung des neuen Verfahrens offen ist, werden in typischen Mischungen auftreten. Dem Ratsmitglied einer kreisfreien Stadt wird zunächst einfallen, daß die Mittel für die Laienplanung eigentlich viel sinnvoller als zusätzliche Entschädigung für den Rat eingesetzt wären. Bei der direkteren Interessenverquickung, die auf dieser Ebene häufig zu beobachten ist, wird er vielleicht auch weniger geneigt sein, ein bestimmtes Thema an die Planungszelle zu verweisen. Andererseits ist man gerade auf dieser Ebene einem höheren Erwartungsdruck in Sachen Beteiligung ausgesetzt.

Insgesamt läßt sich sagen, daß die Gruppe der Abgeordneten der Verwirklichung der Planungszelle keinen unüberwindlichen Widerstand entgegensetzen wird. Vielmehr lassen sich die Stellen, an denen man bereit sein wird, Aufgaben an die Planungszelle zu delegieren – z.B. dort, wo ein Parlament unpopuläre Entscheidungen fällen müßte – heute bereits ausmachen.

Partei: Der Widerstand, der in der Einführungsphase durch Parteiorganisationen ausgeübt werden wird, hängt weitgehend davon ab, ob und inwieweit örtliche Laienplanungsvorhaben oder auch die generelle Durchsetzung des Modells in der tagespolitischen Auseinandersetzung zwischen den Parteien die Rolle eines ‚Politikums‘ spielen werden. So wie unsere politische Maschinerie konstruiert ist, werden in solchen Fällen jeweils bestimmte politische Parteien auch gegen die Durchführung von Planungszellen bzw. gegen die Einführung der Planungszelle Stellung nehmen.

Prinzipiell jedoch wird man damit rechnen können, daß die Parteien an der Planungszelle Gefallen finden. Das hat Gründe. Zum einen werden die Funktionen, die die Parteien in unserer Gesellschaft wahrnehmen, durch die Planungszelle in keiner Weise angetastet.

– Das Bemannen der Parlamente oder das Bereitstellen von Kandidaten für Spitzenpositionen des politischen und anderer Teilsysteme wären von einem befristeten Verfahren wie der Planungszelle nicht zu leisten.

– Bei der Mitwirkung an der Meinungsbildung und in der politischen Bildung sind ohnehin neben den Parteien die verschiedensten Einrichtungen beteiligt.

Zum anderen bietet die Planungszelle eine Reihe von Vorteilen. Sie kann von den Parteien als Produzent neuartiger Informationen beansprucht werden und sie dient ihnen als ‚Schulbecken‘ für künftige qualifizierte Mitglieder. Die Planungszelle offeriert ja dem einzelnen Teilnehmer keinerlei Möglichkeit, sein Engagement fortzusetzen. Es dürfte nicht zuletzt von den Parteien abhängen, ob neben den eigenen Jugendorganisationen die Laienplanergruppen sich zu einem weiteren Nachwuchsreservoir für die Parteiarbeit entwickeln.

Damit deutet sich die Möglichkeit einer funktionalen Differenzierung im politischen Teilsystem an, die für die Partei durchaus günstig zu sein scheint. Die Planungszelle stellt eine geordnete Ausdrucksmöglichkeit für das dar, was sich heute als Bürgerinitiativ-Boom äußert, und zwar tut sie das auf eine Weise, die der Partei und ihren Grundfunktionen nicht gefährlich werden kann. Es entstehen nämlich keine eigenen, mit der Partei in ein Konkurrentverhältnis tretende Strukturen. Man darf nicht vergessen, daß Bürgerinitiative und Partei so unähnlich nicht sind. Historisch gesehen sind die Parteien als „Bürgerinitiativen" entstanden, und massenhafte Unzufriedenheit kann, selbst wenn sie von Männern wie Poujade oder Glystrup angeführt wird, als Partei enden. In unserer Gesellschaft sind diffuse Erwartungen auf Mitwirkung latent vorhanden, wie sie in dieser Breite von den Parteien ohne Änderung ihres Charakters vermutlich gar nicht bewältigt werden können. In dieser Hinsicht wird die Laienplanung die Partei von Fehlerwartungen entlasten.

Für die Einführungsphase der Planungszelle werden aber weniger solche langfristigen Gesichtspunkte, sondern – viel einfacher – das Interesse an Profilierungsmöglichkeiten, das der politischen Partei eigen ist, dafür sorgen, daß diese nicht nur als Widerstandsquelle eine Rolle spielen wird. Parteien sind ständig damit beschäftigt, nach Konzeptionen zu suchen, die die allgemeine Verängstigung so zusammenfassend aufgreifen und zu lösen versprechen, daß man mit ihnen „in die Bevölkerung gehen" kann. Die Konzeption der Planungszelle scheint dafür nicht ungeeignet zu sein. Daß von ihr eine gewisse Faszination ausgehen kann, zeigen bereits einige der Reaktionen, die auf die Veröffentlichung erster Ideenskizzen der Planungszelle bisher erfolgt sind[13], wie auch das Reagieren von Verwaltungspraktikern und Politikern auf dieses Forschungsvorhaben. Es gibt keinen Anlaß zu der Annahme, daß sich die Vertreter der politischen Parteien im Prinzip anders verhalten werden.

Bevölkerung: Parteien, Parlamente und Verwaltungen reagieren letztlich auf die Meinungen von Mehrheiten der wahlberechtigten Bevölkerung. Ihre Einstellung auch zur Planungszelle wird daher von den Einstellungen abhängen, die die Bürger zu ihr einnehmen. So muß auch hier danach gefragt werden, welche Meinungen oder Einwände die Bevölkerung in dieser Angelegenheit hat. Dabei wird sich zeigen, daß es falsch wäre, hier nur von den Bewußtseinszuständen auszugehen, die im Augenblick greifbar sind. Eine realistischere Einschätzung wird erst möglich, wenn man die gesellschaftliche Interessenlage dieser umfangreichen Gruppierung in die Erwägungen mit einbezieht.

Die Ansichten fallen hier unterschiedlich aus. Möglicherweise legen z.B. Personen aus ‚besseren' Verhältnissen aus Abneigung gegen diese Form der Zusammenarbeit mit Menschen aus der Unterschicht einer Verwirklichung des Modells Planungszelle Schwierigkeiten in den Weg. Ein wirkungsvolles Argument kann diese Einstellung allerdings nicht abgehen. Sie widerspricht dem demokratischen Grundgefühl unserer Gesellschaft.

Die Mehrheit der Bevölkerung wird im allgemeinen den politisch Apathischen zugerechnet. Betroffen fühlt der Bürger sich nur dort, wo es um den Empfang staatlicher Leistungen geht. Diese „Unwissenheit im Bereich der Politik" stellt die rationale Antwort des Bürgers auf die Bedingungen der Massendemokratie dar (vgl. z.B. Downs 1968). Es ist unökonomisch, sich um Dinge zu kümmern, die man doch nicht ändern kann. Ob eine solche Unwissenheit auch in der „Fernseh-Gesellschaft" immer aufrechterhalten werden kann, ist eine Frage für sich. Es ist zu beobachten, daß – jedenfalls sporadisch – Mehrheiten der Bevölkerung über bestimmte Zusammenhänge erstaunlich gut informiert sind. Für die Einstellung zur Planungszelle dürfte das bedeuten, daß auch diese Gruppe von ihren faktischen Interessen her zu reagieren bereit und in der Lage ist.

Vielleicht werden einige der Sozialaktiven der Planungszelle nicht zuviel Sympathie entgegenbringen, weil sie ihnen keine selbst wählbaren Aktionsmöglichkeiten bietet. In diesem Zusammenhang muß in Erinnerung gerufen werden, daß kein Anspruch darauf erhoben wird, die Planungszelle als die einzige Form bürgerschaftlicher Mitwirkung zu etablieren. Selbst wenn in der Folge der Planungszelle langfristig die Zahl der Bürgerinitiativen stagnieren oder zurückgehen sollte, wäre das ein Argument gegen unser Vorhaben etwa von der Art wie: die Einführung der Sozialversicherung schadet den Wohltätigkeitsbazaren. Häufiger allerdings wird man bei den Sozialaktiven den Befürworter der Planungszelle finden. Kritisches Mißtrauen gegenüber dem Establishment wird ihn veranlassen, die Institutionalisierung einer breiten Bürgerbeteiligung zu unterstützen. Die Belege für diese Sichtweise in der aktuellen Literatur sind zahlreich.

Insgesamt ist festzustellen, daß aus der breiten Bevölkerung keine wesentlichen Widerstände erwartet werden können. Vielmehr ist sie der eigentlich auslösende Faktor der gesamten hier dargestellten Entwicklung. Die Schaffung von Verfahren, die die vorhandene politische Apparatur sinnvoll ergänzen und die die bürgerschaftlichen, im Gegenüber zu den apparativen Interessen auf Dauer institutionell ins Spiel bringen, liegt im unmittelbaren Interesse des Bürgers. Er wird dieses Interesse wahrnehmen müssen. Es wäre utopisch, die erforderlichen und möglichen Korrekturen alleine der politischen Apparatur zuzumuten.

Das günstige Bild, das sich bei einer Analyse der Positionen der Bevölkerung ergibt, kann nicht bedeuten, daß die Einführung der Planungszelle überhaupt keinen Widerstand finden wird. Es gibt durchaus Gruppen, die Anlaß dazu sehen. Nachhaltiger Widerstand wird z.B. von denen kommen, die – aus welchen Gründen auch immer – gegen eine Stabilisierung der repräsentativen Demokratie sind.

Es hat immer wieder gesellschaftliche Reformentwürfe gegeben, die trotz ihrer Faszination – man denke z.B. an die besonders fruchtbare Epoche der Frühsozialisten – bei dem Versuch ihrer Realisierung gescheitert sind. Es sind durchaus Aspekte denkbar, unter denen auch der hier vorgelegte Entwurf utopische Züge trägt. Unter dem Gesichtspunkt der Realisierbarkeit unterscheidet er sich aber grundlegend von einer Anzahl der an gesellschaftlichen Widerständen gescheiterten Utopien. Die Planungszelle setzt keine neuen Gesellschaft voraus, keine neue Moral, keine lebenslange Verpflichtung. Sie rechnet nicht mit einem besseren, klügeren, letztlich idealisierten Menschen[14]. Sie ist in der vorhandenen Gesellschaft mit den vorhandenen Menschen machbar.

B. Realisierungsschritte einer Laienplanung

Wie darf man sich eine Verwirklichung der Laienplanung vorstellen? Obgleich für die Beantwortung einer solchen Frage die faktischen Erfahrungen der ersten Testläufe der Planungszelle vermutlich belangvoller sind als die Darlegung weiterer theoretischer Annahmen über mögliche Entwicklungen, soll hier zunächst noch einmal über diese reflektiert werden.

Von der Darstellung eines Grundkonzepts bis zur Realisierung eines ausgebauten Laienplanungssystems ist es ein weiter Weg. Im folgenden wird versucht, einige Möglichkeiten dieses Ablaufs gedanklich vorwegzunehmen. Der Versuch bedient sich dafür („Spinnen ist die Wiege des Fortschritts") der Scenario-Technik. Fünf zeitlich aufeinander folgende Phasen des Ablaufs werden nachgezeichnet (‚Phasen-Scenario').

Aussagen dieser Art stellen eine perspektivische Verzerrung der tatsächlichen Möglichkeiten dar. Bestimmte Einzelheiten werden überbetont, andere – vielleicht viel wichtigere – überhaupt nicht erwähnt. Dennoch sollte der heuristische Effekt einer solchen Vorgehensweise nicht unterschätzt werden.

Phasen-Scenario

Phase I: Ziele, Zuschnitt und Ablauf der ersten Planungszellen sind vorwiegend an der Weiterentwicklung des Modells orientiert. Die Erprobung bestimmter Informations-, Arbeits- und Bewertungstechniken steht im Vordergrund.

Die Durchführung des jeweiligen Probelaufs wird, in Zusammenarbeit mit einer dafür ausgewählten Gebietskörperschaft, von der das Projekt bearbeitenden Forschungsgruppe organisiert. Sie trägt auch die wissenschaftliche Beobachtung, Auswertung und Dokumentation.

Die Auswahl der Planungszellen-Themen ist hier fast ausschließlich davon abhängig, was die betreffenden kommunalen oder anderen Träger als ihren Bedarf definieren.

Die Dauer einer Laienplanergruppe (z.B. 3, 5 oder 10 Arbeitstage) bestimmt sich aus den Ansprüchen der Aufgabenstellung sowie der Finanzierungsbereitschaft des Trägers.

Phase II: Die Planungszelle erweist sich in ihren Probeläufen als eine Organisationsform, in der der Bürger aktiv werden kann. Sie wird daher – neben der nun schon ‚klassischen' örtlichen Bürgerinitiative und den Bürgerinitiativ-Verbänden, die sich gebildet haben – zunehmend als „Bürgerinitiative der dritten Generation" gesehen. Diese Umfirmierung öffnet der Planungszelle neue Finanzierungsmöglichkeiten.

In den Verwaltungen ist es außerdem bei besonders legitimationsbedürftigen Planungsvorhaben üblich geworden, in die Kostenaufstellungen bestimmte Beträge für die „Öffentlichkeitsarbeit" von vorneherein miteinzusetzen.

Während früher die Probeläufe fast ausschließlich über freie Träger oder aus Forschungsmitteln getragen wurden, stehen jetzt zunehmend Mittel aus den Haushalten der kooperierenden Gebietskörperschaften sowie auch schon zentrale Mittel für die Durchführung von bildungsurlaubartigen Veranstaltungen (Planungsurlaub) zur Verfügung. Eine Koordinationsstelle teilt die knappen Förderungsmittel den mitarbeitenden Trägern zu und versucht so, die Vergleichbarkeit der Probeläufe bundesweit zu sichern.

Die Arbeitsthemen werden zunehmend auch unter dem Gesichtspunkt der ‚Bürgerfreundlichkeit' definiert. Themen mit hoher Vorinformiertheit und hoher Teilnahmemotivation erleichtern die Einführung der Zufallsmethode für die Teilnehmerauswahl.

Die Forschungsgruppe gibt ein Handbuch für die Vorbereitung und Durchführung von Planungszellen heraus.

Weil örtliche Partizipationsämter noch Zukunftsmusik sind, andererseits aber nicht von jeder Kommune erwartet werden kann, daß sie den gesamten know-how neu erstellt, wird ein Teil des erforderlichen Service zunehmend von öffentlichen oder auch privaten Stellen zentral vorgehalten.

Es entstehen PZ-Service-Center für die einzelnen Bundesländer.

Erste Versuche der Forschung, empirische Aussagen über „Langfristeffekte" der Laienplanung zu erarbeiten.

Phase III: Verstärkte Anpassung des Modells an die Entscheidungsmöglichkeiten unterschiedlicher Anwendungsbereiche (z.B. Verkehrswesen, Gesundheitswesen, Infrastruktur, Energie, Umweltschutz).

Schulbuch- und Städtebau-Verlage rufen eine Arbeitsgemeinschaft für Planungszellen-Informationsmaterial ins Leben.

Im Zufallsverfahren besetzte Laienplanergruppen erhalten erstmalig eine eigene gesetzliche Stützung (Versicherung, Lohnausfall, begleitende Sozialmaßnahmen, Regelung der Planungs-Haftpflicht und dgl.).

Organisation umfangreicher Planungszellen-Programme in drei ausgewählten Regionen.

Einführung von geordneten Vorschlags- und Selektionsverfahren für Planungszellen-Themen. Konstituierung von entsprechenden Beiräten und Schiedsinstanzen.

Ansätze zu einem Laienplanungssystem. Ein Amt für Partizipationsforschung bemüht sich, die Entwicklung bundesweit zu koordinieren.

Ein internationaler Kongreß diskutiert die Möglichkeiten einer europäischen Laienplanung.

Phase IV: Die Frage einer gesetzlichen Verankerung der Teilnahmeberechtigung an Planungszellen wird politisiert. Es kommt zu entsprechenden Vorlagen.

Austausch von Laienplanergruppen sowie eine Projektbearbeitung durch gemeinsame Gruppen wird erstmalig in bilaterale internationale Verträge einbezogen.

Nachwuchsmangel an geeigneten Spezialisten sowie der Forschungs- und Entwicklungsbedarf lassen die Errichtung einer „Projekt-Universität für Laienplanung" sinnvoll erscheinen. Mehrere Städte beginnen, um den Standort zu konkurrieren.

Phase V: Einführung eines vollen Laienplanungssystems. Jeder Bürger erhält das Recht, in der Zeit zwischen seinem 18. und 68. Lebensjahr insgesamt fünf Mal an Planungszellen beteiligt zu werden.

Nutzung des mit der Laienplanung möglichen Mobilmachungseffektes als arbeitsmarkt- und konjunkturpolitisches Instrument.

Die politischen Parteien sind dabei, sich für einen noch weitergehenden Ausbau der Laienplanung einzusetzen.

Einzelprobleme

Im Zuge des genannten Ablaufes werden einige generelle Probleme bewältigt werden müssen, die gesonderter Erwägung bedürfen, z.B. die Weiterentwicklung des Modells, die Normierung seiner Elemente sowie die Konstruktion von Zwischenlösungen.

Weiterentwicklung des Modells: Die zunächst beherrschende Frage, ob soziale Arrangements so hoher Heterogenität, wie sie für die Planungszelle kennzeichnend ist, überhaupt gruppenfähig und zur aufgabenorientierten Zusammenarbeit geeignet sind, hat sich durch Probeläufe bereits positiv klären lassen. Für weitere Grundfragen im Bereich der Selektions- und Einladetechnik, der Materialeingabe, der Kleingruppenarbeit und der Bewertungsverfahren liegen mit diesen Probeläufen ebenfalls erste Erfahrungen vor.

Von daher war es möglich, ein umfangreiches Untersuchungsprogramm zu skizzieren. Es wird die systematische Anwendung von Untersuchungsergebnissen aus unterschiedlichen Bereichen der Sozialwissenschaften auf die Laienplanung einschließen. Neben dem Bemühen, die organisatorischen Abläufe und gruppendynamischen Prozesse zu verbessern, wird in einer zweiten Stufe versucht, die Effekte der Planungszelle, z.B. bestimmte Formen des Einstellungswandels, überprüfbar zu machen.

Über die Phase I der Realisierung hinaus sollten alle (oder die dafür notwendige Anzahl) der durchgeführten Planungszellen gleichzeitig auch der wissenschaftlichen Kontrolle und Weiterentwicklung des Modells dienen. Entsprechende Untersuchungsaufgaben werden den einzelnen Trägern von einer Koordinationsstelle zur Verfügung gestellt.

Normierung: Das Verfahren Planungszelle ist für unterschiedliche Planungsarten, -bereiche und -ebenen im Prinzip als immer das gleiche Verfahren einsetzbar. Dennoch werden manche Träger, entsprechend ihren organisationsspezifischen Interessen, eigene Begrifflichkeiten für das Verfahren Planungszelle entwickeln. Erfahrungsgemäß äußern sich das Verlangen nach Abgrenzung gegen konkurrierende Gebietskörperschaften, das Differenzierungsbedürfnis zwischen den verschiedenen Ebenen der Verwaltung oder das Erfolgsstreben von Personen immer auch terminologisch: die Unterschiede und Abgrenzungen gehen in die Diktion ein. Das hier dargestellte Verfahren kann aber in allen derartigen Fällen mit ein und derselben Nomenklatur auskommen, es sollte es auch, und zwar u.a. aus folgenden Gründen:

– Uneinheitliche Begrifflichkeit mindert die Realisierungschancen. So würden z.B. die Bürger ein Vorhaben dieses Umfangs schwerer aufnehmen und weniger akzeptieren, wenn es unter den verschiedensten Bezeichnungen aufträte.

– Die terminologische und dimensionale Vergleichbarkeit sollte aus untersuchungs- und entwicklungstechnischen Gesichtspunkten gewährleistet bleiben.

– Die Verrechenbarkeit von bürgerschaftlicher Teilnahme an unterschiedlichen Maßnahmen muß im Hinblick auf eine mögliche spätere Planpflicht gegeben sein. Durch Unvergleichbarkeit oder unterschiedliche Benennung und Dimensionierung würde dies erschwert und gefährdet.

Die notwendige Normierung der Elemente der Planungszelle läßt sich über verschiedene Wege erreichen. Zunächst wird sie dadurch präformiert, daß die wissenschaftliche Begleitung in der Hand einer einzigen Forschungsgruppe liegt. Noch in dieser Phase sollten Projekte in mehreren Bundesländern anlaufen. Nur so läßt sich dem Entstehen ‚ländereigener' Terminologien vorbeugen. Die Einheitlichkeit wird weiterhin durch gemeinsame Handbücher und gemeinsames Informationsmaterial sowie durch die Arbeit der Service-Zentrale gefördert. Schließlich sollte möglichst bald die Mittelvergabe so koordiniert werden, daß auch über sie eine Normierung sichergestellt werden kann.

Konstruktion von Zwischenlösungen: Eine Umorganisation von Entscheidungsprozessen, wie sie sich durch das dargestellte Verfahren (3-Wochen-Modell) als möglich abzeichnet, wird sich kaum in einem Anlauf verwirklichen lassen. Es wird zu der Entwicklung und praktischen Nutzung einer Reihe von Zwischenlösungen kommen. Die zu Forschungszwecken durchgeführten zwei- und dreitägigen Veranstaltungen stellen erste Formen solcher Zwischenlösungen dar.

Das Modell, das als erstes einen sachlichen Planungsertrag in nennenswertem Umfang erbringen wird, ist die etwa 5-tägige Veranstaltung, die *Planungswoche.* Es ist denkbar, daß es – z.B. im Zusammenhang mit den Bürgerbeteiligungsbemühungen des Städtebauförderungs- oder des Bundesbaugesetzes – zum Einsatz solcher Formen der Laienbeteiligung kommt. Ihre Durchführung setzt im einzelnen Fall im Hinblick auf Themenwahl, Teilnehmerselektion, Materialaufbereitung, Bewertungsverfahren, gruppendynamische Begleitung und Auswertung eine intensive Zusammenarbeit mit der forschungstragenden Arbeitsgruppe voraus. Eine Anzahl von Randbedingungen, die – wie z.B. die Funktionen des Partizipationsamtes – später einmal für die Planungszelle gegeben sein werden, müssen z.Zt. noch simuliert werden. Sie werden von der begleitenden Forschungsgruppe zusätzlich wahrgenommen.

Für ein weiteres Modell, den sog. *Planungsurlaub,* liegen bereits Begründungen wie auch Entwürfe zu Vorbereitung, Durchführung und Trägerschaft vor. Diese aus Mitteln der Politischen Bildung oder aus Bildungsurlaubs-Programmen zu finanzierende Zwischenlösung ist auf eine Arbeitsdauer von zwei Wochen angelegt (vgl. Dienel 1973a, als Vorform 1972a).

In unserer Gesellschaft läßt sich ein latenter dringender Bedarf nach der Beschäftigung mit Planungsproblemen diagnostizieren. Dieser Bedarf könnte von der Bildungsurlaubs-Bewegung als ‚Planungsurlaub' aufgegriffen werden.

Die Gewerkschaften, Arbeitgeber, Kirchen, Parteien oder Volkshochschulen besitzen konkrete, allerdings jeweils auch andere Vorstellungen davon, welche Bildungsinhalte an die Teilnehmer von Bildungsurlauben vermittelt werden sollten. Natürlich ist es nicht unwichtig, daß mehr Menschen als heute die Disponiertheit erwerben, einer Gewerkschaft beizutreten, sich beruflich höher zu qualifizieren, sich als Glieder politischer oder religiöser Organisationen aktiv zu betätigen oder ihre private Haushaltsführung zu verbessern. Der außenstehende Beobachter kann sich aber, angesichts der Programmvorschläge, nicht ganz des Eindrucks erwehren, daß die Diskussion über den Bildungsurlaub zur Zeit noch stark von den Interessen der etablierten Erwachsenenbildungsindustrie beherrscht wird. Die bisher entwickelten Vorstellungen scheinen mehr von der unausgesprochen allseits akzeptierten Notwendigkeit einer Urlaubsgestaltungshilfe als von inhaltlichen Erfordernissen einer wirklichen Erwachsenen-Bildung auszugehen. Die überzeugendsten Entwürfe zum Bildungsurlaub zielen denn z. Zt. auch auf den Nachholbedarf relativ kleiner Minderheitengruppen.

Fast keiner der Vorschläge geht auf den allgemeinen Notstand im Bereich der generellen Bürgerrolle zu. Selbst da, wo ausdrücklich über „Demokratisierung" nachgedacht wird, argumentiert man für den Bildungsurlaub völlig aus dem beruflich-betrieblich-industriegesellschaftlichen Bereich heraus[15]. Die Möglichkeit und Notwendigkeit, im Bildungsurlaub Planungsbeteiligung anzubieten, wird noch nicht gesehen. Es dürfte aber lediglich eine Frage der Zeit sein, daß sich, nicht zuletzt mit der hier vorgelegten Konzeption, eine realistischere Einschätzung der gesellschaftlichen Bedarfslage durchsetzt.

Die hier genannten Zwischenformen sind alle vergleichsweise leicht erstellbar. Sie bedeuten außerdem im Hinblick auf eine Vielzahl von Problemsituationen eine Verbesserung gegenüber heute üblichen Planungs- und Beteiligungsverfahren. Ihr Hauptvorteil dürfte aber darin bestehen, daß sie als Vorformen der Planungszelle ein Schritt in eine langfristig aussichtsreiche Entwicklungsrichtung sind.

C. Erste Erfahrungen

Die wesentlichsten Kapitel dieses Buches wurden konzipiert, bevor Probeläufe mit dem Modell Planungszelle stattfinden konnten. Inzwischen sind mehrere Probeläufe durchgeführt worden.[18]

Zunächst wurden in Wuppertal einzelne Segmente des Verfahrens in Rollenspielen simuliert, sozusagen im ‚Trockenversuch' auf ihre Schwimmfähigkeit überprüft, und in Labor-Probeläufen auf ihre verschiedenen Variationsmöglichkeiten hin getestet. Die ersten Probeläufe in ‚Lebensgröße' haben in der Stadt Schwelm stattgefunden, und zwar im November 1972 sowie im Januar und Februar 1973[16]. Diese ein- bzw. zweitägigen Versuchsanordnungen galten im wesentlichen der Überprüfung unterschiedlicher Verfahren der Teilnehmerselektion, der Einladung und der Gruppenarbeit und schlossen ein breites Beobachtungsprogramm über Teilnehmerverhalten ein. Der Ertrag dieser Versuche ist unmittelbar in die darauf folgenden Probeläufe eingegangen und daher zumeist unveröffentlicht[17].

Vom Winter 1973 bis zum Herbst 1974 beschäftigten sich insgesamt vier weitere Probeläufe mit den Problemen der Themenausgrenzung und der Informationseingabe. Der letzte Einsatz der Planungszelle erfolgte in Zusammenarbeit mit der Stadt Hagen. Im Rahmen der für den Ortsteil Haspe notwendig gewordenen Planungen, dem flächenmäßig größten zusammenhängenden Sanierungsgebiet Nordrhein-Westfalens, wurden von Dezember 1975 bis Mai 1976 acht Probeläufe eines dreitägigen Planungszellenmodells eingesetzt.

Die Ergebnisse dieser Versuchsanordnungen sind, der Neuartigkeit der bearbeiteten Fragestellungen entsprechend, vielfältig und umfangreich. Eine detaillierte Berichterstattung über die Ergebnisse würde den hier gegebenen Rahmen überschreiten. Zur Ergänzung der vorangegangenen Kapitel sollen hier jedoch die Hauptresultate thesenartig zusammengefaßt werden. Erstaussagen dieser Art haftet naturgemäß eine gewisse Vorläufigkeit an. Für den Fortgang der Diskussion ist es dennoch erforderlich, daß sie vorgestellt werden.

Teilnehmerselektion

Für die Auswahl der Teilnehmer sind bei den Probeläufen unterschiedliche Methoden erprobt worden. Zunächst wurde mit einem zweistufigen Verfahren gearbeitet. Es sah die Zwischenschaltung eines Rasters vor. Mit seiner Hilfe konnten, auch wenn Teilnehmer absagten, die bevölkerungsentsprechenden Anteile der sozialen Schichten, der Geschlechter und der unterschiedlichen Altersgruppen in einer Planungszelle durch Zusatzauswahl eingehalten werden. Diese Sicherung scheint jedoch nicht erforderlich. Die soziale Heterogenität der Gruppen ließ sich auch auf einfachere Weise erreichen. Vergleicht man die soziale Zusammensetzung der letzten Planungszellen etwa nach Alter und Erwerbstätigkeit mit den 18–68-jährigen der Wohnbevölkerung der entsprechenden Orte (s. Tabelle 9), so zeigt sich, daß eine hinreichend zufällige Teilnahme auch ohne die Zuhilfenahme einer zweistufigen Auswahl zustande gekommen ist. Obgleich z.B. nur jeder 10 000ste Wuppertaler in einer der drei Wuppertaler Gruppen Platz fand, entspricht die Verteilung der sozialen Merkmale in diesen Gruppen in erstaunlich hohem Maße der in der Gesamtbevölkerung. Eindeutige Aussagen über das optimale Selektionsverfahren sind allerdings noch nicht möglich. Hier sind weitere Versuche notwendig.

Teilnahmebereitschaft

Es war vorab nicht auszumachen, ob die im Zufall ausgewählten Bürger sich zu einer soviel Zeit beanspruchenden und so ungewöhnlichen Veranstaltung einladen lassen. Unter den noch herrschenden Bedingungen der relativen Unbekanntheit des Verfahrens und mit einem zu geringen Einladungsaufwand wäre es sicher möglich, hohe Ausfallquoten zu produzieren. Als Problemgruppen für die Einladung waren insbesondere erwartet worden: Mütter mit Kleinkindern, Hochverdiener und Unterschichten-

Tabelle 9: Vergleich zwischen Wohnbevölkerung und PZ-Teilnehmern nach Alter und Erwerbstätigkeit

Altersgruppe (in Jahren)	Wohnbevölkerung in Prozent	PZ-Teilnehmer in Prozent
18–30	23,7	25,4
31–40	22,8	23,8
41–50	19,9	22,2
51–60	16,8	15,9
61–69	16,8	12,7
	100	100
	N = 512.313	N = 126
Erwerbstätigkeit		
Selbständig	4,9	2,4
mithelf. Fam. angeh.	1,4	1,6
Beamte/Angestellte	24,2	28,6
Arbeiter	28,3	19
Rente/Pension/Arbeitslosigkeit	10,3	9,5
Angehörige	30,9	38,9
	100	100
	N = 502.251	N = 126

angehörige. Für den Einladungsvorgang sind unterschiedliche Verfahren eingesetzt worden. Daraufhin war bei den letzten Probeläufen festzustellen, daß auch Personen aus den genannten Problemgruppen in etwa entsprechender Anzahl die Bereitschaft zur Teilnahme aufgebracht haben. Für eine prinzipielle Teilnahmebereitschaft sprechen auch die sehr unterschiedlichen Freistellungsformen, mit denen sich die Eingeladenen die Möglichkeit zur Teilnahme verschafft hatten (Bei berufstätigen Teilnehmern ohne eigene Dispositionsmöglichkeit über den Arbeitszeiteinsatz z.B.: abgefeierte Überstunden, bezahlter Urlaub, unbezahlter Urlaub, Sonderurlaub, Bildungsurlaub, Krankfeiern) (vgl. Dienel 1977 b, S. 39).

Es erscheint möglich, das Einladungsverfahren (Senkung der psychologischen Kostenschwelle) sowie die Randbedingungen der Teilnahme weiter so zu verbessern, daß die Mitarbeit der ausgewählten Personen auch ohne eine formale Verdeutlichung des Pflichtcharakters der Planungsteilnahme gesichert werden kann. Verglichen mit anderen Teilnahmeverfahren geben die Planungszellen die Zusammensetzung der Bevölkerung schon jetzt weit stärker wieder (s. Abb. 25). Sie sind in hohem Maße als ‚repräsentativ' interpretierbar.

Die breitgestreute Teilnahmebereitschaft macht gleichzeitig deutlich, in welchem Umfang es Bürgern gelingt, das neuartige Verfahren als eine ernstzunehmende Mög-

Abbildung 25: Demographische Repräsentativität von Beteiligungsverfahren am Beispiel der unterschiedlichen Teilnahme der beiden Geschlechter

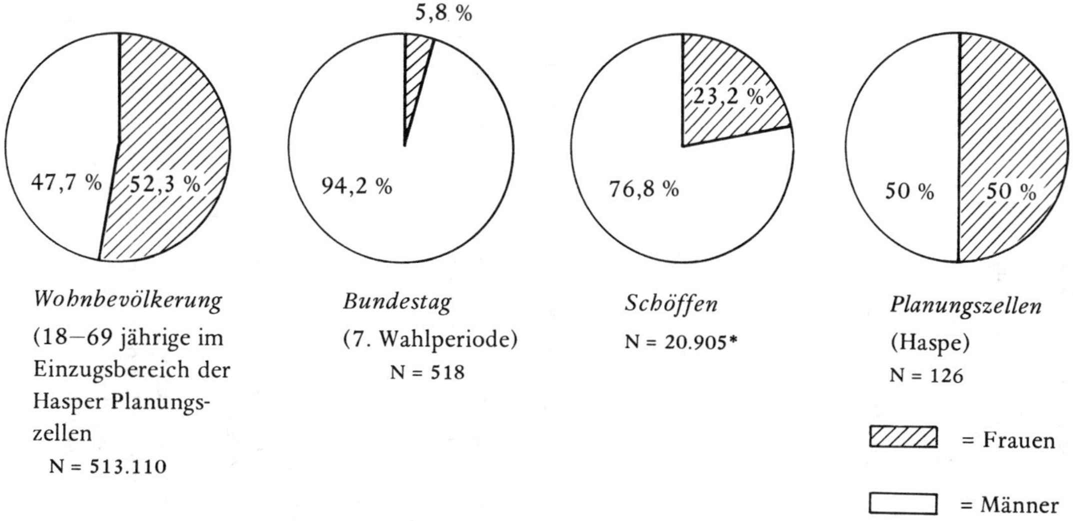

*) Personen auf den Schöffenlisten der Erwachsenenspruchkörper vor dem 1. Januar 1977, nach einer Zusammenstellung des Bundesjustizministeriums. Vgl. Die demokratische Gemeinde, 28. Jahrgang, 1976, Heft 9, S. 796.

lichkeit – und dann im bewältigbaren Mitvollzug: als eine Selbstverständlichkeit – zu akzeptieren. Die Ernsthaftigkeit der Gutachter-Situation, in die man sich eingelassen hatte, blieb selbst in den Fällen aufrecht erhalten, in denen das Verfahren Planungszelle im Arbeitsablauf durch Rückfragen ‚intellektueller Mitteilnehmer' kritisch problematisiert werden mußte.

Planungszellen haben bisher an folgenden *Aufgabenstellungen* gearbeitet:
– Dimensionierung von Infrastruktureinrichtungen – Einrichtungen für Jugendliche – Einrichtungen für Senioren – Freizeiteinrichtungen – Integration der Stadt – Organisation der Beseitigung fester Abfälle – Verkehrsführung – Wohnqualität

Aufgabenstellung

Die bereits absolvierten Probeläufe zeigen, daß es möglich ist, Probleme zu definieren, die in der kurzen Zeit, die ein Testlauf bietet, mit Erfolg bearbeitet werden können (s. Kasten).

Die mit Probeläufen kooperierenden Gebietskörperschaften weisen einen deutlichen Bedarf nach Lösung derjenigen Probleme auf, die den Laienplanergruppen aufgegeben werden.

Die zur Bearbeitung dieser Probleme erforderlichen Informationen lassen sich bei entsprechendem Aufwand in der wünschenswerten Vollständigkeit beschaffen.

Informationsaufbereitung

In den ausgegrenzten Fällen war es möglich, mit Hilfe der in den Verwaltungsprozessen heute bereits vorhandenen Datenbestände und Informationsmaterialien planungsrelevante Sachverhalte so aufzubereiten, daß sie von Laienplanergruppen aufgenommen und verarbeitet werden konnten.

Die Informationseingaben lassen sich aber in mehrfacher Hinsicht noch gezielt verbessern. So kann z.B. – wie auch Vorschläge von Planungszellenteilnehmern zeigen – der Einsatz technischer Unterrichtsmedien (Filme, Dias) sowie die Möglichkeit direkten Kontaktes mit Situationen (Ortstermin) erheblich gesteigert werden.

Informationsverarbeitung

Die für die Planungszellen der Probeläufe vorbereiteten wie auch die von den Laien zusätzlich angeforderten Informationen sind von den Gruppen erfolgreich verarbeitet

Abbildung 26: „Stimmt das? Warum sagt der das?" – Kritische Informationsverarbeitung durch einzelne zugunsten der Gruppe.

worden. Die *Lernbereitschaft* der Teilnehmer ist – so das durchgängige Urteil der Beobachter – deutlich höher als in vergleichbaren formalisierten Lernsituationen (Schule, Hochschule). Die kritische Grundeinstellung einzelner Laienplaner gegenüber vorgegebenen Informationen (vgl. Abb. 26) zahlte sich für die Informationsaufnahme und die Meinungsbildung der Gruppen insgesamt positiv aus.

Auch das *Lernvermögen* war, wie erwartet, hoch. Selbst Teilnehmer, die das Neue an der Situation als „anstrengend" erlebten (vgl. Abb. 27), waren bei einer Nachbefragung nach Monaten noch in der Lage, die Begründung für bestimmte von ihnen abgegebene Bewertungen wörtlich zu wiederholen.

Teilnehmerverhalten in sozial heterogenen Situationen

Die in die Laienplanergruppen eingebrachten Ungleichheiten (z. B. Bildungsunterschiede, Altersunterschiede, unterschiedliche berufliche Position) haben die Aufgabenerfüllung nicht verhindert, sondern sie sogar in mehrfacher Hinsicht gefördert. Das auffallend reibungslose Kooperieren der Teilnehmer hängt unter anderem mit zwei Sachverhalten zusammen:

– Die von den Laien-Gutachtern als sinnvoll akzeptierte gemeinsame Aufgabe kontrolliert das Verhalten des Einzelnen in allen Gruppensituationen. Das Interesse aller an der Aufrechterhaltung eines normalen Arbeitsablaufs erleichtert vor allem auch das Einrasten des Einzelnen in eine arbeitsteilige Selbstorganisation der Gruppe.

– Die zur Bewältigung der heterogenen Arbeitssituation notwendigen Verhaltensweisen brauchen nicht vermittelt zu werden. Das erforderliche Verhaltensrepertoir wird vom Teilnehmer mitgebracht. Es ist in der Gesellschaft offenbar massenhaft vorhanden. Umgangshilfen wie Höflichkeit, Burschikosität, Distanziertheit, small talk-Befähigung, Charme oder Takt, die an sich positionsabhängig verteilt sind, liefern doch insgesamt den Gruppen eine Grundausrüstung an Verhaltensmöglichkeiten, mit der alle bisher aufgetretenen Schwierigkeiten erfolgreich überstanden worden sind.

In befristeten Gruppen von ungewöhnlicher sozialer Heterogenität sind, wie die Testläufe gezeigt haben, die Teilnehmer in der Lage, kontinuierlich zusammenzuarbeiten.

Organisation des Tagesablaufs

Es ist möglich, z.B. durch die Mischung von Gruppen-, Plenums- und Pausensituationen unterschiedlicher Art, Tagesabläufe von Planungszellen so zu organisieren, daß sie für die verschiedenen Anspruchsgruppen in gleicher Weise attraktiv und bewältigbar bleiben.

Die nur wenige Personen umfassenden Arbeitsgemeinschaften eröffnen auch den zunächst benachteiligt erscheinenden Positionen (etwa bestimmte Altersjahrgänge, Gastarbeiter) annehmbare eigene Mitarbeitsmöglichkeiten. Sie beschränken gleichzeitig

Abbildung 27: Informationsverarbeitung: Das Neue an der Situation wird als ‚anstrengend' erlebt.

den Gebrauch ideologisierender Argumentationsklischees. Auf diese Weise verhindert eine regelmäßig wiederkehrende Aufteilung in Arbeitsgruppen, daß sich die in der Planungszelle vorhandenen sozialen Positionen zu „Minderheiten" oder zu „Mehrheiten" stilisieren (Fraktionierung).

Die Arbeitsgruppen sollten nicht zu häufig in der gleichen Zusammensetzung zusammentreten. Der Wechsel der personellen Zusammensetzung wird allerdings von den Teilnehmern unterschiedlich beurteilt. Für den Gesamtablauf ist er funktional. Er integriert – über die sich anbahnende Arbeitsgruppenkohäsion hinaus – die Gesamtgruppe „Planungszelle", und er entlastet denjenigen Teilnehmer, der sich auf eine ungünstige Kleingruppensituation fixiert sieht.

Leistungsmotivation in der Teilnehmerrolle

Sich selber mit der neuen Gutachtertätigkeit zu identifizieren, das schließt in der Regel eine hohe Leistungsmotivation mit ein. Bei den Testläufen in Haspe hat keiner der 126 im Zufall ausgewählten Teilnehmer im Verlauf der jeweils mehrtägigen Veranstaltungen dem als Entschuldigung doch leicht anführbaren Druck durch familiäre, berufliche oder persönliche Anlässe nachgegeben und ist nicht mehr erschienen (‚Abspringen'). Sämtliche Teilnehmer, die die Laienplanertätigkeit aufgenommen hatten, haben bis zum Abschluß mitgearbeitet.

Für das Stabilisieren der Motivation war sicher die Vergütung nicht unwichtig, die der Teilnehmer für seinen Verdienstausfall erhielt. Sie hat aber eine etwas andere Rolle gespielt, als erwartet worden war. Dem Laienplaner erscheint die Vergütung weniger wichtig. „Ich komme wegen der Planung! Nur des Geldes wegen würde ich nicht hier sein." (Hausfrau, 52). Ein solches Bewußtsein entspricht ziemlich genau der Einstellung, die man in manchen sozialen Positionen förderungswürdigen Gemeininteressen gegenüber einnimmt. Man erwartet nicht unbedingt eine finanzielle Vergütung. Und doch hat die Vergütung hier eine entscheidende Funktion gehabt: Diese Zahlung ist von den Teilnehmern als ein Indikator für die Ernsthaftigkeit der Situation gewertet worden, in die sie sich eingelassen hatten.

Diese hohe Leistungsmotivation ist in allen Arbeitsformen sichtbar geworden:

– Im Plenum der Zusammenkunft war der Teilnehmer dauernd bereit zur sachlichen Diskussion und zur präzisen Rückfrage. Das Engagement an der Thematik des Planungsfalles hat sich im Ablauf mitunter selbst an Stellen durchgesetzt, die im Programm eigentlich für eine Besprechung des Modells Planungszelle selber vorgesehen waren.

– Die Arbeitsgruppen, die sämtlich ohne die hauptamtlichen Mitarbeiter stattfanden, erbrachten die geforderten Ergebnisse. Um vergleichbare Resultate zu gewinnen, wurde in den bisherigen Testläufen durchweg mit Gruppen gleicher Größe (5 Personen) gearbeitet. Im ganzen sind bis jetzt 147 derartige Arbeitsgruppen gelaufen und unter unterschiedlichen Gesichtspunkten analysiert worden.

– Selbst die Pausensituationen (Erfrischungspausen, Mittagspausen) wurden zu einem guten Teil von Verhaltensweisen beherrscht, die der ‚Gutachterrolle' zugerechnet werden müssen. So ging z. B. die Sachdiskussion in den Pausen weiter (vgl. Abb. 28).

Abbildung 28:
Fasziniert vom Arbeitsauftrag. Das Sachgespräch geht in den Pausen weiter.

Die motivierende Identifikation mit der Gutachterrolle hängt nicht vom Erfolg ab, den der Einzelne im Gruppenprozeß verbuchen kann. Auch diejenigen Teilnehmer, die z.B. im Plenum nie so recht das Wort ergriffen hatten, signalisierten auf ihre Weise bei der Wahrnahme ihrer Tätigkeiten ihre Zufriedenheit.

Leistungsmotiviation in Funktionsrollen

Bei den bisherigen Testläufen haben sich die Leitung von Arbeitsgruppen, das Protokollieren von Ergebnissen und die Gruppen-Berichterstattung als Funktionen erwiesen, die von einzelnen Laienteilnehmern übernommen werden können. Die Übernahme dieser Funktionen durch Teilnehmer hat sich in allen beobachteten Fällen zwanglos ergeben. Darüber hinaus wurde einiges an individueller Beratung, was eigentlich von den Prozeßbegleitern wahrgenommen werden sollte, tatsächlich von Teilnehmern untereinander geleistet. Im Prinzip wäre es möglich, auch weitere für die erfolgreiche Durchführung einer Planungszelle erforderliche Funktionen in die Teilnehmerrolle zu integrieren oder als Funktionsrolle an einzelne Teilnehmer zu verteilen. Vermutlich ist das Modell Planungszelle nicht so personalintensiv, wie zunächst angenommen.

Werteinbringung

In der wissenschaftlichen Diskussion der bürgerschaftlichen Beteiligung ist häufiger die Frage gestellt worden, ob „der Bürger" überhaupt in der Lage sei, seine eigenen, und

Abbildung 29: Protokollführer bei der Arbeit. Die Übernahme von Funktionsrollen ergibt sich zwanglos.

das heißt: auch die seine soziale Schichtenzugehörigkeit kennzeichnenden Wertvorstellungen selbständig in die Planung einzubringen. Derartige Fragen gehen von Beobachtungen wie der aus, daß in Gruppensituationen die Teilnehmermeinungen sich an die Gruppenmeinung anpassen (‚Enteignung des Bewußtseins') oder auch daß Angehörige von Organisationen die Interessen der Organisationen als die ihren übernehmen (‚Funktionärsgesinnung'). Mit solchen Nivellierungseffekten war auch in der Planungszelle zu rechnen.

Nach den bisherigen Testläufen kann festgestellt werden, daß diese Anpassungsprozesse in den planungsrelevanten Sachfragen deutlichen Begrenzungen unterliegen. Die Teilnehmer vertreten gerade in dieser Hinsicht die eigenen Wertvorstellungen relativ ungebrochen. Das mag damit zusammenhängen, daß der Laie hier von einer klar markierten Position her, nämlich der des ‚sachverständigen Gutachters', zu den aufkommenden Fragen Stellung nimmt. (Diese Position sieht sich quasi standesethischen Erwartungen ausgesetzt, die den Teilnehmer stark auf das Vertreten seiner mitgebrachten „eigenen" Meinung festlegen.) Wahrscheinlich spielt hierbei aber auch eine Rolle, daß die wertbefrachteten Meinungen des Teilnehmers zu bestimmten Sachfragen in der Regel zunächst im stimulierenden Klima der fünf-Personen-Arbeitsgruppen laut werden und sich hier im Kleinstgruppenrahmen vor den Reaktionen der vier anderen auslegen, profilieren und verstärken können.

Der Versuch des einzelnen ‚Gutachters', seine Meinung nach bestem Wissen eigenständig einzubringen, steht vermutlich auch hinter der *Konstanz,* die bei der Beurteilung planungsrelevanter Sachverhalte zutage tritt. So wurden in den Testläufen bestimmte vom Laienplaner abgegebene Erstbewertungen auch nach Gegeninformationen, Hearings oder Gruppenprozessen durchgehalten. Als Beispiel seien die auffallend geringen Meinungsänderungen zur Modernisierung des Wohnungsbestandes im Sanierungs-

Abbildung 30: Reaktion der PZ-Teilnehmer für oder gegen die Modernisierung des Wohnungsbestandes im Sanierungsgebiet Haspe.

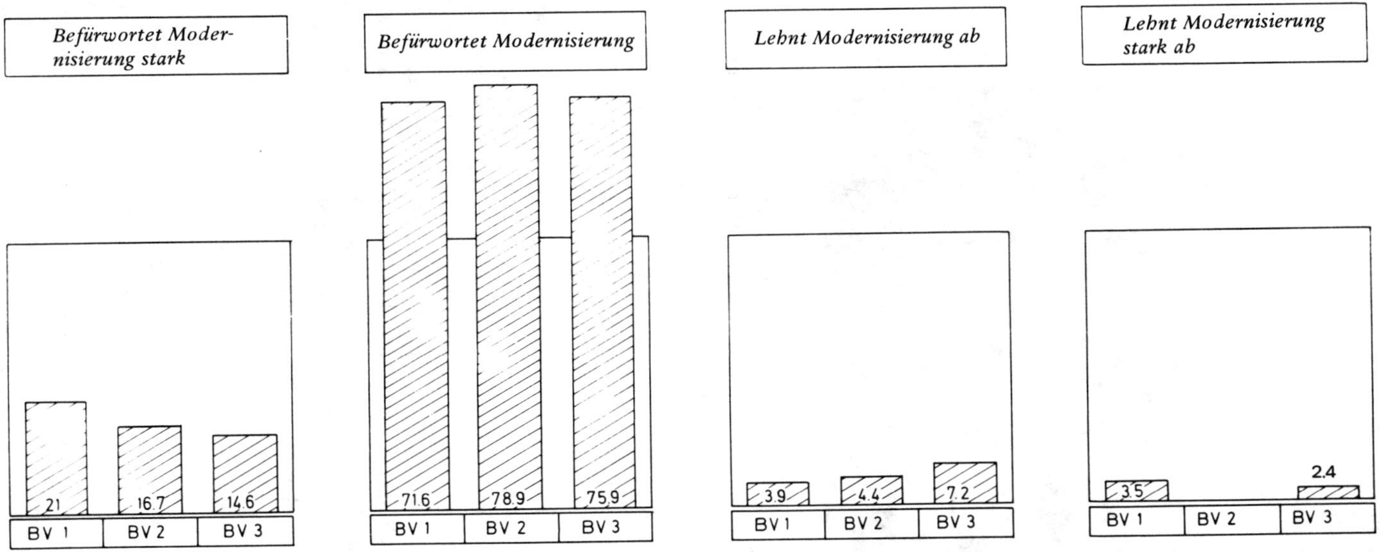

Die Darstellung gibt die in 3 aufeinander folgenden Bewertungsvorgängen (BV 1–BV 3) abgegebenen Reaktionen (in Prozent der jeweils insgesamt abgegebenen Stimmen) wieder.

gebiet Hagen-Haspe angeführt. Sie sind in drei identischen Bewertungsvorgängen (der zweite nach einer Kleingruppendiskussion, der dritte nach der Eingabe von Tendenzinformationen) in allen acht Planungszellen, die dort eingesetzt waren, zu Vergleichszwecken festgehalten worden (s. Abb. 30): Die beim einzelnen vorgefundenen Wertungen erweisen sich weitgehend als fest. Die Konstanz der eigenständigen Werteinbringung ist sogar in solchen Fällen aufweisbar, in denen die abweichenden Ansichten von den in der Planungszelle anwesenden Experten der Verwaltung vorgetragen wurden.

Bewertungsprozesse

Bewertungsprozesse lassen sich so organisieren, daß sie von zufällig ausgewählten Laienteilnehmern nicht als Rätselaufgabe oder als Prüfungssituation mißverstanden, sondern als ein Schritt begriffen werden, der zur gemeinsamen Bewältigung der gestellten Planungsaufgabe notwendig ist.

Diejenigen Informationen, die für einen Bewertungsvorgang als relevant gelten sollen, müssen möglichst klar abgegrenzt präsent sein. Im übrigen fiel es den Teilnehmern unterschiedlich schwer, sich angesichts komplexer Problemzusammenhänge festzulegen. Punktueller Zeitdruck hat sich hier als eine Entscheidungshilfe bewährt.

Die Ergebnisse, die in den Bewertungsprozessen anfallen, sind vom Auftraggeber der Planungszelle als Grundlage für Planungsentscheidungen verwendbar.

Die Testläufe haben darüber hinaus neue Möglichkeiten der Weiterentwicklung von Bewertungsvorgängen erbracht.

Spezifisch Nichtinteressierte

Die hier über den Ablauf von Planungszellen gemachten Angaben treffen auch für Gruppen zu, die aus nichtbetroffenen Bürgern bestehen. Auch diese spezifisch nichtinteressierten Personen sind bereit, sich einladen zu lassen, und sie sind zur engagierten Mitarbeit in der Planungszelle motiviert. Sie identifizieren sich mit der Gutachterposition, verfügen über ein situationsentsprechendes Verhaltensrepertoir, sind hinreichend lernfähig und in der Lage, ihre eigenen Wertvorstellungen in den Gruppenprozeß einzubringen.

Es ist daher grundsätzlich möglich, an örtlichen Planungen auch auswärtige Personen zu beteiligen. Die damit auftauchenden organisatorischen und technischen Fragen, z. B. Transportprobleme, haben sich als lösbar erwiesen (vgl. Abb. 7).

Wenn von unserem Rechtsschutzsystem schon gesagt werden kann, daß ihm die Voraussetzung der individuellen Betroffenheit eine „asoziale“ und „unsolidarische“ Note gibt (Marcic 1957, S. 330, 333), so gilt das, zwar anders vermittelt, aber in höherem Maße für den Bereich der politischen Entscheidungen. Die Übermacht partikularer Interessen verhindert in angebbaren Fällen eine Entscheidung im Interesse der Allgemeinheit. Den Teilnehmern der Planungszelle wird – das legen bestimmte Beobachtungen nahe – mit der ‚spezifischen Nichtinteressiertheit' eine Intensität des Gemeinwohlbewußtseins[19] ermöglicht, die eine Voraussetzung für das richtige Abwägen zum Besten aller darstellt.

Mehrfachbearbeitung von Aufgaben

Von der Simultanverwendbarkeit des Modells Planungszelle ist bisher in zwei Fällen Gebrauch gemacht worden, das eine Mal mit zwei, das andere Mal mit acht Planergruppen. Die Gruppen haben jeweils mit dem gleichen Satz an Informationen die gleichen Aufgabenstellungen bearbeitet und sie haben die gleichen Bewertungsvorgänge absolviert.

Dabei wurden die Annahmen bestätigt, von denen diese Versuche ausgingen: als Datengewinnungsverfahren ist diese Art des Planungszellen-Einsatzes in der Lage, eine breitere statistische Ausgangsbasis für quantitative Aussagen zu liefern. Als Partizipationsverfahren erbringt sie die vermehrten Beteiligungsmöglichkeiten relativ preiswerter.

Im Prinzip ist mit diesem Verfahren massenhafte Beteiligung möglich.

Der Planer als Mitarbeiter

In den meisten der bisher durchgeführten Testläufe ist die ständige Mitwirkung von zwei Vertretern der am Versuch kooperierenden Stadtverwaltung als Arbeitsbedingung eingehalten worden.

Dabei hat sich herausgestellt, daß die täglich 8-stündige Mitarbeit in dieser Rolle bewältigt werden kann. Sie ist von den beteiligten Planern gern wahrgenommen worden.

Es muß als Anzeichen für das persönliche Engagement, das sich aus der Teilnahme entwickelt hat, gewertet werden, daß die mitarbeitenden Planer sich erheblich über ihre Dienstzeiten hinaus in Anspruch nehmen ließen.

Der Prozeßbegleiter als Mitarbeiter

Die Aufgaben der Prozeßbegleitung sind in sämtlichen bisher abgewickelten Testläufen von solchen hauptamtlichen Mitarbeitern ausgeführt worden, die über erhebliche erwachsenenbildnerische Erfahrungen verfügten (Hochschul- bzw. Volkshochschulbereich). Die dem einzelnen zugemuteten Rollen (Tagungsleiter, Tagungsassistenten) haben sich als darstellbar erwiesen. Von den ‚Männern der ersten Stunde' abgelöst, hat sich inzwischen gezeigt, daß diese Rollen mit unterschiedlich qualifizierten Personen besetzt werden können. Das bedeutet einen weiteren Schritt zugunsten einer Institutionalisierung des getesteten Verfahrens.

Hinweise auf die Überforderung von Tagungsleitern, wie in anderen ähnlichen Zusammenhängen beobachtet (vgl. Lange/Voigt 1974, S. 1; Frankfurter Bund für Volksbildung 1973, S. VII), haben sich nicht ergeben.

Bisher sind noch nicht alle Möglichkeiten der Entlastung der hauptamtlichen Mitarbeiter durch verstärkte Programmierung des Ablaufs und durch vermehrte Einbeziehung von Laienplanern in Funktionsrollen ausgeschöpft worden.

Planungs-output

Von dem beschriebenen Planungsverfahren wird erwartet, daß es Ergebnisse hervorbringt, die in der Verwaltungswirklichkeit brauchbar sind und die darüber hinaus in den Planungsvollzügen, für die sie erstellt worden sind, Eingang finden. Sind diese Erwartungen realistisch? Was „springt raus" bei der Planungszelle?

— Die Planungszelle ist — wie die Testläufe für die bearbeiteten Problembereiche gezeigt haben — tatsächlich in der Lage, Daten neuer Art über planungsrelevante Sachverhalte zu produzieren. Diese Daten sind in bestimmten Fällen zur Entscheidungsfindung in hohem Maße brauchbar.

Es kann angenommen werden, daß die Fähigkeit der Planungszelle, Daten dieser Art zu erarbeiten, auch für andere Problembereiche und Planungsprozesse gilt.

— Ergebnisse von Planungszellen werden in der offiziellen Planung akzeptiert.

Mit einer solchen Feststellung ist keine Automatik gemeint. Eine Verwertung der Ergebnisse ist, so wie die Dinge z. Zt. liegen, auf die Bereitschaft der auftraggebenden Stellen angewiesen, relevante Daten in ihre Entscheidungen einzubeziehen. Eben diese Bereitschaft aber war in den untersuchten Fällen gegeben.

Der Einbau der Planungszelle ist noch nicht so formalisiert, daß mit nur einer festgelegten Wirkungsweise dieses Verfahrens zu rechnen wäre. Die Situation ist noch offen. Der Versuch, die Auswirkungen seiner Ergebnisse („Verbleib der Ergebnisse") zu beobachten, hat denn auch zunächst vor allem die unterschiedlichen Ebenen bewußt gemacht, auf denen Wirkungen feststellbar sind. Im einzelnen Planungsfall können vielfältige Auswirkungen bei sehr unterschiedlichen Adressaten (z. B. Sanierungsbeirat, teilnehmende Planer, Betroffene, Bürgerinitiativen, zugezogene Fachleute, Presse, Bezirksvertretung, zuständige und beteiligte Dezernate oder Ämter der Verwaltung, Ratsausschüsse und Rat, übergeordnete Instanzen) beobachtet werden.

In speziellen Untersuchungen ist der Verbleibt von Aussagen, die aus der Planungszellenarbeit hervorgegangen sind, z. B. deren Rezeption und Umsetzung in der Verwaltung, verfolgt worden. Die oben getroffene Feststellung, daß die Ergebnisse der Planungszelle angenommen werden, gründet sich auf solche Untersuchungen (vgl. Dienel 1977b).

Zur Kontrolle des Verbleibs erscheint es zunächst auch weiterhin sinnvoll, daß die unterschiedlichen Wirkungsweisen einzelner Aussagen bei den genannten Adressaten von der testlaufbegleitenden Forschung beobachtet und zusammengefaßt werden. Auf diese Weise werden auch Langfristuntersuchungen des Weiterwirkens unterschiedlicher Formen von Ergebnissen — wie sie sich naturgemäß jetzt noch nicht vorlegen lassen — ermöglicht.

Eignung des Verfahrens

Die Planungszelle kann von den ‚Menschen, wie es sie heute gibt', durchgeführt werden. Für sie ist kein „neuer" Mensch erforderlich.

Die Planungszelle wird unter den gegebenen Verhältnissen vom Bürger akzeptiert.

Das theoretisch erarbeitete *Konstrukt* „Planungszelle" ist damit in der gesellschaftlichen Wirklichkeit *vollziehbar*. Das postulierte gruppeninterne Rollengefüge mit seinen Erwartungen, Leistungen und Belohnungen greift tatsächlich so ineinander, daß die angenommenen Ergebnisse zustandekommen. Die für die Arbeit der Gruppe erforderlichen Außenverbindungen sind, soweit sie bis jetzt überprüft werden konnten, tatsächlich in der vorgesehenen Weise organisierbar.

Anmerkungen zu Kapitel IX

1 Georg Friedrich Wilhelm Hegel, Brief an Niethammer vom 26. Oktober 1808.

1a v. Arnim (1977), S. 198. In dieser Verpflichtung des Staates liegt „die zentrale wichtige neue Komponente des Sozialstaatsprinzips".

2 Für den Leser aus der Verwaltung sei auf eine Folgeveröffentlichung hingewiesen, die die Erfahrungen mit dem Finanzbedarf und dem bisher praktizierten Finanzierungswesen der Durchführung von Planungszellen behandelt: Horst Bongardt et al.: Bürger planen das Rathausviertel. Verlag Peter Lang: Frankfurt/Bern/New York 1985, 113–141.

3 Erste Schätzungen, die von noch umfangreicheren Anforderungen ausgingen, sprachen sogar von 6,6 Mrd. DM. Dieser Betrag wurde noch im April 1972 genannt. Vgl. Dienel 1972b, S. 423.

4 Rechnungshof der Freien und Hansestadt Hamburg, Jahresbericht über die Prüfung der Haushalts- und Wirtschaftsführung und der Haushaltsrechnung 1971, der Bürgerschaft vorgelegt unter dem 15. Dez. 1972, Textzahlen 120–126.

5 Das grundlegende Gesetz wird im Jahre 123 vor Christus von Cornelios C. Gracchus eingebracht, die 'lex Sempronia frumentariae'. Die entsprechenden Maßnahmen werden ständig, z.B. auch von Cäsar mit der 'lex Julia municipalis' (49 v. Chr.), weiter ausgebaut. Die Verteilungen haben bis zum 4. Jahrh. nach Christus, in Konstantionopel bis zum 5. Jahrh. angedauert.

6 Wie erheblich diese Kosten vom Einzelnen eingeschätzt werden, läßt sich aus der Tatsache erschließen, daß die wirtschaftlich Vermögenden ihnen ausweichen. Sie gründen dafür lieber und beschicken Privatschulen. So hatten beispielsweise im Staat Florida von den acht Parlaments-Kandidaten sogar der demokratischen Partei – sie betreibt die Rassenintegration am intensivsten – alle außer einem ihre Kinder auf Privatschulen.

7 So z.B. in der Beantwortung der Frage, ob staatliche Förderungsmaßnahmen für Zeitungen dem Gleichheitssatz des GG widersprechen würden: „Die besonderen Funktionen, die Presseunternehmen in der freiheitlichen Demokratie zu erfüllen haben, rechtfertigen es, Förderungsmaßnahmen auf den Pressebereich zu beschränken, ohne entsprechende Vergünstigungen auch anderen Wirtschaftszweigen zu gewähren, in denen im übrigen vergleichbare Verhältnisse vorliegen mögen." Stellungsnahme der Bundesregierung zum Schlußbericht der Pressekommission. Bundestagsdrucksache V/3856.

8 Erstaunlich viele Exponenten der Verwaltung experimentieren mit neuen Möglichkeiten bürgerschaftlicher Beteiligung. Für den kommunalen Bereich seien als Beispiele aus den frühen 70er Jahren genannt: Adrian, Frankfurt; Neuffer und Eisfeld, Hannover; Farenholtz, Stuttgart; Abreß und Ganser, München.

9 Z.B.: „Was durch Partizipation bisher herausgekommen ist, ist ein unglaubliches Maß an Ignoranz auf Seiten der Verwaltungen und Regierungen in sozialer und politischer Hinsicht, und ich glaube, wir haben noch einen langen, harten Weg des Lernens vor uns, ehe sich hier etwas grundlegend ändert." Interviewäußerung von William D. Smith in: Stadtbauwelt 27/1970, S. 196.

10 Der Berufsverband der amerikanischen Planer ist sogar soweit gegangen, den persönlichen Einsatz für eine Umverteilung zugunsten benachteiligter Bevölkerungsgruppen als verpflichtende Forderung in seiner Standesordnung zu fixieren: "A planner shall seek to expand choice and opportunity for all persons, recognizing a special responsibility to plan for the needs of disadvantaged groups and persons, and shall urge the alteration of policies, institutions and decisions which militate against such objectives." Code of Professional Responsibility 1.1(b), American Institute of Planners (AIP).

11 Mitteilung von Dr. Boeddinghaus, Bremen, am 31.1.1973.

12 Hierzu und zu weiteren positiven Auswirkungen der Planungszelle vgl. den Abschnitt „Verbesserung der Apparatur: Parlament", S. 182.

13 So z.B. Vilmar (1973, II/S. 235) zu den Entwürfen der Planungszelle: „ ... die Erprobung ... sollte von politisch aktiven Avantgarden der Demokratisierung mit allem Nachdruck den politischen Instanzen gegenüber gefordert werden: sie bieten zum ersten Mal in der Geschichte hochorganisierter Industriegesellschaften die konkrete Alternative zu der die Demokratie aushöhlenden Resignation, daß angesichts der Kompliziertheit der ‚Sachprobleme' und des Massencharakters der Bezugsgruppen das Volk nicht an Sachentscheidungen beteiligt werden, sondern lediglich zur Wahl verschiedener Führungseliten ermächtigt werden könne."

14 Die eingehende Analyse vieler heute vorgetragener Zukunftsentwürfe würde zeigen, daß und inwiefern dort mit utopischen Vorstellungen vom Menschen gearbeitet wird. Das gilt z.B. für Robert *Jungk*s Jahrtausendmensch, Fritz *Vilmar*s gesellschaftliche Zielvorstellungen oder z.B. für Helmut *Dahmer*s Demokratie: Mehrheiten der Bevölkerung sollen dort die Kontrolle des gesellschaftlichen Lebens zu ihrem „zentralen Lebensinteresse" gemacht haben. Vgl. Dahmer 1973, S. 152.

15 „Angesichts der rasanten technischen und gesellschaftlichen Entwicklung" ist für Fritz Vilmar, wie für viele andere auch, „die Gewährleistung einer beruflichen Disponibilität und damit Existenzsicherung" das eigentliche Ziel des bezahlten Bildungsurlaubs. Diese Existenzsicherung „bedeutet gleichzeitig Selbstsicherheit und damit Stabilisierung der demokratischen Ordnung". Vilmar 1973, S. 364.

16 Die Durchführung praktischer Probeläufe wäre so ohne die Forschungsförderungsmittel nicht möglich gewesen, die die Stiftung Volkswagenwerk und der Innenminister des Landes Nordrhein-Westfalen bestimmten Projekten haben zukommen lassen.

17 Die Schwelmer Probeläufe werden unter Teilaspekten erwähnt in: Dienel 1975, 1977 a und 1977 b.

18 Über die Erprobung und Weiterentwicklung des Beteiligungsverfahrens PZ informieren jetzt die Berichte, die Bürgergutachten sowie Teile der Fachliteratur, die im Anhang als „Statusreport '91" zugänglich gemacht werden.

19 Peter Schneider (1962, S. 42 f.) sieht in der ‚Intensität des Rechtsbewußtseins' und in der ‚Sachnähe' die beiden Kriterien, die für das Funktionieren gemeinschaftserheblicher Entscheidungsverfahren wesentlich sind.

Kapitel X

Na und?

Der Bürger plant seine Umwelt. Das wird dieser Umwelt in mancher Hinsicht helfen. Das hilft auch dem Bürger und seinem Psychohaushalt. Vermutlich geht es, makropolitisch gesehen, um noch mehr.

Eine halbwegs funktionierende Weltgesellschaft wird sich nur entwickeln können, wenn es einerseits gelingt, den Trend zum totalitären Nationalstaat umzukehren, und wenn andererseits die militärischen und politmissionarischen Außenwirksamkeiten unter den rund 140 Staaten dieser Welt in bestimmten Grenzen zu halten sind.

Diese Bedingungen setzen die heute knapp 20 funktionierenden Demokratien dem peinlichen Zwang aus, sich – unter teilweise immer ungünstiger werdenden Verhältnissen – auf die Vorbildlichkeit ihrer Systeme verlassen zu müssen.

Der entwurfsentsprechende Ausbau und die Verbesserung auch unserer internen Steuerungskapazitäten könnten damit zu einer Überlebensfrage einer menschlichen Gesellschaft geworden sein. Die Planungszelle scheint geeignet, hierbei nützliche Dienste zu leisten.

Literaturverzeichnis (1977)

Adrian, Hanns: Weiterkommen durch Ausprobieren, in: Bauwelt 32/1972, S. 1217 ff.

AG. Kop (Arbeitsgruppe kommunale Planung) an der Universität Dortmund: Partizipation an der Gebietsentwicklungsplanung, Dortmund 1973

Alemann, Ulrich von (Hrsg.): Partizipation – Demokratisierung – Mitbestimmung, Opladen 1975

Aleshire: Planning and Citizen Participation, in: Urban Affairs Quarterly, June 1970

Almond, Gabriel/Verba, Sidney: The Civic Culture, Princeton, New Jersey 1963

Altmann, Rüdiger: Das Erbe Adenauers, Stuttgart 1960

Aristoteles: Politik

Arnim, Hans Herbert von: Gemeinwohl und Gruppeninteressen. Die Durchsetzungsschwäche allgemeiner Interessen in der pluralistischen Demokratie, Frankfurt a.M. 1977

Arnstein, Sherry: A Ladder of Citizen Participation, in: Journal of the American Institute of Planners, Juli 1969

Aurich, Heli: Partizipation an der Stadtplanung, Basel 1976

Bachrach, Peter: Die Theorie demokratischer Elitenherrschaft, Frankfurt/Main, 1970

Backhaus, Jürgen: Politikwissenschaftliche Analyse interpretatorischer Veränderungen von Verfassungsnormen, dargestellt anhand von Art. 41 der Hessischen Landesverfassung und Art. 15 i.V.m. Art. 14 III Grundgesetz, in: Politische Vierteljahresschrift, 17. Jhrg., 1976, Heft 4

Bales, R. F.: How people interact in conferences, in: Scientific American 192 (1955), Heft 3, S. 31–35

Bank, Hans-Peter: Sozialdemokratie und Kritischer Rationalismus – Bemerkungen zu kritisch-rationaler Diskussion in der SPD, in: Kritischer Rationalismus und Sozialdemokratie II, Berlin – Bonn-Bad Godesberg 1976

Ders.: Sozialpolitik und Wahlpolitik, in: Deutsches Industrieinstitut (Hrsg.), Berichte zur Sozialpolitik 1968, Nr. 11

Ders.: Die Sozialgesetzgebung der BRD und ihr zeitlicher Zusammenhang mit den Wahlterminen seit 1949, in: Recht der Arbeit, München 1970, Heft 4, S. 101 ff.

Barnett, Boak: Education and Communism in China, New York 1971

Battis, Ulrich: Bürgerinitiativen als Gegenstand der Gesetzgebung, in: Zeitschrift für Parlamentsfragen, 6. Jg. (1975), S. 139 ff.

Beck, W.: Aktionsgruppen – Basis in Bewegung, in: Deutsch-Jugend, Heft 1/1972

Bernstein, Basil: Sozio-kulturelle Determinanten des Lernens, mit besonderer Berücksichtigung der Rolle der Sprache, in: Peter Heintz (Hrsg.), Soziologie der Schule, KZfSS-Sonderheft 4, 1959

Bettelheim, Bruno: Die Kinder der Zukunft. Gemeinschaftserziehung als Weg einer neuen Pädagogik, München 1969

Bilstein, Helmut/Troitzsch, Klaus: Bürgerinitative – Chancen politischer Einflußnahme, in: Gegenwartskunde, Heft 3/1972

Blecher, Earl M.: Advocacy Planning for Urban Development. With Analysis of six Demonstration Programs, New York, 1971

Bottomore, T. B.: Elite und Gesellschaft, München 1966, 2. Aufl. 1969

Bringolf, Walter: Die Demokratische Gemeinde, Heft 10/1969, S. 955

Bronfenbrenner, Urie: Zwei Welten. Kinder in USA und UdSSR, Stuttgart 1972

Brooks, Harvey: Technology assessment as a process, in: International Social Science Journal, Band XXV, 3/1973, S. 247 ff.

Browarzik, Ulrich: Glaubensinformation und Glaubensbekenntnis. Überlegungen zur Frage der Vermittlung von Überzeugung durch Reflexion und Engagement, in: Neue Zeitschrift für Systematische Theologie und Religionsphilosophie, 18. Bd. 1976, S. 74 ff.

Brown, F,: Changes in sexual identification and role over a decade and their implications in: Journal of Psychology, 1971, S. 229 ff.

Brown, Ivor: Why Community Participation? in: Administration, Bd. 21, Dublin 1973

Brunner: Die Landesverteidigung der Schweiz, Frauenfeld und Stuttgart 1966

Bückmann, Walter: Die Bezirksverfassung als Selbstverwaltungsbehelf, in: Städte und Gemeinderat, Heft 12/1973

Der aktive Bürger – Utopie oder Wirklichkeit. Ein Cappenberger Gespräch, Köln und Berlin 1971
Der Bundesminister für Bildung und Wissenschaft (Hrsg.): Forschungsbericht (IV) der Bundesregierung, Bonn 1972
Der Bundesminister für Forschung und Technologie (Hrsg.): Bürgerinitiativen im Bereich von Kernkraftwerken, Frankfurt/Main 1975
Der Bundesminister für Raumordnung, Bauwesen und Städtebau: Betr.: Mittelfristiges Großforschungsprogramm Siedlungsentwicklung (Entwurf), 24.9.1973
Buse, Michael J.: Formen und Bedingungen der Partizipation im politisch/administrativen Bereich. Beteiligung woran und wozu? Zur Abgrenzung von Bereich und Begriffen, in: Ulrich von Alemann (Hrsg.) (1975)

Caplowitz, David: The Poor pay more, New York 1963
Claessens, Dieter: Rollentheorie als bildungsbürgerliche Verschleierungsideologie, in: Spätkapitalismus oder Industriegesellschaft? Verhandlungen des 16. Deutschen Soziologentages, Stuttgart 1969, S. 270 ff.
Ders.: Familie und Wertsystem, Berlin 1972
Collet, H./Hansen, K.-H.: Interview, in: Der Stern, 4. Dez. 1973
Curdes, Gerhard: Standortprogrammplanung, Bd. I
Ders.: Umweltzerstörung durch Planung; Vortrag v. 30.3.1973

Daheim, Hansjürgen: Soziologie der Berufe, in: René König (Hrsg.), Handbuch der empirischen Sozialforschung, Bd. 2
Dahmer, Helmut: Politische Orientierungen, Frankfurt/Main 1973
Dahrendorf, Ralf: Revolution der Gleichheit – Ende oder Beginn der Freiheit?, in: Bergedorfer Gesprächskreis (Hrsg.), Protokoll Nr. 47/1974
Davidoff, Paul: Advocacy and Pluralism in Planning, in: Journal of the American Institute of Planners, 31/1965, S. 331 f.
Ders.: Working Toward Redistributive Justice, in: AIP Journal, 1975
Demerath, N. J./Baker, G. W.: The Social Organization of Housebuilding, in: The Journal of Social Issues, 1951
Dichgans, Hans: Die Welt verändern – Reform oder Revolution, Düsseldorf – Wien 1974
Diederich, Nils: Zur Mitgliederstruktur von CDU und SPD, in: Dittberner/Ebbinghausen (Hrsg.), Parteiensystem in der Legitimationskrise, Opladen 1973.
Dienel, Peter C.: Techniken bürgerschaftlicher Beteiligung an Planungsprozessen, in: Partizipation – Aspekte politischer Kultur. „Offene Welt" Nr. 101, Opladen 1970, S. 144–156
Ders.: Partizipation an Planungsprozessen als Aufgabe der Verwaltung, in: Die Verwaltung, Heft 2/1971, S. 151 ff. (1971a)
Ders.: Bürgerinitiative und Selbstverwaltung. Zur Partizipation an Planungsprozessen, in: Cappenberger Gespräch „Der aktive Bürger. Utopie oder Wirklichkeit?", Stuttgart 1971 (=1971b)
Ders.: Wie können die Bürger an Planungsprozessen beteiligt werden? Planwahl und Planungszelle als Beteiligungsverfahren, in: Der Bürger im Staat. 21. Jahrgang, Heft 3/1971, S. 151 ff. (=1971c)
Ders.: Kooperation der Träger der Weiterbildung auf lokalregionaler Ebene unter besonderer Berücksichtigung des Bildungsurlaubs. Gutachten für die Bildungskommision des Deutschen Bildungsrates, Ausschuß „Weiterbildung", Mettmann, März 1972 (unveröffentlicht) (=1972a)
Ders.: Bürgerschaftliche Beteiligung an politischen Entscheidungsprozessen, in: Amtliches Verkündungsblatt für den Kreis Lemgo Nr. 41–72, 15. Nov. 1972 (=1972b)
Ders.: Bildungsurlaub als Planungsurlaub, in: Deutscher Bildungsrat (Hrsg.), Bildungsurlaub als Teil der Weiterbildung – Materialien, Band 28, Gutachten und Studien der Bildungskommision, Stuttgart 1973, S. 150 ff.
Ders.: Das Problem der Bürgerbeteiligung an Landesplanung und Raumordnung, in: Raumforschung und Raumordnung, 32. Jahrgang 1974, Heft 1, S. 7–17.
Ders.: Ergebnisbericht zum verwaltungswissenschaftlichen Forschungsvorhaben „Partizipation an politischen Entscheidungsprozessen", Stiftung Volkswagenwerk, Wuppertal, Juni 1975
Ders.: Bürgerbeteiligung als Kostenfaktor, in: Seminar für Planungswesen (Hrsg.): Veröffentlichungen des Seminars für Planungswesen an der TU Braunschweig, Band 14, Braunschweig 1976
Ders.: Versuche mit neuen Beteiligungsverfahren, in: Robert Jungk/Adam Weyer (Hrsg.), Die Grenzen der Resignation, Wuppertal 1977, S. 97–112 (=1977a)
Ders.: Bürger planen Haspe. Die Testläufe der ‚Planungszelle' in Hagen-Haspe. Ein Untersuchungsbericht, vorgelegt unter Mitwirkung von Detlef Garbe und Bernd Wyborski, Schriftenreihe

Landes- und Stadtentwicklungsforschung des Landes Nordrhein-Westfalen, Stadtentwicklung – Städtebau, Band 2.020, Dortmund, 1977 (=1977b)
Dierkes, Meinolf: Planung des technischen Fortschritts. Berücksichtigt "Technological Assessment" den gesellschaftlichen Bedarf?, in: Umschau 75 (1975), Heft 24, S. 751–756
Downs, Anthony: Ökonomische Theorie der Demokratie, Tübingen 1968
Durkheim, Emile: Erziehung und Soziologie, Düsseldorf 1972

Easton, David: A Systems Analysis of Political Life. New York: John Wiley and Sons, 1965
Eberle, Hans Jürgen: Abkömmlichkeit und Arbeitsplatzsicherung als Probleme der Planpflicht – dargestellt am Beispiel der Wehrübung, Diplomarbeit, Wuppertal 1972
Ebert, Theodor (Hrsg.): Ziviler Widerstand – Fallstudien zur gewaltfreien, direkten Aktion aus der innerpolitischen Friedens- und Konfliktforschung, Düsseldorf 1970
Eisfeld, Dieter: Die Stadt der Stadtbewohner, Stuttgart 1973
Emmerling, Dieter: Bürgerpartizipation als Modellversuch. Planungszellen in Hagen-Haspe, in: Volkshochschule im Westen, August 4/1976
Eppler, Erhard: Beitrag, in: Die demokratische Gemeinde, Heft 9 (1973), S. 951
Erikson, Erik H.: Kindheit und Gesellschaft, Zürich/Stuttgart 1957
Eschenburg, Theodor: Beitrag, in: Die Zeit, Nr. 26, 22. Juni 1973
Everke, Karl F.: Die Anfänge der Funktion der politischen Parteien, Insbrucker Dissertationen, 1959

Festinger, L./Schachter, S./Back, K.: Social Pressures in Informal Groups, New York 1950
Finifter, Ada W.: Dimensions of Political Alienation, in: American Political Science Review, 64, Nr. 2, Juni 1970, S. 389–410
Fink, W.: Wie kann der Bürger am Planungsgeschehen beteiligt werden?, in: Kommunalpolitische Blätter 12/1973
Fischer, Klaus: Regionalplanung unter bürgerlicher Beteiligung?, in: Raumforschung und Raumordnung, 1/1974
Flagge, Ingeborg: Über die Möglichkeit einer Partizipation der Öffentlichkeit, Referat auf der Mitgliederversammlung des Landesverbandes Schleswig-Holstein des BDA am 25.2.1972, Bonn o.J. (1972)
Forsthoff, Ernst: Der Staat der Industriegesellschaft, München 1971
Fromm, Erich: Die Revolution der Hoffnung, Stuttgart 1974
Fürstenberg, Friedrich: Grundfragen der Betriebssoziologie, Köln und Opladen 1964
Frankfurter Bund für Volksbildung – Volkshochschule (Hrsg.): Dokumentation über Großveranstaltungen und VHS-Kurse zu den Strukturplanentwürfen für die Frankfurter Stadtteile Nordend, Ostend, Bornheim, Sachsenhausen und Westend, Frankfurt/M. 1973

Gallup, Georg: Die Mobilisierung der Intelligenz, Düsseldorf – Wien 1965
Geiger, Theodor: Demokratie ohne Dogma. Die Gesellschaft zwischen Pathos und Nüchternheit, 2. Aufl. München 1964
Giesecke, H. u.a.: Politische Aktion und politisches Lernen, München 1970
Gizycki, Horst von: Aufbruch aus dem Neandertal. Entwurf einer neuen Kommune, Darmstadt und Neuwied 1974
Glaser, Hermann: Prolegomena und Beispiele zu einer gesellschaftlichen Spielraumtheorie, in: Giesecke, H. u.a., Politische Aktion und politisches Lernen, München 1970
Göb, Rüdiger: Innerstädtische Koordination. Erfahrungen mit der Bezirksverfassung, in: Vereinigung der Stadt-, Regional- und Landesplaner (Hrsg.), Information 1/1977
Grauhan, R.-R.: Zur Teilhabe Betroffener an der Stadtentwicklungsplanung. Arbeitspapier für den wissenschaftlichen Kongreß 1971 der Deutschen Vereinigung für Politische Wissenschaft
Ders.: Strukturwandlungen planender Verwaltung, in: Schäfers, B. (Hrsg.), Gesellschaftliche Planung, Stuttgart 1973
Greiffenhagen, Martin (Hrsg.): Demokratisierung in Staat und Gesellschaft, München 1973
Großmann, Heinz (Hrsg.): Bürgerinitiativen, Schritte zur Veränderung? Frankfurt 1971
Günter, R. und M.: Bürgerinitiativen, in: Bauwelt, Heft 49/1971, S. 1986 ff.

Habermas, Jürgen: Legimitationsprobleme im Spätkapitalismus, Frankfurt/Main, 1973
Häberle, Peter: Öffentliches Interesse als juristisches Problem, Bad Homburg 1970

Hamm, Bernd: Betrifft Nachbarschaft. Verständigung über Inhalt und Gebrauch eines vieldeutigen Begriffs, Düsseldorf 1973
Hartwich, Hans Hermann: Trends in der Entwicklung der Sozialstruktur der Parteien, in: Gegenwartskunde, Jg. 23, 1974
Hattenhauer, Hans: Die Kritik des Zivilurteils, Frankfurt a.M./Berlin 1970
Ders.: Über Auftrag und Vollmacht des Staates, Schriften der Herrmann-Ehlers-Akademie, Bd. 2, Kiel 1976
Hennebach, Roland/Schmitz, Guntram: Kostenstruktur der Laienplanung, Vergleich von Anwendungsfällen der Beteiligungsverfahren ‚Offene Planung', ‚Bürgerinitiative' und ‚Planungszelle'. Schriftliche Hausarbeit zur Erlangung eines Leistungsnachweises in Soziologie in Planung und Organisation, Gesamthochschule Wuppertal, Fachbereich Wirtschaftswissenschaft, 21. Juni 1976 (unveröffentlicht)
Hentig, Hartmut von:Die Wiederherstellung der Politik, München, 1973
Hereth, Michael: Die Freiheit des Bürgers zum Handeln, in: Beilage zur Wochenzeitung „Das Parlament", 5/72
Hesse, Jens Joachim: Stadtenwicklungsplanung, Stuttgart 1972
Hofstätter, Peter R.: Individuum und Gesellschaft. Das soziale System in der Krise, Frankfurt – Berlin – Wien 1972
Holtmann, Hartmut: Haben die Bürger in Osnabrück etwas zu sagen?, in: Süddeutsche Zeitung Nr. 17 vom 22/23. Januar 1972
Hübner, Emil: Partizipation im Parteienstaat. Bürgerbeteiligung in Parteien und Wahlen, München 1976

Inglehart, Ronald: The Silent Revolution in Europe: Intergenerational Change in Post-Industrial Societies, in: The American Political Science Review, 1971
Iwaszkiewicz, Herbert/Herwig, Eckehard: Gemeinwesenarbeit: Gegebenheiten und Auffassungen, in: Annedore Schultze, Soziale Gemeinwesenarbeit, Arbeitshilfen für die Praxis, Freiburg 1972

Jacobs, Jane: Tod und Leben großer amerikanischer Städte, Berlin 1963
Jakoby, H.: Die Bürokratisierung der Welt. Ein Beitrag zur Problemgeschichte, Neuwied/Berlin 1969
Jantsch, Erich: Technological Forecasting in Perspective, OECD, Paris 1967
Jochimsen, Reimut: Beitrag, in: Umsteuerung der Industriegesellschaft, Bergedorfer Protokoll Nr. 45, 1973
Johansson, S.: The level of living survey: A presentation, in: Acta Sociologica 3/1973
Jouhy, Ernest: Zur politischen Soziologie von Bürgerinitiativen, in: Materialien zur politischen Bildung, Heft 1/1974
Jungk, Robert: Der Jahrtausendmensch, München 1973

Kaack, Heino: Geschichte und Struktur des deutschen Parteiensystems, Opladen 1971
Kätsch, S.: Teilstrukturen sozialer Differenzierung und Nivellierung in einer westdeutschen Mittelstadt, Köln/Opladen 1965
Kaufmann, Franz-Xaver: Sicherheit als soziologisches und sozialpolitisches Problem, Stuttgart 1970
Kielmansegg, Peter Graf: Rückkehr zur „Gemischten Verfassung"?, in: Politische Vierteljahresschrift, Heft 1/1974
Kießler, Otfried/Korte, Hermann (Hrsg.): Soziale Stadtplanung, Düsseldorf 1975
Kirchheimer, Otto: Politische Herrschaft, Frankfurt 1967
Kirsch, Guy: Die Betroffenen und die Beteiligten, München 1974
Kisker, Gunter: Abbau politischer Konfliktüberlastung durch Dezentralisierung, in: Frido Wagener (Hrsg.), Verselbständigung von Verwaltungsträgern, Bd. 1, Bonn, 1976, S. 73 ff.
Klages, Helmut: Der Nachbarschaftsgedanke und die nachbarliche Wirklichkeit in der Großstadt; Stuttgart – Berlin – Köln – Mainz 1968
Ders.: Die unruhige Gesellschaft, München 1975
Klemm, U. D./Pieroth, B.: Zur Rechtsstellung von Anwaltsplanern und Rechtsproblemen beim sog. offenen Planungsverfahren. Juristische Gutachten im Auftrag des Instituts Wohnen und Umwelt Darmstadt, Heidelberg 1976, (Manuskript)
Knirsch, Hanspeter/Nickolmann, Friedhelm: Die Chance der Bürgerinitiativen. Ein Handbuch, Wuppertal 1976

Kodolitsch, Paul von: Gemeindeverwaltungen und Bürgerinitiativen. Ergebnisse einer Umfrage, in: Archiv für Kommunalwissenschaften, Jg. 14, 1975, S. 264 ff.
Kögler, Alfred: Bürgerbeteiligung und Planung, GEWOS-Schriftenreihe NF 12, Hamburg 1974
Kölsch, Eberhard: Vorwahlen. Zur Kandidatsaufstellung in den USA, Berlin 1972
Körber/Siebel: Versuche mit parteilicher Planung, in: Müller, C. W./Nimmermann, P. (Hrsg.): Stadtplanung und Gemeinwesenarbeit, München 1973 (2. Aufl.)
Krämer, Peter H.: Die bürgerschaftliche Selbstverwaltung unter den Notwendigkeiten des egalitären Sozialstaats. Eine Untersuchung am Beispiel des Großstadtbezirks, Berlin 1970
Krahe, F. W.: Das Modell der neuen Universität in Zahlen. Eine kritische Analyse, verifiziert am Fall der TU Berlin, in: Mitteilungen des Hochschulverbandes, Jg. 19, Heft 6/1971, S. 255–262
Krauch, Helmut: Computer-Demokratie, Düsseldorf 1972
Kreutz, H.: Einfluß von Massenmedien, persönlicher Kontakt und formelle Organisation, in: Ronneberger, F. (Hrsg.), Sozialisation durch Massenkommunikation, Stuttgart 1971
Krippendorf, Ekkehard: Politikwissenschaft und Außerparlamentarische Opposition, in: Lehmbruch/von Beyme/Fetscher (Hrsg.), Demokratisches System und politische Praxis der BRD, München 1971
Krysmanski, Renate: Institutionalisierte Öffentlichkeit auf den verschiedenen Planungsebenen. Zentrum für Interdisziplinäre Forschung, Universität Bielefeld; Studiengruppe „Sozialplanung", März 1974 (vervielfältigt)
Kubel, Alfred: Die Vorstellung vom Staat und die Ausübung staatlicher Macht, in: Flohr/Lompe/Neumann (Hrsg.): Freiheitlicher Sozialismus, 1973

Lange, Wolfgang/Voigt, Inge: Bericht über den VHS-Kurs Nordend I und II vom 21.10.–18.11. 1974, Frankfurt a.M. Dezember 1976 (vervielfältigt)
Laufer, Heinz: Die demokratische Ordnung, Stuttgart – Berlin – Köln – Mainz 1966
Laux, Eberhard: Die kommunale Gebietsreform, in: Archiv für Kommunalwissenschaften, Heft 2/1972
Lepsius, M. R.: Wahlverhalten. Parteien und politische Spannungen, in: PVS 2/1973
Lenkaitis, Karlheinz: Das Recht im Kampf gegen die Luftverschmutzung, in: M. Naumann (Hrsg.), Ein Konzern hält die Luft an, 1976, S. 120–135
Liegle, Ludwig: Familienerziehung und sozialer Wandel in der Sowjetunion, Heidelberg 1970
Ders.: Familie und Kollektiv im Kibbutz, Weinheim 1972
Lipscomb (Hrsg.): The Writings of Thomas Jefferson, DC, 1903, Memorial Edition Bd. XV
Lipset, Seymour Martin: Political Man, Doubleday 1960
Lohmüller, Wolfgang: Ein neues Ordnungsbild, Gießen 1960
Luhmann, Niklas: Legitimation durch Verfahren, Neuwied u. Berlin 1969
Ders.: Soziologische Aufklärung, Opladen 1970
Ders.: Politische Planung, Opladen 1971
Ders.: Rechtssoziologie, Reinbek bei Hamburg 1972

Mahraun, Arthur: Jungdeutsches Manifest, Berlin 1927
Maier, Hans: Beitrag, in: Bergedorfer Protokolle Nr. 41, 1972
Mannheim, Karl: Freiheit und geplante Demokratie, Köln und Opladen 1970
Marcic, René: Vom Gesetzesstaat zum Richterstaat, Wien 1957
Marx, Karl: Das Kapital (Volksausgabe), Wien – Berlin, 1932
Mayer-Tasch, Peter Cornelius: Die Bürgerinitiativbewegung, Reinbek bei Hamburg 1976
Medwedew, Roy: Beitrag, in: Der Spiegel, 37/1974, S. 99
Mensch, Gerhard: Des technologische Patt. Innovationen überwinden die Depression, Frankfurt/Main 1976
Michalos, Alex C.: Working Paper on Strategies for Reducing Information Overload in Social Reports, Stockholm/Ontario September 1973
Michels, Robert: Zur Soziologie des Parteiwesens in der modernen Demokratie, Stuttgart 1925. (1957)
Milbrath, Lester: Political Participation, Chicago 1970 (4. Aufl.)
Ministry of Housing and Local Government (Hrsg.): People and Planning. Report of the Commitee on Public Participation in Planning, London HMSO, 1969
Mitchell, Jeremy: The consumer movement and technological change, in: International Social Science Journal, Bd. XXV (1973), Heft 3

Müller, Klaus A. M.: Die präparierte Zeit. Der Mensch in der Krise seiner eigenen Zielsetzungen, Stuttgart 1972
Müller-Heydenreich, Eckhard: Der Bürger gestaltet seine Stadt. Referat zum Podium 73, München 26.11.73
Ders.: Zur Reform des Bezirksausschußwesens in der Landeshauptstadt München, o.J. (1973)
Müller, C. W./Nimmermann, P. (Hrsg.): Stadtplanung und Gemeinwesenarbeit, München 1973 (2. Aufl.)
Stadt München: Arbeitspapier, betr.: Arbeitsbelastung, München 1973

Nagel, Albrecht: Das ständige Gespräch unter den Bürgern, in: Partizipation. Aspekte politischer Kultur, Opladen 1970
Naschold, Frieder: Demokratie und Komplexität, in: PVS 1968
Naschold, Frieder, et al.: Institutionelle Bedingungen von Partizipation und Autonomisierung im Bildungssystem, Gutachten im Auftrage des Deutschen Bildungsrates, Berlin, März 1972 (hektografiert)
Ders.: Zur Politik und Ökonomie von Planungssystemen, in: PVS-Sonderheft 4/1972
Neuffer, Martin: Entscheidungsfeld Stadt, Kommunalpolitik als Gesellschaftspolitik – Standortüberprüfung der kommunalen Selbstverwaltung, Stuttgart 1973, Deutsche Verlagsanstalt
Niemeier, Hans Gerhart: Entwicklungstendenzen im Landesplanungsrecht, in: Raumplanung – Entwicklungsplanung, Veröffentlichungen der Akademie für Raumforschung und Landesplanung, Hannover 1972, S. 1–22
Nizard, Lucien: Beitrag, in: Bulletin de L'Institute International d'Administration Publique, 1972, Heft 24, S. 673 ff.
Stadt Nürnberg: Arbeitsgruppe Nürnberg-Plan (Hrsg.): Umfrage 71 zur Stadtentwicklung. Repräsentative Bevölkerungsumfrage und Befragung meinungsbildender Persönlichkeiten, Nürnberg, Nov. 1971

Offe, Claus: Strukturprobleme des kapitalistischen Staates, Frankfurt/Main, 1972
Olson, Mancur: Die Logik des kollektiven Handelns, Tübingen 1968
Ossenbühl, Fritz: Welche normativen Anforderungen stellt der Verfassungsgrundsatz des demokratischen Rechtsstaates an die planende staatliche Tätigkeit?, München 1974
Otto, Konrad: Lärm als Teilproblem der Umweltbelastung durch Straßenverkehr. Erwartungen und Forderungen der Betroffenen, in: Deutsches Institut für Urbanistik (Hrsg.), Lärm in der Stadt. Bericht über die Veranstaltung am 29. u. 30. Nov. 1976 in Essen. Berlin März 1977, S. 51–68

Paschen, H.: Das Problem der Bewertung im Planungsprozeß, in: Studiengruppe für Systemforschung (Hrsg.), Mitteilungen, Heidelberg Juli 72, S. 16 ff.
Paschen, H./Gresser, K.: in: Studiengruppe für Systemforschung (Hrsg.), Mitteilungen, Heidelberg Nov. 1973, S. 2
Peattie, Lisa R.: Reflections on Advocacy Planning, in: Journal of the American Institute of Planners, March 1968
Pfeil, Elisabeth: Zur Kritik der Nachbarschaftsidee, in: Archiv für Kommunalwissenschaften 1963
Presse- und Informationszentrum des Deutschen Bundestages (Hrsg.), Beratungen und Empfehlungen zur Verfassungsreform (I), Zur Sache 3/76, Bonn, 1976

Randow, Th. von: Zensur für die Forschung, in: DIE ZEIT vom 25.2.1977
Rehbinder, Eckhard/Burgbacher, Hans-Erwin/Knieper, Rolf: Bürgerklage im Umweltrecht, Berlin 1972
Reidenbach, Michael/Schäfer, Rudolf/Schmidt-Eichstaedt, Gerd: Mehrkosten für die Kommunen durch Bürgerbeteiligung und Sozialplanung nach der Novellierung des Bundesbaugesetzes?, in: Der Städtetag, Heft 8/1976, S. 436–440
Reschke, Hans: Mitbestimmung und Mitwirkung in öffentlichen Institutionen, Vortrag, Regensburg, 12. Okt. 1972
Retza, Wolfgang: Die Organisation der Funktionsbereiche der Sozialarbeit in großstädtischen Verwaltungen der BRD, Diplomarbeit an der GH Wuppertal 1976 (unveröffentlicht)
Richardson, N. H.: Participatory democracy and planning – the Canadian experience, in: Journal of the Town Planning Institute (London) 36, (1970) Heft 2, S. 52–55
Rinsche, Günter: Beitrag, in: Kommunalpolitische Blätter, 2/1974
Riedl, Gunter: Beitrag, in: Der Städtetag, 4/73, S. 210

Ritter, Martin: Unsere Neue Heimat, Osnabrück, o.J. (1972)
Ders.: Projektbericht der Aktionsgruppe Sozialplanung Osnabrück, Osnabrück o.J. (1972)
Rödel, Udo/Ronneberger, Franz/Walchshöfer, Jürgen: Entwicklung von Strategien zur Einbeziehung der Öffentlichkeit in den Planungsprozeß für Standortprogramme. Institut für Politik- und Kommunikationswissenschaft an der Universität Erlangen-Nürnberg, Dezember 1971
Rohr, C./Hoffmann, C./Weismann, S.: Kommunitäre Wohnformen, Gruppendiskussion mit ungelernten Arbeitern, in: Bauwelt, Heft 17/1973
Roth, Wolfgang (Hrsg.): Kommunalpolitik – für wen?, Frankfurt 1971
Rousseau, Jean Jacques: Discour sur L'Économie Politique, Genf 1758
Ruge, Arnold und Marx, Karl: Deutsch – Fränzösische Jahrbücher, Paris 1844

Scardigli, Victor: Lebensformen und sozialer Wandel in Westeuropa, in: euroforum, Nr. 4/77, Brüssel, 25. Jan. 1977, S. 3–13
Sennett, Richard: The Uses of Disorder, London 1971
Simmie, J. M.: Citizens in Conflict: The Sociology of Town Planning, London 1974
Smith, William D.: Interview vom 7.6.1970, in: Stadtbauwelt, Heft 27/1970, S. 198
Schäfers, Bernhard: Öffentlichkeits- und Interessenstrukturen in Planungsprozessen, Münster 1970
Ders.: Gesellschaftliche Planung, Stuttgart 1973
Scharpf, Fritz: Demokratietheorie zwischen Utopie und Anpassung, Konstanz 1970
Schelsky, Helmut: Mehr Demokratie oder mehr Freiheit?, in: FAZ vom 20. Jan. 1973
Scheuch, Erwin K.: Städte- und Wohnungsbau in einer sich wandelnden Gesellschaft, in: bauen konkret, Heft 1/1973
Scheuner, Ulrich: Zur Neubestimmung der kommunalen Selbstverwaltung, in: Die demokratische Gemeinde 2/1973
Schluchter, Wolfgang: Aspekte bürokratischer Herrschaft, München 1972
Schmidt/Thielemann/Köhne: Städtebau als politischer Prozeß, in: Die demokratische Gemeinde, 1974, S. 1346
Schmitt Glaeser, Walter: Partizipation an Verwaltungsentscheidungen, in: Veröffentlichungen der Vereinigung der Deutschen Staatsrechtslehre, Heft 31/1973
Ders.: Partizipation im öffentlichen Dienst. Bemerkungen zum Bericht der Studienkommision für die Reform des öffentlichen Dienstes, in: DÖV 1974, S. 152 ff.
Schmölders, Günter: Finanzpolitik, Berlin – Heidelberg – New York 1970 (3. Aufl.)
Schneider, Peter: Prinzipien der Verfassungsinterpretation, in: VVDStRL 20 (1962), S. 1 ff.
Schoppe, B.: Die Mitarbeit, Heft 3/1971
Schröder, Dieter: Die Laienbeteiligung in Gremien der Staatsverwaltung, Dissertation, Göttingen 1963
Schrötter, Gertrud von: Kommunaler Pluralismus und Führungsprozeß, Stuttgart 1969
Dies.: Pluralistische Planungsvorstellungen. Ein Weg zur Demokratisierung der Planung?, in: Die Verwaltung, 2/1971
Schultze, Annedore: Die Rolle des Prozeßbegleiters in bürgerschaftlichen Planungsgruppen, Dissertation, FB Gesellschaftswissenschaft, Gesamthochschule Wuppertal, 1978
Schumpeter, J. A.: Kapitalismus, Sozialismus und Demokratie, Stuttgart 1972 (3. Aufl.)
Spiegel-Report ‚Gebietsreform: Alle Macht den Bürokraten', in: Der Spiegel 31 (1977), Nr. 23, S. 74–91
Städtebaubericht 1970 der Bundesregierung, Bundestagsdrucksache VI/1497
Steinberger, R.: Die Interessenverbände, in: PVS 1/1973
Steiner, Jörg: Gewaltlose Politik und kulturelle Vielfalt, Bern 1970
Stich, Rudolf: Die Mitwirkung des Bürgers und der Öffentlichkeit an der Raumplanung, in: Demokratie und Verwaltung, Speyer 1972, S. 373 ff.
Sturdivant, Frederick: Better Deal for Ghetto Shoppers, in: Harvard Business Review, März–April 1968
Szmula, Volker: Partizipationsausweitung in sozialen Entscheidungsprozessen, Beilage zur Wochenzeitung „Das Parlament", B 48/76, 27. Nov. 1976

Tarkiainen, Tuttu: Die athenische Demokratie, München 1972
Technische Universität Berlin: Bericht der Projektgruppe „Kommunitäre Wohnformen als Alternative zur Kleinfamilie", April 1972, zit. in: Bauwelt 17/1973
Thayer, F. C.: Productivity: Taylorism Revisited (Round Three), in: Public Administration Review 32 (1972), S. 833 ff.

Thukydides: Geschichte des Peloponnesischen Krieges, I
Toffler, Alvin: Der Zukunftsschock, Bern – München – Wien 1970
Tucker, Sam: Interview vom 7.6.1970, in: Städtebauwelt, Heft 27/1970, S. 201

Unruh, Georg-Christoph von: Diskussionsbeitrag in: Partizipation an Verwaltungsentscheidungen, VVDStRL 31 (1973)
Ders.: Beitrag, in: Kommunalwirtschaft, Heft 7/1971
US Department of Commerce: Bureau of the Census, 1967, Census of Governments, Vol. VI, No. 1, Populary Elected Officials of State and Local Governments, Washington DC, 1968
US Department of Housing and Urban Development: Citizen and Business Participation in Urban Affairs, Washington Februar 1970

Vaihinger, Hans: Die Philosophie des Als-Ob, Leipzig 1924
Velten, Rainer: Die soziale Zusammensetzung von Laienplanergruppen – ein Vergleich mit der Bevölkerung; Schriftliche Hausarbeit zur Erlangung eines Leistungsnachweises in Soziologie in Planung und Organisation, Gesamthochschule Wuppertal, FB Wirtschaftswissenschaft, 1976 (unveröffentlicht)
Verba, S./Nie, N. H.: Participation in America. Political Democracy and Social Equality, New York u. a., 1972
Vilmar, Fritz: Alternativen zur Arbeitslosigkeit: Verknappung des Angebots von Arbeitszeit, in: Radius, 21. Jahrg., Heft 3/1976
Ders.: Strategien der Demokratisierung, Darmstadt 1973
Volkshochschule Frankfurt a.M. (Hrsg.): Stellungnahme des VHS-Kurses zum Stadtentwicklungsplan für den Frankfurter Stadtteil Gallus, Frankfurt a.M. April 1976
Vosburgh, William W./Hymann, Drew: Advocacy and Bureaucracy: The Life and Times of a Decentralized Citizen's Advocacy Programm, in: Administrative Science Quarterly. Cornell University, Ithaca, New York, Heft 4 (Dez. 1973)

Wagener, Frido: Überblick über die Systeme räumlicher Planung in der Bundesrepublik Deutschland, in: Vereinigung der Stadt-, Regional- u. Landesplaner (Hrsg.), Information 1/1977
Ders.: Neubau der Verwaltung, Berlin 1969
Walter, Robert: Partizipation an Verwaltungsentscheidungen. Leitsätze des Berichterstatters, in: Veröffentlichungen der Vereinigung der Deutschen Staatsrechtslehrer, H. 31, Berichte und Diskussionen auf der Tagung der Vereinigung der Deutschen Staatsrechtslehrer in Salzburg vom 4.–7. Okt. 1972. Berlin/New York 1973
Weber, Werner: Spannungen und Kräfte im westdeutschen Verfassungssystem, Berlin 1970 (3. Aufl.)
Weitling, Wilhelm: Das Evangelium des armen Sünders. Die Menschheit wie sie ist und wie sie sein sollte, Reinbek 1971
Wentzel, M.: Autonomes Berufsausbildungsrecht und Grundgesetz, Stuttgart 1970
Widmaier, Hans Peter: Machtstrukturen im Wohlfahrtsstaat, Regensburger Diskussionsbeiträge zur Wirtschaftswissenschaft, Serie C, Nr. 13, Nov. 1972
Wilson, J. Q.: Planning and Politics: Citizen Participation in Urban Renewal, AIP-Journal, Vol. 29. (1963), S. 242–249
Wittkämper, G. W.: Die Teilnahme Betroffener bei Planungsvorgängen – Ressourcenplanung, in: Gesellschaftlicher Wandel und politische Innovation, Opladen 1972
Wollschläger, Hans: Die bewaffneten Wallfahrten gen Jerusalem, Zürich 1973
Wood, u. a.: Planners People, in: Journal of the American Institute of Planners, 1966

Zapf, Wolfgang: Zur Messung der öffentlichen Armut, in: II. Arbeitskonferenz Soziale Indikatoren, Berichte und Diskussionen, Mannheim 1973
Zetterberg, H. L.: Theorie, Forschung und Praxis in der Soziologie, in: René König (Hrsg.), Handbuch der empirischen Sozialforschung, Bd. I, Stuttgart 1962
Zoll, Ralf: Gemeinde als Alibi. Materialien zur politischen Soziologie der Gemeinde, München 1972

Anhang

Bürgerschaftliche Politikberatung: Statusreport '91

Im Anschluß an die Lektüre des Buches „Die Planungszelle" sollte die Möglichkeit geboten werden, sich über die Wellenbewegungen zu informieren, die dieser Entwurf bürgerschaftlicher Politikberatung ausgelöst hat. Im folgenden werden daher einige Veröffentlichungen registriert, die seit der Drucklegung der Erstauflage, Sommer 1977, erschienen sind:

- Der Statusreport nennt zunächst einige **Berichte**, die den Verlauf konkreter PZ-Vorhaben dokumentieren oder die deren Daten als Grundlage spezieller Untersuchungen verwenden.
- Unter Zweitens listet der Statusreport bisher vorgelegte **Bürgergutachten** auf.
- Dann will er einen Einblick in die **Diskussion** des Verfahrens Planungszelle eröffnen, wie sie sich z.B. in wissenschaftlichen Monographien, in polemischen Anfragen, in Einbauvorschlägen oder sonst in Zeitschriftenaufsätzen geäußert hat.
- Schließlich versucht der Statusreport, unter der Überschrift **Zwischenziele**, einige Perspektiven für die weitere Entwicklung zu benennen.

1. Berichte über PZ-Projekte

Der Schritt vom Rollenspiel zur praktischen Durchführung von Planungszellen erfolgt in der Bundesrepublik Deutschland im Winter 1972/73. Seitdem haben hier im Zufall ausgewählte Bürger über 84.000 vergütete Arbeitsstunden in Planungszellen geleistet.
In den USA werden, unabhängig von dieser Entwicklung, seit 1974 Versuche unternommen, die mehr und mehr der Merkmalskombination PZ entsprechen. Über einzelne PZ-Projekte berichten:

Adler, Johannes / Garbe, Detlef: ISDN auf dem Prüfstand der Bürger. Bürgergutachten als Instrument der Technologiefolgen-Debatte und des kundenorientierten Marketing, Wissenschaftliches Institut für Kommunikationsdienste, Diskussionsbeitrag Nr. 56: Bad Honnef, April 1990 (außerdem in: Zeitschrift für Post und Telekommunikation, Heft 3 und 4/1990)

Bernotat, Ingar: Die Laienplanerrolle, Verlag Peter Lang: Frankfurt / Bern / New York 1980

Bongardt, Horst / Dienel, Peter / Henning, Heiner: Bürger planen das Rathausviertel. Planungszellen erarbeiten Ausgangsdaten für den Städtebaulichen Wettbewerb „Rathaus / Gürzenich-Köln", Verlag Peter Lang: Frankfurt / Bern / New York 1985

Bürgergutachten als Planungshilfe, in: Funkschau 12/1990, 42–46

Bürgerplanung von A–Z. Stichworte zu den Beteiligungsverfahren „Planungszelle" und „Bürgergutachten", Bergische Universität GH Wuppertal, Forschungsstelle Bürgerbeteiligung & Planungsverfahren: Wuppertal Juni 1983

Bundesminister für Verkehr (Hrsg.), Forschung Straßenbau und Straßenverkehrstechnik, Heft 403, Forschungsbericht „Bürgerbeteiligung bei der Planung von Bundesfernstraßen": Bonn-Bad Godesberg 1983

Center for New Democratic Processes (ed.): Final Report of the Citizen Panel on Agriculture and Water Quality: Minneapolis, Minnesota January 1985 (mimeographed)

Crosby, Ned / Heegaard, Karen: Explorations in Decision-Making. An Analysis of a Small Group Decision on El Salvador. Center for New Democratic Processes: Minneapolis, Minnesota August 1983 (mimeographed)

Dienel, Peter: Am Anfang war Schwelm. Zur Realisierung eines Verfahrens bürgerschaftlicher Planungsbeteiligung, in: Wuppertaler Geographische Studien, Heft 2, Universität GH Wuppertal 1981, 241–254

Dienel, Peter: Planungszellen arbeiten erstmals über Informationstechnologien, in: RaumPlanung, Heft 32 (März 1986), 43–45
Dienel, Peter: Forschungsperspektiven einer Technologiefolgenabschätzung. Es geht um die Einbeziehung des Bürgers, in: Detlef Garbe / Klaus Lange (Hrsg.), Technikfolgenabschätzung in der Telekommunikation, Springer Verlag: Heidelberg 1991, 183–194
Dienel, Peter / Friedrich, Thomas / Henning, Heiner: Bürger planen einen Freizeitpark. Bericht über den Testlauf der PZ in Solingen, Verlag Peter Lang: Frankfurt / Bern / New York 1984
Dienel, Peter / Garbe, Detlef / Wyborski, Bernd: Bürger planen Hagen-Haspe. Werkstattpapier Nr. 19, Forschungsstelle Bürgerbeteiligung & Planungsverfahren, Universität Wuppertal 1986
Fey-Hoffmann, Simone / Garbe, Detlef: Aufgaben und Kompetenzen kommunaler Gleichstellungsstellen aus der Sicht der Betroffenen. Ergebnisse eines Gutachtens von Bürgerinnen und Bürgern, in: Frauenforschung. Informationsdienst des Forschungsinstituts Frau und Gesellschaft, 5. Jg. (3/1987), 35–50
Garbe, Detlef / Grothe-Senf, Anja: Bürgerbeteiligung in der Stiftung Warentest, in: Garbe / Grothe-Senf (Hrsg.), Bürgerbeteiligung in der Verbraucherinformationspolitik, Campus Verlag: Frankfurt / New York 1986, 41–70
Garbe, Detlef / Hoffmann, Michael: Soziale Urteilsbildung und Einstellungsänderung in Planungszellen. Werkstattpapier Nr. 25, Forschungsstelle Bürgerbeteiligung & Planungsverfahren, Universität Wuppertal 1988
Grothe-Senf, Anja: Umweltverträglichkeitsprüfung im Warentest. Chancen und Grenzen der Bürgerbeteiligung, Verlag Peter Lang: Frankfurt / Bern / New York 1989
Heimann, Hubert: Bürgergutachten als großstädtisches Planungsinstrument, in: Dienel / Fischer (Hrsg.), 1990, 96–102
Hestermann, Barbara: Bürgerplanung einer Erholungsanlage als Informationsproblem, am Beispiel „Bärenloch" / Solingen. Diplomarbeit, Prüfungsamt für Diplom-Pädagogik, Gesamthochschule Wuppertal 1979
Hilgers, Bernhard: Verhaltensänderung von Bürgergutachtern in der Planungszelle. Dargestellt an ausgewählten Beispielen der Ausdrucksorganisation, sowie der Themen- und Wortverwendung auf Bewertungsbögen. Diplomarbeit, FB Gesellschaftswissenschaften der Bergischen Universität GH Wuppertal, Juli 1990
Jefferson Center for New Democratic Processes / League of Women Voters of Minnesota (ed.): Report on Findings and Results. Electoral Jury on the St. Paul Mayoral Election: Minneapolis, Mn., October 1989
Jefferson Center for New Democratic Processes / League of Women Voters of Minnesota (ed.): An Electoral Jury on the 1990 Minnesota Gubernatorial Race: Minneapolis, Mn., January 1990 (mimeographed)
Köhler, Heinz Jürgen: Unterschiedliche Verfahren der Teilnehmergewinnung am Beispiel des Modells Bürgergutachten. Schriftliche Hausarbeit im Rahmen der Ersten Staatsprüfung für das Lehramt für die Sekundarstufe I, Düsseldorf, Juni 1985
Modrow-Thiel, Brita: Enttäuschungsverarbeitung im politischen System. Die blockierte Karriere der Bürgerplanung „Freizeitanlage Bärenloch", Verlag Peter Lang: Frankfurt / Bern / New York 1988
Psotta, Claus-Peter: Bürgerschaftliche Planungsbeteiligung als politische Sozialisation. Der Fall Solingen Bärenloch. Hausarbeit im Rahmen der Ersten Staatsprüfung für das Lehramt für Sekundarstufe II, Wuppertal, September 1981
Renn, Ortwin / Albrecht, Grabiele / Kotte, Ulrich / Peters, Hans Peter / Stegelmann, Hans Ulrich: Sozialverträgliche Energiepolitik. Ein Gutachten für die Bundesregierung, High Tech Verlag: München 1985
Renn, O. / Goble, R. / Levine, D. / Rakel, H. / Weble, T.: Public Participation in Sludge Management. Final Report to the Department of Environmental Protection of New Jersey, Clark University: Worcester, MA, February 1989
Renn, O. / Levine, D. / Rakel, H. / Webler, T. / Dienel, P. / Johnson, B.: A Three-Step Procedure for Environmental Policy Making. Manuscript, submitted to Issues in "Policy Sciences": Worcester, MA, 1990
Uhlig, Klaus: Planungsgruppen besser als Hearing? Kölner Erfahrungen mit der „Planungszelle", in: Demokratische Gemeinde. Monatsschrift für Kommunalpolitik, 9/1980, 793f.
Wockenfuß, Uwe: Planungsbeteiligung als Mittel zur Gewinnung bürgerschaftlicher Identität am Beispiel des PZ-Einsatzes für das Energieversorgungskonzept am Umsiedlungsstandort Neu-Garzweiler. Diplomarbeit im FB Gesellschaftswissenschaften, Bergische Universität GH Wuppertal, November 1988
Zierep, Marita: Bürgerbeteiligung in der Praxis. Das Modell PZ in der Anwendung, in: Zenkl, Maria (Hrsg.), Bürgerinitiativ. Probleme und Modelle der Mitbestimmung, Verlaug Böhlau: Wien / Köln 1990, 64–74

2. Bürgergutachten

„Bürgergutachten" sind eine schriftförmige, vorlagegeeignete Zusammenfassung von Bewertungen und Lösungsvorschlägen, die von Planungszellen erarbeitet worden sind. Zur Zeit wird die Erarbeitung von zwei Bürgergutachten in den Bereichen Raumplanung bzw. Technikfolgenabschätzung vorbereitet.

Folgende weitere Gutachten sind in den letzten 15 Jahren, jeweils nach Durchführung der betreffenden Planungszellen, abgefaßt, den teilnehmenden Frauen und Männern überreicht und dann der auftraggebenden Instanz (z.B. Minister, Oberstadtdirektor, Behördenchef) zur Verwendung übergeben worden:

Gutachten:	*Auftraggeber:*
Bürgergutachten ISDN (Bearbeiter: Dienel / Fischer / Moog-Kopp / Reinert), Bergische Universität GH Wuppertal, Forschungsstelle Bürgerbeteiligung & Planungsverfahren: Wuppertal o.J. (1991)	Bundesminister für d. Post- u. Fernmeldewesen (jetzt: Generaldirektion TELEKOM) Bonn
Bürgervotum zur Neuordnung des Sanierungsgebietes Innenstadt Gevelsberg (Bearbeiter: Bongardt / Burgass / Moog / Wyborski), IGEBP Institut für gesellschaftliche Entwicklungsforschung, Bürgerbeteiligung und Politikberatung: Solingen 1991	Stadt Gevelsberg
Bürgergutachten Regelung sozialer Folgen neuer Informationstechnologien, vorgelegt von der Forschungsstelle Bürgerbeteiligung & Planungsverfahren, Bergische Universität GH Wuppertal, 3. Auflage, November 1987	Bundesminister für Forschung und Technologie, Bonn
Zukünftige Energiepolitik. Ein Bürgergutachten (Bearbeiter: Dienel / Garbe), High Tech Verlag: München 1985	KFA-Jülich / BMFT, Bonn
Bürgergutachten Testkriterien und Testplanung (Bearbeiter: Garbe / Grothe), FU Berlin, Institut für Markt- und Verbrauchsforschung, und Universität Wuppertal, Forschungsstelle Bürgerbeteiligung & Planungsverfahren: Wuppertal o.J. (1985)	Stiftung Warentest, Berlin
Bürgergutachten Energieversorgung Jüchen-Nord (Bearbeiter: Friedrich / Garbe), Bergische Universität GH Wuppertal, Forschungsstelle Bürgerbeteiligung & Planungsverfahren: Wuppertal 1983	Gemeinde Jüchen
Bürgergutachten Rathaus / Gürzenich – Köln. Werkstattpapier Nr. 13, Forschungsstelle Bürgerbeteiligung & Planungsverfahren. (Nachdruck des im März 1980 vom Oberstadtdirektor der Stadt Köln herausgegebenen Gutachtens): Wuppertal 1985	Stadt Köln
Bürgergutachten Bärenloch. Werkstattpapier Nr. 15, Forschungsstelle Bürgerbeteiligung & Planungsverfahren. (Nachdruck des Bürgergutachtens Bärenloch, vorläufiger Ergebnisbericht der Bürgerplanung einer Tageserholungsanlage in Solingen. März 1979): Wuppertal 1983	Stadt Solingen

Weitere Bürgergutachten liegen aus einigen kleineren Beteiligungsmaßnahmen vor, zum Beispiel:

Wir wollen mehr. Aufgaben und Kompetenzen kommunaler Gleichstellungsstellen. Erwartungen und Forderungen. Ein Bürger/innen-Gutachten (Bearbeiter: Fey-Hoffmann, S. / Garbe, D.). IGEBP-Verlag: Leverkusen 1987

Solingen 2010. Ein Bürgergutachten (Bearbeiter: Garbe, D. / Mainz, W. / Moog, B. / Wienhöfer, E.). Kooperationsverbund VHS-Solingen / Universität Wuppertal: Solingen o.J. (1987)

Bürgergutachten Kabelfernsehen und ältere Menschen (Bearbeiter: König, U. / Zierep, M.): Wuppertal 1988 (masch.geschr.)

Die Ergebnisse der PZ-Maßnahmen für die Stadt Schwelm (1972/73: Entsorgung fester Abfallstoffe) und die Stadt Hagen (1975: Innenstadtsanierung / Strukturplan Hagen-Haspe) sind in den Sitzungen der entsprechenden Gremien vorgetragen worden. Sie haben daher nicht in der Form von Bürgergutachten vorgelegen.

Das Gutachten „Zukünftige Energiepolitik" (1985) ist im Buchhandel, das „Bürgervotum Gevelsberg" (1991) beim IGEBP-Institut (Werwolf 54, D-5650 Solingen 1) erhältlich. Alle anderen genannten Bürgergutachten können – solange der Vorrat reicht – zum Selbstkostenpreis über die Forschungsstelle Bürgerbeteiligung & Planungsverfahren, Bergische Universität GH Wuppertal (D-5600 Wuppertal 1) bezogen werden.

3. Zur Diskussion des Verfahrens PZ

Zur Diskussion des Verfahrens PZ haben unter anderem folgende Veröffentlichungen beigetragen:

Albers, Gerd: Literatur Die Planungszelle, in: bauwelt, 69. Jg., 24/1978 (30. Juni 1978), 885–886

Albrecht, Gabriele / Kotte, Ulrich / Peters, Hanspeter / Renn, Ortwin / Stegelmann, Hans Ulrich: Sozialverträgliche Energieversorgung. Ein empirischer Ansatz zur Analyse von Bürgerpräferenzen in der Energiepolitik, in: Aus Politik und Zeitgeschichte. Beilage zur Wochenzeitung Das Parlament, B 32/1986, 35–48

Albrecht, Gabriele / Peters, Hans Peter: Die PZ als Instrument sozialwissenschaftlicher Datenerhebung, in: H.-W. Franz (Hrsg.), 22. Deutscher Soziologentag 1984. Beiträge der Sektions- und Ad-hoc-Gruppen, Opladen 1985, 658–660

Alemann, Ulrich von: Partizipation oder Akzeptanz. Bemerkungen zur Verträglichkeit von Demokratie und Technologie, in: Jungermann, H. et al. (Hrsg.), Die Analyse der Sozialverträglichkeit für Technologiepolitik: München 1986, 28–35

Althaus, Peter: Über die Information zur Partizipation. Anmerkungen zur kommunalen Öffentlichkeitsarbeit, in: das rathaus 6/88, 348ff.

Andritzky, Walter / Wahl-Terlinden, Ulla: Mitwirkung von Bürgerinitiativen an der Umweltpolitik. Umweltbundesamt Berichte 6/78: Berlin 1978

Arens, Guido / Newger, Frank / Weber, Robert: Die sozialen Kosten des Bankensystems. Zur Verwendbarkeit des Kontrollbausteins „Bürgergutachten" in der Bankenpolitik. Werkstattpapier Nr. 28, Forschungsstelle Bürgerbeteiligung & Planungsverfahren, Universität Wuppertal, 1990

Bank, Hans-Peter: Zur Theorie und Realität der Beteiligung von Bürgern an der politischen Planung, in: Die Mitarbeit 1978 (27. Jhrg.), 203–221

Bank, Hans-Peter: Zur Mitwirkung und Mitbestimmung Betroffener an der Sozialpolitik, in: Neumann, L. F. (Hrsg.), Sozialforschung und soziale Demokratie. Festschrift für Otto Blume: Bonn 1979

Bechmann, Gotthard / Gloede, Fritz: Sozialverträglichkeit, eine neue Strategie der Verwissenschaftlichung von Politik?, in: Jungermann et al. (Hrsg.), Die Analyse der Sozialverträglichkeit: München 1986, 36–51

Berger, Peter / Kubicek, Herbert / Kühn, Michael / Mettler-Meibohm, Barbara / Voogd, Gerhard: Optionen der Telekommunikation (Optek-Studie), Düsseldorf, o.J. (1988)

Bernotat, Ingar: Planungsbeteiligung als Instrument politischer Sozialisation, in: Detlef Garbe (Hrsg.), Bürgerbeteiligung. Von der Theorie zur Handlungsorientierung, Verlag Peter Lang: Frankfurt / Bern / New York 1982, 44–71

Beywl, Wolfgang / Klaus Bremen: Alternativen der Verbraucherorganisation. Alternativen der Konsumgesellschaft, in: Wilfried Nelles / Wolfgang Beywl: Rational konsumieren oder anders leben? Studien zu neueren Bürger- und Verbraucherbewegungen: Bonn 1983, 271ff.

Biervert, Bernd: Notwendigkeiten und Chancen einer partizipatorischen Verbraucherpolitik, in: Garbe / Grothe-Senf (Hrsg.), Bürgerbeteiligung in der Verbraucherinformationspolitik, Campus Verlag: Frankfurt / New York 1986, 23–30

Bodzenta, Erich / Richter, Rudolf: Soziologie und Stadtentwicklungsplanung, in: Österreichische Zeitschrift für Soziologie (12. Jg.) 3/1987, 45–68

Böll, Wilfried: Dritte-Welt-Probleme als Gegenstand der Bürgerbeteiligung, in: Dienel / Fischer (Hrsg.), 1990, 49–58

Bongardt, Horst: Zum Bürgergutachten mit der Planungszelle, in: Zenkl, Maria (Hrsg.), Bürgerinitiativ. Probleme und Modelle der Mitbestimmung: Wien / Köln 1990, 75–84

Bünnig, Jens: Kommunale Machtstrukturen als Bedingungsrahmen für die Diffusion von Bürgerbeteiligungsverfahren, am Beispiel des Kölner Einsatzes von Planungszellen. Wissenschaftl. Hausarbeit f. d. Erste Staatsprüfung f. d. Lehramt am Gymnasium: Düsseldorf, Jan. 1981 (masch.geschr.)

Brenner, Karsten: Reformpolitik und Planung. Grundsätze für eine planvolle Gesellschaftspolitik, in: Die Neue Gesellschaft, 2/1978, 105–109

Claußen, Bernhard / Geißler, Reiner (Hrsg.), Politisierung des Menschen. Instanzen der politischen Sozialisation, Deutscher Studienverlag: Weinheim 1991

Cohn Parkum, Virginia / Peter Schäfer: Bürgerbeteiligung in den USA und in der Bundesrepublik Deutschland, in: Archiv für Kommunalwissenschaften 1983 (22. Jahrg.), 242–259

Conradi, Peter: Bürgermitwirkung und bürgernahe Verwaltung. Bericht über Arbeitskreis IV, Forum Zukunft: Bonn 1979

Crosby, Ned / Kelly, Janet M. / Schaefer, Paul: Citizens Panels. A New Approach to Citizen Participation, in: Public Administration Review (vol. 46) 2/1986, 170–178

Dehler, Joseph: Wider die Verschwendung von Wissen: Frankfurt am Main 1988

Deimer, Klaus: Rezension „Bürgergutachten Regelung sozialer Folgen neuer Informationstechnologien“, in: Gruppendynamik 20. Jhrg. (1989), 111–113

Deutscher Bundestag, 8. Wahlperiode: Antwort der Bundesregierung. Bürgerbeteiligung bei Stadtentwicklung, Stadtsanierung und Bauplanung. Drucksache 8/3137 vom 19.8.1979

Deutscher Bundestag, 11. Wahlperiode: Antwort der Bundesregierung. Entscheidungsgrundlagen, Entscheidungsstrukturen und Ergebniskontrolle in der Forschungspolitik. Drucksache 11/6391 vom 8.2.1990

Deutsche UNESCO-Kommission / Bundesminister des Innern / Bayerisches Staatsministerium für Landesentwicklung und Umweltfragen: Empfehlungen zur Umwelterziehung: München 1978

Dienel, Peter: Zur Stabilisierung funktionaler Sozialisation. Die Frage nach der Bürgerinitiative der Dritten Generation, in: Guggenberger / Kempf (Hrsg.), Bürgerinitiativen und repräsentatives System, Westdeutscher Verlag: Opladen 1978

Dienel, Peter: Utopie geplatzt? Die Planungszelle im Gespräch, in: Der Städtetag, 11/1980, 673–675

Dienel, Peter: Beteiligung betroffener Bürger an den Entscheidungen der Verwaltung, in: Innenminister des Landes Nordrhein-Westfalen (Hrsg.), Zum Thema 1/1981, Düsseldorf 1981, 139–159

Dienel, Peter: Bürgerinformation oder Bürgerbeteiligung. Erste Reaktionen auf das Instrument Bürgergutachten, in: Veröffentlichungen des Seminars für Planungswesen der Technischen Universität Braunschweig, Heft 22, Braunschweig 1981

Dienel, Peter: Frühzeitige Bürgerbeteiligung bei der Planung von Verkehrsanlagen, in: Blümel, Willi (Hrsg.), Frühzeitige Bürgerbeteiligung bei Planungen. Schriftenreihe der Hochschule Speyer, Bd. 87, Duncker & Humblot: berlin 1982, 191–218

Dienel, Peter: Das Bürgergutachten. ein neues Instrument in kommunalen und regionalen Entscheidungsprozessen, in: Schmals, K. M. / Siewert, H. J. (Hrsg.), Kommunale Macht- und Entscheidungsstrukturen, München 1982

Dienel, Peter: Das Modell Bürgergutachten. Wider die strukturelle Abschaffung des Bürgers, in: Guggenberger / Kempf (Hrsg.), Bürgerinitiativen und repräsentatives System, 2. Auflage, Westdeutscher Verlag: Opladen 1984

Dienel, Peter: Humanisierung von Politik. Ein Vorhaben angewandter Sozialwissenschaft, in: Helmut Klages (Hrsg.), Arbeitsperspektiven angewandter Sozialwissenschaft, Westdeutscher Verlag: Opladen 1985, 301–322

Dienel, Peter: Verbraucherbeteiligung als Kostenfaktor, in: Garbe / Grothe-Senf (Hrsg.), Bürgerbeteiligung in der Verbraucherinformationspolitik, Campus Verlag: Frankfurt / New York 1986, 227–240

Dienel, Peter: Contributing to Social Decision Methodology. Citizen Reports on Technological Projects, in: Charles Vlek / George Cvetkovich (eds.), Social Decision Methodology for Technological Projects. Kluwer Academic Publishers: Dordrecht 1989, 133–151

Dienel, Peter: Alte und neue Arenen politischen Streitens, in: Ulrich Sarcinelli (Hrsg.), Demokratische Streitkultur: Opladen 1990, 121–143

Dienel, Peter: Der Bürger probt die Politikberatung. Institut für Soziologie der Universität Wien, Vortragsserie No. 7, Wien 1990
Dienel, Peter: Nebenerträge des Beratungsverfahrens Bürgergutachten, in: Dienel / Fischer (Hrsg.), 1990, 7–29
Dienel, Peter: Innovative Formen der Bürgerbeteiligung als Organe Politischen Lernens, in: Berhard Claußen / Reiner Geißler (Hrsg.), Politisierung des Menschen. Instanzen politischer Sozialisation: Weinheim 1991
Dienel, Peter: Die Institutionalisierung partizipativer Politikberatung. Organisationsschritte zur Korrektur des Brutalstaates, in: Ute Bernhardt / Ingo Ruhmann (Hrsg.), Computer, Macht und Gegenwehr, Forum Informatikerinnen für Frieden und gesellschaftliche Verantwortung FIFF: Bonn 1991, 83–92
Dienel, Peter / Mehlich, Harald: Die Institutionalisierung von Anwendungsstrukturen für die Beteiligungstechnologie PZ. Werkstattpapier Nr. 20, Forschungsstelle Bürgerbeteiligung & Planungsverfahren, Universität Wuppertal 1985
Dienel, Peter / Fischer, Anne (Hrsg.), Politiker hören auf Bürger. Anwendungsfelder partizipativer Politikberatung. Impulse zum Einsatz der Beteiligungsverfahren Planungszelle und Bürgergutachten, Stiftung Mitarbeit: Bonn 1990
Dierkes, Meinolf / Thienen, Volker von: Buchbesprechung Die Planungszelle, in: Zeitschrift für Umweltpolitik, 2/1978, 335–338
Endruweit, Günter: Sozialverträglichkeits- und Akzeptanzforschung als methodologisches Problem, in: Jungermann et al. (Hrsg.), Die Analyse der Sozialverträglichkeit für Technologiepolitik, High Tech Verlag: München 1986, 80–91
Engelhardt, Werner Wilhelm: Solidarische Selbsthilfe und Selbstverwaltung im Gesundheitswesen (V). Zu den Möglichkeiten und Grenzen des Selbstverwaltungsprinzips im Gesundheitsbereich, in: Soziale Sicherheit, 32. Jg., 7/1983, 213–216
Evangelische Kirche im Rheinland, Öffentlichkeitsausschuß (Hrsg.): Mehr Demokratie bei weniger Wachstum? Sozialethische Gesichtspunkte zur gesellschaftlichen und politischen Entwicklung: Düsseldorf 1978
Evangelische Kirche in Deutschland / Kammer für Soziale Ordnung: Menschengerechte Stadt. Aufforderung zur humanen und ökologischen Stadterneuerung: Gütersloh 1984, 103f.
Fahr, Annette: Effekte partizipativer Beratungsverfahren nach Art der Planungszelle auf den Legitimitätshaushalt von Großunternehmen. Werkstattpapier Nr. 33, Forschungsstelle Bürgerbeteiligung & Planungsverfahren, Universität Wuppertal 1990
Feick, Jürgen: Wunderwaffe gegen Bürokratisierung?, in: Evangelische Kommentare, 8/1978, 494–496
Feick, Jürgen: Planungstheorien und demokratische Entscheidungsnorm: Frankfurt/Main 1980
Franke, Joachim: Bürgernähere Stadtplanung mit Hilfe der Psychologie, in: Stadtbauwelt, Heft 58 (30.6.1978), 114–118
Fritsch, Bruno: Ambivalenzen im gesellschaftlichen Umgang mit technischem Fortschritt, in: Jungermann et al. (Hrsg.), Die Analyse der Sozialverträglichkeit für Technologiepolitik, High Tech Verlag: München 1986, 143–151
Garbe, Detlef: Die Planungszelle und ihre Umwelt. Analyse des Beziehungsgefüges zwischen Verfahren, Teilnehmern und Planern, Verlag Peter Lang: Frankfurt / Bern / New York 1980
Garbe, Detlef (Hrsg.): Bürgerbeteiligung. Von der Theorie zur Handlungsorientierung, Verlag Peter Lang: Frankfurt / Bern / New York 1982
Garbe, Detlef: Ansätze zur Mikrosoziologie von Bürgergruppen. Analyse der gruppendynamischen Elemente von Planungszellen, in: Gruppendynamik (13. Jg.), 1982, 355–363
Garbe, Detlef: Thesen und Beispiele zur Fundierung partizipativer Sozialplanung, in: Soziale Arbeit in den 80er Jahren. Schriften des Deutschen Vereins für öffentliche und private Fürsorge Nr. 263: Frankfurt/Main 1984, 702–710
Garbe, Detlef: Planning Cell and Citizen Report. A Report on German Experiences with new Participation Instruments, in: European Journal of Political Research 14 (1986), 221–236
Garbe, Detlef: Sicherung der Selbständigkeit alter Menschen als Anwendungsfeld partizipativer Politikberatung, in: Dienel / Fischer (Hrsg.), 1990, 64–67
Garbe, Detlef: Umsetzungstechniken für die Planungszelle, in: Dienel / Fischer (Hrsg.), 1990, 30–38
Gebauer, Klaus-Eckart: Small is beautiful and Do it jourself. Vor einem Trend zur kleinen Einheit?, in: Konrad-Adenauer-Stiftung (Hrsg.), Heimat, Tradition, Geschichtsbewußtsein: Bonn 1986, 333–353
Großmann, Siegfried: Hoffnung gewinnen, Oncken Verlag: Wuppertal / Kassel 1987

Grothe, Anja: Die Betroffenen kommen immer zu spät – auch in der Verbraucherpolitik. Werkstattpapier Nr. 17, Forschungsstelle Bürgerbeteiligung & Planungsverfahren, Universität Wuppertal 1984
Hacker, Andreas / Claus Eppe: Mehr Demokratie wagen. Bilanz und zweite Reform, in: Sozialdemokratische Gemeinschaft für Kommunalpolitik Baden-Württemberg (Hrsg.), Aktuell 5/1988, 4–6
Haimerl, Elmar: Kritik der Bürgerbeteiligung, Verlag Dr. Mannhold: Gelsenkirchen 1982
Halama, Franz: Integration von Spätaussiedlern durch Bürgerbeteiligung. Werkstattpapier Nr. 27, Forschungsstelle Bürgerbeteiligung & Planungsverfahren, Universität Wuppertal 1989
Hamm, Bernd: Einführung in die Siedlungssoziologie: München 1982
Hansen, Klaus: Institutionalisierte Verfahren zur Kontrolle und Folgenabschätzung moderner Wissenschaft und Technik, in: Hansen, K. (Hrsg.), Instrumente der Kontrolle und Folgenabschätzung. Dokumentation Bd. 9, Theodor-Heuss-Akademie: Gummersbach 1982
Hansson, Sven Ove: Tillsätt medborgar-paneler, in: Dagens Nyheter, 30. Dezember 1988
Hattenhauer, Hans: Geschichte des Beamtentums. Carl Heymanns Verlag: Köln / Berlin / Bonn / München 1980, VII
Hattenhauer, Hans: Unser Recht in der Krise, in: Die neue Ordnung, 3/1982, 196–206
Hendler, Reinhard: Die Planungszelle als Instrument der Bürgerbeteiligung, in: Aus Politik und Zeitgeschichte. Beilage zur Wochenzeitung Das Parlament, B 25/1979, 15–29
Hendler, Reinhard: Zur Organisation der Bürgerbeteiligung an der städtebaulichen Planung, in: Der Städtetag 7/ 1980
Herlyn, Ulfert: Der Beitrag der Stadtsoziologie. Ein Rückblick auf die Forschungsentwicklung, in: J. J. Hesse (Hrsg.), Kommunalwissenschaften in der Bundesrepublik Deutschland: Baden-Baden 1989, 359–385
Heuer, Annette: Das Verbrauchergutachten. Konzeption eines explorativen Marktforschungsinstruments. Diplomarbeit des FB Wirtschaftswissenschaften, Universität Hannover, April 1986
Heyl, Arnulf von / Prätorius, Rainer: Kommunalverwaltung und Bürgerbeteiligung im Planungsprozeß. Grüne Theorie und graue Praxis, in: W. Hoffmann-Riem (Hrsg.), Bürgernahe Verwaltung, Luchterhand Verlag: Neuwied 1980, 260–278
Hill, Herrmann: Gesetzesgestaltung und Gesetzesanwendung im Leistungsrecht, in: Veröffentlichungen der Vereinigung der Deutschen Staatsrechtslehrer 47: Berlin / New York 1989
Hobbensiefken, Günter: Umweltpolitik und Umweltforschung. Nr. 126 der Arbeitspapiere, FB Wirtschaftswissenschaft, Bergische Universität GH Wuppertal: Wuppertal, Januar 1989
Hohmann, Dorothea: Die Sozialversicherungsträger in der BRD als Selbstverwaltungsorganisationen, dargestellt am Beispiel der Träger der gesetzlichen Krankenversicherung. Werkstattpapier Nr. 23, Forschungsstelle Bürgerbeteiligung & Planungsverfahren, Universität Wuppertal 1987
Hollihn, Frank: Partizipation und Demokratie. Bürgerbeteiligung am kommunalen Planungsprozeß, Nomos Verlag: Baden-Baden 1987
Hollihn, Frank: Rezension Die Planungszelle, in: Soziologische Revue (2. Jhrg.), 1979, 48–50
Hoppe, Ulrich: Öffentliche Unternehmen in der sozialen Marktwirtschaft, in: Aus Politik und Zeitgeschichte, B 29–30/1985, 3–15
Ismayr, Wolfgang: Perspektiven einer kulturellen Demokratie, in: Aus Politik und Zeitgeschichte. Beilage zur Wochenzeitung Das Parlament, B 40/1979, 29–46
Jansen, Peter-Jörg: Energiepolitik zwischen Lobbyismus und Bürgerbeteiligung: Wien, September 1985 (masch.geschr.)
Jansen, Peter-Jörg: Was ist wesentlicher für die Sozialverträglichkeit von Energiesystemen: Deren technisch-inhaltliche Eigenheiten oder der sie konstituierende politische Prozeß?, in: Jungermann et al. (Hrsg.), Die Analyse der Sozialverträglichkeit: München 1986, 52–59
Jansen, Peter-Jörg: Konzept Konfliktlösung Dorfertal. Kurzfassung als Diskussionsgrundlage im gegenständlichen parlamentarischen Unterausschuß: Wien, September 1987
Jansen, Peter-Jörg: Das Schöffenmodell als Form einer Umweltverträglichkeitsprüfung. Konzept eines Bürgerbeteiligungsverfahrens bei technischen Großprojekten: Wien o.J. (masch.geschr.)
Jourdan, Rudolf: Möglichkeiten und Grenzen der Beteiligung der Bürger am Verwaltungshandeln, in: Gernot Joerger / Manfred Geppert (Hrsg.), Grundzüge der Verwaltungslehre, Bd. 1: Stuttgart / Berlin / Köln / Mainz 1983, 200f.
Jüchter, Heinz Theodor: Demokratie in Kultureinrichtungen, für die Mitarbeiter oder für das Publikum?, in:

Landeszentrale für politische Bildung des Landes Nordrhein-Westfalen (Hrsg.), Demokratie als Teilhabe. Chancen der Mitwirkung am demokratischen Prozeß in Staat und Gesellschaft, Verlag Wissenschaft und Politik: Köln 1981

Jungk, Robert: Die Zukunft kann jeder erfinden, in: GEO, 10/1981, 170/171

Jungermann, Helmut: Die öffentliche Diskussion technologischer Mega-Themen. Eine Herausforderung für Experten und Bürger, in: Jungermann et al. (Hrsg.), Die Analyse der Sozialverträglichkeit für Technologiepolitik, High Tech Verlag: München 1986, 92–101

Jungermann, Helmut / Pfaffenberger, Wolfgang / Schäfer, Günther / Wild, Wolfgang (Hrsg.): Die Analyse der Sozialverträglichkeit für Technologiepolitik, High Tech Verlag: München 1986

JungsozialistInnen und SPD Neuss: Kommunalpolitisches Handlungsprogramm Frieden, 2. Aufl.: Neuss, o.J. (1988)

Kaase, Max: Legitimitätskrise in westlichen demokratischen Industriegesellschaften. Mythos oder Realität?, in: Klages / Kmieciak (Hrsg.), Wertwandel und gesellschaftlicher Wandel, Campus Verlag: Frankfurt / New York 1979, 328–349

Klages, Helmut: Erwartungshaltung und Verwaltungsverdrossenheit der Bürger, in: Böhret / Siedentopf (Hrsg.), Verwaltung und Verwaltungspolitik: Berlin, 1983, 57–61

Klima, Rolf: Mehr Bürgerbeteiligung, aber rechtzeitig und konstruktiv, in: Neue Westfälische, Nr. 249/1979

König, Ulrich: Beteiligung als Bedingung der Effizienz politischer Planung. Ein Beitrag zur Theoriebildung. Werkstattpapier Nr. 22, Forschungsstelle Bürgerbeteiligung, Universität Wuppertal, o.J. (1985)

König, Ulrich: Das Anwendungsfeld Gentechnologie auf dem Hintergrund des schwieriger werdenden Verhältnisses von Forschung und Öffentlichkeit, in: Dienel / Fischer (Hrsg.), 1990, 72–78

Kutzner, Heinrich: Zur Bedeutung von Bürgerinitiativen und Bürgerengagement für ein ökosozialistisches System, in: Scherer / Vilmar (Hrsg.), Ein alternatives Sozialismuskonzept: Berlin 1983, 638–653

Lambsdorff, Graf Otto: Mehr Macht für den Bürger, in: Neue Bonner Depesche 2/1990, 57–58

Leidinger, Adalbert: Die Planungszelle und die Sicherung der Selbständigkeit alter Menschen aus der Sicht der Kommunalpolitik, in: Dienel / Fischer (Hrsg.), 1990, 67–70

Ludes, Peter: Der Begriff der klassenlosen Gesellschaft bei Marx, Campus Verlag: Frankfurt / New York 1979

Mäding, Heinrich: Kommunale Entwicklungsplanung. Durch wen? Für wen? Konstanz 1981

Martin, John A. / Kathlene, Lyn: Citizen Panels and Transportation Planning, in: The People Themselves, Vol. II/2: Minneapolis, MN, May 1990, 1–7

Masuch, Anna: Akzeptanzforschung akzeptieren? oder wie kann die Anti-Atom-Bewegung mit den Befriedungsstrategien der Betreiber umgehen?, in: Öko-Mitteilungen. Informationen aus dem Institut für angewandte Ökologie, 7. Jg., 5/1984, 7–9

May, Regine / Jungermann, Helmut: Intuitive und kalkulierte Urteile. Ein Vergleich zweier Studien über Präferenzen gegenüber energiepolitischen Alternativen, in: Kölner Zeitschrift für Soziologie und Sozialpsychologie, Jg. 38 (1986), 709–723

Mayer, Thomas (Red.): In neuer Verfassung. Auf dem Weg zur Teilnehmerdemokratie. Eine Sammlung von Beiträgen für die Verfassungsdiskussion in den DDR-Ländern, IDEE-Initiative DEmokratie Entwickeln: Bonn 1990

Mayer-Tasch, Peter C.: Gegen bürgerferne Entscheidungen. Die Planungszelle – Bürgerinitiative der dritten Generation, in: Süddeutsche Zeitung, 8. Juni 1979

Mehlich, Harald: Politischer Protest und Stabilität. Entdifferenzierungstendenzen in der modernen Gesellschaft, Verlag Peter Lang: Frankfurt / Bern / New York 1983

Meincke, Helga: Planung und Öffentlichkeit. Gedanken zur Bürgerbeteiligung unter besonderer Berücksichtigung der Raumordnung und Landesplanung, in: Neues Archiv für Niedersachsen, Bd. 32 (1983), 205–237

Meyer-Abich, Klaus M.: Die gesellschaftliche Wirklichkeit der Natur. Neue Aufgaben für die Sozialwissenschaften, in: Hartwich, H. (Hrsg.), Politik und die Macht der Technik: Opladen 1986, 421–433

Monheim, Heiner: Die Zukunft der Planungszelle im kommunalen Bereich, in: Dienel / Fischer (Hrsg.), 1990, 103–107

Moog, Beate / Anne Fischer: Bürgergutachten als Planungshilfen zur Gestaltung des öffentlichen Raumes, in: Der Architekt 11/1990, 516–518

Müller-Brandeck, Gisela: Technologiefolgenabschätzung am Beispiel der friedlichen Nutzung der Kernenergie in der BRD, Verlag Peter Lang: Frankfurt / Bern / New York 1986

Nelles, Wilfried / Thomas Wettig: Beteiligung von Nutzern und Betroffenen an Planungsprozessen, in: W. Nelles / W. Beywl, Rational konsumieren oder anders leben? Bonn 1983, 150ff.

Nelles, Wilfried / Beywl, Wolfgang: Selbstorganisation. Alternativen für Verbraucher, Campus-Verlag: Frankfurt / New York 1984

Neus, Ulrich: Positionen in der Verwaltung und die Position des Laienplaners in der Planungszelle, ein Vergleich. Schriftliche Hausarbeit für die Erste Staatsprüfung für das Lehramt am Gymnasium, Düsseldorf, März 1978

Niehaus, Friedrich / Swaton, Elisabeth: Der Einfluß technischer Information auf Meinungen über technische Systeme, in: Jungermann et al. (Hrsg.), Die Analyse der Sozialverträglichkeit: München 1986, 109–115

Norman, Richard: Free and Equal. A Philosophical Examination of Political Values, Oxford University Press: Oxford 1987

Nowak, Meinolf / Schaper, Klaus: Reform der Selbstverwaltung in der Gesetzlichen Krankenversicherung (GKV), in: WSI-Mitteilungen, 34. Jg., 5/1981, 307–316

Oppermann, Reinhard: Aktivierung der Bürgerinteressen, in: Das Parlament, 25. Juni 1978

Peitz, Klaus: Die Verteuerung des Kraftfahrzeugverkehrs als organisationssoziologisches Problem. Werkstattpapier Nr. 30, Forschungsstelle Bürgerbeteiligung & Planungsverfahren, Universität Wuppertal 1990

Pepersack, Frank: Internalisierung externer Effekte. Beiträge des Verfahrens Planungszelle. Werkstattpapier Nr. 26, Forschungsstelle Bürgerbeteiligung & Planungsverfahren, Universität Wuppertal 1988

Pfaffenberger, Wolfgang: Energiepolitik, Marktwirtschaft und Bevölkerungsmeinung, in: Jungermann et al. (Hrsg.), Die Analyse der Sozialverträglichkeit: München 1986, 152–159

Planungszelle Köln, in: Vorfälle. Informationen des BDA Nordrhein-Westfalen, Nr. 4, o.J. (1980), 35–37

Prätorius, Rainer: Neue Beteiligungsformen bei Planungsprozessen, in: Der Bürger im Staat, 29. Jg., 1/1979

Püttner, Günter: Verwaltungslehre, München 1982

Rasehorn, Th.: Bürgerinitiativen und Planungszellen, in: Recht und Politik, 4/1978, 173–177

Reinermann, Heinrich: International Competition for an Advanced Information City. Speyerer Arbeitshefte Nr. 75, Hochschule für Verwaltungswissenschaften, Speyer 1986

Reinert, Adrian: Wege aus politischer Apathie? Organisierte Formen gesellschaftlicher Aktivierung als Problem der Sozialdemokratie in Schweden und in der Bundesrepublik Deutschland, Verlag Peter Lang: Frankfurt / Bern / New York 1988

Renn, Ortwin: Wissenschaftliche Politikberatung im Spannungsfeld von Wertwandel und Legitimationskrise, in: H. Klages (Hrsg.), Arbeitsperspektiven angewandter Sozialwissenschaft, Westdeutscher Verlag: Opladen 1985, 112–154

Renn, Ortwin: Technologieprotest als Chance zur innovativen Anpassung der Technikentwicklung, in: Joseph Huber (Red.), Gesellschaftliche Bedingungen technologischer Innovation: Berlin 1986, 131–139

Renn, Ortwin: Akzeptanzforschung. Technik in der gesellschaftlichen Auseinandersetzung, in: Chemie in unserer Zeit, 20. Jhrg. (1986), 44–52

Renn, Ortwin: Entscheidungstheoretische Einbindung der Planungszelle in Politikformulierungsprozesse, in: Dienel / Fischer (Hrsg.), 1990, 39–46

Renn, O. / Stegelmann, H. U. / Albrecht, G. / Kotte, U. / Peters, H. P.: An Empirical Investigation of Citizens' Preferences Among Four Energy Scenarios, in: Technological Forecasting and Social Change 26 (1984), 11–46

Renn, O. / Albrecht, G. / Kotte, U. / Peters, H. P. / Stegelmann, H. U.: Das Projekt Sozialverträglichkeit von Energiesystemen. Konzept, Methodik, Ergebnisse, in: Jungermann et al. (Hrsg.), Die Analyse der Sozialverträglichkeit, High Tech Verlag: München 1986, 15–27

Rosenstiel, Lutz von: Verlaufsmessungen in Gruppenprozessen, in: Jungermann et al. (Hrsg.), Die Analyse der Sozialverträglichkeit, High Tech Verlag: München 1986, 116–127

Rucht, Dieter: Planung und Partizipation, München 1982

Sarcinelli, Ulrich (Hrsg.), Demokratische Streitkultur, Westdeutscher Verlag: Opladen 1990

Schäfer, Günther F.: Die Planungszelle als sozialwissenschaftliches Meßinstrument, in: Jungermann et al. (Hrsg.), Die Analyse der Sozialverträglichkeit für Technologiepolitik, High Tech Verlag: München 1986, 75–79

Scheuch, Erwin K.: Deprofessionalisierung der Wissenschaft, in: Jungermann et al. (Hrsg.), Die Analyse der Sozialverträglichkeit: München 1986, 160–176

Sellnow, Reinhard: vhs-Bürgerforum. Volkshochschule als neutraler Mittler in der Gemeindeentwicklung, in: Sellnow / Becker-Freyseng / Fietkau / Länge: Bürgerforum & Zukunftswerkstatt, Deutscher Volkshochschul-

Verband: Bonn / Frankfurt a. M. 1990, 9–24
Severing, Wolfgang: Probleme und Konzeptionen der Bürgerbeteiligung an der städtischen Verkehrsplanung in der Bundesrepublik Deutschland. Heft 58 der GWF: Bonn 1981
Siebenborn, Dieter / Nehm, Hilmar: Die PZ eine neue Form der Bürgerbeteiligung, in: Der Städtetag 7/1980, 398–402
Sievers, Burkard: Rezension Die Planungszelle, in: Gruppendynamik (9. Jhrg.) 1978, 366–368
Strasser, Johano / Klaus Traube: Die Zukunft des Fortschritts: Berlin / Bonn 1984
Strempel, Dieter: Recht und Rechtsbewußtsein aus der Sicht des Gesetzgebers, in: Dienel / Fischer (Hrsg.), 1990, 79–95
Tasseit, Siegfried: Partizipieren lernen. Ein gemeindepsychologischer Versuch, in: Fliegel / Röhrle / Stark (Hrsg.), Gemeindepsychologische Perspektiven 2 – Interventionsprinzipien. Deutsche Gesellschaft für Verhaltenstherapie, München 1983, 116–123
Thaysen, Uwe: Bürger-, Staats- und Verwaltungsinitiativen, R. v. Dekkers Verlag G. Schenk: Heidelberg / Hamburg 1982
Tiso, Eberhard: Die Planungszelle eine mögliche Antwort auf die Defizite der Beteiligung an der politischen Willensbildung in der BRD? Diplomarbeit im Fach Soziologie, Philipps-Universität Marburg, Januar 1981
Tschiedel, Robert: Sozialverträgliche Technikgestaltung. Wissenschaftskritik für eine soziologische Sozialverträglichkeitsforschung zwischen Akzeptabilität, Akzeptanz und Partizipation, Westdeutscher Verlag: Opladen 1989
Verein Deutscher Ingenieure VDI, Empfehlungen zur Technikbewertung: Düsseldorf 1989
Vlek, Charles / Cvetkovich, George: Introduction and Overview: Social Decision Making on Technological Projects, in: Vlek / Cvetkovich, 1989, 1–13
Vlek, Charles / Cvetkovich, George: Social Decision Methodology for Technological Projects, Kluwer Academic Publishers: Dordrecht / Boston / London 1989
Vlek, Charles / Cvetkovich, George: Social Decision Making on Technological Projects: Review of Key Issues and Recommended Procedure, in: Vlek / Cvetkovich, 1989, 297–322
Volz, Jürgen: Die verfassungsrechtliche Problematik der Verwendbarkeit des Bürgerbeteiligungsverfahrens Planungszelle bei öffentlichen Planungen, in: Recht und Politik, Jg. 22, 1986, 226–233
Volz, Jürgen: Bürgerbeteiligung an öffentlichen Planungen durch die Planungszelle?, in: Verwaltungsrundschau 11/1986, 366–371
Waschkuhn, Arno: Partizipation und Vertrauen. Grundlagen von Demokratie und politischer Praxis, Westdeutscher Verlag: Opladen 1984
Wassermann, Rudolf: Die Zuschauerdemokratie: Düsseldorf / Wien 1986
Westerhoff, Jörg: Modell Planungszelle – ein Weg zur demokratischen Mitbestimmung, in: Grüne Zeitung (Grüze), Landesverband der Grünen Bayern, 1983
Weyl, Heinz: Ansätze zu einer neuen Raumordnungspolitik, in: Die Öffentliche Verwaltung (36. Jg.) 7/1983, 261–269
Wiedemann, Peter / Jungermann, Helmut: Entsorgung und Sozialverträglichkeit. Modell einer empirischen Analyse, in: Energiewirtschaftliche Tagesfragen (38. Jg.) 9/1988, 737–740
Willscheid, Peter: Planungszelle als Partizipationsverfahren. Diplomarbeit, Universität Bielefeld, Fakultät für Soziologie, 10. Februar 1985
Winter, Gerhard: Raumplanung und Demokratieverständnis. Der Aspekt bürgerschaftlicher Beteiligung in der Regionalplanung. Freie wissenschaftliche Arbeit zur Erlangung des Grades Diplom-Geograph (Raumplanung), Universität Bayreuth, Februar 1984
Wiswede, Günter: Soziologie. Ein Lehrbuch für den wirtschaftswissenschaftlichen Bereich, Verlag Moderne Industrie: Landsberg a. L. 1985
Wiswede, Günter: Über die angemessene und unangemessene Art, Komplexität zu reduzieren, in: Jungermann et al. (Hrsg.), 1986, 128–134
Zillessen, Horst: Bürgerinitiative – Bürgerbeteiligung, in: Die Mitarbeit (27. Jg.) 1/1978, 43–50
Zillessen, Horst: Neue Formen der Bürgerbeteiligung in der Kommunalpolitik, in: Köser, Helmut (Hrsg.), Der Bürger in der Gemeinde. Kommunalpolitik und politische Bildung, Hoffmann & Campe: Hamburg 1979, 369–384

Offenbar kann sich der einzelne seine Bürgerwerdung nur schwer selbst erstellen. Es muß entsprechende Funktionen geben, die man wahrnehmen kann, ja wahrzunehmen hat. Der Interessentenjob oder das Freizeitvergnügen, die heute als „Bürgerbeteiligung“ durchgehen, geben das nicht her. Staat und Welt brauchen aber – je komplexer die Verhältnisse werden, umso mehr – den mitdenkenden und mitfühlenden Bürger, den Veranstalter dieses Unternehmens „Staat“, und zwar in einer nach unseren Spielregeln ausreichenden Anzahl. Im Ernstfall geht es dann immer um Mehrheiten.

Wir werden für einen Rahmen, der diesen Bürger in der erforderlichen Breite möglich macht, sorgen müssen. Bürgerinitiative und Plebiszit erweisen sich, so funktional ihre Anwendung im Einzelfall ist, für diese Entwicklung als strukturelle Sackgassen. Der Beteiligungsdruck unserer informierten Gesellschaft läßt sich so nicht hinreichend auffangen oder gar nutzen. Die Einrichtungen, die hier gebraucht werden, sind voraussetzungsvoller und aufwendiger, und sie sind – das muß klar sein – eine Bringschuld des Staates. Tausende und dereinst Millionen von Zeitgenossen verdienen und erhalten Zugang zu einer gesellschaftlich sinnvollen und für den Zugelassenen hoch befriedigenden, radikal befristeten Tätigkeit: eine permanente Mobilmachung klaren Denkens im Interesse aller. Die moderne Gesellschaft steht vor einer umfangreichen Erweiterung ihrer politischen Infrastruktur.

Die Entwicklungsphasen institutioneller Bereiche haben einen anderen Rhythmus als die Ereignisse des individuellen menschlichen Lebens. So wird meist nicht bewußt wahrgenommen, daß und wie solche Bereiche sich entwickeln: Manche Einrichtungen wachsen über *markt*förmige Prozesse. Wenn bei uns monatlich – soviel sind das inzwischen – etwa 500 Krimis gesendet werden, so setzt das eine entsprechende „Industrie“ voraus. Vor einem Menschenalter hat es sie noch nicht gegeben. Das Entstehen anderer Bereiche wird *behördlich* veranlaßt, so die Super-Expansion der kaiserlichen Marine Wilhelms II. oder das plötzliche Entstehen von Sozialversicherungs-Trägern zu Bismarcks Zeiten. Die Entwicklung derartiger Bereiche, mit ihren Einrichtungen und tausenden von Arbeitsplätzen, ist ausdrücklich „von oben“ eingeleitet worden. In unserem Fall haben wir es mit einer Entwicklung dieser Art zu tun.

Partizipative Politikberatung ist ein kommender Wachstumsbereich. Geordnete Beteiligung an der Produktion bindender Entscheide als eine als sinnvoll erlebte Zeitverbringungsmöglichkeit für viele, das ist damit so etwas wie eine Zukunftsindustrie. Ihr Aufbau ist allerdings nur als ein Schritt-für-Schritt-Vorhaben denkbar. Die normale Entwicklung eines solchen, in die Entscheidungs- und Planungssysteme unserer Gesellschaft integrierten, neuen Bereiches setzt das Erreichen von Zwischenniveaus voraus, wie sie bereits auch beschrieben worden sind.[1]

Für das Bereitstellen der hierfür notwendigen Mittel lassen sich unterschiedliche Regelungen denken. Ein Schritt, der zunächst erstrebt werden sollte, besteht in der Bildung einer eigenen öffentlichen Finanzmasse. Aus ihr wird die Durchführung von „Bürgergutachten“ dann

---

[1] vgl. Peter Dienel, Alte und neue Arenen politischen Streitens, in: U. Sarcinelli 1990, 121–143; oder: Peter Dienel, Innovative Formen der Bürgerbeteiligung als Organe politischen Lernens, in: B. Claußen / R. Geißler, 1991

anteilig gefördert, wenn diese von Kommunen, Kreisen, Ländern oder dem Bund oder deren nachgeordneten Einrichtungen in Auftrag gegeben worden sind.

Es scheint ein vernünftiges Zwischenziel zu sein, daß sich eine solche, mit Mitteln ausgestattete Instanz etabliert. Ihre Errichtung muß gefordert werden. Von wem, – wenn nicht vom Bürger?

Stichwortverzeichnis

Begriffe, die über das **Inhaltsverzeichnis** erschlossen werden können, sind im folgenden nicht erneut aufgeführt worden.